南 科 人 文 学 术 系 列

解码深圳：
粤港澳大湾区
青年创新文化研究

DECODING
SHENZHEN
YOUTH INNOVATION CULTURE STUDIES
IN GUANGDONG-HONG KONG-MACAO
GREATER BAY AREA

马中红　主编

北京大学出版社
PEKING UNIVERSITY PRESS

图书在版编目 (CIP) 数据

解码深圳：粤港澳大湾区青年创新文化研究 / 马中红主编. —北京：北京大学出版社，2021.1

ISBN 978-7-301-31907-9

Ⅰ.①解… Ⅱ.①马… Ⅲ.①地方文化 – 文化事业 – 研究 – 深圳 Ⅳ.① G127.653

中国版本图书馆 CIP 数据核字 (2020) 第 256951 号

书　　　名	解码深圳：粤港澳大湾区青年创新文化研究 JIEMA SHENZHEN: YUEGANG'AO DAWANQU QINGNIAN CHUANGXIN WENHUA YANJIU
著作责任者	马中红　主编
责 任 编 辑	刘文静　吴宇森
标 准 书 号	ISBN 978-7-301-31907-9
出 版 发 行	北京大学出版社
地　　　址	北京市海淀区成府路 205 号　100871
网　　　址	http://www.pup.cn　　新浪微博：@ 北京大学出版社
电 子 信 箱	wuyusen@pup.cn
电　　　话	邮购部 010-62752015　发行部 010-62750672 编辑部 010-62759634
印 　刷 　者	大厂回族自治县彩虹印刷有限公司
经 　销 　者	新华书店
	720 毫米 ×1020 毫米　16 开本　27.25 印张　446 千字 2021 年 1 月第 1 版　2021 年 1 月第 1 次印刷
定　　　价	112.00 元

未经许可，不得以任何方式复制或抄袭本书之部分或全部内容。
版权所有，侵权必究
举报电话：010-62752024　电子信箱：fd@pup.pku.edu.cn
图书如有印装质量问题，请与出版部联系，电话：010-62756370

"南科人文学术系列"编委会

主　编：陈跃红

本辑执行主编：吴　岩

编　委：
（按姓氏拼音排序）
陈跃红　李凤亮　李　蓝　马中红　唐克扬
田　松　吴　岩　杨　果　杨　河　张　冰

总　序

　　出版这个系列是我近年的重要心愿！

　　2016年，本人届满卸任北大中文系系主任职务，随即应陈十一校长之邀，离开北大来到南方科技大学工作。在谋划人文科学中心发展规划之时，陆续引进的唐克扬、吴岩和李蓝几位教授都赞同要出版两套书，一套是"南科人文学术系列"，另一套是"南科人文通识教材系列"。如今四年过去，人文科学中心在快速发展过程中已经与其他4个中心整合成了颇具规模的人文社会科学学院，人文科学中心成了其中的系一级机构之一，新的学院楼宇也已经竣工并投入使用。在繁忙的建系建院和教学科研活动中，通过大伙儿不懈努力，这两套书的第一批著述，终于在南方科技大学校庆十周年之际出版，想想还真是有点成就感，也特别令人高兴。

　　"南科人文学术系列"的定位，与人文科学中心的定位完全一致，那就是尽量不走一般综合性大学以文史哲为中心的传统发展道路，而是要根据南方科技大学"扎根中国大地，建设世界一流研究型大学"的目标和"创智、创新、创业"的定位，规划办成具有"科技人文"和"跨学科"学科结构特色的"新文科"院系。因此，这个系列就不再是收入一般文史哲领域常见的学科著述——说实话这些著作眼下实在已经太多，而是打算出一批具有新型文科专业方向和跨界研究性质的、具有学科前沿特征的学术著述。此刻看看眼前这第一辑书稿——《"关键词"：绘制当代建筑学的地图》（唐克扬著）、《中国科幻文论精选》（吴岩、姜振宇主编）、《解码深圳：粤港澳大湾区青年创新文化研究》（马中红主编）、《20世纪中国科幻小说史》（吴岩主编），心里多少觉得有些欣慰，因为都符合了当初的设想预期。

《"关键词"：绘制当代建筑学的地图》在唐克扬的众多著述中，我敢肯定是很有特色的一本。他此前的作品，无论是钩沉北大校园历史的《从废园到燕园》，还是书写古城建筑的系列如《洛阳在最后的时光里》《访古寻城》等，都已经成为学界注目的佳作，而对当代建筑学"关键词"做全景式透析的这本新作，我们有理由期待会得到来自学界和读者的关注和更好的评价。《20世纪中国科幻小说史》以及《中国科幻文论精选》，是吴岩教授主持的国家社科基金重点项目"20世纪中国科幻小说史"的成果，参与写作的人都是当前年轻有为的文学工作者。课题带头人吴岩既是科幻作家又是学者，他多年推进中国的科幻研究和创新教育，2020年被美国科幻研究协会颁发了"克拉里森奖"。我不仅期待这两本书出版后获得国内认可，也对书的海外版权输出抱有较高期待。至于《解码深圳：粤港澳大湾区青年创新文化研究》，这本书所关联的研究项目由我主持，自然和我有些关系，但主要还是国内知名传播学和青年亚文化研究学者马中红教授及其研究团队的成果。他们花费两年时间，在深圳的南国盛夏，顶着酷暑和台风，展开大量城市田野调查之后集体撰述结集。在这一领域，写青年、写创新、写文化都不乏著述，但是把青年创新文化融为一体，对特区数代青年在创业创新成长过程中所面临的种种文化和心理状况展开全景与个案结合研究的，这本书恐怕还是第一部。本书出版之前，相关部分章节在报刊和会议上一发表就引起关注。这次全书完整出版，读者不妨通过仔细完整的了解，把握深圳的几代青年创业者曾经的心路历程，未来面临的挑战和问题，以及大湾区和深圳青年创新文化提升发展的思考路径。

需要说明的是，上述项目的研究和著述的完成，都得到了广东省这些年在南方科技大学设立的高水平理工大学人文项目和冲刺双一流大学建设项目的支持。经费和政策的有力保障，使得项目得以顺利实施，著述得以成功结集。同时，这些著述和众多学术成果一起，也成为学院所属"空间与媒体实验室""科学与人类想象力研究中心"以及"计算人文学研究中心"研究成果的重要组成部分，有力地支撑了跨学科的"科技人文研究"创新思路的现实价值和未来意义！

本系列的著作能够顺利出版，无论是循例还是感恩，都应该表达对下列同事和朋友们的感谢之情。首先要感谢的是4本书的著者、主编以及他们的作者团队。著述本来就不容易，何况是在一所新办的理工科大学从事新人文研究，无疑需要以筚路蓝缕的精神去克服种种困难，才有可能完成有时候看似不可能完成的任务。其次是要感谢作为本辑执行主编的吴岩教授。他的教学科研已经够忙，可依旧腾出时间做了许多联络编辑的事务。再次要感谢我的老朋友，北大出版社的张冰主任。在学术图书出版如此艰难的今天，感谢她的全力担当、慧眼识珠和倾力帮助，帮助解决了出版过程中的许多难题。当然，尤其是要感谢本辑编辑朱房煦女史，大量联络和编务工作都是由她来组织完成的，十分不容易。最后我觉得我得感谢一下我自己的勇气，都这把年纪了，还要疯疯癫癫地跑来南方科技大学搞什么科技人文新文科！做这种基本无对标参照的学科创新的事情，各种风险都是可想而知的。我虽有思想准备，可一旦行动起来才知道有多么艰难！

不过，既然已经启程出发，开弓没有回头箭，就让我们一直走下去吧！

陈跃红

国庆中秋双节于深圳南科大九山一水校园

2020年10月

目 录

序一　大湾区的未来与青年创新文化 /1
序二　营构青年创新文化丰沛的粤港澳大湾区 /7

总论　粤港澳大湾区：青年创新文化的天堂 /1

第一部分　"粤港澳大湾区青年创新文化（深圳）"调查报告 /1

前　言 /1
一、"粤港澳大湾区青年创新文化（深圳）"调研基础数据 /3
二、"粤港澳大湾区青年创新文化（深圳）"调研核心发现 /5
三、深圳青年群体总特征 /26
四、深圳青年对城市创新的认知、感受和评价 /42
五、深圳青年人才政策实施情况 /52
六、深圳青年创新创业教育研究 /62
七、深圳青年科技创新创业情况 /70
八、深圳青年参与公共文化活动的情况 /79
九、深圳青年的休闲文化行为 /90

第二部分　深圳青年创新文化实践考察 /101

一、深圳青年创新文化基因解码：孵化场域、精神传承与动力机制 /101

二、社会历史性与民间自发性："深圳最有影响力十大观念"创新因素探析 /117

三、多思、重我、容错：深圳《晶报》人物报道价值取向研究 /130

四、创新再解读：自发性与平民化的力量——深圳华强北的创新实践考察 /144

五、深圳青年对创新创业文化的认知、评价和实践 /167

六、后创客空间：共享、DIT、可沟通的青年创新文化 /189

七、"透明文化"：创新企业的想象力和创新力 /207

八、创新基因解码：彼此成就和持续创新的企业文化 /228

九、在地化实践：深圳职业技术学院创新文化探索与实践 /241

十、宽容，抑或冷漠？——青年创新文化视域下的深圳城市品格探讨 /260

十一、回归街头：重新定义公共空间和表征都市创新活力——深圳市民中心青少年街舞考察 /278

十二、Live House：青年交往，文化杂合与创新文化 /300

十三、深圳青年的社交活动、消费场景与创新文化——空体新媒体实验室和BOWOOD心理博物馆的考察 /325

附录 /345

一、"粤港澳大湾区青年创新文化（深圳）"调查问卷 /345

二、深圳"B10现场"2017年的演出清单 /369

三、全国Live House盘点（包括部分电子音乐类酒吧）/376

后　记 /379

序一
大湾区的未来与青年创新文化

陈跃红，讲席教授，南方科技大学人文社会科学学院院长

2016年初秋，我从北大来深圳南方科技大学报到，受命参与组建人文社会科学学院，在校长陈十一院士和学校领导班子的支持下，很快确定本校文科的发展思路，那就是：办一家非传统的、具有现代科技大学风格的、小而精的特色人文学院。如果以十二个字概括学院的使命定位，那就是："通识教育，特色研究，服务社会。"

首先，所谓"通识教育"，就是要为南方科技大学这所高水平、国际化、创新型大学的人才培养提供一流和全覆盖的文科通识教育；其次，所谓"特色研究"，就是确定不走传统综合大学常规的文科发展旧路，而是借助科技大学的学科优长，发展具有文理交叉整合特色的新型文科研究；最后，所谓"服务社会"，就是以新文科的文化资源和人才队伍去落地服务深圳、大湾区和全国的社会发展。

本书这里所呈现给读者，名为《解码深圳：粤港澳大湾区青年创新文化研究》的成果，就是我们服务大湾区和深圳的初步尝试之一。

两年前，当学校决定用广东高水平理工大学建设项目的资金支持校内人文社科项目研究的时候，在众多的选题中，"粤港澳大湾区青年文化研究"就成了我们无可争议的首选。当时，粤港澳大湾区的概念刚刚萌生不久，还没有像今天这样热络，更没有成为国家未来发展的方针大计，但是，身处深圳这座国际化创新城市和南方科技大学这所国际化创新大学的我们，在感性体验和理性认知层面，均第一时间意识到了"创新""文化"和"青年"这组概念对于深圳，对于大湾区的过去、现在和未来的重大意义，而研究三者之间的互动关系和张力效应，对于大湾区的未来价值不可小觑！于是，便有了这一项目的迅速立项，并请来了有前期研究经验的马中红教授担任首席专家，迅速组建研究团队，开始了研究工作。

两年后的今天，当大湾区作为国家战略，开始政策全面推进，项目纷纷落地实施，现象研究如火如荼展开之际，回头看"粤港澳大湾区青年文化研究"这一项目的确定，不敢说具有超前意识，至少还算是站在了潮头。

纵览各国著名创新城市、社区和高科技创新集聚地，无一不主要是年轻人的天下。而这些区域创新发展的历程，无论是硅谷所在的美国旧金山湾区，还是日本东京湾区、以色列特拉维夫、德国慕尼黑等地域，所有这些地区创新人群的活力，往往最多的就是来自青年一代的创业者。而就国内的深圳以及大湾区，以至长三角、京津冀而言，自改革开放，自特区建立四十年来，数代年轻人，义无反顾地从僵化的体制理念中冲出来。这些具有改革思维和冒险精神的"50后""60后""70后"在深圳和众多特区前赴后继地打拼、成长、创业，成就了城市和他们自身的创造性事业。今天，这个群体早已经走向了新的代际更替，如今新崛起的深圳和湾区青年，已经是由全球化意识和现代知识武装起来的"80后""90后",甚至"00后"的新青年创新人群了。

然而值得注意的一个问题是对他们展开系统研究的缺失。在深圳和湾区,研究科技创新、经济创新、政策创新、管理创新等早已经成为显学,深圳以及粤港澳大湾区眼下不乏各种各样的研究,譬如,对创新有研究,对文化有研究,对文化大湾区区位地理环境与发展关系的研究也是当下的热门。但是,从关注青年创新的生存空间和文化环境这些重要现象角度,有机地将青年、创新、文化这三个关键词的张力关系结合起来考察,探讨深圳的多种文化环境对于青年创新的推动机制或者影响制约等,近乎付之阙如。我们也有许多关于青年创新创客活动的实践尝试,有政策性和社区性的顶层设计等,但哪怕是宏观地对青年群体创新活动和创新文化加以粗浅的调查分析,一直以来都比较忽视,更遑论系统深入的总结了。以至于当下我们甚至对何为深圳青年、有何边界与分类、如何定义青年、他们之间的代际关系如何以及何为青年创新文化等问题,似乎除了大致的年龄概念划分之外,其他都缺乏基本共识,亟须开展和推进这方面的研究。

事实上,四十年来,在粤港澳地区,尤其在深圳,整个社会的主旋律就是各种各样的创新,不管是被动的还是主动的,是政策驱动还是情不自禁,是事业情怀还是生存发展所逼使,以深圳速度快速发展和创新,始终是深圳这一新兴城市的荷尔蒙气息主调和灵魂依托,同时也是这座城市成功的媒体名片。而青年,无疑始终是其中最重要的、活力巨大的动力群体。没有青年,不可以想象深圳的存在和超越性发展。深圳作为一个渔村,从一张白纸发展成为世界级创新城市,同时也是一座青春型的城市。如果以十年为一代,这里聚结了从"50后"到"00后"整整6代最有活力的青年,成就了一大批以青年为主体的创新型企业,成千上万代际更替的青年创业者移民的到来,是这座城市创新的主体和持续提升发展的力量所在。

即使到了四十年后的今天，每年仍旧有20万—30万来自国内以至于世界各地的青年，带着理想冲动和勃勃雄心，来到这座城市，投入创新创业的潮流。公租房，城中村，华强北，集悦城；南山，福田，龙岗，宝安；市民中心，中心书城，粤海街道，欢乐海岸的学习休闲之地……处处都是他们的身影。如果没有青年，你几乎不能想象会有这样一个叫作深圳的城市存在。而且特别值得一提的是，与国内几乎所有的城市不同，在可以想见的一段时间内，这个城市恐怕还不会有急迫的老龄化问题，切住了青年群体的脉搏，也就跟上了深圳这座城市的脉动。

毫无疑问，四十年来，深圳已经形成了她全新的青年创新文化。创新文化不同于文化创新，后者是把文化作为创意，作为资本，作为生产力要素去融汇、转化、创造并形成新的产业形态、新的产品、新的价值。而我们这里所指的青年创新文化，则是专指城市中结构性存在的、流动发展的，适合青年生存和开展创新活动的社会环境和文化氛围。可以说，适合青年群体的，不同职业阶层的，不同文化知识水准的，政府的，民间的，个人的，团体的，充满冒险精神的，得到政府扶持的，输了还会重来的，强劲的青年创新文化氛围，是粤港澳大湾区发展最强劲的内在推动力。一代代来自国内外的有志青年，他们抖掉身上的各种束缚，不在乎饭碗的软硬，走进深圳的环境和氛围中，去倾情投入，去发现、发展、发财、创新、创业。这些都一直是粤港澳大湾区不同于国内其他地区青年群体的独特气质之一，是未来深圳和大湾区进一步创新提升、持续发展和立志引领世界的最重要的动力之源。研究以深圳为中心的粤港澳大湾区青年能够得以迅速发展的创新文化，探讨新时代创新的环境和文化氛围秘密，真正打开和释放这一阿里巴巴宝库，总结他们的成败得失，发现他们未来需要改进和提升之处，将为深圳，为大湾区，更是为今后一个时期中国建设更多现代的创新湾区、创新城市，提供值得参考的经验范式和文化助力，这无疑是非常有价值和迫切的探索性工作。深圳和大湾区青年前赴后继、持续创新的内在文化机制、文化场域样态，代际传承的秘密和已有以及正在发生的问题种种，实在是值得和需要展开系统、全面、深入的研究了。

这就是我们课题的立意重心和研究目标所在。

我们将通过关键词组的内涵外延确认，研究重心分梳，网格分工，确定研究的重点和边界；通过资料搜集、数据统计、问卷调查、系统访谈和现场考察，去拿到系统基本的资料和数据。在此基础上，借助相关理论方法展开分析和总结。

我们研究的疆域，将试图涵盖粤港澳大湾区的整体青年创新文化。但是首期研究的第一步，主要集中于深圳这座城市，在取得进展和经验后，再向其他区域陆续推进。

我们研究的比较参照视野，是中外青年集聚并且创新成就突出的城市和地区，譬如旧金山湾区、东京湾区……

我们所对标映射的区域，主要就是已有的国内另外两大创新地域——京津冀和长三角。至于研究的更高未来价值意图，则无疑会进一步指向类似雄安新区这样的、未来青年一代将可能闯入的战略性发展区域。

我们的研究方法，除了一般区域和文化群体研究常见的"文化研究"和"民族志研究"方法，并由此展开各种问卷和资料数据整理之外，更看重实地考察、调研、访谈、问卷调查和相关理论研究。基于本项目的特点和目标期待，我们尤其重视比较研究，具体而言就是区域青年创新文化比较的方法使用。只有比较，才能见出深圳的草根性生猛文化与上海金融小康平和的白领文化各自的优势和特点;只有比较,才能发现中原文化与岭南文化对青年影响的差异所在;只有比较,才能发现深圳的激情和速度与北京的从容和大度是否各有所长;如此等等。

正式开展研究工作一年多来,团队在马中红教授的带领下,顶着烈日、湿热、酷暑、豪雨、台风等极端天气,展开了大量的现场调研和资料收集工作,相关个案的研究和写作不断铺开,组织了有来自北美和中国港澳学者参加的专题研讨会,还积极去参加国内相关的学术研讨会,发表初步的研究观点。近期,国内媒体和刊物已经开始陆续刊发团队的研究成果。今天,作为首期研究成果,四十多万字的研究论述摆在了这里,将要接受学界和相关读者的审视和评点,团队成员内心喜悦且又有些许忐忑,然而也别无选择。

一切都还只是刚刚开始!

必须承认,我们目前只触及了深圳青年创新文化的皮毛。作为属于时代的、独具一格的、结构性的青年创新文化,深圳的青年创新文化语境是那种有历史感和时代感的、完全接地气的、潜移默化而不知不觉的、有时候连行为主体本身都没有意识到的文化存在。真正要系统地贴近和研究这一重要文化想象,揭开它的活力所在和创新秘密,还需要做更持久和深入的工作。当然,我们已经做好准备,并且有信心不仅要透彻了解深圳的青年创新文化,同时还将要进一步去考察和研究整个大湾区的青年创新文化。这是课题已经圈定了的学术疆界。

我们期待这一特别的研究活动也能成为深圳和大湾区青年创新文化的有机组成部分,始终与之同在。

2020 年 8 月

序二
营构青年创新文化丰沛的粤港澳大湾区

马中红，苏州大学传媒学院教授，南方科技大学人文社会科学学院访问学者

2019年2月18日，中共中央、国务院印发《粤港澳大湾区发展规划纲要》（以下简称《纲要》），一锤定音，将珠三角九市的战略定位、发展目标、空间布局等做了全方位的顶层规划，一个充满活力的世界级城市群、一个具有全球影响力的国际科技创新中心、一个宜居宜业宜游的优质生活圈、一个先试先行的内地与港澳深度合作的示范区以及一个有重要影响力的国际效能物流枢纽和国际文化交流中心的壮阔蓝图已经绘成。是谁，又将以怎样的方式将蓝图付诸实施？其实，《纲要》已经给出了答案。

检索《纲要》的关键词，除了"粤港澳大湾区"之外，"创新"出现了139处，其中出现频率排前三位的分别是"科技创新"（25处）、"创新创业"（9处）、"青年创新"（6处），余下分别为"区域创新""自主创新""创新共同体""创新环境"和"国家创新"。毫无疑问，"创新"将成为大湾区最重要的发展引擎，而科技创新、创新创业则是"创新"的两翼，青年则是科技创新、创新创业的主体力量。《纲要》另一个高频出现的关键词"青年"可以佐证。"青年"在《纲要》的23处被提到，其中包括"青

年创新创业"（5处）、"港澳青年"（11处）、"粤港澳青年"（3处）。以上这些关键词及其关联性基本勾勒了青年在大湾区发展中的重要性，即在当下和未来新一轮新产业、新业态、新人文，包括5G和移动互联网、人工智能、生物技术、新材料、高端装备制造中，粤港澳三地乃至全国和全球的青年人将是最重要的创新动能和创业潜力，因此，当我们探讨大湾区科技创新、大湾区建设、大湾区未来时，高度重视青年创新文化是迫在眉睫的事情。

何为青年创新文化呢？在现有的研究中，青年、创新、文化分而观之，都是热门的议题；将青年与创新勾连起来，生成了诸如创客、创新创业的研究；将创新与文化结合，形成了边界比较清晰的文化创新研究，而"创新文化"的概念迄今并没有公认的定义和内涵；而将青年、创新、文化三个关键词连接起来并展开系统的、有深度的研究，还十分鲜见。换言之，在现有的创新文化、文化创新研究中，创新主体是被深度遮蔽的；相反，国家、区域、政府、企业、组织代表人的创新被反复讨论。与此相反，我们认为在粤港澳大湾区的创新研究中更应该突出青年人、青年群体所需要的创新文化和他们所创造的创新文化。

毫无疑问，"青年创新文化"的"文化"是雷蒙·威廉斯（Raymond Williams）所指的"平凡的日常生活"，而不是代表人类思想和文化艺术精粹的经典文化。创新是充盈在青年人饮食起居、衣食住行、休闲娱乐和工作学习之中的，是人人可为，随时随地可为的平常事儿，说白了，创新文化就是创新空气。谷歌前CEO埃里克·施密特（Eric Schmidt）乐观地认为创新是人人都拥有的机会，创新并不是只有在大学校园外、专门搞创新的少数人才能做的事情，它可能是深入人心的一条标语——"时间就是生命，效率就是金钱"，珍爱生命就是不浪费时间，追求金钱就要创造效率；它可能是下午四点深圳华强北电子商城里此起彼伏的胶带纸撕裂声，商家正在将货物发往世界各地；它可能是创意者、生产者和投资者一起喝杯咖啡的时间就成就的一个产品的雏形；它可能是流浪歌手在街头表演不被驱逐反倒引起喝彩的自由和尊严感；它也可能是不断激发你的想象力又为此提供现实条件，而尝试失败后又能给你重拾信心的环境……创新文化是一种令人想不断挑战自己并持续创造自身价值的理念、机制和氛围，而粤港澳大湾区的创新文化又表现出与众不同的"青年"特色。数据显示，粤港澳大湾区总人口约 6000 万，其中，15—34 岁的青年有 4300 多万，尤其在深圳，2017 年的统计显示全市平均年龄仅 32.5 周岁。青春型城市，青春型湾区，可谓充满着创造欲望和创业激情。香港 1700 多万接受过高质量教育的青年群体急于突破港岛生存空间寻求更广阔的创新天地，澳门近 200 万的青年需要突出单一的博彩业寻找更好地发挥创造力的机遇，因此，为粤港澳大湾区的青年群体营构创新空气、创新文化既是改革开放的时代要求，也是香港和澳门探索发展新方向、开拓发展新空间、增添发展新动力的客观要求。

既然粤港澳大湾区是面向青年一代的，在建设过程中就要格外关注营构有利于青年成长、成才和成业的创新文化。理查德·佛罗里达（Richard Florida）在长期研究美国创新型城市创意产业的基础上提出了创新文化的"3T 理论"，包括技术、人才和宽容三要素，其内在逻辑表现为：宽容是吸引和培育人才的外部环境，人才是技术革新的关键元素和创造主体，进而才能使技术为产业或城市发展提供动力支撑。常规的理解是，宽容是创新的前提条件，没有宽容，青年人就会缩手缩脚，止步不前，就不会去尝试突破，更不会去冒险；没有宽容，就不会有自由的灵魂、想象的天地和奇思妙想的生发；成功导向、求全责备、低容错率、惩罚失败等是创新的天然杀手。除此之外，在我们看来，对多元文化的宽容更是粤港澳大湾区创新首先要解决的问题。地处珠三角的粤港澳有着天然的地缘联结和"同声同气同捞同煲"的文化基础，但长期以来，在一个国家、两种制度、三个关税区、三种货币环境和三种不尽相同的价值文化中成长起来的青年群体，如果缺乏对不同价值观和差异性文化的彼此认同和相互包容，就无法真正地交流沟通，更没有办法共荣共进，担当起时代赋予的重任。深圳在这方面做了许多有益的探索，比如一经推出就万众传遍的城市口号"来了，就是深圳人"，表现出英雄不问出处的宽阔胸襟；在知乎上，这句话在一众口号中得到的点赞数是最高的，不排外、平等、宽容，使这座移民城市引起了青年人的强烈共鸣。深圳市在2017年开始规划建设"青年发展型城市"，围绕"城市要发展，青年首先要发展"的理念，从"城市对青年发展更友好，青年对城市发展更有为"出发，设计了一系列举措，最大意义上表达出城市对青年人的接纳、宽容和支持。如果说，文化同质性是协同发展的基础，那么，文化异质性便是创新发展的基础。

青年创新文化离不开城市、政府、企业多种政策的激励和支持，位于大湾区核心的深圳对青年人才落户、住房、创业出台了许多扶持政策，但与高端人才的支持政策相比，还远远不够。更重要的是，政府支持青年创新，应该从观念创新开始并落到实处，比如，我们鼓励破坏性创新，就需要留出监管空间、赋予个人创新自由；再比如，我们都明白创新始于教育的道理，但在现有中小学教育模式短时期难以打破的情势下，政府作为公共教育的推手，应该以高中及以上学历的青年人为重点，大力实现因人而异、灵活变通的终身教育模式，将职业教育与创业教育结合起来，在大学教育中注入企业家文化意识的培养，以此引领和鼓励青年人创新；再比如，在各类青年人才的集聚方式上，除了自我培养外，还可以突破规则，通过投食引鸟、借巢育鸟、筑巢引凤等不拘一格的方式，让人才为我所用。

由此我们认为，首先，青年创新文化关注的重点是富有创造力的人和群体，科技创新、政策创新、社会创新、企业创新等其实都要围绕以青年为创新主体的路径而展开，因而，青年创新文化是一种结构性的、合乎规律的、系统的创新文化，而不是个别政策导向扶持的、单一市场发展路径的、单一产业行为的文化构成。其次，青年创新文化是那种接地气的、潜移默化的、有时候连行为主体本身都没有意识到的，甚至近乎回归常识的改革和创新。最后，青年创新文化建基于自身历史创新文化基础，又以开放心态悦纳外来现代创新文化的嵌入和现代城市社会制度的把控，再被个人及团体发展欲望所挟裹，从而成为一种身不由己的创新动能，由此闯出一番天地。

总之，强调粤港澳大湾区需要营构充分丰沛的青年创新文化，既贴近现实需求，又关乎大湾区当下和未来的发展，更可以作为标杆式的时代范例，对其他国家级区域创新战略，如长三角一体化示范区、雄安新区等具有借鉴意义。

2020 年 5 月

总论
粤港澳大湾区：青年创新文化的天堂

粤港澳大湾区发展酝酿已逾十余年。如果追溯"粤港澳大湾区"概念的由来，恐怕要回望到1994年香港科技大学创校校长吴家玮提出的"香港湾区"。这一概念的背后是一个充满创意和胆识的构想。是年，香港的经济总量为11682亿元，而深圳的经济总量只有634亿元，仅为香港经济总量的约5%。同样也是这一年，深圳迎来了一场关于特区模式的大论战，争议的焦点是特区有没有必要存在，深圳特区原先享有的减免税等优惠政策是否应该取消。奇妙的是，在争论的热潮中，深圳并没有停止或放慢改革开放的步伐，相反，这座城市一如既往地向前挺进，还提出了一个引人瞩目的城市标签——"创新"。

一、研究缘起

深圳与香港毗邻而居，两地相隔只不过是一条罗湖河，两岸的经贸往来从未间断过，但直至1997年香港回归，"一国两制"写入宪法，一切才步入合法化、正常化。翌年，席卷亚洲各国的金融危机爆发。面对危机，内地和香港携手抵御时，吴家玮将"香港湾区"改为"港深湾区"。同年，代表新兴经济的互联网企业在广东崭露头角，当年3月，网易落户广州，并上线了中国第一个全中文界面的免费电子邮箱系统；11月，腾讯在深圳注册成立。是年，网易创始人丁磊26岁，腾讯创始人马化腾也是26岁，这不仅仅是巧合，而是意味着互联网是与青春结伴的产业，湾区发展依托的高新技术也必将与青春结伴同行。

21世纪来临之前，中国政府对澳门恢复行使主权；1999年年底，澳门回归。2003年，内地与香港、澳门特区政府分别签署了《内地与香港关于建立更紧密经贸关系的安排》和《内地与澳门关于建立更紧密经贸关系的安排》（统称Closer Economic Partnership Arrangement，下文简称CEPA），此后连续三年分别签署了三份补充协议。CEPA被认为是"一国两制"的成功实践，"是内地与香港、澳门制度性合作的新路径，是内地与香港、澳门经贸交流与合作的重要里程碑，是国家主体与香港、澳门单独关税区之间签署的自由贸易协议，也是内地第一个全面实施的自由贸易协议"[①]。与CEPA相随而行的是2016年三地城市规划主管部门联手合作，分别成立了"粤港城市规划及发展专责小组"和"粤澳城市规划及发展专责小组"，开展策略性区域规划和合作研究。2009年，《大珠江三角洲城镇群协调发展规划研究》正式发布，"湾区发展计划"成为空间总体布局协调计划的一环，在跨界交

---

① 谈天：《沧海桑田中的粤港澳大湾区》，王晓冰、谈天主编：《粤港澳大湾区：数字化革命开启中国湾区时代》，北京：中信出版社，2018年，第40页。

通合作、跨界地区合作、生态环境保护合作和协调机制建设等方面保障和促进湾区一体化发展。同年，于2018年开通的港珠澳大桥在海上作业的抓斗船挖出了第一斗泥沙，正式开始建造。

在粤港澳三地中，深圳始终保持着城市高速发展、经济迅猛增长的态势，与香港不相上下，从而成为粤港澳大湾区发展的主要推动力。2013年，时任深圳市市长的许勤在深圳市委五届十八次全会上提出"湾区经济"的概念，随后这一概念被写入2014年深圳市政府工作报告。"湾区经济"的内涵是依托毗邻香港、背靠珠三角、地处亚太主航道的优势，重点打造前海、深圳湾、大鹏湾、大亚湾等湾区产业集群，推动新兴产业和新兴经济的发展。时至今日，短短几年间，深圳已构筑起文化创意产业、高新技术产业、现代物流业和金融业四大支柱型产业；其中，以新一代信息技术产业、文化创意产业、互联网产业、新材料产业以及生物产业在内的新兴产业始终保持增长趋势，增加值从2013年的5002.50亿元至2016年达到7847.72亿元[①]，在湾区经济中处于举足轻重的地位。

① 深圳市统计局、国家统计局深圳调查队编：《深圳统计年鉴—2017》，北京：中国统计出版社，2017年，第46页。

2015年3月，"粤港澳大湾区"被写入国家发展改革委、外交部、商务部联合发布的《推动共建丝绸之路经济带和21世纪海上丝绸之路的愿景与行动》，流传于民间以及地方政府话语中的带有区域特性的"粤港澳大湾区"概念终于得到中央人民政府的认可。2016年，国家"十三五"规划纲要提出，支持港澳在泛珠三角区域合作中发挥重要作用，推动粤港澳大湾区和跨省区重大合作平台建设，并在《国务院关于深化泛珠三角区域合作的指导意见》中提出"构建以粤港澳大湾区为龙头，以珠江—西江经济带为腹地，带动中南、西南地区发展，辐射东南亚、南亚的重要经济支撑带"的意见，明确了粤港澳大湾区的全球重点辐射区域。2017年中华人民共和国全国人民代表大会和中国人民政治协商会议（下文简称"两会"）期间发布的《政府工作报告》将粤港澳大湾区提升到国家战略发展的层面。同年，在香港回归祖国20周年纪念日当天，广东省人民政府、香港特别行政区政府和澳门特别行政区政府签署了《深化粤港澳合作 推进大湾区建设框架协议》，可谓是开启了大湾区机制性建设的新步伐，由此得到各方面的高度关注。2019年2月18日，中共中央、国务院印发了《粤港澳大湾区发展规划纲要》，一锤定音，让粤港澳大湾区城市群进入发展快车道，这既是建设比肩纽约大湾区、旧金山大湾区、东京大湾区的全球第四大湾区的战略需要，更是深化港澳与内地融合、促进港澳长期繁荣稳定、确保"一国两制"基本国策的战略需要。根据规划，在粤港澳大湾区9个城市和2个特别行政区现有产业结构的基础上，将进一步发展以国际金融、科技创新、先进制造为龙头的全球创新高地和利益共享产业价值链，未来粤港澳大湾区将是高度繁荣发达的国际一流湾区、世界级城市群以及中国新的经济增长极。这样的发展愿景，离不开创新型城市、创新型企业、创新型人才、创新型文化。

深圳在粤港澳大湾区9+2的城市群发展规划中，被明确定位成"现代化国际化城市"和"创新创意之都"，这意味着深圳要发挥作为经济特区和全国性经济中心城市，以及国家创新型城市的引领作用，将特区发展的经验、科技创新的优势，辐射成为整个湾区的优势。腾讯公司董事会主席兼首席执行官马化腾是全国人大代表，2017年两会期间他提交了题为《关于发挥协同创新优势，打造粤港澳世界级科技湾区的建议》的议案，提出将粤港澳大湾区建设成为"创新要素高度聚集、科技产业高度发展、创新生态高度成熟，具有全球要素资源配置能力和影响力的世界级科技湾区"。2018年，马化腾再接再厉，在两会上再次提交和粤港澳大湾区相关的议案《关于加快粤港澳大湾区建设，推动区域融合发展率先突破的建议》，从"决策共商""产业共建""文化共生""机遇共享"四个方面对促进粤港澳大湾区加快迈向国际科技创新中心做了全面阐发。

纵观世界各国、各地区、各城市创新发展的历程,无论是美国硅谷、以色列特拉维夫,还是德国慕尼黑、韩国大德,城市创新的活力往往来自社会、来自民间、来自青年,特别是随着互联网创业热潮的兴起,"80后"甚至"90后"已迅速成长为互联网科技、智能制造、科技金融等行业巨大的创新能量,他们所形成的创新链和生活圈正在引领大湾区向着国际化平台行进,粤港澳三地青年逐步形成了携手发展大湾区的共识,中西多元文化也在这片土地上碰撞出绚烂多姿的创新火花。腾讯、顺丰、大疆、新世界等一大批以青年为主体的大湾区企业走向前台,积极参与到以互联网、大数据、云计算、人工智能、物联网和基因等新技术产业的发展中,也积极投身到促进大湾区多元文化融合共生、包容开放的湾区创新文化中,并且积极搭建了促进大湾区青年人交流、沟通、理解和融合的相关青年活动项目,加大了粤港澳三地青年的互动力度。尤其是深圳,这座平均年龄为35岁的城市,是一座青春型的城市,聚集了青年的力量,创造了以青年为主体的众多创新型企业和丰富多彩的城市文化生态。可以说,无论是科技创新还是文化创新的未来,都取决于年轻人,青年创新文化将会是粤港澳大湾区发展最强劲的动力,也是粤港澳大湾区不同于国内其他地区发展的独特气质,对此展开研究不但是必须的、必要的,也是具有深远价值意义的。

二、研究目标

深圳 2018 年生产总值突破 2.4 万亿元，同比增长约 7.5%，稳稳地进入全国 2 万亿"俱乐部"。在经济总量做大的同时，深圳的创新分量越来越重，正在成为全球重要的科技创新节点城市。统计资料显示，2018 年深圳全社会研发投入超过 1000 亿元，新增各类创新载体 189 家，累计达到 1877 家。国家级高新技术企业新增 3000 家，总量超过 1.4 万家。国内有效发明专利拥有量增长 10%，达 11.8 万件，专利合作条约国际专利申请量全国领先。

深圳更宏大的目标是到 2050 年，将创建成为"竞争力影响力卓著的创新引领型全球城市"，直接对标香港、新加坡市、纽约、伦敦、旧金山、东京、北京、上海等先进城市。相比于北京的"国际一流和谐宜居之都"、上海的"具有世界影响力的社会主义现代化国际大都市"、广州的"中国特色社会主义引领型全球城市"，深圳将"创新"凸显出来，并且首次提出了"全球引领"的蓝图。

本课题将深圳视为全球网络中的都会，从了解青年创新文化的现状出发，探讨和发现深圳创新文化的历史基因、青年创新文化的内外动因、青年创新文化要件、青年创新文化之于城市/区域创新以及激发城市创新活力、提升城市创新价值之间的互动关系，关注社会和文化意义上的深圳生态建设，特别是创新与创意文化生态中青年的地位和作用。

三、关键词解释

粤港澳大湾区

  首先是"粤港澳大湾区"。正如"研究缘起"所梳理的那样，这一概念的形成经历了一个漫长的发展过程，跨越了"香港湾区""港深湾区""大珠江三角洲城镇群""湾区经济""粤港澳大湾区"，历经二十多年，从个人提法逐渐向地方意识、区域共识发展，最终上升为国家战略，层层递进，逐步深入，尤其是香港和澳门两个特别行政区的加入，使原本属于广东省内的战略升级成为国家规划下的三地跨制度合作。不过，如果换一个视角，不是停留在概念的"旅行"和政策方略的规划层面上，而是将视线往下去探索，粤港澳三地自1949年以来就开始有民间交往。

  深圳与香港有着天然的地缘关系。在1979年初中央批准设立深圳市，接着又在深圳试办经济特区，在深圳率先推进先试先行的经济政策之后，官方和民间的叙事话语开始转向恢复经济、改革开放，民间交往日益繁盛。是年，担任宝安县委副书记兼口岸办主任的李定在接受采访时说："实行承包责任制、放开物价，这是我的思想，不是我的发明，与深圳河对岸接触多了，就有很多东西可以给我们学，有些甚至完全是现成的东西。我的老师就在河对岸。"① 对标香港，偷师香港，在深圳最初的经济发展和城市建设中可谓水到渠成。从学习香港养鸡场先进的管理经验和技术，到学习做外贸业务，再到引进港资做来料加工，深圳与香港的关系日益密切。时任香港仲量行助理的梁振英在接受采访时透露，20世纪80年代初，深圳一穷二白，百废待兴，该往哪里去，可以往哪里去，谁心里都没有底。因此，30位香港专业人士被私

---

① 熊君慧：《我的1980：深圳特区民间叙事》，深圳：海天出版社，2010年，第51页。

底下邀请至深圳蛇口为干部培训班的学员上课。梁振英回忆道:"当年的蛇口,无论是规划、管理还是经济人才都非常缺乏,跟世界打交道,懂经济的人才几乎没有,最急需讲授一些制度上的东西,比如土地制度、经济制度。我讲的是香港的法律制度、银行制度、土地制度、规划制度等。"①除了上课,梁振英、刘绍君、刘家骏、何钟泰、曾正麟等香港专家还为蛇口设计了第一份规划图。当时负责寻访、安排和接待香港专家的梁宪高度评价道:"讲座的内容,如营销学、证券市场、地产,都是我们过去从来没有接触过的……20世纪80年代蛇口的讲座,包含了太多启蒙的内涵。"②深圳博物馆的常设展览项目"深圳改革开放史"以图文的方式向我们清晰地展示1980年以来深圳在全国率先创造的若干第一,包括第一个商品房小区、第一张股票、中国土地拍卖第一锤、第一家股份制商业银行、第一家地产中介公司、第一家股份制保险公司等,可以说,每一个创新制度的规划、设计和实施都来自香港专业人才的指导和参与,得益于香港的实践和经验。

除了城市规划、制度设计、经济交往,如果追溯深圳当下繁荣兴盛的多元文化早期所走过的历程,同样可以清晰地看到深港两地文化人士的交流和香港文化对深圳文化的深刻影响。20世纪80年代初担任深圳市委宣传部首任部长、《深圳特区报》报社首任社长和首届市文联主席等职的李伟彦,在他的回忆录里记载了《深圳特区报》创刊的情形:1981年6月6日试刊号以对开四版、竖排、繁体、彩印的模样诞生。酝酿出报时,当时的市委书记吴南生指示,内地报纸统统都是横排,特区试试用竖排、繁体字,与港澳人的阅读习惯接轨。换句话说,《深圳特区报》不仅仅是给内地各级领导干部阅读,给深圳市民阅读,也是给香港人阅读,尤其是希望后者借此媒介及其传递的信息,了解特区,促进深港两地的合作和交流。当时办报的操作程序更是直观地展现了深港报业的全方位合作,"由《深圳特区报》在深圳完成基本采编任

---

① 熊君慧:《我的1980:深圳特区民间叙事》,深圳:海天出版社,2010年,第87页。

② 同上书,第79页。

务后，把稿子送往香港《文汇报》社做小样、审大样、再付印"①。李伟彦还提到，20世纪80年代初，因为没有接收塔，内地的电视节目无法落地深圳，香港电视信号虽然覆盖深圳，但又被禁止收看。在筹建深圳电视台时，是由香港无线电视台派技术人员完成勘测、设计，由港方出设备，深圳出地方的合作模式完成的。1984年电视台正式开播时，可以将电视信号传送到香港。时至今日，粤港澳大湾区文化艺术交往活动的主办方从政府层面到民间机构可谓琳琅满目，丰富多彩的设计、音乐、舞蹈、小剧场话剧、阅读分享会虽然在大湾区多地分别举行，但便捷快速的深港高铁、港珠澳大桥，无阻碍的通关手续已使得生活在大湾区的居民获得了"同城"感觉，至少在深圳，周末去香港听演唱会、看展览、购物、享受美食已成为青年人的流行风尚。

毋庸讳言，粤港澳大湾区与世界上其他大湾区，如纽约湾区、旧金山湾区、东京湾区等著名经济和创新活动聚集区不同；和一体化发展区域如杭州湾区、渤海湾区等国家重点发展地区也截然不同的是"一国两制"的差异，三地处在不同的制度和法系空间里，经济发展处在不同的阶段，人流、物流、资金流和信息流尚且不能自由流动，作为大湾区现在和未来创新潜力最大的主体力量的青年群体由于日常交流非常有限，尚未形成共同成长的合力，彼此间反倒存在一些偏见与隔阂。在2017年举行的首期腾讯粤港澳湾区青年营上，一位深圳的年轻女性说："香港离我们很近，可是，隔了一片海就像隔了一座喜马拉雅山。"深圳的年轻人对香港的印象还停留在"文化生活丰富""购物方便"阶段。香港的年轻人又是如何看待深圳和粤港澳大湾区的，现在我们知之并不多。现有的数据统计角度不同，往往呈现出比较复杂的情况，比如有数据表示，愿意到深圳来工作的香港青年仅占总人数的20%，除了税收等制度原因外，更重要的是语言和文化的障碍。②另有数据显示，"近六成的香港受访者表示知道粤港澳大湾区发

① 熊君慧：《我的1980：深圳特区民间叙事》，深圳：海天出版社，2010年，第69页。

② 政协论坛：《香港青年为什么不喜欢来深圳工作？》，http://static.scms.sztv.com.cn/ysz/zx/zw/27606932.shtml，2020年7月24日访问。

展计划,同比增幅达到25%,香港青年对于粤港澳大湾区的了解程度亦有显著提高,增幅达到25%;接近半数的香港受访者认为大湾区的发展会为香港带来机遇,相比去年增长13.75%"①,该调查还表明有43.51%的香港本地青年认同粤港澳大湾区的发展会为香港带来机遇,而在广东工作、学习、创业及生活的香港青年受访者对大湾区的认同度则高达63.99%。②根据《粤港澳大湾区发展规划纲要》制定的蓝图,青年将是最主要的建设者,而推进粤港澳大湾区青少年交流、往来、合作将是重中之重。

青 年

QQ大数据基于7.83亿月活跃用户,对其中15—35岁年轻群体加以研究,通过城市年轻人口占比波动、上一年度城市年轻指数等多项数据加权计算发布的《2018年全国城市年轻指数》,基本上能反映年轻人在城市选择方面的偏好和趋势。榜单显示,深圳年轻指数为87,与排名第一的"黑马"贵阳相比,仅以微小的差距位居第二,但在北上广深一线城市中,历年来均排名第一,远超一线城市平均年轻指数的79。持续的数据足以证明深圳是一座年轻的城市,深圳对于青年人具有较强的吸引力。

何为青年?学术界其实到目前为止并没有公认的年龄指标。不同学科所使用的青年年龄和概念也不尽相同。生理学学者认为,青年是处在生殖能力成熟阶段的人,往往把青年年龄界定为14岁至22岁;心理学学者认为,青年是处在心理成熟过程中的人,往往把青年年龄界定为14岁到25岁;社会学学者认为,青年是从依赖成人的童年到能进行独立、负责的成人活动的过渡阶段的人,往往把青年年龄上限延至35岁,甚至40岁;教育学学者认为,青年是从接受中等教育开始,到就业、结婚、独立生活为止的这段时期的人群,往往把青年年龄界定为12—24岁至22—25岁。③

① 《香港青年对大湾区认同度显著提升》,《南方都市报》,2019年1月27日,第AA09版。

② 同上。

③ 李毅红:《青年概念的当代阐释》,载《北京行政学院学报》,2007年第5期,第73—77页。

青年工作的组织机构对青年的界定似乎也并不一致，中国共青团章程规定年龄在14周岁以上、28周岁以下的中国青年方有入团的资格，而2017年中共中央、国务院颁布的《中长期青年发展规划（2016—2025年）》规定的青年年龄范围是14—35周岁。"这样，关于青年年龄的法定规定就有两种：14至28周岁和14至35周岁。"① 国际上有关青年年龄的说法更是众说纷纭。联合国认定的青年年龄为14周岁到24周岁，其上限基本不可能在国内得到认同。与联合国不同，世界卫生组织将青年年龄的下限提升到18周岁，而上限则放宽到44周岁。

① 张良驯：《青年概念辨析》，载《青年学报》，2018年第4期，第48页。

青年年龄从14周岁到44周岁有30年的时间跨度，不同的机构以及不同的学科依据自身需要从中设定青年的年龄边界，导致青年概念的模糊性。"青年概念的含混和青年年龄边界的飘忽，已导致青年政策出台乏力、青年项目难以实施，成为制约我国青年政策的发展的重要因素之一。"② 从学科的严谨性、青年工作的规范性来说，的确需要有公认的年龄标准，以便于不同学科之间的对话和交流，以及确保青年政策的合理性和稳定性。不过，除此之外，在实际应用中年龄标准似乎不应该成为衡量"青年"的唯一标准，比如，由于各国青少年互联网使用条件以及使用习惯的不同，很难在网民使用的评估报告中使用统一的年龄标准。中国互联网络信息中心在比较权威的《2015年中国青少年上网行为研究报告》中将年龄25周岁以下的称为"青少年网民"，而18周岁以下则为"未成年网民"。同样具有权威性的国际环保平台GWI（Global Water Intelligence）在发布青少年网络行为调查报告时则将年龄进一步下降至16—19周岁。

② 同上刊，第49页。

为此，我们认为，定义青年，除了年龄维度之外，还应该加上另外两个维度：一是青春心态和创新能力，二是历史维度的青春。所谓青春心态，借用德裔美籍作家塞缪尔·厄尔曼（Samuel Ullman）在短文《年轻》中充满哲理的表述："年轻，并非人生旅程的一段时光，也并非粉颊红唇和体魄的矫健。它是心灵中的一种状态，是头脑中的一个意念，是理性思维中的创造潜力，是情感活动中的一股勃勃的朝气，是人生春色深处的一缕东风……只要勇于有梦，敢于追梦，勤于圆梦，我们就永远年轻！"① 第二次世界大战后，20 世纪 60 年代"婴儿潮"出生的一代人进入青年和成年后爆发出巨大的创造力，造就了一大批全球著名的企业，如微软、思科、甲骨文、戴尔和英特尔等。进入 21 世纪，步入中老年的这代人依然在文化、艺术、商业和时装界创造一个接一个的奇迹，由此，"婴儿潮"获得了另一层有趣的诠释，即不服老，不愿老，要永葆青春。引入历史维度，可以帮助我们在梳理城市发展史时不忘 20 世纪 80 年代初深圳开埠时那些充满闯劲、挣脱铁饭碗、告别舒适生活南下的也是二三十岁青春年少的年纪。一代又一代年轻人将青春、才智贡献给深圳，才有今日深圳的繁荣。为此，本研究给青年的年龄标准定义为 16—35 周岁，16 岁通常是进入高中学习的阶段，35 岁基本完成大学、研究生的学习，参加工作并参与创新创业。与此同时，我们也将这条年龄线与青春心态和创新能力，以及不同历史时期的青年群体结合起来展开研究，建立起一个围绕着青年年龄、青春心态、创新能力的综合性的、充满弹性的"青年"概念。

据深圳市统计局统计，深圳 2019 年常住人口为一千三百多万，平均年龄为 35 周岁，超过 65% 的城市居民在 30 岁以下，历年来每年平均有 20 多万大学毕业生进入深圳，参与深圳的城市建设。在这个意义上，我们完全可以说，40 岁的深圳是一座年轻的城市，40 岁的深圳更是一座年轻人的城市。重视年轻人，用好年轻人，服务好年轻人，应该是深圳城市政策和城市发展的重中之重。

很显然，深圳市委市政府以及相关部门已经意识到了。2017

---

① 塞缪尔·乌尔曼：《年轻》，www.beeui.com/p/1561.html/，2020 年 11 月 29 日访问。

年10月,深圳团市委、市青联、市学联联合主办的青年联合会第八届委员会全体会议上,提出了将深圳市建设成为"青年发展型城市"①的目标,这是对城市发展与青年发展关系的全新思考和定位,很好地体现了"城市要发展,青年首先要发展"的重要理念,一方面,让城市对青年发展更友好,营造有利于青年发展的环境,更好地满足青年发展的需求,提高城市对青年发展的承载力、吸引力和凝聚力;另一方面,让青年对城市发展更有为,使城市能凝聚青年共识,激发青年活力,增强青年对城市发展的参与感、推动力和贡献度。

① 佚名:《深圳探索推动建设"青年发展型城市"》,载《中国产经》,2017年第10期,第80—81页。

创新文化

在"粤港澳大湾区""青年""创新文化"三个关键词中,无疑最难定义的是"创新文化"。创新文化是一个极其复杂的概念,包含了"创新"和"文化"两个子概念,而"文化"又是"子"大于"母"的概念,"创新"更是一个被广泛使用以致差不多失去了边界的概念。

创新文化的理解,始于创新理论的诞生。"创新"(innovation),牛津词典将其释义为一种新的方法、想法、产品等。从20世纪50年代至今,国外学者研究"创新"的热度不断上升,社会科学引文索引(Social Sciences Citation Index,SSCI)数据显示,以"创新"为题旨的学术论文从2005年至2018年更是呈现直线上升的趋势。

"创新研究"的代表学者,挪威奥斯陆大学詹·法格博格(Jan Fagerberg)教授将"创新研究"定义为"有关创新如何发生、重要的解释因素、经济及社会结果的学术研究"②。詹·法格博格通过文献搜集和分析,发现"创新研究"分为三大领域,首先为"研发经济学"(Economics of R & D),相关的重要著作有熊彼特(Joseph Alois Schumpeter)的《经济发展理论》(*Theory of Economic Development*)、克里斯托弗·弗里曼(Christopher

② Fagerberg, J., Fosaas, M., Sapprasert, K., "Innovation: Exploring the knowledge base," *Research Policy*, Vol.41, No.7, 2012, pp.1132-1153.

Freeman）的《工业创新经济学》（The Economics of Industrial Innovation）及迈克尔·E. 波特（Michael E. Porter）的《国家竞争优势》（The Competitive Advantage of Nations）。值得注意的是，该研究领域中最关键的引用期刊并非经济学领域，而是以商业、管理、规划和发展、经济地理学及环境研究类期刊为主。其次为"组织创新"（Organizing Innovation），核心著作为理查德·R. 纳尔逊（Richard R. Nelson）与西德尼·G. 温特（Sidney G. Winter）的《经济变迁的演化理论》（An Evolutionary Theory of Economic Change），重点的期刊为商业与管理类别。最后为"创新系统"（Innovation Systems），最重要的产出为本特－奥克·伦德沃尔（Bengt-Åke Lundvall）的《国家创新系统：创新理论与交互式学习》（National Systems of Innovation: Toward a Theory of Innovation and Interactive Learning）。

2006年，由詹·法格博格等三位学者编写的《牛津创新手册》（The Oxford Handbook of Innovation）出版，比较全面地展现了当时西方国家对创新研究的关注点。企业、组织、大学成为主要的研究主体；更细化地，技术、产业与服务，金融与知识产权，绩效与政策，也成为当时创新研究的关注点；继传播理论学家埃弗雷特·M. 罗杰斯（Everett M. Rogers）于20世纪60年代提出"创新扩散模型"以来，创新及其扩散仍然受到西方学者的关注；此外，创新网络、创新过程、创新测度、创新系统/区域系统这类总括性研究，也构成西方创新研究的重要部分。2013年，詹·法格博格等学者再次对西方创新研究进行了梳理，出版《创新研究：演化与未来挑战》（Innovation Studies: Evolution and Future Challenges），研究重点为社会如何从创新中获得最大利益以及为实现这一目标需要采取哪些措施。可以看到，此时西方学者在创新研究领域，将视线投向了工作组织、国家创新系统、区域以及政府。

在创新的研究领域，另一位著名学者为美国哈佛大学教授克莱顿·克里斯坦森（Clayton Christensen），其在熊彼特提出的创新理论基础上，于20世纪90年代进一步更新、阐释了"破坏性/颠覆性创新"（disruptive innovation）理论，主要用来阐释为新客户设计的产品或服务过程中的创新形式。其著作《创新者的窘境：大公司面对突破性技术时引发的失败》（The Innovator's Dilemma: When New Technologies Cause Great Firms to Fail）、《创新者的解答：创造与维持成功的增长》（The Innovator's Solution: Creating and Sustaining Successful Growth）、《创新者的基因：掌握颠覆性创新者的五项技能》（Innovator's DNA: Mastering the Five Skills of Disruptive Innovators）、《创新者的任务：创新与客户选择的故事》（Competing Against Luck: The Story of Innovation and Customer Choice）关注企业、产品、用户及服务，无疑是在企业管理范畴中谈论创新的全面、细致又见解独到的研究成果。

"创新"如同万金油一般存在着，任何对象、领域都可以与创新相互关联，反倒使得有关创新的研究显得非常局限。因此，我们尝试将创新置于一个特定的语境来总结国外学者的研究成果——将"创新"置于文化语境下，研究"创新文化"。

四、国内外有关创新文化的主要论述

创新文化的研究在国内外起步时间不一致，关注的研究内容既有共同之处，也有比较明显的差异性。深圳是以创新见长的城市，创新文化的研究也颇有特色。本部分我们主要从国外研究现状、国内研究现状以及深圳市研究现状出发，分别梳理有关创新文化的主要论述，以及其间的传递关系。

国外创新文化研究现状及主要观点

国外学者对于"创新文化"的研究，可以分为三个层次。第一，为创新与企业文化、组织文化的结合，主要集中讨论在企业中如何激发、培养创新。第二，为文化对创新的影响，包括不同的国家、社会、区域文化对创新的不同影响。第三，为文化研究视角下的创新，通过文化理论来谈论创新，具有一定的批判性。

1982年，T. E. 迪尔（T. E. Deal）和A. A. 肯尼迪（A. A. Kennedy）的著作《企业文化：企业生活中的礼仪与仪式》（*Corporate Cultures: The Rites and Rituals of Corporate Life*）、汤姆·彼得斯（Tom Peters）和罗伯特·H. 沃特曼（Robert H. Waterman）的著作《追求卓越》（*In Search of Excellence*）促使企业文化成为管理学界及相关从业者热切关注的一个话题，到如今，企业文化或者说组织文化是创新过程的关键因素已众所周知。通过企业/组织实践而反映出的不同文化特质，有学者将其归纳为"创新支持文化"，比如G. N. 钱德勒（G. N. Chandler）等学者所考察的企业"外部环境"与"管理者实践"，包括"管理支持""创新奖励系统""工作量压力"[①]，都是企业"创新支持文化"的因素；莱拉·古穆斯洛格鲁（Lale Gumusluoğlu）及阿尔祖·伊尔塞夫（Arzu Ilsev）的研究中提到"创新支持文化"包括内部创新支持，如鼓励、认可和奖励以及足够的人力、资金和时间等，及外部创新支持，如与环境的信息交流、外部知识等[②]。还有学者将其归纳为"支持文化"，如耶尔·伯森（Yair Berson）等学者所证明的"仁慈的价值"（benevolence values）是企业创新中与支持文化密切相关的[③]；苏珊·魏（Yinghong Susan Wei）和尼尔·A. 摩根

[①] Chandler G. N., Keller C., Lyon D. W., "Unraveling the determinants and consequences of an innovation-supportive organizational culture," *Entrepreneurship Theory and Practice*, Vol.25, No.1, 2000, pp.59-76.

[②] Gumusluoğlu L., Ilsev A., "Transformational leadership and organizational innovation: The roles of internal and external support for innovation," *Journal of Product Innovation Management*, Vol.26, No.3, 2009, pp.264-277.

[③] Berson Y., Oreg S., Dvir T., "CEO values, organizational culture and firm outcomes," *Journal of Organizational Behavior*, Vol.29, No.5, 2008, pp.615-633.

（Neil A. Morgan）指出，组织环境的支持被认为是市场定位中非常重要的文化资源。① 我国学者水常青、许庆瑞对国外企业创新文化研究进行了较为全面系统的梳理，发现国外学者常以图形来描绘企业创新文化的构成要素以及要素之间的关系，比如爱伦·威廉斯（Alan Williams）等的睡莲图、伯歌·G.纽豪热（Peg G. Neuhause）等的同心圆图、帕米拉·S.路易斯（Pamela S. Lewis）等的冰山图。② 在文化因素对企业创新影响的研究中，欧文·丹尼尔斯（Erwin Danneels）提到，组织文化应包含"对失败的宽容"③；尼古拉斯·尼葛洛庞帝（Nicholas Negroponte）指出，培育新思想需要鼓励冒险、鼓励开放性和思想共享④。

众多创新文化研究学者对组织内有利于创新的要素和规范进行了一系列的研究，最终发现了一些共同的要素：挑战性和信仰；鼓励自由和冒险；组织活力和持续发展；组织对外界环境的敏感性；信任和开放；辩论；跨职能的交流和自由；创新成功的寓言和故事；领导对创新的支持和参与；奖励和薪酬；可支配的创新时间和创新培训；一致性；非官僚的组织机构等。⑤ 在《文化 vs 技术创新：德美日创新经济的文化比较与策略建议》中，柏林科学技术研究院以"文化因素在技术创新中的作用"⑥为线索，进行企业文化环境的差异对技术创新活动的影响研究，发现创新绩效、创造力和积极性、信息管理、战略体系、竞争和合作、风险分担和资本代价、教育均为非常重要的文化因素。这些研究从企业管理的微观角度进行思考，对创新文化的要素分析深入，具有可操作性和实践指导性。

文化对创新的影响层面，国外学者主要集中在区域文化对创新的影响的研究上。菲利普·库克（Philip Cooke）等学者在谈论区域创新系统（Regional Systems of Innovation，RIS）时指出，

---

① Wei Y., Morgan N. A., "Supportiveness of organizational climate, market orientation, and new product performance in Chinese firms," *Journal of Product Innovation Management*, Vol.21, No.6, 2010, pp.375-388.
② 水常青、许庆瑞：《企业创新文化理论研究述评》，载《科学学与科学技术管理》，2005年第3期，第138—142页。
③ Danneels E., "Organizational antecedents of second-order competences," *Strategic Management Journal*, Vol.29, No.5, 2008, pp.519-543.
④ Negroponte N. Creating a Culture of Ideas. https://www.technologyreview.com/2003/02/01/234473/creating-a-culture-of-ideas/, accesed July 17, 2020.
⑤ 水常青、许庆瑞：《企业创新文化理论研究述评》，载《科学学与科学技术管理》，2005年第3期，第138—142页。
⑥ 柏林科学技术研究院：《文化 vs 技术创新：德美日创新经济的文化比较与策略建议》，吴金希、张小方、朱晓茵、刘倬译，北京：知识产权出版社，2006年，第2页。

对区域创新系统能力至关重要的三大制度形式分别为"财务"（financial）、"学习"（learning）以及"富有成效的文化"（productive culture），其中，"富有成效的文化"包含"合作文化"（culture of cooperation）、"联想文化"（associative culture）以及"学习文化"（learning culture）。①尼科斯·瓦萨克力斯（Nikos Varsakelis）则强调了民族文化对创新研发投入存在决定性的作用②，而民族文化被吉尔特·霍夫斯泰德（Geert Hofstede）定义为"童年早期所获得的价值观、信仰和假想，将一群人与另一群人区分开来"③，同时，民族文化是心灵的"软件"，深深根植于日常生活之中。马克·扎卡里·泰勒（Mark Zachary Taylor）及肖恩·威尔逊（Sean Wilson）分析社会文化对创新的影响，发现大部分类型的个人主义对创新具有积极的影响，某种类型的集体主义（即爱国主义和民族主义）也可以促进国家层面的创新，其他类型的集体主义（即家庭主义和地方主义）则会阻碍创新与科技进步。④

文化研究视角下，霍夫斯泰德的文化维度理论——包括"权力距离"（power distance）、"不确定性规避"（uncertainty avoidance）、"个人主义/集体主义"（individualism and collectivism）、"男性化与女性化"（masculinity and feminity）⑤——常被学者用以与创新相互关联讨论，比如亚历山德拉·韦基（Alessandra Vecchi）和路易斯·布伦南（Louis Brennan）认为霍氏理论中权力距离、个人主义、男性度三大维度对创新产出影响显著，但不确定性规避维度对创新产出没有显著影响⑥；安妮莉·卡莎（Anneli Kaasa）则通过研究欧盟国家及邻国证实，创新过程强烈依赖于文化，权力距离、不确定性规避和男性度的影响被证明是消极的，个人主义与创新绩效正相关⑦。除了霍氏文化角度，还有学者从其他方面进行创新与文化的研究，如V. 库尔马（V. Kumar）从文化差异角度来分析创新框架，

① Cooke P., Uranga M.G., Etxebarria G., "Regional innovation systems: Institutional and organisational dimensions," *Research Policy*, Vol.26, No.4-5, 1997, pp.475-491.
② Varsakelis N., "The impact of patent protection, economy openness and national culture on R & D investment: a cross-country empirical investigation," *Research Policy*, Vol.30, No.7, 2001, pp.1059-1068.
③ Hofstede G., "Culture and Organizations," *International Studies of Management and Organization*, Vol.10, No.4, 1980, pp.15-41.
④ Taylor M. Z., Wilson S., "Does culture still matter?: The effects of individualism on national innovation rates," *Journal of Business Venturing*, Vol.27, No.2, 2012, pp.234-247.
⑤ 李文娟：《霍夫斯泰德文化维度与跨文化研究》，载《社会科学》，2009年第12期，第126—129页。
⑥ Vecchi A., Brennan L., "A cultural perspective on innovation in inter-national manufacturing," *Research in International Business & Finance*, Vol.23, No.2, 2009, pp.181-192.
⑦ Kaasa A., "Culture and innovation: Evidence from the European Union and neighbouring countries," *Tijdschrift Voor Economische En Sociale Geografie*, Vol.108, No.1, 2017, pp. 109-128.

将文化和创新研究分为以下六种方式：创新特征、创新采用/倾向、地理创新、市场特征、学习效果及组织功能。① 本·埃尔特姆（Ben Eltham）则通过批判文化创意产业领域保罗·斯顿曼（Paul Stoneman）提出的"软创新"（soft innovation）理论，指出对文化领域创新的理解可以从人类创造力的多方论证方法中获取。②

综上，国外学术领域并未将"创新文化"形成一门学科，或是一种关键概念。"创新文化"多被拆解为"创新"与"文化"来进行讨论，而其相结合的研究几乎在各个学术范畴都有涉及。如果"创新文化"必须成为一个词组来被研究，那么"创新文化"之于组织文化与企业文化，应该是最具有丰硕成果的领域了。

国内创新文化研究现状及主要观点

中国创新文化的研究相对较晚，是随着"科教兴国"战略和国家创新体系建立才逐步发展起来的。20 世纪 90 年代末，有学者具有前瞻性地从宏观视角关注创新文化问题。张钢等指出，创新型文化是具有长期、多样化、创造性和强风险意识等特点，并以未来发展为导向的文化③，随后时任中科院院长路甬祥提到创新文化，加大了社会影响力。以"创新文化"为关键词搜索中国知网数据库中的核心期刊，发现自 1980 年至 2000 年间，以"创新文化"为关键词的核心期刊文章只有区区 15 篇。从 2001 年至 2005 年间，则上升到 142 篇。2006 年 1 月 26 日，中共中央、国务院发布了《中共中央、国务院关于实施科技规划纲要增强自主创新能力的决定》，对《国家中长期科学和技术发展规划纲要（2006—2020 年）》进行了全面部署，推进提高自主创新能力、建设创新型国家战略的实施，遂使 2006 年为"创新文化"类文献发表增幅最大的一年，在广泛的讨论中，文化对于创新的重要

① Kumar V.,"Understanding cultural differences in innovation: A conceptual framework," *Journal of International Marketing*, Vol.22, No.3, 2014, pp.1-29.

② Eltham B., "Three arguments against 'soft innovation': towards a richer understanding of cultural innovation," *International Journal of Cultural Policy*, Vol.19, No.5, 2013, pp.537-556.

③ 张钢、许庆瑞：《文化类型、组织结构与企业技术创新》，载《科研管理》，1996 年第 17 卷第 5 期，第 26—31 页。

性得到自上而下、自科技到文化各领域的认同，使创新文化研究获得了学术合法性。

国家战略框架下的创新文化内涵研究。从国家战略框架下讨论创新文化，影响力主要来源于党和国家领导人的战略部署和重要论述。20世纪70年代末，邓小平强调科教兴国，实际上从政策层面涉及创新的问题，胡锦涛在2006年全国科学技术大会上宣布"用15年的时间使我国进入创新型国家行列"，而建设创新型国家必须"发展创新文化，努力培育全社会的创新精神"。① 在这一背景下，学术界积极回应，深入探讨如何构建创新文化以促成国家创新战略的实施②，认识到创新文化是建设创新型国家的一项重要任务，体现为一种文化"软实力"。它既是在精神、理念和价值观层面上提升主体自主创新能力的前提，又是从制度、环境角度提高区域自主创新力的基础。③ 与此同时，学者从另一个角度对我国当前的科研文化和创新资源分配体系进行反思，并提出改进的建议，典型的如著名科学家施一公和饶毅等人。④

科技创新框架下的反思研究。在技术创新经济学者看来，技术创新侧重于产品创新和技艺创新，而知识是促使这两者创新最有效的途径。⑤ 但是，知识如何被运用或被更好地运用，这与创新者的精神、理念和价值观是密切相关的。因此，有学者认为创新不只是技术的运用和知识的生产，其本质上是一个社会历史范畴。技术创新的价值观不仅由企业组织内部决定，还由广大的社会文化规范所决定。⑥ 文化对创新的重要性一旦被认可，就意味着创新文化作为研究领域的正当性被普遍接受。21世纪初期，我国科学界、教育界和人文社科领域跨域学科的藩篱，共处一室探讨创新文化的问题，掀起了创新文化研究的热潮，一个典型的例证是，2006年《求是》杂志采访中国科学院院士朱清时，南开大

---

① 胡锦涛：《坚持走中国特色自主创新道路　为建设创新型国家而努力奋斗——在全国科学技术大会上的讲话》，http://www.gov.cn/ldhd/2006-01/09/content_152487.htm，2020年7月24日访问。
② 徐冠华：《大力构建有利于创新的文化环境》，载《中国软科学》，2001年第3期，第1—7页；路甬祥：《学习理论，认清形势，把知识创新工程工作抓实抓好》，载《中国科学院院刊》，1998年第6期，第3—5页；金吾伦：《创新型国家的创新文化范式》，载《光明日报》，2006年3月21日，第12版。
③ 陈依元：《创新文化：自主创新的文化驱动力》，载《福建论坛》（人文社会科学版），2007年第3期，第131—134页。
④ 施一公、饶毅：《中国的科研文化》，http://news.sciencenet.cn/sbhtmlnews/2010/9/236322.html，2020年7月24日访问。
⑤ 许庆瑞：《应用全面创新管理提高中小型企业创新能力研究》，载《管理工程学报》，2009年增刊，第1—6页。
⑥ 李兆友：《文化视野中的技术创新》，载《武汉理工大学学报》（社会科学版），2007年第1期，第30—32页。

学原校长侯自新，时任中国社会科学院文化研究中心主任、哲学研究所所长李景源，中国社会科学院哲学研究所研究员金吾伦，刊发了《发展创新文化 培育创新精神——访朱清时 侯自新 李景源 金吾伦》的文章，使创新文化成为更热门的议题。①

城市创新战略视域下的创新文化研究。城市创新的驱动要素，包括创新主体、创新资源、创新机制、创新文化、创新网络等。②从创新的价值链体系来说，创新的核心系统是产学研相结合的创新体系；创新动力源于现实和潜在的市场需求，创新价值通过供应链活动满足市场需求而实现；政府参与或影响创新的全过程，起着重要的促进和推动作用；文化氛围和硬件环境则"软硬兼施"，全面支撑和保障城市创新体系的有效运转。其中，政府的"推动"作用和市场的"拉动"作用非常关键，共同构成创新型城市建设的外驱动力，共同作用于整个城市创新体系。

创新文化的比较研究。中外比较主要在中日、中美之间展开，文献数量不多。研究者认为日本创新文化的特点是：善于团队合作与交流、善于有组织地学习和持续改善、民众有创新型的消费倾向等；美国创新文化的突出特点是："try"的文化、宽容失败的文化、诚信文化及其体系等。中国在创新文化方面强调爱国奉献的"两弹一星"精神等优秀文化，同时也存在"官本位"文化、迷信权威、一元化评价标准、小生产者意识，以及诚信文化缺失等问题。③国外学者安纳利·萨克森宁（Annalee Saxenian）的研究对国内学者影响较大。他认为世界知识经济发动机的动力来源于文化差异，以硅谷为代表的西部文化主要特点是平民化、组织扁平化、经济交流、知识分享、拥抱变革、挑战传统④；而以128号公路地区为代表的东部文化则相对封闭、讲究个人身份和家庭背景、相对保守，尽管有更多世界一流大学和政府支持，但最终仍被硅谷超

① 李文阁：《发展创新文化 培育创新精神——访朱清时 侯自新 李景源 金吾伦》，载《求是》，2006年第18期，第50—53页。

② 尤建新、卢超、郑海鳌、陈震：《创新型城市建设模式分析——以上海和深圳为例》，载《中国软科学》，2011年第7期，第82—92页。

③ 吴金希：《创新文化：国际比较与启示意义》，载《清华大学学报》（哲学社会科学版），2012年第27卷第5期，第151—158、161页。

④ 安纳利·萨克森宁：《地区优势：硅谷和128公路地区的文化与竞争》，曹蓬、杨宇光译，上海：上海远东出版社，1999年，第32—64页。

越。① 有学者研究麻省理工学院，认为引领技术浪潮的精神文化、创新导向的制度文化、黑客精神与创新行为文化、开放自由的创新环境文化四个方面使麻省理工学院成为创新文化的风向标。②

创新文化的构成要素研究。学者们在深入总结国内外创新文化的理论范式的基础上，尝试建立关于理解创新文化的综合框架。杜跃平等认为创新文化的核心是激励探索、包容个性、宽容失败，是一种能够极大激励人们去创新的文化③；陈依元提出"以创新价值观为核心，包括主体创新文化、制度创新文化、环境创新文化三个层次的内涵"④；吴金希沿着新知识的生产、新知识商业化创新、新知识的社会消费等维度，将创新文化分为新知识发现的"知"文化、知识商业化过程中的"做"文化和知识的社会化扩散的"用"文化三种亚文化类型，并在此基础上简述不同亚文化的特征⑤。此外，中国传统文化与创新的关系，也引起了学者的关注。有学者指出，创新文化不是一种独立的文化形态，它只能是民族文化的一部分。⑥

深圳创新文化研究现状及主要观点

以"创新文化"为关键词在知网检索与区域或城市相关的创新文化研究文献，发现，"创新文化"与城市相结合来进行研究的文献中，以上海为研究对象的文献数量最多，其次为深圳、北京，三大城市文献数量级为50以上，而以其他城市为研究对象的，数量级小到10左右，其中较常出现的为南京市，数量为12，其余城市如广州、合肥、苏州、杭州，数量均在10以下，且大多数是以文章形式发表在大众媒体上，研究深度不够。

就深圳创新文化研究而言，大致有三个方面：

一是新价值理念建构，以宏观的整体的价值主张为引领，为

---

① 安纳利·萨克森宁：《地区优势：硅谷和128公路地区的文化与竞争》，曹蓬、杨宇光译，上海：上海远东出版社，1999年，第65—92页。
② 董一巍、殷春平、李效基、尤延铖、YANG Jun：《麻省理工学院创新型人才的培养模式与启示》，载《高等教育研究学报》，2018年第41卷第1期，第79—86页。
③ 杜跃平、王开盛：《创新文化与技术创新》，载《中国软科学》，2007年第2期，第155—158页。
④ 陈依元：《创新文化：自主创新的文化驱动力》，载《福建论坛》（人文社会科学版），2007年第3期，第131页。
⑤ 吴金希：《理解创新文化的一个综合性框架及其政策涵义》，载《中国软科学》，2011年第5期，第65—73页。
⑥ 许玉乾：《创新文化：建设创新型国家的新课题》，载《探索》，2006年第3期，第138—142页。

城市创新文化建构理论体系和实践指导。比如"深圳学派"（主要以研究深圳特区经济改革发展和创新为特色的学术群体）、"十大文化理念""文化流动理论"（文化流动过程就是文化创造过程）等创新观念的提出和解释。

二是创新文化特质研究。深圳创新文化研究课题组提出深圳"创新文化循环"的特色，由创新人才、人才的多样性与人才的发展机会、创新意志、创新型领导、有利于创新的公共环境五个部分组成。① 田欢进一步认为，深圳创新文化有四个特征、八个构成要素：个人创新表达自由，企业创新主体地位突出，政府积极不干预，创新成为城市集体意识，并用"忧患、革新、求异、竞争、先锋、开放、多元、宽容"来概括构成要素。② 王平聚等从历史性角度进行考察，认为深圳创新文化体系由"冒险、宽容、开放、实干、学习、创新、自强、自主"八个词组成。③

三是城市比较研究。研究者将深圳与上海纳入同框比较后发现，深圳的城市创新模式是政府主导型+市场引导型，而上海则是政府主导型上④；与广州相比，深圳是扦插嫁接型，而广州则是自体蔓生型的⑤。上海是近代历史上形成的移民城市，文化底蕴深厚，社会价值偏于保守，创新动力不足；广州文化根植于古老的岭南文化，脉络清晰，形成集体思维惯性，相对稳重保守；而深圳属于新兴的移民城市，文化多样混杂，文化根基浅薄，思维无定势，有利于创新但也容易滑入过分投机的误区。以新移民文化为基础的创新文化，具有以下特点：冒险性、功利性、革新性、开放性、不稳定性。深圳是综合创新文化而非继承创新文化。

① 深圳创新文化研究课题组：《深圳创新文化基本要素与内部循环分析》，载《马克思主义研究》，2008年第3期，第101—107页。

② 田欢：《创新30年：深圳的创新文化》，载《中国发明与专利》，2010年第10期，第36—40页。

③ 王平聚、曾国屏：《深圳创新文化系统初探——从历史性形成角度的一个考察》，载《特区经济》，2014年第11期，第11—16页。

④ 尤建新、卢超、郑海鳌、陈震：《创新型城市建设模式分析——以上海和深圳为例》，载《中国软科学》，2011年第7期，第82—92页。

⑤ 蒋玉涛、郑海涛：《创新型城市建设路径及模式比较研究——以广州、深圳为例》，载《科技管理研究》，2013年第33卷第14期，第24—30页。

五、本书的基本思路和框架

由上述国内外及深圳市创新文化研究的文献追索可知，第一，国外创新文化研究的主流是"市场—企业"范式，基本都是从市场的维度，考察企业如何培育创新文化以提高效率，获取更多利润，研究成果更多偏向于管理学和经济学；而中国创新文化以"国家主导"的特征非常突出。两大研究范式都不太适用于深圳。深圳地处改革开放第一线，有独特的区位优势，与北京、上海有不太一样的政治文化。地方政府一方面积极引导创新文化，另一方面也大力鼓励企业和民众自主创新，具有鲜明的"政府＋企业＋民众"三明治创新文化的特性。第二，国内研究从国家战略的角度去观照创新文化，对创新文化的内涵、功能和意义已有充分的认识；对深圳政府主导的创新文化已有一定的研究，这给本课题提供了研究基础。但国内有关企业科技创新、人才创新、管理创新等方面的文献，更偏向于理论研究，而缺少丰富翔实的实践层面的创新文化研究；深圳企业创新虽然领先全国，但有关企业创新文化研究的文献并不多，更缺少实践层面的考察。第三，城市民众能否成为创新文化的主体？平民化的创新文化是否可能？民众在城市文化创新中的作用如何发挥？虽然自2014年9月夏季达沃斯论坛上李克强总理提出，要在960万平方公里的土地上掀起"大众创业，万众创新"的新浪潮，事实上自那时起，个人创业、众创空间、创客空间等在全国各地遍地开花，但个人或群体的创新文化尚且没有引起研究者足够的关注。

随着时代发展，科技进步与社会发展互动日趋紧密，人们对创新的理解逐步扩展，突破了技术发明首次商业应用的狭义理解，走向了科技与经济、文化紧密交织的创新全过程。大众开始进入创新视野，关于创新文化的理解也同样获得了拓展。这一拓展，可以从两个维度上去展现开来。一是创新文化的内涵向创新价值链的上游延伸，即从知识生产环节/价值观念生产和传播的环节去寻找创新文化的新特点；在价值观念生产中，科学家、人文社会科学家、媒体人、政府官员等创新主体身上所拥有的科学精神、人文精神同样应该成为创新文化的重要组成，只有源源不断地创造并供给新知识、新观念，创新活动才能拥有不竭的动力。二是创新文化的内涵向创新价值链的下游拓展，即从知识消费/技术新产品消费的环节去发现创新文化的新表征。换言之，创新不只是企业家和政府的事情，民众也应该参与到创新文化中。现有的为数不多的研究仅仅将民众消费作为创新文化的组成内容，从消费者需求来理解创新的缘起，因为没有消费者对创新产品的认可，创新不可能形成良好的循环。因此，有利于创新产品消费的文化氛围对于整个社会的创新文化是不可或缺的。这对本课题的研究颇有启迪，但严格地说，这依然是经济学的视角，即将民众消费视为新技术商用产品的市场扩散，而忽略了民众作为创新主体所带来的非市场的力量，比如城市认同、身份认同、全球文化的在地化、交往空间化、陌生人相遇等多样性的城市经验以及建立在多重符码间沟通、传播、交往能力基础上的公共空间以及社会交往对于创新文化的重要性，这些在以往的创新文化研究中被忽视了。

2002 年，理查德·佛罗里达（Richard Florida）出版《创意阶层的崛起》[①]，提了一个观点，即，一座城市的经济健康与该城市对创意人才的吸引存在直接的关联。在长期跟踪研究美国创新型城市产业布局、人口结构、发展氛围的基础上，佛罗里达提出创意经济发展的"3T"理论，即技术（Technology）、人才（Talent）和宽容（Tolerance）。技术是指产业领域中的高科技含量及科技成果的生产力转化；人才主要特指有丰富知识储备（受过高等教

① 理查德·佛罗里达：《创意阶层的崛起》，司徒爱勤译，北京：中信出版社，2010 年，第 286—288 页。

育）和创意能力的优秀阶层；宽容则指一个城市或社区对文化多元性的接纳和包容程度。各要素之间的内在逻辑是：宽容是吸引并培育人才的外部环境，人才是技术革新的关键动力和创造主体，进而才能使技术为产业或城市发展提供动力支撑。并且，他设计了宽容指数，对美国各大城市进行排名。这些指标包括文化熔炉指数（反映外来移民集中度）、同性恋指数、波希米亚指数以及融合指数（反映社区内各种族的融合程度）。

英国文化研究学者雷蒙·威廉斯（Raymond Williams）对文化的理解可以给我们以开阔的视野，他认为我们在两种意义上使用文化一词，一是意味着一整套生活方式和共同的意义，二是意味着艺术以及学习、发现和创造性努力的特殊过程。如此，所谓的"文化"就是普通的，存在于每一个社会和每一个思想中。"在过去，'文化'指心灵的状态或习惯，或者说一些智性和道德活动，现在则包括了整个生活方式。"① 这里有两点尤其重要，一是意义不是通过单独的个体，而是通过集体生成的，因此，文化的概念是指共同的意义。我们说两个人或一群人属于同一种文化，是说他们用大致相同的方法解释这个世界，而且能够通过彼此可以相互理解的方式来表达他们自身，表达他们对世界的思想和感受。在此意义上，我们将"青年创新文化"理解成充盈在青年人饮食起居、衣食住行、休闲娱乐和工作学习之中的，人人参与，人人可为，人人可感，并借以表达和传递价值观念和感受的创造性方式和行为，说白了创新文化就是创新空气。

为此，本课题试图以"青年创新文化"为核心概念，从经验性材料和理论思考交叉的维度出发，先行设计了多达96题的大型问卷，以量化方式去发现深圳青年与城市创新文化的关系，包括怎样的文化空气更有利于青年创新，以及青年投身创新创业所形成的文化又如何与城市文化交融，并成为新一轮的青年创新的

---

① 雷蒙·威廉斯：《文化与社会：1780—1950》，高晓玲译，长春：吉林出版集团有限责任公司，2011年，第6—7页。

文化驱动力。研究成果体现在第一部分的调研报告中，主要包括基础数据、核心发现、数据分析等部分，其中，核心发现中我们侧重于将调研所发现的青年创新文化问题和盘托出，以引起警示。第二部分由十三篇论文构成，是在调查研究基础上所做的专题分析，包含了创新文化基因、创新文化理念、人才培养创新文化、青年创新创业和创客文化、"独角兽"①创新企业文化以及城市创新文化生态等几个主题。第一，从历史维度，探究"文化沙漠"的深圳是否具有创新文化的历史基因。杨果通过横向结构分析和纵向历史溯源后发现，青年创新文化实际上是深圳文化内在逻辑的必然产物，即深圳多元融生的文化结构为青年创新文化提供了独有的孵化场域；古今交汇的精神传承所构筑的意识系统，成为其生长、延展的"源代码"，而深圳文化的动态的生成特性则为其提供了求新求变的动力机制。第二，从观念创新的价值导向维度，以深圳科学界、人文社科界以及官方经由大众媒体发布和传播的城市价值理论对于青年创新文化的引导和影响，以及青年群体对此是否认同、认同度等展开研究。杨明哲对"深圳最有影响力十大观念"（简称"十大观念"）产生和传播的机制加以研究，发现自上而下认定的观念有着深厚扎实的民间实践基础，是深圳精神的官方和民间彼此认同的结果。杨明哲对深圳地方媒体《晶报》人物报道的研究揭示新闻所报道的人物、主题均植根于城市创新大环境，是对"十大观念"中尊重知识、实现自我与鼓励创新价值观的生动形象的诠释。第三，从高等教育人才培养的体系创新等方面考察制度创新，以及创新的制度对创新人才的意义。严万祺关于深圳职业技术学院的个案研究，理清了市场需求导向、在地化对接、特色校园文化与企业化场景如何成为职业技术学院创新人才培育的重要路径。第四，从企业创新文化的维度，对华强北民间创新力量、创客空间创新文化以及独角兽高科技企业的创新文化氛围分别加以考察，集中体现在吴映秋有关华强北、创

---

① 投资界对于 10 亿美元以上估值，并且创办时间相对较短、还未上市的公司的称谓。

客空间以及杨明哲、董清源有关优必选和创梦天地两家科技创新公司的分析中，重点考察了民众创新文化、青年创新文化的内涵和特质，对原真型、集聚型及摩登型等后创客空间的共享文化精神、协作关系、可沟通文化精神以及信息流动中，人与人、人与物、理念和精神之间的连接与融合的创新文化进行动态考察。第五，从文化消费、消费生产、青年生活方式的维度，考察深圳创新文化的生态系统，既对自上而下的公共文化之于青年创新文化的价值，也对自下而上的文化生产和传播加以研究，发现其文化表征和实践价值。其中，戴西伦有关深圳城市品格的探讨着眼于生活在其中的青年人的多样性差异文化的感知、包容、理解的层面展开研究；许潇丹考察了流行音乐 Live House、新媒体实验室、BOWOOD 心理博物馆等，从青年人日常的休闲娱乐文化中去追问与创新文化之间的互动关系；马中红有关深圳市民中心"中区通道"街舞的研究认为青年自娱自乐的休闲生活方式重新定义了公共空间，并且使之成为都市创新文化行动者网络的节点，成为特定空间活动者建构地方认同和集体记忆的场所，表征了城市宽容、开放、自由的创新文化生态。

总之，本课题研究试图从多维度、跨学科的视角考察深圳青年创新文化的现状，对"政府＋企业＋民众"三位一体的深圳青年创新文化体系加以批判性研究，并对此做更多微观的、实践层面的研究。

六、研究方法

关于青年创新文化的系统研究还付之阙如。关于"创新文化"的研究如上所说,在全球范围内正在进行。"创新文化"在诸如国家、区域、企业、组织层面被反复讨论时,侧重点在于"创新",相对忽略"文化",因而相关研究用投融资、专利数量、科研投入、上市公司数量等与管理学、经济学领域相关的指标来衡量。这不是我们所取的视角。"创新文化"在文化产业、文化创意领域的讨论中,则更侧重于"文化",而忽略"创新",或者将"创新文化"倒置为"文化创新",故而凸显城市价值体系、文化品牌体系、文化产业体系等以政策为导向的量化或质化研究,文化产业、城市社会学、文化经济学等学科理论进入该研究视域。本课题"青年创新文化"是一种结构性的、合乎规律的、系统的创新文化,而不是个别政策导向的、单一市场发展路径的、单一产业行为的文化构成。

因此,在研究方法上,首先采用了有针对性的问卷调查方法,对深圳16—35周岁的青年群体展开有关"人口学特征、创新观念及城市精神、学校教育、人才政策、创新创业、公共文化、休闲文化"内容的调查,以期深度了解深圳青年群体对自己学习、工作和生活的这座城市的创新文化持有怎样的态度和评价,他们认为青年需要怎样的创新文化生态,以及对应的创新文化对青年群体的城市认同产生了怎样的影响?其次,采用参与式观察方式,对研究对象所在的空间、场景、活动场所等进行反复考察,比如对2018年和2019年深圳国际创客周的两次参与式考察,对深圳市民中心街舞文化长达六个月十多次的不断在场参与等,以体察特定空间流淌的创新气息和氛围,以及青年群体在此间的互动、交往与创造。再次，本课题通过深度访谈三十多人，涉及领域包括政府部门负责人、城市管理机构负责人、大众媒体记者和编辑、创客空间管理者和创业者、科创文化活动组织者和参与者、零售业服务人员、高校管理者、教授和学生等，探讨他们对于深圳青年创新文化的切身感受和评价。最后，文本分析，一部分研究，如对"十大观念"的研究建立在文本解读的基础上进行。总之，研究过程中，除了问卷调查，其余部分并没有刻意去使用哪一种专门的研究方法，而是依据研究需要综合应用了上述几类研究方法，以期使用到最恰当的研究对象中。

第一部分
"粤港澳大湾区青年创新文化（深圳）"调查报告

前 言

为了深入了解深圳青年创新文化现状，聚焦青年群体的创新与发展，服务青年群体的创新需求，为"粤港澳大湾区青年创新文化"课题提供更多丰富的研究材料和实证数据，本课题组在深圳南方科技大学人文科学中心支持下，于2018年9—11月在深圳展开了一项针对青年群体的在线问卷调查。

青年是最富有创造力的群体，也是本课题研究的创新主体。在我们看来，青年创新文化是一种结构性的、合乎规律的、系统的创新文化，而不是个别政策导向的、单一市场发展路径的、单一产业行为的文化构成。为此，我们从观念创新文化、人才政策创新、教育创新文化、科技创新及创业文化等直接与青年创新文化生态关联的方面，以及深刻影响青年创新文化生态的城市公共文化与休闲娱乐文化等维度展开调查，以期深度了解深圳青年群体对自己学习、工作和生活的这座城市的创新文化持有怎样的态度和评价，他们认为青年需要怎样的创新文化生态，以及对应的创新文化对青年群体的城市认同产生了怎样的影响？

具体而言，本次问卷的设计框架围绕深圳青年的"人口学特征、创新观念及城市精神、学校教育、人才政策、创新创业、公共文化、休闲文化"七部分展开，共设计了96题，包括少量单选题、填写题和大量多选题、限选题，以及五级量表题。问卷数据由专业在线问卷调查平台"问卷星"协助收集。投放问卷时，我们设定了年龄、性别、地区（深圳）、就读/在职以及行业等多种样本属性，努力定位到需要调查的目标人群。回收问卷时，我们通过设置多种筛选规则、甄别页、配额控制等条件自动过滤掉无效答卷，同时辅以人工排查以确保数据的有效性。最终经过前期大量收集、中期人工筛选排除、后期补充缺少样本的完整流程，一共回收了3266份有效问卷，基本上涵盖了16—35周岁不同年龄、不同学历、不同职业的深圳青年群体。

我们采用SPSS软件处理问卷数据，主要运用描述统计、交叉表、比较均值的数据分析方式。本次问卷第26、27、28、29、30、40、62、72题为李克特量表，在数据分析前我们先行对其进行信度分析，分别得到信度系数Cronbach α值为：0.762、0.719、0.858、0.822、0.792、0.991、0.995、0.778。不同研究信度系数的要求有所不同，Cronbach α 在0.9—1之间表示非常好、在0.8—0.9之间表示很好、在0.7—0.8之间表示可以接受、在0.6—0.7之间表示存在问题，本次问卷所有量表均满足Cronbach α 大于0.7，故所有李克特量表题在信度上均达到要求。李克特五级量表的数据分析，我们采用描述性统计分析中计算均值的方式来体现，根据问卷中"5为非常同意；4为同意；3为无所谓；2为不同意；1为非常不同意"的分数设置，得以下判断标准：均值1—2.5表反对，均值2.5—3.5表中立，均值3.5—5表赞同。

一、"粤港澳大湾区青年创新文化（深圳）"调研基础数据

- 被调查对象总人数为 3266 人，男性 1910 人，占总人数的 58.48%；女性 1356 人，占总人数的 41.52%。

- 被调查对象年龄在 16—35 周岁之间，其中 31—35 周岁的人数最多，达到 900 人，占比 27.56%；其次为 26—30 周岁年龄组，共计 869 人，占比 26.61%；再次为 21—25 周岁年龄组，共计 835 人，占比 25.56%；最少的为 16—20 周岁年龄组，共计 662 人，占比 20.27%。

- 被调查对象中 24.46% 为全日制学生，达到 789 人。在职人员所在单位性质情况中，事业单位，共计 460 人，占比 18.57%；其次为外企，共计 250 人，占比 10.09%；再次为国企，有 231 人，占比 9.33%；最少的为政府部门，共计 60 人，占比 2.42%。其他企业/公司，如私营企业，人数最多，共计 1476 人，占比 59.59%。

- 被调查对象学历为本科或大专的人数最多，共计 2199 人，占比 67.33%；其次为高中或中专，共计 613 人，占比 18.77%；再次为硕士，共计 251 人，占比 7.69%；接着为初中及以下，共计 169 人，占比 5.17%；人数最少的为博士，共计 34 人，占比 1.04%。

- 被调查对象的月收入介于 2000—5000 元的最多，共有 807 人，占比 24.71%；全日制学生收入，即每月生活费 2000 元以下的，

共计 533 人，占总样本的 16.32%。在职人员中，月收入介于 5001—8000 元的最多，共计 748 人，占总样本的 22.9%。月收入 8001—20000 元的占比 15.19%，20000—50000 元的占比 4.73%，收入越高占比越小。

◆ 被调查对象的性取向为"异性恋"的共计 3000 人，占比 91.86%；其次为"不确定"，共计 122 人，占比 3.73%；再次为"双性恋"，共计 67 人，占比 2.05%；接着为"同性恋"，共计 47 人，占比 1.44%；最少为"无性恋"，共计 30 人，占比 0.92%。

◆ 被调查对象中"未婚"人数共计 1917 人，占比 58.7%；"已婚"人数共计 1215 人，占比 37.2%；"不打算结婚"共计 83 人，占比 2.54%；"离婚"共计 49 人，占比 1.5%；"丧偶"共计 2 人。

◆ 被调查对象子女情况为"还没有"的最多，共计 2162 人，占比 66.2%；其次为"一位"子女，共计 635 人，占比 19.44%；再次为"两位"子女，共计 418 人，占比 12.80%；最少的为"两位以上"，共计 51 人，占比 1.56%。

◆ 被调查对象来深圳"不到 1 年"人数最多，共计 764 人，占比 23.39%；其次为"3 年以下"，共计 616 人，占比 18.86%；再次为"5—10 年"（554 人，16.96%）、"10 年以上"（549 人，16.81%）；"出生在深圳"的人数最少，共计 274 人，占比 8.39%。

二、"粤港澳大湾区青年创新文化（深圳）"调研核心发现

我们对全部96题进行逐一分析后，再次将不同问题中具有关联性的内容做多种变量的交叉分析，以寻求单个答案中发现不了的现象和问题，果然收获颇丰。在本部分的核心发现中，我们仅列出与常识、臆想看法、大众媒体报道观点迥然相异或具有一定差异的研究发现，并进行初步分析，以引发更进一步的思考。

发现之一：深圳创新观念传播的认知度高于切身感知度

"十大观念"获高认可度，但"宽容失败"成为不能承受之重

2010年深圳举行"十大观念"全民评选活动，最终评出十句口号以反映改革开放以来深圳的城市观念和城市价值，包括"时间就是金钱，效率就是生命""空谈误国，实干兴邦""敢为天下先""改革创新是深圳的根、深圳的魂""让城市因热爱读书而受人尊重""鼓励创新，宽容失败""实现市民文化权利""送人玫瑰，手有余香""深圳，与世界没有距离""来了，就是深圳人"。调研发现，高达81.66%的受访青年群体认为这些口号用来表达今日深圳的城市精神依然是合适的，其中35.18%的受访者认为"非常合适"，46.48%的受访者认为"比较合适"。一方面，这类由网民发起、全民参与评选、自下而上自然生成的城市观念，一定程度代表了城市最广泛民众的看法；另一方面，城市观念经由知识阶层、宣传部门和主流媒体提炼和多渠道广泛传

播,立意更高远,也更朗朗上口,历久弥新。当我们进一步考察城市观念落实为现实体验时,调研发现,深圳在追求多元文化、推崇创新人士、尊重知识分子、鼓励拔尖、追求变革、不排外、公平竞争、淡化身份等级等方面都获得了青年群体的高度评价,但是在"容忍失误和失败"以及"宽恕叛逆"两个方面得分较低,排名倒数第一和第二,这与"十大观念"中的"鼓励创新,宽容失败"获得的高传播认知度不太吻合。这从一个侧面表明深圳青年的实际感受与舆论宣传有较强的反差,在社会是否能容忍失误和失败者,以及包容叛逆者方面的体验感还有待提升。

深圳"创新型城市"获得青年高度认同,但三分之一的青年认为与自己无关

深圳在高新技术、高等教育、公共文化等方面持续不断地投入和发展,取得了引人瞩目的成就,深圳作为"创新型"特质的城市也声名远播。本次调查的数据显示,受访的青年群体对深圳作为创新型城市表现出高度的一致认同,占比高达93.91%;相反,不确定深圳是否为一座创新型城市的受访者占比仅4.35%,而认为深圳不是一座创新型城市的受访者则更低至1.74%。但令人警示的是,在64.97%的受访青年认同自己与创新型城市有直接关系时,却也有近两成的受访青年不能确定城市创新是否与自己有关(19.11%),或干脆认为与自己没有关系(15.92%),两者累计超过三分之一。对城市创新的高认同和对自己与城市创新的低认同差异值非常高,表明城市创新显示度远大于个体实际参与或自我认知,个体的参与感、获得感较低,或者说个体创新潜能受到压制。

农学和史学专业的青年创新自信度偏低,哲学背景的青年创新自信度最高

进一步探究如此大反差因何而生成,数据显示,不能确定城市创新与自己关系的,或不认为城市创新与自己相关的群体具有如下明显的特征:年龄越低越认为与己无关或不确定,其中,16—20岁占比近四成,31—35岁占比约两成。学历与认同度成正相关关系,学历较低者对自己与城市创新的关系越不自信,初中及以下的受访者中有超过半数认为与己无关或不确定,博士以上的则减少至两成。除年龄和学历外,专业背景的相关度也比较明显。26.09%的农学专业和20%的历史学专业的受访者认为自己与城市创新没有关系,排名第一、第二;更有高达30%的历史学专业的受访者不能确定自己与城市创新是否有关系,表现出比较明显的不自信;相反,哲学专业的受访者最有信心,仅有9.0%的受访者表示不确定或与己无关。不同职业也显示出一定的相关性,政府/非营利组织、生物化工、服务业领域的从业者认为与己无关,在职业序列中排前三位。性别没有显示关联性,女性略高于男性认为城市创新与己无关或不能确定。

发现之二:鼓励和抑制深圳青年创新的因素

创新型城市具体表现在人才、知识、技术、资本、环境、文化等创新要素方面,深圳青年如何评价他们所生活的这座城市的创新文化生态,如何评价他们学习的学校或工作单位的创新文化生态?又是如何评价自身创新特质,以及有哪些要素抑制了深圳青年的创新?

鼓励因素中重视经济"硬实力",忽视文化"软实力"

调研发现,在深圳青年群体看来,深圳作为创新文化浓郁的

城市最重要的是"有大量科技产业和'独角兽'企业"（61.21%）；比较重要的是"创新性产品丰富，且被接受度高"（48.44%）和城市具有"创新精神和创新观念"（46.23%），而对"移民城市，文化包容性强"（36.77%）、"教育资源丰富"（36.41%）、"人口构成以高学历青年为主"（28.54%）的认同度相对要低一些。不足两成的受访者认为"多样化的文化活动"（19.5%）、"政策宽松，政府少干涉"（14.67%）具有鼓励创新的作用，认同度最低的是"有能力承办世界级活动"（7.13%）。如果说城市创新文化有"硬实力"和"软实力"之分的话，那么，深圳青年的评价指标会更看重科技创新、产品创新等经济"硬实力"，也看重城市创新观念和价值导向的传播作用，而"高学历"在受访者看来对于创新型城市并没有我们想象的那样重要，至于对"政策宽松，政府少干涉""多样化的文化活动""有能力承办世界级活动"等以文化为驱动的"软实力"所构成的创新文化力量的认知还远远不够。

"团队协作""提倡拼搏""奖励创新"，是促进青年创新的组织因素

本次调研的数据显示，受访者对学校/单位的创新文化生态评价总体要高于对城市创新文化生态的评价，其中对"团队协作""提倡拼搏"的评价均值皆超过4，表明团队意识和拼搏精神是深圳学校/单位拥有的共同特征。"鼓励新观点和新思想""奖励创新"两项的均值分别为3.93和3.92，具有明显的正向评价倾向；相比之下，在"上下级交流无障碍""民主决策""接纳员工/学生异议""鄙视虚假"等指标上均值要低一些，说明在学校、企业、机构日常运营中，多少还存在着官僚习气，在一定程度上影响青年群体的创新积极性。进一步对数据进行交叉分析后发现，与民营企业相比，政府部门和国有企业在"唯才是举""民主决

策""奖励创新"方面获得的均值更低,外企的所有评价指标均值皆大于3.5,表现出更好的创新氛围。

"信守承诺"成为深圳青年认同的个体创新气质

创新文化不仅仅表现在城市气质、工作环境和在读学校中,也与个体自身的性格特质相关。通过五级量表题,我们让受访者对自身的创新品格进行评价。结果显示,在深圳青年群体中"信守承诺"均值最高,为4.44,"守信"成为深圳大多数青年认同度最高的个人特质,反映出这座城市比较强的契约精神。其余均值高于3.5、表示同意的选项依次为"喜欢新奇之物"(4.08)、"遵守规则"(4.03)、"不迷信权威经典"(3.96)、"目标执着"(3.87)、"崇尚个性"(3.69)、"勇于质疑"(3.60)、"喜欢冒险"(3.56)。这些数据表明,深圳青年既有遵守规则、目标明确执着的特质,同时又有崇尚个性、喜欢新奇之物、喜欢冒险、乐于挑战自我的特征,还有敢于质疑和不迷信权威经典的特点,总体上表现出创新型人才所应有的个性气质。相比之下,"敢于表现自我"(3.32)和"偏爱小众"(3.15)略低于其他均值,表明深圳青年群体在自我表现与务实本分、抛头露面与埋头苦干的特质中更偏向于后者,相对比较保守;深圳青年群体对小众文化和另类文化持中立态度,大多数人不偏爱,不参与,在价值观和审美方面偏向于主流化和大众化,但是对另类的、小众的文化也不排斥,能以宽容心待之。

"高房价""竞争太激烈""高频度加班"成为青年创新的三大抑制因素

调研设置了五级量表调查抑制深圳青年创新的主要因素。结果显示,在所有12个变量中,"高房价""竞争太激烈""高频度加班""孤独感"和"融资难"在"非常同意"中排名前五;

"竞争太激烈""高频度加班""害怕失败""融资难""孤独感"在"同意"中排名前五。"非常同意"和"同意"的四个选项高度一致,在"高房价"和"害怕失败"两项上略有差异,但是如果将"非常同意""同意"两者数据相加,便能发现,"高房价"占比累计达86.58%,排第一位;"害怕失败"占比累计48.73%,近半数。"非常不同意"和"不同意"排名前五的指标完全相同,分别为"不接受新产品""缺少创新氛围""生活太单调""缺少动力"和"没有志同道合的伙伴",换句话说,在大多数受访青年群体看来,这些因素并没有抑制他们的创新冲动。从均值来看,"高房价"(4.45)、"竞争太激烈"(3.88)、"高频度加班"(3.71)均高于3.5,表明这三者在受访者看来已经成为抑制青年群体创新的主要因素。"不接受新产品"的均值最低,为2.53;"缺少创新氛围"均值为2.95,这两个数据表明,对于青年群体来说,深圳的确是一个充盈着创新文化空气的城市,大众对新产品接受度高,包容度强,市场能给予新产品试错的宽松空间。

发现之三:深圳青年创新创业气氛活跃,践行能力仍需提升

我们将通过深圳青年创业意愿、科技创新参与程度以及本地大中专学校创新创业教育情况三个维度,来衡量深圳的青年创新创业现状。通过数据分析发现,深圳拥有较为活跃的青年创新创业气氛,主要体现在深圳青年较强的创业意愿以及对自身创新能力提升的渴望这两个方面。与此同时,深圳青年对"双创"现状的评价、科技创新的参与情况以及对高校创新创业教育的期望,反映出深圳青年在"双创"大环境中仍然存在许多问题,无论是个人还是学校、社会,在创新创业方面的践行力均有待提升。

青年创业意愿较强,但对"双创"现状认可度不高

调查发现,占比50.06%的受访者表示自己"有创业的想法或计划",超过半数,数量可观,另外,"正在创业"的占比有7.13%。这两个数据表明,深圳青年的创业意愿较为强烈。但同时,该数据也反映出,真正将创业付诸实施的,仍只有少数青年,而表示没有从来没有想过要创业的受访者占比42.81%。进一步考察发现,"正在创业"的青年群体大部分年龄在31—35周岁之间,"有创业的想法或计划"的26周岁以上占比最高,超过半数,而25周岁以下的在"还没有想过"中占比最高。这些数据表明,深圳青年的创业意愿随着年龄增长而增加,在职青年群体创业意愿明显高于学生群体。通过交叉分析发现,深圳青年群体中男性与女性在创业意愿方面相仿,女性略低于男性;正在创业的,男性比女性高0.9个百分点,差异不太明显。这与"男性创业,女性守业"的传统职业观有比较大的差异,也从一个侧面让我们窥见女性在深圳独当一面的能力和男女在创业机会方面的均等性。比较令人意外的是,高学历者创业意愿比低学历者低,59.36%的硕士及52.94%的博士明确表示,从来没有想过自己去创业。而正在创业的高中或中专学历群体有12.23%,已经有或未来打算创业的超过半数,达到54.16%。初中及以下学历的人的创业想法比较乐观,有创业想法或计划的同样超过半数,有50.89%。高学历者在深圳容易获得稳定、高薪的职业,个人创业意愿不强,低学历者工作流动性大,择业方面表现得不容易满足现状,创业冲动更强烈。

虽然深圳的创业氛围很浓厚,但深圳青年对于"大众创业,万众创新"的认可度却不是很高。仅有40.14%的青年认为深圳"大众创业,万众创新"做得很好,大部分青年认为做得一般(37.84%)、很难说(13.78%)。初中及以下学历的深圳青年表示"很难说"的在各群体中占比最多,而且表示"很好"的占比也是各群体中最少的;同样的,博士学历的群体认为"很难说"的也比较多,但表示"很好"的占比却最多。

科技创新内容丰富，但青年参与度存在学历、职业与性别的不平衡

深圳拥有众多高新技术产业园区，根据2009年深圳市人民政府发布的《深圳高新技术产业园区发展专项规划（2009—2015年）》，深圳湾园区、留仙洞园区、大学城园区等8个园区被列为重点发展区，更有6个园区被列为提升改造区与控制整备区。2019年4月，深圳市人民政府发布《深圳市人民政府关于印发深圳国家高新区扩区方案的通知》，进一步对深圳国家高新区进行扩区，深圳市科技创新由此迈上更高的台阶。与此同时，深圳科技创新类活动丰富多样，高交会、深圳国际创客周、深圳制汇节等是全国乃至世界范围内知名的科技创新类活动，均面向大众开放。然而，通过调研发现，深圳青年的科技创新参与度存在学历、职业与性别的不平衡，尤其是全日制学生的参与度更低。

通过交叉分析发现，在各自所属的群体中，去过高新技术产业园的人群中，初中及以下学历的占比53.14%；本科或大专、硕士学历的占比较多，分别为65.49%、68.53%；博士学历的占比最低，仅为47.06%。相比其他行业，互联网IT/计算机/通信/电子行业的人，经常去高新技术产业园的占比最高，达到81.6%，但这部分青年去往高新技术园的多数是为了工作；制药/医疗行业的受访者没去过高新技术产业园的占比最高，达48.06%；全日制学生和服务业中没去过的人占比也相对较高，分别为47.78%和47.73%。没去过高新技术产业园的女性占比远高于男性，反之，经常去的男性的占比是女性的两倍。另一组数据也出乎我们的意料，深圳青年参与科技创新类活动的热衷度比去高新技术产业园更低，其中，全日制学生中有52.72%的受访者从来没有参加过，女性从未参加过科技创新类活动的占比也高于男性。

由此可见，深圳青年科技创新的参与度，在学历、职业和性别上存在明显差异。相对而言，高学历青年更热衷参与科技创新，但博士学历的参与热情却不高；互联网IT/计算机/通信/电子行业的活跃度高于其他行业，全日制学生参与度不高，女性的活跃度明显低于男性，表现出明显的不平衡性。

学校创新创业教育资源不足，在职青年更渴望接受社会机构创新培训

通过分析733份曾经或正在就读深圳本地大中专学校的样本，我们希望了解深圳高校创新创业教育的开展情况，以及在深圳本地接受教育的青年提升自我创新能力的意愿。样本中，356份为全日制学生，其余均为在职人员。

数据显示，虽然49.66%的受访者表示就读（过）的深圳大中专学校设有专门的创新创业教育中心或协同创新中心，但也有超过半数的受访者表示"没有"或"不确定"学校是否有该类中心，其中明确表示没有的占36.02%，超过三成。进一步地，表示学校开设创新或创业课程的受访者占比51.71%，但明确表示学校并未开设该类课程的受访者占34.24%，超过三成。深圳大中专学校的创新创业教育资源并不充足。

既然学校无法提供足够的创新创业教育资源，通过社会培训机构来接力补充，也是一种提升青年创新能力的有效路径。问卷调查在深圳接受（过）大中专教育的青年参与社会培训的意愿时，发现全日制学生中，表示"会"选择去社会培训机构提升自我创新能力的占比40.73%，不到一半；明确表示"不会"的占27.53%；表示"不确定"的占31.74%。学生群体受时间、需求限制，参与社会培训的意愿并不强烈。在职人员中，超半数的上班族有意愿选择去社会培训机构提升自我创新能力，明显高于学生群体。调查发现，特别是房地产/建筑、传媒广告、生物/化工/能源领域的在职人员，表示"会"的占比均达到75%；市场销售、制药/医疗、教育培训、制造业、政府/非营利组织、人事/财务/行政、互联网IT/计算机/通信/电子领域表示"会"的占比，均超过六成。

由此可见，相较于校园，职场上的竞争更为激烈，所以我们可以理解为什么在职青年比全日制学生更渴望提高自身创新能力。同时，考虑到可支配收入是否足以支撑青年参与到社会培训中，我们亦可以解释全日制学生并不倾向选择参与社会机构培训，但这并不能成为全日制学生不去考虑怎样提升自我创新力的借口。从目前的情形来看，大中专学校在提升全日制学生的创新能力方面承担了更重大的责任，社会公众也对学校创新创业教育寄予了厚望。数据显示，占比45.04%的受访者认为深圳高校最主要的任务是要"培养创新型人才，开创大学生自主创业的新时代"，在所有选项中占比最高。深圳大中专学校怎样提供充足、有效的创新创业教育资源，显得格外重要与迫在眉睫。

发现之四：公共文化、休闲文化及科技文化活力不足，仍需鼓励参与

调查数据显示，深圳青年对于"创新型城市应该具有哪些要素"的看法，选择"多样化的文化活动"的占比仅有19.5%，在九种可供选择的要素中位列第七，这多少表明深圳青年对于文化活动的关注程度不高。因此，进一步了解深圳青年的文化活力，找出问题所在，显得尤为关键。我们将所考察的城市文化分成了三类，即公共文化、休闲文化与科技文化。通过分析深圳青年对文化场馆的熟知度，以及文化活动的参与情况考察深圳的公共文化特征；通过考量深圳青年线下活动参与情况，了解深圳青年的

休闲文化；通过考察青年群体的科技活动参与情况，展现城市的科技氛围、青年的科技参与活跃度，以此反映深圳的科技文化。

结果显示，深圳的公共文化、休闲文化及科技文化活力明显不足，青年对于这三类文化活动的参与度均不高。

深圳青年并不热衷参与三大文化活动

根据受访青年群体对三类文化活动不同的参与程度，我们将之分为参与度高、参与度中等、参与度低、从未参与四类加以考察。

青年群体到访公共文化具体场馆以及参与公共文化活动的数据显示，由深圳市政府着力打造的城市文化名片，如"深圳文化菜单""深圳读书月"以及与青少年关联性较高的"深圳青少年活动中心"的知晓度出乎意料之低。深圳青年中居然有高达79.76%的受访者表示从来没有听说过"深圳文化菜单"，占比远超听说过的20.24%；表示没有听说过"深圳读书月"的占比也高达67.3%，远超听说过的32.7%；与此相仿，有高达69.99%，即近七成的受访者表示从来没有去过深圳青少年活动中心，远超去过的30.01%。城市众多公共文化场馆的到访率方面，市图书馆、市会展中心、市博物馆相比较而言更受欢迎，但各类美术馆的到访率极低，很显然，美术馆的展览需要更亲民，而青年群体也需要不断提升自身接受和欣赏艺术作品的水平。从调研来看，深圳各类公共文化场馆所举办的文化活动，参与率普遍较低。

青年参与休闲文化活动的频次占比最高的是平均每月1—3次（60.41%），但是我们也发现，占比26.45%的受访者十个月内没有参加过任何线下休闲活动，这个比重非常高。换句话说，有将近三分之一的深圳青年在长达十个月的时间里没有参与过任何休闲文化活动。深圳青年休闲文化活动的偏好比较明显，有半数以上选择了"户外出游类"(52.88%),参观各种展览活动也接近半数(48.04%),进一步探讨其目的,缓解压力(59.71%)和开阔眼界(57.99%)成为两大动因。

青年参与科技文化活动的情况,数据显示,经常去高新技术类产业园的占比仅13.11%,偶尔去的占比48.07%,两者相加超过六成,而从来没去过的受访者占比38.82%,接近四成,占比同样较高。与此相仿,虽然一年四季深圳举办的大大小小的科技创新类活动可谓鳞次栉比,生活在这座城市的青年人应该有更多机会参与此类活动,但调研数据却显示没参加过科技创新类活动的受访者远超半数,占比达56.74%,偶尔参加的受访者还不到四成,占比38.24%,经常参加的受访者则少至5.02%。这是值得我们沉思的现象!

由此可见,深圳青年在公共文化、休闲文化、科技文化活动的参与度上,均出乎我们意料之低。此外,三类文化活动的参与情况上存在较大的不平衡,尤其在性别、年龄与学历方面。无论是公共文化、休闲文化还是科技文化活动,参与度最高群体中占比更多的为男性。其次,学历较高的群体相比较学历较低的群体更热衷于参与三大文化活动。值得注意的是,调查发现全日制学生最热衷于参与公共文化和休闲文化活动,但却最不热衷于参与科技文化活动。此外,在年龄分布上,26—30周岁的青年群体中存在两大极端对立阵营,一部分最热衷参与公共文化活动,但另有一部分却最不热衷于参与公共文化活动,而最热衷于参与科技文化活动。

没时间、缺同伴成为低参与度的主要原因

深圳是一座快节奏、高强度的城市,调查数据显示,超过半数的深圳青年每天工作时长超过八小时,其中,近四成(37.26%)

受访者平均每天工作时长为9—10小时，每天工作11—12小时的占比9.71%，还有4.44%的受访者表示自己平均每天工作12个小时以上，而且大多数企业的周工作制是六天。长时间工作、高强度劳动在一定程度上剥夺了他们参与各类文化活动的机会和权利。当受访者被问到为何不去城市里那些公共文化场馆时，得到的回复中，58.14%的受访者选择了"没有时间"，占比最高。青年参与休闲文化活动的数据同样显示，"工作太累，没有精力"是青年群体不太愿意参加活动的首要原因，占比41.07%。对科技文化活动参与者的考察中，我们发现因为"打发时间""放松心情、打发时间"而去参观高新技术产业园和参与科技创新文化活动的青年占比最低，这从侧面反映出，如果时间不充裕，青年群体参与科技文化的程度会降低。

深圳是一座移民城市，本次调研中，仅8.39%的受访者为"深二代"，其余皆为移民青年。很多青年人是一个人来到深圳打拼，没有熟悉的朋友，导致缺乏安全感，这让他们觉得待在家比在外面更舒服。

数据显示，在为何不积极参与公共文化、休闲文化、科技文化活动的原因中，排名第二位的都与缺少同伴相关。其中，在公共文化活动参与度最低的青年群体中，"没有同伴"成为主因；在宁愿宅①在家中也不愿意参与外界休闲文化活动的青年群体中，"没有可结伴同行的朋友"成为"工作太累，没有精力"之后的第二大原因，占比22.72%。在分析青年群体参与科技文化活动的社交关系时，我们同样发现，朋友在科技创新类信息的传递与分享中起着非常关键的作用，他们选择到访高新技术产业园是为了"会见友人"，而在选择参与科技创新类活动的同行者时，63.41%的受访青年会选择与朋友共同前往，位列第一。可见在深圳青年参与科技文化活动的过程中，朋友是非常关键的因素，试

① 待在家里不出门。

想若没有朋友共同参与，那么青年群体参与科技文化的积极性必将更低。

当然，本次调研也发现三大文化活动到访率和知晓度双低的重要原因还有宣传推广不到位。许多受访者表示事先不知道有哪些活动，也不清楚哪些渠道可以通畅及时地了解到文化活动资讯。另外，大型公共文化活动、科技创新文化活动以及休闲文化活动一般都在中心城区举办，许多住在原"关外"地区的青年不太方便参与，各类文化资源分布不太均衡。

三类文化活动的参与程度直接影响青年群体对创新的看法

首先，公共文化活动与科技文化活动不同参与程度的青年群体，在对深圳是否为创新型城市的看法上，表现出相似的倾向，即参与度最高的群体更认同深圳"是"创新型城市，参与度最低的群体其认同度则低于总体水平。具体数据表现为：公共文化活动参与度最高的群体认为深圳"是"创新型城市的占比达98.44%、科技文化活动参与度最高的群体认为深圳"是"创新型城市的占比达98.08%（两者均高于总体水平93.91%）；公共文化活动参与度最低的群体认为深圳"不是"创新型城市的占2.61%，科技文化活动参与度最低的群体认为深圳"不是"创新型城市的占2.21%（两者均高于总体水平1.75%）。与此不尽相同的是休闲文化活动的数据，休闲文化活动参与度最高的群体认为深圳"是"创新型城市占比为92.24%，低于总体水平，反倒是休闲文化活动参与度中等和较低的群体，对深圳作为创新型城市的认可度超过总体水平。

其次，三大文化活动中参与度最高的群体相较于总体水平更认为城市创新与自身"有直接关系"。公共文化活动参与度最高的群体中80.94%的受访者认为城市创新与自己"有"直接关系，休闲文化活动参与度最高的群体认为城市创新与自己"有"直接关系占比73.28%，科技文化活动参与度最高的群体认为城市创新与自己"有"直接关系占比85.58%，三个数据均高于总体水平64.97%，其中，科技文化活动参与度最高的群体表现得尤为明显。

因此，三类文化活动的参与程度直接影响着青年群体对创新的看法。公共文化活动与科技文化活动中，参与度最高的群体更认同深圳是创新型城市；三类文化活动参与度最低的群体，对于深圳为创新型城市的认同度均低于总体水平。与此同时，三类文化活动参与度最高的群体，更认为城市创新与自身"直接相关"。可见，促使青年充分参与、投入公共义化活动、休闲文化活动以及科技文化活动之中对提高城市创新认可度和活跃度均有着十分重要的作用。

发现之五：孤独无法避免，经历孤独获得创新力

移民城市最大的社会和文化特征是无法避免的孤独感。孤独感既来自亲密关系的缺失，也与社会需求未能得到充分满足相关。罗伯特·韦斯（Robert Weiss）认为孤独有两大类，即"情感孤独"和"社交孤独"，前者喻示亲密关系，譬如与家人、爱人、恋人、知己之间的情感疏离，由于无法依赖这些亲密关系及其带来的安全感，情感陷入孤独之中；后者指个体不能完全融入同事、同学、朋友的圈子，无法凭借此建构起社交网络，某种意义上处于被社会群体和团体排斥在外的孤立状态。由于中国社会人与人之间的关系更多以血缘为主形成一个个圈层，相当于韦斯所说的情感层面，而青年群体进入社会后与同事、同学、合作伙伴形成社交层面，前者是亲密关系，后者是非亲密关系。鉴于此，本研究将"孤独感"划分为"情感孤独"和"社交孤独"两个维度展开调查。

阿里数据2017年曾发布《空巢青年自检指南》，该指南认

为中国有5000万20—39岁的青年符合空巢特征——单身、独居、背井离乡、独自打拼。从城市分布来看，深圳以307万的人数独占鳌头。作为我国南方经济、文化、科技、医疗、演艺、创业、交通等的中心，深圳巨大的"虹吸效应"吸引着一批又一批年轻人只身前来打拼，看起来人来人往、热热闹闹的深圳街头，大家似乎都习惯了独来独往，"孤独感"触手可及。本研究调查发现，超过一半的深圳青年"情感孤独"，超过四成的深圳青年"社交孤独"。

"工作压力"加深深圳青年的孤独感

通过数据分析可知，使深圳青年无法持开放的心态去广泛交友、建构新的社会交往网络的主要因素是"工作压力""被动社交""不喜欢和陌生人交往"以及"选择独自宅在家"的生活方式。有超过两成的受访者在工作之余更愿意选择宅在家里，而不是外出参加各类活动。深究其因，发现"工作太累，没有精力"占比最大（41.07%），自由的业余时间用来休息和消磨是最为惬意的；另外，"没有可结伴同行的朋友"（22.72%）和"不喜欢跟陌生人交往"（12.05%）也成为他们不外出的重要原因。尽管"工作太累，没有精力"未必导致情感孤独，但在移民城市，独自打拼，工作时长和工作压力都会影响青年人的社交需求和社交欲望，或者无暇顾及。

"熟人社交"加剧深圳青年的社交孤独

社交是青年生活中重要的组成部分，尤其对移民城市的青年群体来说，无论需要结识新朋友，还是努力摆脱孤独感，社交都是一种必须的活动。调查数据显示，有35.43%的受访者表示愿意主动去结识陌生人，15%的受访者明确表示自己不会去主动结识陌生人，49.57%的受访者认为主要看机缘，不会强求自己，也不会强求他人，也就是在社交活动中处于被动观望状态。"社交孤独"的表征之一是人与人的疏离感，如果青年人自我保护意识愈来愈强，彼此之间的社交纽带或许就会变得越来越脆弱，与此同时，也难以建立稳定而持久的关系网络，从而使"孤独感"成为常态。

疏于主动与陌生人发生社交连接，那么，与熟人社会的关系能改善社交孤独吗？数据显示，首先，深圳青年更愿意通过熟人，包括亲朋好友、同乡、同事和同学的介绍结识新朋友，这是他们扩大社交圈最常用的办法，占比达 42.99%。仅有 20% 的受访者可能会尝试通过线下活动结识新朋友，另外，还有一部人愿意选择社交类 App/ 网站与线上陌生人交往。其次，在调查深圳青年通过哪些渠道了解休闲文化活动时，我们同样发现，通过熟人推荐的占比达到 44.49%，仅次于微信公众号推送（70.85%），充分说明"熟人"在深圳青年的社会关系网络中占据何等重要的地位。

从成长的角度来说，孤独是青年人无法避免、必须经历的。经历孤独，但又不能太孤独，这样混合的形态，使我们能够在保持自我的同时融入更广阔的社会生活。心理学研究也发现人在经历一定程度的孤独后会产生一种希望重新融入的冲动，即人的孤独感一旦超越了特定的阈值（每个人的阈值都不相同），就会强迫自己与他人重新建立联系，从而帮助自我将孤独转化为一种短暂的非持续性的体验。"独自宅家"与"主动结识陌生人"是两种不同的生活方式，选择后者，将会受益于社交活动带来的群体归属感和社会关系的不断连接，从而缓解孤独感；选择前者，可能会进一步增强青年的孤独感，故而"熟人社交"是一种折中方式，能一定程度缓解孤独感，但会限制更广阔的社交范围。

孤独感对深圳青年"创新倾向"的影响

创新倾向（innovativeness）来源于创业导向的一个维度，是为获得竞争优势而进行变革与创新的偏向程度。创新倾向被普遍认为是积极探索创新事物的态度或活动。在此理解的基础上，我们从深圳青年性格中是否"喜欢冒险"、是否"喜欢新奇之物"以及"是否想要创业"与孤独感做交叉分析，有以下发现：

情感孤独感很强和较强的青年，喜欢冒险的占比分别为59.97%和55.32%，高于情感孤独很低（50.79%）和较低（49.53%）的青年；同时，情感孤独感很强和较强的青年中，喜欢新奇之物的占比分别为77.64%和79.75%，高于情感孤独很低（72.25%）和较低（71.56%）的青年。情感孤独感越强，会越喜欢冒险和新奇之物，两者成正向关系，但情感孤独与是否"有创业的想法或计划"之间没有明显关联。同理，我们也发现，社交孤独感越强，会越喜欢冒险和新奇之物，而且受访青年"有创业的想法或计划"或处于准备创业期间，与社交孤独感表现出相关性，可以理解为，特定时期的孤独感可以增强创新倾向；相反，对于正在创业的受访青年群体，社交孤独感与创新倾向呈负相关关系，即社交孤独感不利于增强创新倾向。综上所述，情感孤独或社交孤独对正在创业的青年会带来负面影响，不利于创新，在其他情况下，都表现出了一定的正向作用，即孤独感在某些情况下会增强青年个体的创新倾向。

发现之六：对青年群体的宽容度有待于进一步提高

宽容，作为一种理念，一种价值，一种行为方式，与创新之间的通约性已经成为共识。深圳市把"鼓励创新，宽容失败"和"来了，就是深圳人"写进"十大观念"，并努力将理念和价值观贯彻在城市管理和日常生活中。何为宽容？学者认为"宽容是指一种社会的美德和政治的信条。它的意义在于可以使拥有不同的观点和行为倾向的个人和社会集团能够在同一社会中和平相处"①。这一说法，不仅指对某种宗教、党派和社会伦理道德的宽容，同时也指对持有某种观念和行为的个体或社会团体的宽容，这就意味着我们可以通过测量深圳青年对某种观念和行为，特别是不为一般大众所认可的，甚至是反常的观念和行为的态度去衡量这座城市的宽容程度。一般而言，宽容可以分为文化宽容、社会宽容和政治宽容，本报告主要依据深圳青年对城市观念/价值观中有关宽容、包容内容的感知和评价、LGBT（女同性恋、男同性恋、双性恋、跨性别者、无性恋等）群体的处境、青年女性婚恋压力、创新创业失败与宽容等方面的调查了解实际情况，通过数据发现，深圳宽容度的实际情况比媒体传播的情形要逊色许多，特别是对创新创业失败的宽容度还亟须提高。

① 马得勇：《东亚地区民众政治宽容及其原因分析——基于宏观层次的比较研究》，载《武汉大学学报》（哲学社会科学版），2009年第3期，第339页。

"宽容"作为理念和价值观认可度高，作为感受和体验认可度低

在检测深圳广为人知的"十大观念"诞生十周年之后是否还适用于表达今天深圳的城市价值时，数据显示，无论是"鼓励创新，宽容失败"还是"来了，就是深圳人"，被认为"非常适合"和"比较适合"两项累计超过八成，高达81.66%。一方面，这表明两句城市口号深入人心，另一方面也意味着青年群体从理念、价值观以及城市精神等宏观层面比较认可深圳这座城市具备的这些特质。进一步考察，"十大观念"落实为现实体验时，我们发现，深圳在追求多元文化、推崇创新人士、尊重知识分子、鼓励拔尖、追求变革、不排外、公平竞争、淡化身份等级等方面都获得了青年群体的高度评价，但是在"容忍失误和失败"以及"宽恕叛逆"两个方面得分较低，这与"十大观念"中的"鼓励创新，宽容失败"获得的高传播认知度有比较明显的错位。具体到本次调研中的一个特殊群体——创新创业者，数据或许更能说明问题。深圳创新

创业氛围积极且活跃，受访群体中，正在创业的占比 7.13%，有创业想法或计划的占比则超过一半，而该群体对"鼓励创新，宽容失败"的感受相对其他职业的青年而言更为深刻。根据调查数据，"有创业的想法或计划"的受访群体"非常同意"或"同意"深圳具备"容忍失误和失败"特质的占比为 27.58%，而明确表达"非常不同意"或"不同意"的占比为 46.79%，明显高于持肯定意见的受访者，此外更有 25.63% 的受访者表示中立。同样地，正在创业的受访青年中，明确表示"非常不同意"或"不同意"深圳具备"容忍失误和失败"特质的占比高达 51.93%，高于"有创业的想法或计划"的群体和没有想法或计划的群体。

女性 30 岁未婚成压力，宽容度有待提高

本次问卷的受访对象中，男性青年过半，占比为 58.48%，女性青年占比 41.52%，男女性别比为 140.8，年龄中位数 30 岁。许多第三方数据虽然没有直接显示一线大城市女性未婚承受的压力与年龄之间的关系，但都透露出社会舆论对大龄女性群体的不友好，甚至不宽容。人们给这个群体贴上了"剩女"标签，将高学历、高智商、高财富的大龄女青年称为"三高"群体，将城市白领、骨干、精英女性称为"白骨精"，而所谓的"三高"群体和"白骨精"群体恰恰都是传统意义上的"剩女"。这些污名化的标签困扰着女性，也挫伤她们的自尊心和自信心。数据显示，在深圳，超过六成的受访者认为女性超过 30 岁未婚会有巨大压力，其中 34.48% 认为 30 岁以上，31.32% 认为 35 岁以上。从年龄和受教育程度的交叉分析可知，学历越高，受访者对女性未婚年龄的宽容度相对更高一些，比如，高中/中专及以下学历认为女性 30 岁未婚则会有压力的占比超过三成，而超过四成的硕博士受访者认为超过 35 岁才会有明显压力。进一步探究未婚女性的压力来源，结果显示，在所有列举的选项中，来自"家人和亲戚"的压力占比最高，达 79.09%，接近八成，远超排名第二的来自"自身"

（43.45%）以及排名第三的"社会舆论"（34.51%）。互联网时代，我们无法判断"社会舆论"的确切来源是全球媒体，还是地方媒体；是远在千里之外出生地的社会舆论，还是深圳的社会舆论，但"居住地邻里""工作单位"的压力分别占比为10.41%和15.31%，位列"闺蜜"之外的倒数第二、第三位，多少可以表明，工作和生活的城市带给大龄未婚女青年的压力要明显小很多，深圳的社会氛围相对宽容。

LGBT 群体占比近 5%，对城市创新评价偏低

LGBT 群体包括了同性恋、双性恋、跨性别和无性恋等性少数者，在性倾向上通常被视为具有"反社会"的特性，在中国语境中尽管这个群体比以往有了更多关注度，但总体而言还是与主流性别观格格不入。根据联合国开发计划署2016年5月发布的《中国性少数群体生存状况：基于性倾向、性别认同及性别表达的社会态度调查报告》，性少数人群的能见度极低，仅有约5%的性少数群体选择公开自己的性倾向、性别身份或独特的性别表达方式。但是，"创意阶层"概念的创造者理查德·佛罗里达在长期跟踪研究欧美城市产业布局、人口结构、发展氛围后提出了"3T"（即技术、人才和宽容）理论，他在《创意阶层的崛起》一书中，用大量数据证明同性恋、波希米亚人和移民比例既表征了城市和社区宽容度，也证明这些因素与创新发达地区具有正相关性。本次调查中，我们以LGBT在青年群体中的占比作为一个衡量指标，去探究深圳青年在性取向多元化方面的情况。调研数据显示，受访青年群体中91.86%为异性恋，1.44%为同性恋，2.05%为双性恋，0.92%为无性恋，另有3.73%的受访者表示不能确定自己的性取向。此外，多性别/跨性别者总计4.41%，这一数据与联合国开发计划署的调查报告相仿，因此，我们只能说，深圳LGBT群体的发声程度与全国持平，无法判断这意味着深圳比其他城市更宽容还是更不宽容。进一步，我们将性取向与是否认同深圳为

创新城市做交叉分析后发现，不同性取向的青年群体差异性较为显著，其中，同性恋群体不认为深圳是创新型城市占比最高，为6.38%，高于异性恋群体的1.7%；而且，同性恋、双性恋、无性恋不能确定深圳是否为创新型城市的也普遍高于异性恋（4%）的受访者，这从一个侧面反映深圳的LGBT群体感受到比较不宽容的氛围，在自由度、认同度方面受到挤压，以致降低他们对创新型城市的感知和认同。

三、深圳青年群体总特征

根据深圳市在2018年4月27日发布的《2016年度深圳市社会性别统计报告》可知，截至2016年末，深圳市常住人口为1190.84万人，男性常住人口为633.62万人，占全市人口的53.21%；女性常住人口为557.22万人，占全市人口的46.79%，常住人口性别比为113.71。深圳市户籍人口为404.78万，其中男性为206.83万，女性为197.95万人（占比48.90%），户籍人口性别比为104.48。2016年深圳市人口年龄中位数为31岁，其中男性的年龄中位数为30.72岁，而女性的年龄中位数为31.31岁。[①]

广东移动大数据应用创新中心于2017年12月发布了《基于移动大数据的深圳市人口统计研究报告》，该报告根据"在深圳出现过的18岁以上移动个人用户，结合深圳移动通信市场占有率、一人多卡率和18岁及以下小孩人数"进行人口统计。不同于统计局

---

① 深圳市妇儿工委、深圳市统计局：《2016年度深圳市社会性别统计报告》，http://tjj.sz.gov.cn/zwgk/zfxxgkml/tjsj/tjgb/content/post_3084921.html，2020年7月23日访问。

需要在深圳连续生活半年以上的统计标准，移动大数据的统计标准是：某月在深圳驻留天数大于或等于 23 天，且日均驻留时长大于或等于 10 小时的 18 岁以上个体，统计结果表明目前每天生活在深圳的人数"高度稳定"在 2500 万左右，其中有 330 万左右的"过客"和"访客"，连续在深圳居住超过一个月的常住人口在 2200 万左右。据统计，2017 年 11 月深圳的月常住人口中，男性占比 58.0%，女性占比 42.0%。①

① 广东移动大数据应用创新中心：《基于移动大数据的深圳市人口统计研究报告》，http://www.doc88.com/p-3704860042186.html，2020 年 7 月 23 日访问。

而本次问卷调查涉及 3266 位 16—35 周岁的深圳青年，虽然数量不足以代表深圳市全部青年群体，但在不同学历、职业、地区等都有涉及，也可以从中窥探到深圳青年的整体发展以及对创新文化的认知情况。

（一）深圳青年的基本属性

年龄结构

本次问卷以深圳青年为调研对象，有效问卷样本都为在深圳居住的 16—35 周岁青年，分布较为平均（图 1-3-1）。其中 31—35 周岁占比最高，为 27.56%，26—30 周岁、21—25 周岁、16—20 周岁占比分别为 26.61%、25.56% 和 20.27%。总体样本 3266 位受访者的年龄中位数为 30 岁，和《2016 年度深圳市社会性别统计报告》中深圳男女年龄中位数基本相当。

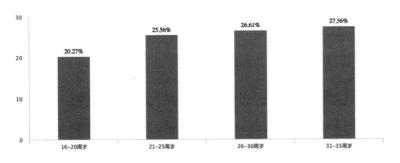

图 1-3-1 深圳青年的年龄结构

性别结构

本次问卷的受访者中，男性青年过半，占比为58.48%，女性青年占比41.52%（图1-3-2），男女性别比为140.8，和《基于移动大数据的深圳市人口统计研究报告》中深圳市常住男女人口比例相差并不太多。

图1-3-2 深圳青年的性别结构

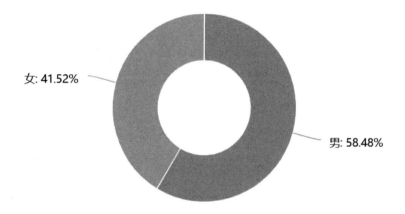

来源地情况

由于问卷中问题"来深圳之前，您居住在？"不可设置为必填问题，因此我们结合"您来深圳几年了？"以及"来深圳之前，您居住在？"的结果来分析深圳人口来源。"您来深圳几年了？"选择"出生在深圳"的，即为深圳本地人，共274人，占总调查样本（3266）的8.39%。从图1-3-3中可见"来深圳之前，您居住在？"的受访者分布，其中，横坐标"（空）"选项包含321人，即274位深圳本地人和47位未填写本题的受访者。因此可以确定的是本次问卷的受访者至少有1686人来自广东省，超过五成。除广东本省外，在深圳的青年来源地最多的省份依次为湖南省、湖北省、江西省，均是毗邻广东省的周边省份。

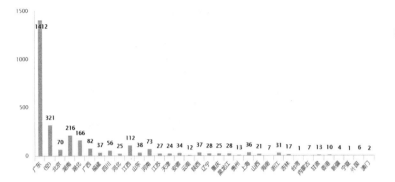

图 1-3-3 深圳青年来源地分布情况

受教育程度

本次问卷的受访者以中高等教育水平为主（图 1-3-4），其中本科或大专学历的青年占比最多，为 67.33%，高中或中专的占比为 18.77%，初中及以下的占比为 5.17%，硕士和博士占比分别为 7.69% 和 1.04%。深圳青年群体大专以上高学历者累计达 76.06%。

对已获得最高学历的 2484 位受访者的调查数据显示，在海外获得学历的占比 1.89%，在港澳台获取的占比 3.66%，在境内 985 和 211 高校获取的占比分别为 12.68% 和 16.91%，其余在境内其他高校获取（图 1-3-5）。学科专业分布方面，覆盖了各主要专业大类，其中占最多的是工学、经济学、管理学和理学，占比分别为 20.57%、17.07%、16.39% 和 14.37%（图 1-3-6）。

图 1-3-4 深圳青年学历结构

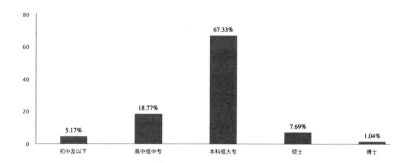

图 1-3-5 深圳青年最高学历获得院校情况

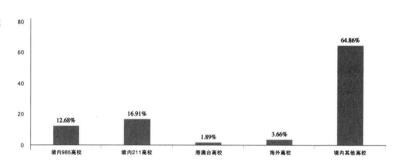

图 1-3-6 深圳青年专业分布情况

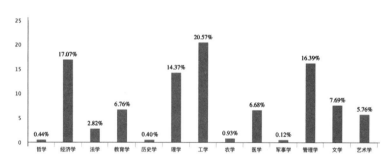

职业结构

本次问卷受访者中学生群体最多，占比达 24.61%；其次为从事互联网 IT/ 计算机 / 通信 / 电子、制造业以及教育 / 培训三大行业的在职人员，占比分别为 11.82%、8.33% 和 7.2%；从事生物 / 化工 / 能源行业的较少，占比仅为 1.22%（图 1-3-7）。作为粤港澳大湾区的领先者，深圳以新兴产业和高科技产业为主，拥有华为、腾讯、大疆等通信、互联网、人工智能为主的一大批龙头企业，同时先进制造业依旧占据深圳GDP的绝大部分比重，每年都在源源不断地吸引从事通信、互联网、教育培训以及制造业的青年来深就业。

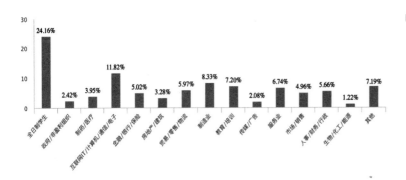

图1-3-7 深圳青年职业分布情况

本次受访者已参加工作的共有2477位，数据显示，他们的工作单位主要分布在南山区、宝安区、福田区和龙岗区（图1-3-8），占比分别为19.34%、19.06%、18.09%和17.52%，其中，超过半数的受访者为一般企业/公司的职员（图1-3-9），占比为59.59%，其余则为事业单位、外企、国企和政府部门职员，占比分别为18.57%、10.09%、9.33%和2.42%。根据《基于移动大数据的深圳市人口统计研究报告》显示，深圳共有1630万工作人口，其中绝大部分在原"关外"，或者说传统意义上的"郊区"，同时，他们也居住在"关外"。这是深圳交通状况明显好于其他大城市的重要原因，深圳有很多超级工厂，工人居住、生活、工作都在一个区域里，对公共交通依赖度不高。①

① 广东移动大数据应用创新中心：《基于移动大数据的深圳市人口统计研究报告》，http://www.doc88.com/p-3704860042186.html，2020年7月23日访问。

图 1-3-8 深圳青年工作所在地区分布情况

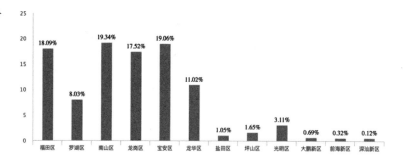

图 1-3-9 深圳青年工作单位性质结构

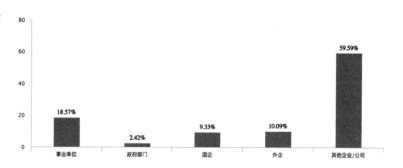

收入结构

经国家统计局和广东省统计局核定，深圳市 2017 年城镇非私营单位从业人员年平均工资为 99139 元，月平均工资为 8262 元，同比增长 10.8%，其中城镇非私营单位在岗职工年平均工资为 100173 元，月平均工资 8348 元，同比增长 11.6%。按照深圳市人力资源和社会保障局最新发布的《深圳市人力资源和社会保障局关于调整本市最低工资标准的通知》要求，自 2018 年 8 月 1 日起，全日制就业劳动者最低工资标准为每月 2200 元。①

本次问卷受访者中，月收入（含五险一金的税前收入，在读学生为月生活费）主要集中在 2000—5000 元，占比为 24.71%，其次为 5001—8000 元、2000 元以下和 8001—12000 元，占比分别为 23.73%、18.95% 和 15.19%（图 1-3-10）。将"职业"与"月收入"做交叉分析后发现，月收入在 2000 元以下的大部分为学

---

① 深圳市人力资源和社会保障局：《深圳市人力资源和社会保障局关于调整本市最低工资标准的通知》，http://www.sz.gov.cn/zfgb/2018/gb1058/content/post_4983381.html，2020 年 7 月 23 日访问。

生群体，占比67.55%，而学生群体中月收入在2000—5000元之间的为26.36%。

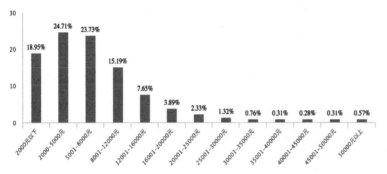

图1-3-10 深圳青年收入结构

婚育情况

本次问卷受访者中，未婚青年人数超过已婚青年，占比为58.7%，已婚青年占比为37.2%（图1-3-11）；已生育子女的青年共1104人，占青年总体样本的33.80%，以及已婚青年群体的87.20%，其中生育一位子女的占比最多，为19.44%，生育两位及两位以上子女的分别占比12.8%和1.56%（图1-3-12）。在样本总数中尚未生育的共有2162位，超过半数的受访者对生育持否定或不确定态度，其中持不确定态度的占比为31.41%，明确表示不打算生育的占比为23.49%，另外仍有45.1%的青年表示计划生育下一代（图1-3-13）。

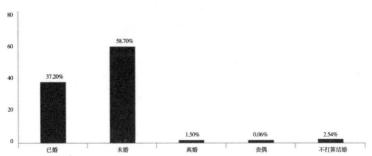

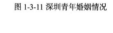
图1-3-11 深圳青年婚姻情况

图 1-3-12 深圳青年子女情况

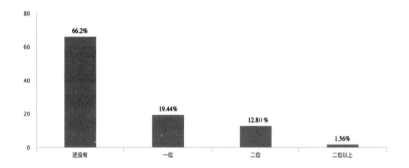

图 1-3-13 深圳青年计划生育下一代意愿情况

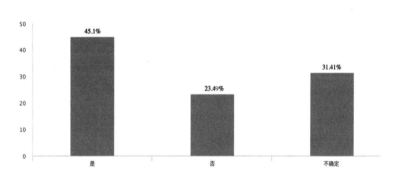

（二）深圳青年职业及居住情况

工作与个人发展是青年来深的主要原因

根据数据统计可以看出（图 1-3-14），本次问卷调查中，仅有 8.39% 的受访者出生于深圳。占比 23.39% 的受访者来深圳不满 1 年，大多数为来深求学的全日制学生或工作实习的应届毕业生。来深圳 3 年以下、3—5 年、5—10 年以及 10 年以上的受访者分布较为均衡，占比分别为 18.86%、15.59%、16.96% 和 16.81%。

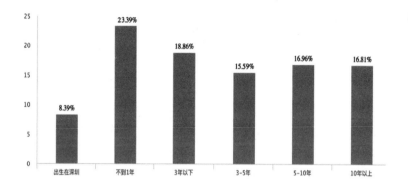

图 1-3-14 深圳青年来深年数结构

在2992位受访者回答"您来深圳的理由是？"的多选题中（图1-3-15），工作机会多、一线城市、薪水高占据前三位，其中，有超过半数的受访者认为之所以来深圳是因为"工作机会多"，占比51.14%；三分之一以上的受访者看中的是深圳"一线城市"的地位，占比34.69%；另有24.97%的受访者是因为"薪水高"而来深圳的。比较令我们感到意外的是，与知乎、豆瓣等文艺青年网络社区讨论"你选择深圳的理由是什么？"的结论集中在不排外、自由、空气好等相比，本次调查的数据显示，这三者的占比分别为7.15%、7.25%、6.78%，除了"其他"外，在所有选项中排名倒数前三，表明受访深圳青年群体非常务实，远没有文艺青年那般浪漫。

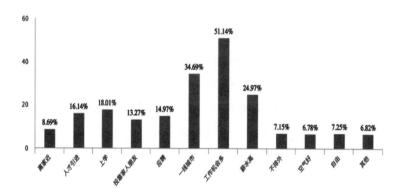

图 1-3-15 深圳青年来深原因

整体较为稳定，职场达人更爱"跳槽"

本次问卷中2477个样本为已参加工作者，其中，超过三成的受访者表示自己从没有换过工作，占比为33.02%；与此相反，有三成以上的受访者表示换过1—2次工作，占比为38.72%。其余不到30%的受访群体工作变动较大，换工作次数在3—5次、5—6次以及6次以上的占比分别为23.25%、2.83%和2.18%（图1-3-16）。总体而言，深圳青年的工作情况较为稳定。

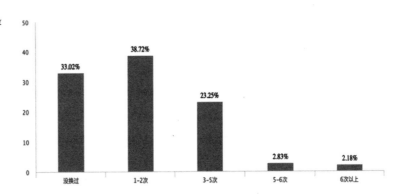

图1-3-16 深圳青年换工作次数情况

将"来深年限"与"换工作次数"做交叉分析后发现，深圳青年工作变动的次数和来深圳的年数基本呈正相关，即来深圳越久工作变动次数越多（表1-3-1）。其中来深圳"不到1年"的青年大多数没换过工作，占比为65.49%；而来深圳"3年以下"和"3—5年"的青年多数换过1—2次工作，占比分别为46.56%和49.35%；来深圳"5—10年"和"10年以上"的青年则较多换过3—5次工作，占比分别为38.78%和37.5%。可见刚来深圳的职场小白会通过学习磨炼等方式实现再发展，而在深圳"摸爬滚打"许多年的资深职场达人则更喜欢通过跳槽实现突破。深圳青年一直在以适合自己的方式去适应深圳这座瞬息万变的创新城市。

表1-3-1 来深圳时长与工作变动交叉表

您到深圳后一共换过多少次工作？ 您来深圳几年了？	没换过	1—2次	3—5次	5—6次	6次以上	小计
出生在深圳	35 (23.18%)	79 (52.32%)	30 (19.87%)	5 (3.31%)	2 (1.32%)	151
不到1年	260 (65.49%)	111 (27.96%)	16 (4.03%)	3 (0.76%)	7 (1.76%)	397
3年以下	190 (42.13%)	210 (46.56%)	46 (10.20%)	4 (0.89%)	1 (0.22%)	451
3—5年	129 (27.80%)	229 (49.35%)	97 (20.91%)	3 (0.65%)	6 (1.29%)	464
5—10年	99 (18.82%)	195 (37.07%)	204 (38.78%)	19 (3.61%)	9 (1.72%)	526
10年以上	105 (21.52%)	135 (27.66%)	183 (37.50%)	36 (7.38%)	29 (5.94%)	488

受访者在深圳的第一份工作，占比较多的为"互联网IT/计算机/通信/电子"和"制造业"，占比分别为16.92%和14.94%（图1-3-17）；其次是"服务业"（9.57%）、"教育/培训"（8.88%）、"贸易/零售/物流"（8.72%）等行业，该组数据对应了深圳新兴产业、制造业、服务业、物流业为主的产业结构。

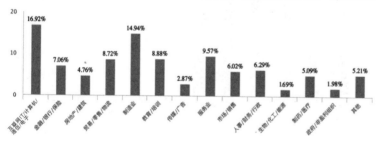

图1-3-17 深圳青年来深第一份工作职类分布情况

宿舍、租房和自购房是深圳青年的主要居住情况

从问卷数据统计可以看出（图1-3-18），大部分深圳青年居住在南山区、宝安区、龙岗区和福田区，占比分别为20.42%、

19.32%、19.26%和14.05%，和深圳青年的主要工作地区基本吻合，这也印证了上文所说的深圳市大部分居民居住、生活、工作都在一个区域里。同时，在此次问卷调查中，有超过两成的深圳青年居住在"集体宿舍"，占比为20.21%，而将"职业"与"居住情况"做交叉分析后发现，有超过一半的学生群体居住在"集体宿舍"，占比50.95%，其余则多为从事"制造业"和"服务业"的青年，占比分别为17.28%和17.73%，可见房租低廉的"集体宿舍"是月收入不高的青年群体的首要选择。其余青年的居住情况大多为"自购房"和"城中村租房"，占比分别为19.5%和18.49%，剩下的则为"小区整租"（12.95%）、"小区合租"（11.36%）、"公租房"（5.14%）等（图1-3-19）。而在选择"自购房"的青年中，则有62.77%的青年是出生在深圳的本地人，另有42.62%是来深圳十年以上、有较多积蓄的人。总体而言，除了住在宿舍的全日制学生和有能力买房的"深二、三代"以及高薪阶层外，大部分普通深圳青年的居住情况仍然是选择各种形式的租房。

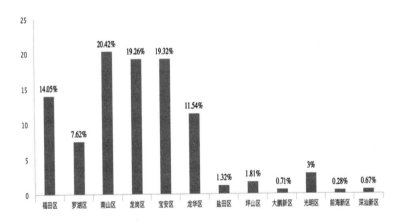

图1-3-18 深圳青年居住地区分布情况

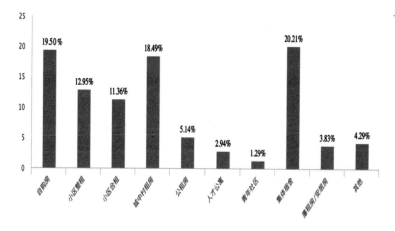

图 1-3-19 深圳青年居住情况

（三）深圳青年的其他特征

"潜伏"的性少数群体

在问卷设计时我们特意增加了"您的性取向是？"一题，目的是考察不断强调创新、开放、包容的深圳，是否为性少数群体提供了一个勇于"发声"的居住和工作环境。在此次问卷数据中（图1-3-20），除去占比为91.86%的绝大多数"异性恋"青年群体外，仍有近一成的性少数群体明确选择了自己的性取向，其中选择"双性恋"的占比为2.05%，选择"同性恋"的占比为1.44%，选择"无性恋"的占比为0.92%，另外有3.73%的青年表示对自己的性取向持不确定的态度。

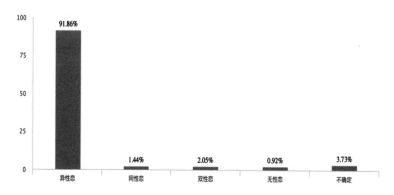

图 1-3-20 深圳青年性取向结构

一线大城市的"女性压力"

在"您认为在深圳的女性多大年龄未婚将会有巨大压力?"一题中(图1-3-21),超过六成受访者认为女性超过30岁以上未婚就会感受到巨大压力,其中选择"30岁及以上"的占比为34.48%,选择"35岁及以上"的占比为31.32%,选择"28岁及以上"的占比为23.05%,仍然有11.15%的青年认为深圳女性"25岁及以上"未婚就需要承受巨大压力。进一步追问这种压力来自何方时,数据显示(图1-3-22),有多达79.09%的青年认为大龄女性未婚压力主要来自"家人和亲戚",其次来自"自身""社会舆论"和"老家邻里",占比分别为43.45%、34.51%和25.72%,而深圳的居住地邻里、工作单位的施压相比则较轻。由此可见,高达六成多的受访者认为30岁以上未婚会构成压力,而压力主要不是来自生活和工作的地方。

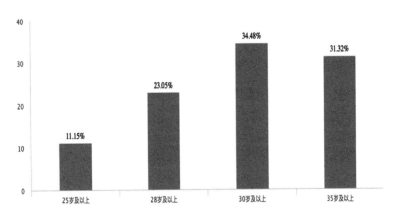

图1-3-21 深圳青年对女性多少岁未婚会有压力看法情况

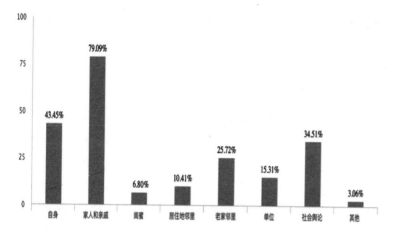

图 1-3-22 深圳青年对女性的压力来源看法情况

小　结

　　本次问卷调查对象的年龄、性别分布，与深圳市总体青年人口结构比较吻合，表明该问卷的样本分布合理。调查发现，被访深圳青年群体中有超过一半来自广东省，而选择来深圳的理由，有超过半数的青年因为"工作机会多""一线城市"和"薪水高"，表明深圳青年其实比较实际，努力工作，获取较高收入，分享一线城市优质的教育、卫生和文化设施是他们最为看重的因素。在职青年的第一份工作偏向于IT通信和制造业，整体工作较为稳定。在居住问题上，除了住在宿舍的全日制学生和有能力买房的"深二、三代"以及高薪阶层外，大部分普通深圳青年主要是选择多种多样形式的租房。深圳青年的婚育情况数据显示，未婚青年的人数超过已婚青年，未育青年的人数亦超过已育青年。在还未生育子女的这部分深圳青年中，超过半数的青年对生育下一代持否定或不确定态度。在超过六成的受访者看来，30岁尚未结婚的女性会感受到巨大压力，这些压力主要来自原生家庭、自身和社会；相比之下，来自现居住地和工作单位的压力要小许多。

四、深圳青年对城市创新的认知、感受和评价

自 2008 年深圳市人民政府公布《深圳市人民政府关于印发深圳国家创新型城市总体规划(2008—2015)的通知》(深府〔2008〕201 号)之后,深圳在建设国家创新型城市中取得重大进展,营造了鼓励创新、重视人才、提倡拼搏的城市创新氛围,本章主要考察深圳青年对城市创新精神的认知、评价以及城市创新气氛与自身创新特质之间具有怎样的互动关系。本章共涉及调查问卷的九道题,涉及创新型城市认同、自身与创新城市关系、城市鼓励创新和抑制创新的要素、个人创新特质、工作单位创新特质、城市创新氛围、城市创新观念等。

(一)"十大观念"依然适用于今日深圳

2010 年 8 月 1 日,网名"为饮涤凡尘"的网友在网上发表的题为《来深十八年,再回忆那些曾令我热血沸腾的口号》的帖子引发深圳各界的激烈讨论。深圳报业集团在此基础上正式发起"十大观念"的全民评选活动,最终选出十句口号,包括"时间就是金钱,效率就是生命""空谈误国,实干兴邦""敢为天下先""改革创新是深圳的根、深圳的魂""让城市因热爱读书而受人尊重""鼓励创新,宽容失败""实现市民文化权利""送人玫瑰,手有余香""深圳,与世界没有距离""来了,就是深圳人"。我们以"您认为此次评选的结果用来描述现在的深圳是否合适?"为题调查受访者,数据显示(图 1-4-1),选择"非常合适"(35.18%)和"比较合适"(46.48%)的受访者累计高达 81.66%,可见,这类由网民发起、全民参与评选、自下而上的城市观念、城市精神经过自上而下的多渠道广泛传播几乎获得了

所有青年群体的认同,且历久弥新。

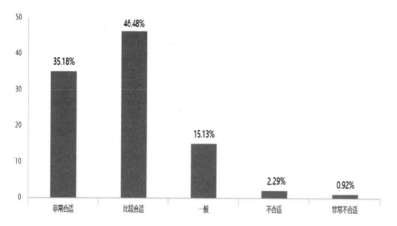

图1-4-1 "十大观念"传播认知度

(二)深圳社会创新氛围的感知度低于传播认知度

我们以"您认为深圳的社会创新氛围具有以下哪些特质?"为题,设置了11个变量,用五级量表来测试受访者对于深圳社会创新氛围的实际感知。数据显示(表1-4-1)"追求多元文化"的均值最高,为4.30,表明在受访者的感知中,深圳作为移民城市,对外来文化具有较强的包容性,或者认为深圳文化是由多元要素构成的,没有独大的某种文化。"推崇创新人士""尊重知识分子""鼓励拔尖""追求变革"的均值都超过4,分别为4.26、4.16、4.13、4.07,这些数据表明受访的青年群体比较一致地认为深圳对创新型、知识型人才高度推崇,创新和变革有着深入人心的认同。"不排外""提倡公平竞争""淡化身份等级"的均值分别为4.02、3.99、3.52,处于表示赞同的3.5—5均值区间,表明深圳在人人平等、公平竞争以及去社会等级化方面获得了比较高的感知度和认同度,而"容忍失误和失败"和"宽恕叛逆"的均值分别为3.28、3.03,处于表示中立的2.5—3.5均值区间,这与"十大观念"中的"鼓励创新,宽容失败"获得的高传播认知度不太吻合,从一个侧面表明深圳青年的实际感受与宣传有较强的反差，在社会是否能容忍失误和失败者，以及包容叛逆者方面的体验感还有待提升。

表1-4-1 深圳青年实际感受中的社会创新氛围

选项	推崇创新人士	追求多元文化	淡化身份等级	鼓励拔尖	尊重知识分子	追求变革	宽恕叛逆	容忍失误和失败	提倡公平竞争	主张生而平等	不排外
均值	4.26	4.30	3.52	4.13	4.16	4.07	3.03	3.28	3.99	3.70	4.02

（三）深圳青年高度认同深圳是一座"创新型城市"

自2008年确立建设国家创新型城市战略以来，深圳在高新技术、高等教育、公共文化等方面持续不断地投入和发展，取得了引人瞩目的成就，深圳以其"创新型"的特质声名远扬。本次调查的数据显示（图1-4-2），受访的深圳青年群体对深圳"创新型城市"的认知表现出高度的认同，占比高达93.91%；相反，不确定深圳是否为一座创新型城市的受访者占比仅4.35%，而认为深圳不是一座创新型城市的受访者则更低至1.74%。

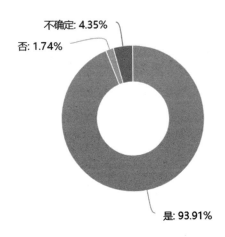

图1-4-2 深圳青年对深圳创新型城市的认知

（四）三分之一的深圳青年认为自己与城市创新关系淡薄

上文提到，有93.91%的深圳青年肯定深圳是一座创新型城市，但令人深思的是，当被问及"您认为城市创新与您有直接关系吗？"的问题时，数据显示（图1-4-3）有近三分之二的受访者认同城市的创新与自己有着直接的关系，占比64.97%；有高于三分之一的受访者却不能确定城市创新是否与自己有关（19.11%）或干脆认为与自己没有直接关系（15.92%）。其中，近半的初中及以下学历的受访者不确定自己与城市创新有关（27.81%）或否认有关（22.49%）。

对城市创新的高认同和对自己与城市创新的低认同之间较大的反差，一方面表明超过三分之一的深圳青年与城市创新的疏离，未能切身感受到城市创新气质；另一方面也说明城市创新或许还需要给予这部分青年以更多的参与感与获得感，从而更广泛地提升和强化青年个体创新与城市创新之间的关联性。

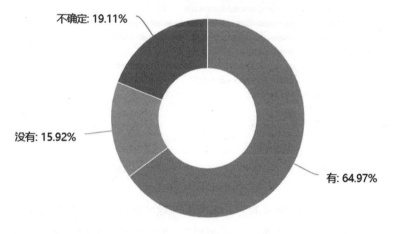

图1-4-3 深圳青年看待自身与城市创新的直接关系

（五）深圳青年认同的创新型城市要素

在深圳青年的心目中，认同和评价"创新型城市"有何标准？我们在多选题"您认为创新型城市应该具有哪些要素？"的选项中设置了10个备选答案，数据见图1-4-4，我们可以将受访的深圳青年的看法分成五个层次：他们认为创新型城市最重要的要素是"有大量科技产业和'独角兽'企业"（61.21%）；次重要的是"创新性产品丰富，且被接受度高"（48.44%）和城市具有"创新精神和创新观念"（46.23%）；再次是"移民城市，文化包容性强"（36.77%）、"教育资源丰富"（36.41%）；第四是"人口构成以高学历青年为主"（28.54%）；而不足两成的受访者认为"多样化的文化活动"（19.5%）、"政策宽松，政府少干涉"（14.67%）和"有能力承办世界级活动"（7.13%）是创新型城市应该具备的要素。这组数据提示我们，如果说创新有"硬实力"和"软实力"之分的话，那么，受访的深圳青年会更重科技、产品等"硬实力"，看重城市创新观念和价值取向，但是对于高学历、政府政策、文化驱动等"软实力"的认知还远远不够。

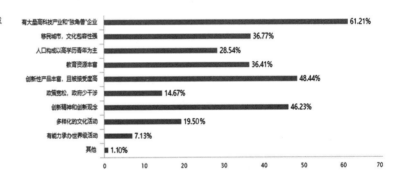

图1-4-4 深圳青年认同的创新型城市要素

（六）深圳青年对城市抑制创新要素的评价

我们以五级量表的方式设置了问题"您认为抑制深圳青年创新的主要要素有哪些？"并提供了12个变量要求矩阵单选。数据显示，"高房价"（69.04%）、"竞争太激烈"（36.68%）、"高频度加班"（28.81%）、"孤独感"（22.87%）和"融资难"（19.57%）在"非常同意"中排名前五；"竞争太激烈"（33.4%）、"高频度加班"（32.52%）、"害怕失败"（29.73%）、"融资难"（29.42%）、"孤独感"（29.33%）在"同意"中排名前五。

从均值来看（表1-4-2），"高房价"（4.45）、"竞争太激烈"（3.88）、"高频度加班"（3.71）均高于3.5，表明经济压力和高强度工作已经构成抑制深圳青年创新的重要因素。相反，在"非常不同意"中排名前五的分别是"不接受新产品"（26.24%）、"缺少创新氛围"（15.52%）、"生活太单调"（11.11%）、"缺少动力"（10.17%）和"没有志同道合的伙伴"（10.9%），在"不同意"中排名前五也同样是"不接受新产品""缺少创新氛围""生活太单调""缺少动力"和"没有志同道合的伙伴"。两者要素相同，比例不同而已。从均值来看，"不接受新产品"（2.53）、"生活太单调"（3.03）、"缺少动力"（3.12）在中立区间（2.5—3.5）中部偏低位置，可以说明深圳青年对于创新产品的接纳程度较高，城市生活丰富且竞争激烈，不缺乏创新动力。

表1-4-2 抑制深圳青年创新的要素

选项	高房价	竞争太激烈	工作不容易找	高频度加班	孤独感	缺少动力	害怕失败	生活太单调	缺少创新氛围	融资难	没有同伴	不接受新产品
均值	4.45	3.88	3.32	3.71	3.47	3.12	3.33	3.03	2.95	3.37	3.12	2.53

（七）深圳青年对单位/学校创新环境的评价

如表1-4-3所示，深圳青年群体对所在单位/学校创新环境的评价总体比较乐观，其中"团队协作"的均值为4.18，"提倡拼搏"的均值为4.04，说明团队意识与拼搏意识是深圳单位创新环境的共性特征。"鼓励新观点和新思想"的均值为3.93，"奖励创新"均值为3.92，说明深圳的工作单位普遍比较重视创新，并有各种措施鼓励创新。与此相比，"上下级交流无障碍""接纳员工/学生异议""鄙视虚假""自主安排工作/学习形式"的均值相对要低一些，分别为3.56、3.62、3.63和3.55，但仍在表示赞同的3.5—5均值区间。"民主决策"的均值最低，为3.46，处于中立状态，表明深圳青年肯定单位创新环境的同时，希望有更宽松、民主的环境。简言之,深圳单位环境比较有利于创新发展,但在扁平化管理上还有提升空间。

表1-4-3 深圳青年对单位/学校创新环境的总体评价

选项	提倡拼搏	团队协作	上下级交流无障碍	唯才是举	鄙视虚假	民主决策	鼓励新观点和新思想	奖励创新	接纳员工/学生异议	自主安排工作/学习形式
均值	4.04	4.18	3.56	3.52	3.63	3.46	3.93	3.92	3.62	3.55

学校与企业单位的不同性质影响是否影响青年群体对创新氛围的评价?我们将职业与创新氛围评价做交叉分析,结果显示(图1-4-5),学生群体对所在学校创新氛围评价普遍略高于在职群体对所在单位创新氛围的评价,但是在"唯才是举""上下级交流无障碍""提倡拼搏"三方面学生群体的评价略低于在职群体。总体而言,深圳青年学生比在职青年对所在单位的创新环境认可度更高一些,学校比企业单位的创新氛围略为宽松。

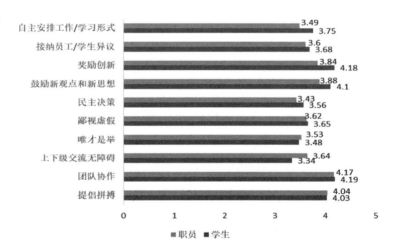

图1-4-5 职员/学生与深圳单位/学校创新环境评价均值

将深圳单位创新氛围与单位性质进行交叉分析发现(表1-4-4),不同性质的单位创新氛围不同,体制内单位不利于促进创新氛围。政府部门单位创新氛围评价中的均值普遍较低,其中"唯才是举"（3.3）、"鄙视虚假"（3.48）、"民主决策"（3.43）、"奖励创新"（3.37）、"接纳员工/学生异议"（3.42）、"自主安排工作/学习形式"（3.33）方面均低于其他工作单位。国企、事业单位由于其产业化运营，逐渐适应市场机制，重视人才与创新发展，其"提倡拼搏""团队协作""奖励创新"等均值均大于3.5，但计划经济时期在国企中留存的官僚弊端仍然明显，如国企"上下级交流无障碍"（3.42）和"唯才是举"（3.32）两方面均值处于最低位。外企作为中国特色社会主义市场经济中特殊的经济形式，保留了国外企业扁平化的体制架构，相对完全的市场化运营使其重视创新因素的发掘与发现，其"提倡拼搏""团队协作""上下级交流无障碍""唯才是举""鄙视虚假""民主决策""鼓励新观点和新思想""奖励创新""接纳员工/学生异议"均值都大于3.5，表示外企员工赞同其工作单位具有以上创新特质，虽然"自主安排工作/学习形式"的均值为3.47，但还是高于绝大多数其他性质的单位。

表1-4-4 不同性质的单位与创新环境评价交叉分析的均值

创新环境评价 单位性质	提倡拼搏	团队协作	上下级交流无障碍	唯才是举	鄙视虚假	民主决策	鼓励新观点和新思想	奖励创新	接纳员工/学生异议	自主安排工作/学习形式
事业单位	4	4.21	3.67	3.62	3.59	3.45	3.91	3.98	3.58	3.49
政府部门	3.63	3.85	3.6	3.3	3.48	3.43	3.65	3.37	3.42	3.33
国企	3.99	4.25	3.42	3.32	3.51	3.46	3.84	3.92	3.5	3.44
外企	4.06	4.2	3.65	3.54	3.72	3.54	3.92	3.83	3.55	3.47
其他企业	4.08	4.15	3.66	3.54	3.64	3.4	3.88	3.8	3.63	3.5

（八）深圳青年对自身创新特质的评价

创新不仅仅表现在城市气质、工作环境和求学学校中，也与个体自身的气质相关，为此，我们设置了五级量表题"您认为自己具有哪些性格特质？"并提供11个变量以矩阵单选题方式进行测试，结果显示（表1-4-5），在深圳青年对自身创新特质的评价中，"信守承诺"均值最高，为4.44，守信成为深圳大多数青年认同度最高的个人特质。其余均值高于3.5，表示同意的选项依次为"喜欢新奇之物"（4.08）、"遵守规则"（4.03）、"不迷信权威经典"（3.96）、"目标执着"（3.87）、"崇尚个性"（3.69）、"勇于质疑"（3.60）、"喜欢冒险"（3.56），这些数据表明，深圳青年既有遵守规则、目标明确执着的特质，同时又崇尚个性，有喜欢新奇之物、喜欢冒险、挑战自我的特征，还有敢于质疑和不迷信权威经典的特点，总体上表现出创新型人才所应有的个性气质。相比之下，"敢于表现自我"（3.32）和"偏爱小众"（3.15）略低于其他均值，表明深圳青年比较不认为自己在表现自我方面有明显的特质，也不属于偏爱小众文化和另类趣味的群体。

表1-4-5 深圳青年个人创新特质

选项	喜欢冒险	崇尚个性	目标执着	勇于质疑	偏爱小众	敢于表现自我	遵守规则	居安思危	信守承诺	不迷信权威经典	喜欢新奇之物
均值	3.56	3.69	3.87	3.60	3.15	3.32	4.03	3.71	4.44	3.96	4.08

小 结

总体上，借助各种媒介方式的推广，深圳作为一座创新型城市的观念已经深入人心，被绝大多数深圳青年认可。但联系到自身在日常生活和工作中的感受，又有超过三分之一的深圳青年认为创新型城市与自己没有直接关系，换句话说，他们并没有感觉自己直接参与创新型工作和学习，或者说并没有充分意识到其间存在的关联性，也没有感受到创新带来的获得感。受访的深圳青年普遍认同城市的社会创新氛围，尤其是这座城市对人才与知识的重视。在评价城市的哪些因素起到鼓励创新的作用时，受访的青年群体普遍认为科技创新、产品创新等影响力巨大，而政府政策因素、文化因素的重要性相对被轻视。在评价城市哪些因素对创新具有抑制作用时，高房价、竞争太激烈、高频度加班这些"无法承受之重"的压力被认为是阻挡青年人投身创新最重要的因素。

对创新环境的评价方面，深圳青年非常认同自己所处的单位/学校环境具有提倡拼搏、团队协作、鼓励新观点和新思想以及奖励创新的特质。学校与企业单位之间的性质差异影响了学生与工作者对其所处环境的评价。学校因为没有硬性的学习场所和学习时间的要求，学生学习自主性更强，因此，相较于在职者，学生对学校自主安排学习/工作形式的认可度更高，但学生对老师抱有敬畏之心，老师拥有近似绝对的权威，某种程度压抑了学生表达的欲望；相反，在企业单位倡导的扁平化改革中，下级员工的声音更容易被听见，故在评估上下级的交流时，学生的压力大于在职者。此外，不同性质的单位创新氛围也有所不同，相较于其他性质的单位，政府部门和国企具有较为严重的官僚主义倾向，对创新缺乏奖励、晋升"论资排辈"，而外企相对扁平化的企业架构为其赢得了员工的普遍好评。

对自身创新特质的评价方面，深圳青年表现得比较多元。一方面，大部分受访青年认为自己信守承诺，具有良好的契约精神，又具有好奇心、冒险性、崇尚个性，甚至质疑权威等创新气质；但另一方面深圳青年在勇于表现自我、偏爱小众文化等方面比较保守，在价值观和审美方面偏向于主流化和大众化。

五、深圳青年人才政策实施情况

深圳在人才政策方面有许多先试先行的创新经验，1980年率先开展的领导干部公开招聘制度，1983年开始的劳动合同制，1985年的国外智力领导小组，2000年开始的福利房产权政策，2008年的廉价房、公租房和经济适用房制度，以及"来了，就是深圳人"的宽松落户措施、吸引各类型各地区的人才政策，无不走在全国前列。本章，我们的调研目的是考察深圳青年群体对已经实施的人才政策、住房政策的知晓度和评价，并考察人才政策与青年创新倾向之间的关系。为此，我们在调查问卷中一共设置了十三题，涉及是否在深圳落户及其原因，是否申请政府公租房及其体验，是否享受购房和生活补贴及其评价，对人才政策的了解程度以及这些政策能否解决问题、是否有益于创新等方面的内容。

（一）深圳青年落户情况

考虑到在读学生的流动性，我们在调查是否有落户意向时排除了在读学生群体，只要求已参加工作的2477位受访者进行回答。结果显示（图1-5-1），尚且没有落户深圳的受访者占比最高，达48.12%，已落户深圳的受访者占比为33.11%，仍有18.77%的受访者正在考虑是否落户深圳。

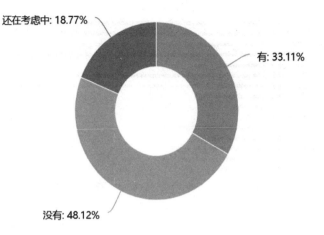

图1-5-1 深圳青年落户情况

我们合并已落户和正在考虑是否落户的两个群体（样本量计1285人），对其选择/考虑是否落户深圳的原因进行分析（图1-5-2），在14个备选项中，深圳最吸引青年群体，或者说青年群体最看重的排名前三位的因素是"工作前景好，机会多"（41.63%）、"环境好"（38.68%）、"教育资源好"（34.71%），其余影响因素为"医疗资源好"（27.47%）、"工作需要"（26.3%）、"文化生活丰富"（25.68%）、"一线城市"（21.71%），其中，除了"工作需要"具有比较明显的受外部客观条件驱动外，其余选项都具有主观能动性，充分表明青年群体对城市工作机会、城市环境以及丰富公共资源的高度重视。相反，"不排外""易落户""距离香港近""发放一次性购房与生活补贴""政府办事效率高"这些通常被人们认为是深圳改革开放优势、政策优势和地缘优势的因素并不被重视。选项中作为干扰因素设置的两项，即"买车上牌容易""考公务员更公平"更是最不获认同。

图 1-5-2 选择/考虑是否落户深圳的动因

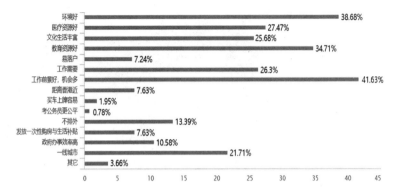

同时,我们对直接表达"没有落户"的1192个样本进行分析(图1-5-3),发现不选择落户的主要原因是因为"高房价"(75.84%)和"生活成本高"(52.94%),不堪生活重荷导致近半数的青年群体没有考虑在深圳落户,保持一种随时可以离开的心理。占比两成左右的受访者认为"没有稳定的工作"(22.57%)、"原户口还有用"(20.97%)、"深圳户口对生活、工作影响不大"(20.39%)以及"背井离乡很孤独"(18.62%)使他们不打算在深圳落户,而"来了还打算离开""生活习惯差异大""还不太喜欢深圳"等因素与不选择落户关系比较小,占比分别为8.47%、4.45%和2.94%。

图 1-5-3 深圳青年没有落户的原因

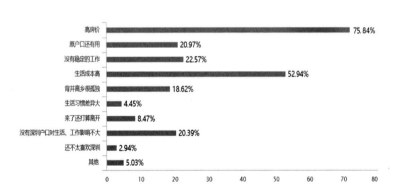

（二）公租房、一次性购房与生活补贴的知晓度和评价

由于学生群体不具备申请公租房、一次性购房、生活补贴等吸引人才来深圳的条件，我们对除学生之外的2477个样本数据进行分析（图1-5-4），结果发现71.5%的受访人群没有申请公租房，占比最高；其次是想要申请但没有资格申请的人群，占14.37%；已申请公租房的占8.03%，余下6.1%正在申请。

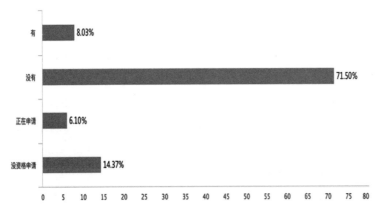

图1-5-4 申请公租房情况

对已申请、正在申请公租房的受访者共350个样本继续做分析，结果显示（图1-5-5），45.43%的受访者认为申请过程烦琐且成功率低，另有27.43%的受访者对申请过程表示满意；23.43%的受访者认为申请过程差强人意，没有特别满意或不满意，仅有3.71%的受访者认为公租房申请过程不公平。总体而言，半数申请人表示满意，半数申请人表示不太满意，虽然申请过程比较烦琐，但大体公平。

图 1-5-5 对申请公租房过程的评价

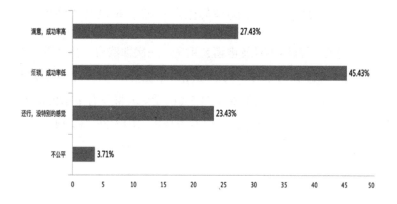

深圳市政府为已落户且在深圳缴纳社保的人才，按学历学位提供一次性购房与生活补贴，本科/学士为1.5万元/人，硕士2.5万元/人，博士3万元/人。我们调研发现，2477个样本中占比53.17%的受访者知晓并了解该补贴政策，而不知晓或不了解的受访者占比46.83%，两者略有差距。进一步，对知晓该补贴政策的受访人群（样本量为1317）进行分析（图1-5-6），数据显示，有高达70.84%的受访者没有领取补贴，已领取的受访者仅占比15.95%，正在申请的受访者更少，只占10.78%，而还有2.43%的受访者表示不想领取。

图 1-5-6 一次性购房与生活补贴领取情况

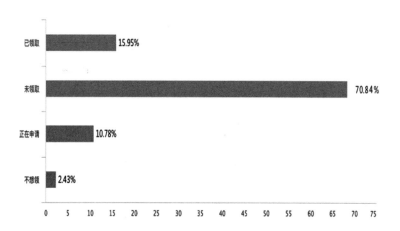

对 1317 个样本进行"发放一次性购房与生活补贴"看法的调研中发现（表 1-5-1），49.35% 的受访者非常赞同这一补贴"对来深圳打拼的年轻人很有实际帮助"，均值高达 4.25；48.44% 的受访者非常赞同这一补贴"有欢迎人才到深圳来的象征作用"，均值为 4.29；40.24% 的人非常赞同"很惊喜，在别的城市没有见过"，均值为 4.02。赞同程度相对较低的，依次为"还可以再多发一些"（均值 =3.88）、"对在深圳打拼的年轻人是杯水车薪"（均值 =3.59）。"虽然是好意，但不足以激发深圳年轻人展开创新"和"这是我应该得的"的均值都在 2.5 和 3.5 之间，表明青年群体对这两个选项持中立态度。

表 1-5-1 对发放一次性购房与生活补贴的评价均值

选项	很惊喜，在别的城市没有见过	这是我应该得的	还可以再多发一些	对来深圳打拼的年轻人很有实际帮助	有欢迎人才到深圳来的象征作用	对在深圳打拼的年轻人是杯水车薪	虽是好意，但不足以激发深圳年轻人展开创新
均值	4.02	3.14	3.88	4.25	4.29	3.59	3.35

（三）人才政策反馈情况

对 1317 位知晓深圳一次性购房与生活补贴政策的受访者再行调查，测试该群体是否还知晓深圳市其他人才政策，数据显示（图 1-5-7）占比高达 75.7% 的受访者表示知晓深圳市其他人才政策，但表示不知晓的受访者也有两成多（24.3%）。

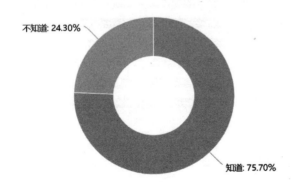

图 1-5-7 人才政策知晓度

为考察受访者了解具体人才政策的情况，我们在问卷中以矩阵单选题的方式提供了落户政策、"孔雀计划"、《深圳市人才安居办法》《深圳市人才引进实施办法》《深圳市人才认定办法》《深圳市高层次专业人才子女入学解决办法（试行）》等主要人才政策的选项，以供受访者选择。数据显示（图1-5-8），样本量为2157的受访人群对落户政策了解程度最高，占比达62.17%，接下来依次为《深圳市新引进人才租房补贴工作实施办法》[①]（48.73%）、《深圳市人才引进实施办法》（44.65%）、《深圳市人才安居办法》（43.86%）、《深圳市人才认定办法》（36.3%）与《深圳市高层次专业人才子女入学解决办法（试行）》（30.97%），而了解"孔雀计划"的受访者人员占比最低，仅为16.18%。与此对应，在受访者表示"不了解"的各项人才政策中，"孔雀计划"占比最高，达83.82%，有高达近七成的受访者表示不了解《深圳市高层次专业人才子女入学解决办法（试行）》（69.03%），超过半数的受访者表示不了解《深圳市人才认定办法》（63.7%）、《深圳市人才安居办法》（56.14%）、《深圳市人才引进实施办法》（55.35%）以及《深圳市新引进人才租房补贴工作实施办法》（51.27%）。由此可见，深圳市出台的各种人才政策，由于其针对的对象不同，知晓度也表现得参差不齐。

① 已于2020年7月废止。

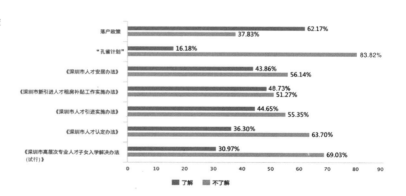

图1-5-8 深圳青年对各项人才政策了解情况

我们进一步考察深圳各类人才政策主要通过什么渠道加以传播。对2157个样本进行考察的数据显示（图1-5-9），51.27%的受访者是通过网络资讯自己获取的，占比最高；有近半数的受访者通过朋友之间的传播而知晓（48.73%）；42.28%的受访者通过政府发文的渠道知晓。其他传播渠道为单位通知（25.68%）、报刊（25.03%）、社区公告（20.49%），通过科普图书和影视作品获取相关资讯的占比非常少，分别为8.67%和4.5%。深圳青年获取政府相关人才政策的信息主要依托互联网信息、人际传播和政府公告，主动获取和被动获取并重。

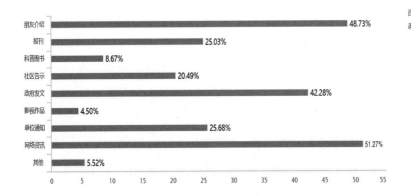

图 1-5-9 深圳青年获取人才与住房政策的渠道

深圳出台的一系列人才和住房政策能否切实解决受访者的问题呢？我们对2157个样本进行调查的结果显示（图1-5-10），仅9.04%的受访者认为可以基本解决问题；11.68%的受访者认为可以解决大部分问题，24.11%的受访者认为可以部分解决问题。与此相反，合计超过半数的受访者认为人才和住房政策对于缓解青年人生存压力起到的作用非常小，包括基本没有解决（33.47%）、小部分解决（21.7%）。

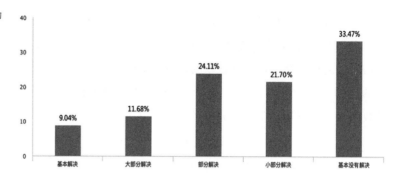

图 1-5-10 人才和住房政策是否切实解决深圳青年问题

政府出台人才、住房和其他方面的政策，主要是为了激励创新。本次调查对学生以外的 2477 个样本调查的结果显示（图 1-5-11），有接近半数的受访者（44.25%）认为这些政策与激发创新动力的关系一般，即激励作用并没有那么明显；还有受访者认为低度相关（16.27%）、无关（8.48%），仅有两成多受访者认为两者高度相关（23.62%），即激励措施能鼓励创新。

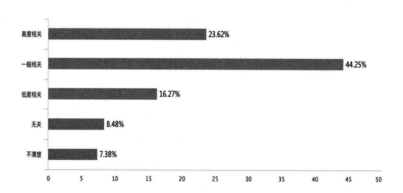

图 1-5-11 评价人才政策与您创新动力的相关度

小　结

本次调查发现，16—35 周岁的受访青年群体没有在深圳落户的情况占比最高，究其原因，得到的反馈是迫于深圳高房价和生活成本高负担所致。深圳市政府推出的给落户人群发放一次性购房与生活补贴虽然可以给予一定程度的帮助，但受访者普遍认为在深圳高房价、高生活成本的重压之下，这些补助变得微不足道，甚至只具有象征作用。此外，还有一些外在因素干扰青年群体在深圳的落户率。首先，在深圳工作与落户深圳之间无直接关系，不落户并不影响就业，相反还给自己的进退留了空间；其次，原籍户口在所在地还有用处，比如拆迁、享受当地福利等；再次，生活习惯差异和背井离乡的孤独感等因素所综合而成的城市居民身份的疏离感、距离感也潜移默化地影响着青年群体落户深圳。

深圳市政府意识到高房价导致的落户难、人才引进难问题，进而出台了公租房与一次性住房与生活补贴等政策措施，希望缓解难题。但是，调查结果显示，在受访人群中，71.5%的人表示没有申请过公租房，70.84%的人表示没有领取过一次性住房与生活补贴，究其原因，或许其中大部分人是因为不知道这两项福利政策。数据表明有24.3%的受访者表示不了解深圳任何人才政策。知晓并参与过此两项福利措施的受访者，对一次性补贴的认可度相对于公租房而言比较高。对于公租房，受访人群认为其申请过程烦琐且成功率低的占比接近半数，同时超过半数的受访者认为人才和住房政策基本没有解决其自身的基本问题。这些出乎人意料的数据，或许表明大部分青年受访者并没有将自己定义为政府所认定的"人才"，未能自发地去关注政策，申请福利。

在"北上广深"四大一线城市中，相较北京、上海，深圳相对宽松的落户政策、政府办事效率高、不排外等可能已经常态化，因此在选项中反倒没有成为青年人选择深圳、留在深圳的重要理由，而深圳相较于广东以及邻近的广西、湖南、湖北、江西等省份的大多数县市，拥有丰富优质的医疗资源、教育资源、文化资源，可以分享这些公共资源成为吸引人才、留住人才的重要缘由。

六、深圳青年创新创业教育研究

创新创业教育是衡量一座城市创新文化的重要指标。2015年9月教育部出台《关于"十三五"期间全面深入推进教育信息化工作的指导意见（征求意见稿）》中首次提出STEAM（Science, Technology, Engineering, Arts and Mathematics, 科学、技术、工程、艺术、数学）教育、创客教育，2018年教育部工作要点中再次明确要求各学校"开展利用现代信息技术构建新型教学组织模式的研究，探索信息技术在众创空间、跨学科学习（STEAM教育）、创客教育等教育教学新模式中的应用，逐步形成创新课程体系"[1]。在深圳市政府的推动下，创客教育课程、创客运动已经纷纷进入校园，成为城市创新创业战略中重要的一环。那么创新创业教育在深圳的发展情况如何，创新创业教育与青年创新文化具有怎么的关系？为了寻找答案，本章我们设计了十个问题投放调查，主要包括深圳大中专学校创新创业课程的设置和师资情况、创新中心开放程度、学校创新氛围、创新创业类培训等内容。

（一）深圳学校创新创业教育开展情况

本次问卷中，共有733份样本来源于"曾经或正在就读深圳本地大中专学校"的被访群体。数据显示（图1-6-1），近五成（49.66%）的受访者就读（过）的深圳大中专学校里有专门的创新创业教育中心或协同创新中心，而没有相关中心的样本量占比36.02%。

---

[1] 中华人民共和国教育部：《教育部办公厅关于印发〈2018年教育信息化和网络安全工作要点〉的通知》，http://www.moe.gov.cn/srcsite/A16/s3342/201803/t20180313_329823.html，2020年7月23日访问。

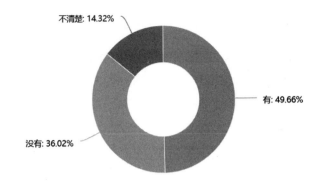

图 1-6-1 学校设置创新创业教育中心 / 协同创新中心的情况

针对前面那些拥有创新创业中心的 364 个样本进行开放程度的进一步追问发现，中心对全校师生完全开放程度还不到六成（58.52%），与深圳市政府大力营造创新创业氛围的外部环境不太匹配，仍有提升空间（图 1-6-2）。

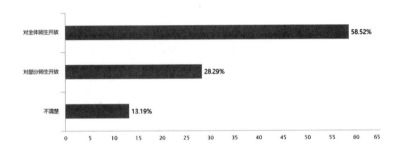

图 1-6-2 学校创新创业教育中心或协同创新中心开放程度

调查发现，本地大中专学校创新或创业课程的开设情况不是太乐观，仅半数学校（51.71%）开设了相关课程，而没有开设（34.24%）和受访者不清楚有无开设的（14.05%）占比也接近半数。在开设创新创业课程学校的受访者（379 个样本量）中（图 1-6-3），认为课程作用很大（23.22%）和有一些作用（58.58%）的，两者累计超过八成。参与创新或创业课程学习的学生认为课程有作用，这说明相关课程在学生中间认可度较高。

图 1-6-3 参与相关课程学习的学生对于课程的反馈情况

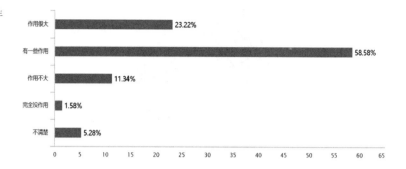

从深圳大中专学校创新创业课程师资队伍的相关调查数据来看（样本量 379 个），校外企业家占比 57.78%，创新课程专职教师占比 54.09%，校内任课老师占比 56.46%，校内行政老师兼任占比 24.8%，其他高校的客座教师比 33.51%。数据表明（图1-6-4），深圳开设创新创业课程的学校，在师资队伍的配置上比较有特色，与常规课程不同，更强调校企合作、校校合作、理论与实践相结合。

图 1-6-4 学校创新创业课程教师队伍情况

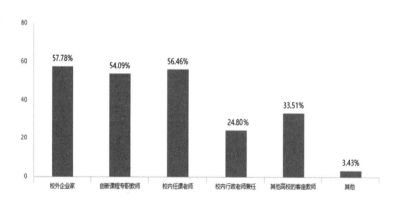

具体到创新创业实践课程，我们给出了诸如创新大赛、创新工作坊、创新项目实训等内容，在此基础上调查各校的指导方法。结果显示，由"学校指定老师参与集体指导"占比最高，为 52.51%；"师生双向选择，一对一指导"占比 32.19%，而"学生

主动求助老师指导"的情况并不多，占比为13.19%（图1-6-5）。由此可见，创新创业实践在大中专学校推广时，学生的主动性尚未得到最大限度激发，师生基于共同兴趣爱好而结对指导仍需进一步提升。

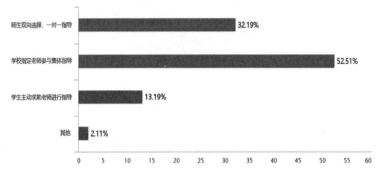

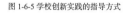
图1-6-5 学校创新实践的指导方式

（二）曾经/正在深圳就读者参与社会培训和校外活动的情况

在深圳"万众创新，大众创业"的大环境下，创新创业课程和实践显然不局限于在学校进行，为此我们对本章所调查的曾经或正在深圳求学的733个样本量是否会选择去社会培训机构接受相关创新能力提升的课程和实践培训展开调研，数据表明（图1-6-6），有超过五成（51.29%）的受访者给予了肯定回答，而认为不会考虑再去社会培训接受再教育的还不到三成（24.15%），同时也有两成多受访者表示不确定（24.56%），换言之，他们将视需要而定。

图 1-6-6 选择去社会培训机构训练创新能力的情况

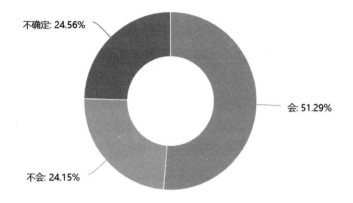

在如何看待校外创新创业类培训作用的问题上，超六成的受访者认为有作用，其中，表示非常有用的占 20.6%、比较有用占 44.75%；极少人认为没有作用，占 1.23%（图 1-6-7）。

图 1-6-7 看待创新创业类培训情况

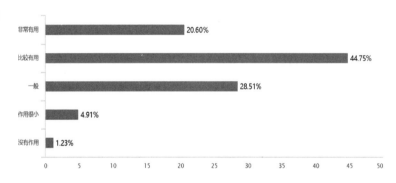

受访者（733 个样本量）在参加创新创业类活动情况上的态度较为积极（图 1-6-8），按倾向性依次为参加业界专家讲座（占 42.7%）、学术研讨会（37.52%）、创新型科技节（34.38%）、项目实训（29.2%）、境内外参观访学（23.6%），而对创新能力和动手能力要求较高的工作坊表现出来的兴趣相对较低（16.23%）。另外，还有近两成（17.33%）的受访者从未参加过任何相关活动，这一比例不容小觑。

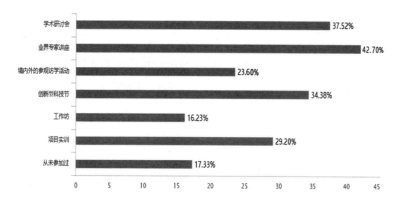

图 1-6-8 参加创新创业类活动情况

（三）对就读学校/工作单位创新氛围的评价

未出课题组的预想，在评价就读学校/工作单位的创新氛围方面，733个样本的调查数据显示（图1-6-9），接近八成的受访者给出了积极评价，其中"棒极了"占比17.87%，"还行"占比58.8%，而持否定态度的相对较少，分别为一般（18.96%）、较差（3.41%）和很差（0.96%）。总体情况看，曾经或正在深圳就读过的受访者对自己所在学校或现在就业的单位的创新氛围给出了较好的评价。

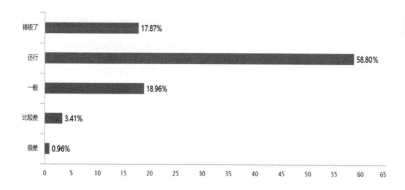

图 1-6-9 对就读学校/工作单位创新氛围的评价

我们进一步对所有3266个样本征询了有关如何提高深圳高校创新能力的意见，一共有5个选项，可以多选。从反馈的信息来看（图1-6-10），受访者的认同度自高往低依次为深圳高校要"紧跟前沿，培养具有创新意识与自主学习能力的学生"（62.37%）、"加大投入，吸引一流创新型人才加盟"（52.36%）、"扩大交流，与国内外一流机构与团体建立长期联系"（50.09%）、"革新体制，在科研方面全方位服务于师生并建立创新激励机制"（49.39%）、"更新设备，建设一流的实验室"（39.99%）。在"其他"选项中，有被访者表示深圳"大学太少，开放性大学更少"，希望"创办属于深圳'自己'的一流高校"。在大学建设的过程中，希望"做好基础研究"，"提高管理水平，透明体制"，"重视校园文化的发展与传承"，"多增加实践机会"，"摈除一些潜规则"，"唯才是举，唯德是才"，同时也有青年表示需要"提倡自我增值的理念，让真正追求学习的人学习而不是让啃老族浪费时间、资源""降低房价，以及注重外来人口的文化融合问题，真正做到人人平等"。

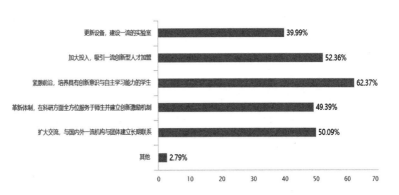

图1-6-10 征询提高深圳高校创新能力意见的反馈

总体样本3266个受访者被问及"您认为深圳高校最主要的任务应当是什么？"（图1-6-11），有45.04%的受访者认为"培养创新型人才，开创大学生自主创业的新时代"最为关键，其他答案依次为"培养一流人才，代表深圳走向世界"（24.98%）、

"培养有情怀的知识分子，提升城市文化底蕴"（18.03%）、"培养合格的职场人才，服务本地经济"（10.69%）。在"其他"的开放式回答中，受访者表达了多种多样的期待，如"注重培养学生的独立人格，具备批判意识，拥有自主创新能力"，"培养品性合格的人才，发展并带领深圳走向全世界"，"培养德才兼备的综合性人才，成为人才培养基地的标杆"，"培养科技人才，提高科技营收能力，顺便增加辅助岗位，提高平均收入水准"，"培养人，而不是机器"；还有提出"解决生活成本过高的问题"，以及认为题干选项"都很重要"。由此可见，青年群体对深圳的高校寄予的厚望，不仅仅在于培养一流人才，还在于引领和带动深圳的创新能力并造福城市居民。

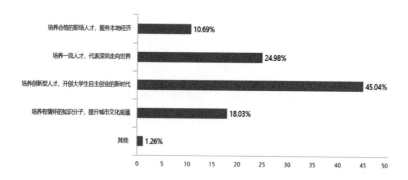

图 1-6-11 深圳青年认为深圳高校应该承担的主要任务

小　结

根据调查所得，可以发现深圳高校现有创新创业教育情况不容乐观，尚有较大提升空间。一方面，设立创新创业教育中心或协同创新中心的院校勉强接近五成，而未开设创新或创业课程的学校超过三成；另一方面，学生在参加创新创业活动时偏向于被动接受型，比如业界专家讲座、学术研讨会等，而对创新能力、动手能力要求较高的工作坊等活动则表现出相对较低的兴趣。高校创新创业教育在如何走出学生"被要求"和课程理论化，走向学生"主动要求"以及理论与实践相结合等方面尚需努力。

从受访群体的反馈信息来看，大部分群体对于创新创业教育有意愿、有需求，他们不仅认为学校的该类教育有作用，还会选择通过社会培训来提高自身的创新能力。深圳青年对高校自主创新类教育满怀期待，希望高校能为社会培养出"具有创新意识与自主学习能力的学生"，并希望深圳高校成为"开创大学生自主创业的新时代"中的开拓者。

七、深圳青年科技创新创业情况

深圳是一座青春型城市，一座创新创客型城市。青年不仅是城市生活的主体，也是科技创新的核心力量。他们参与科技创新创业的活动，他们对城市科技创新创业氛围的评价是检测这座城市青年创新文化最直观的指标。本章在调查问卷中设计了十四个问题进行调查，包括青年与城市高新技术产业园的关系、参与城市科技创新类活动的程度及其评价、对创客和创客空间的了解程度、对深圳"双创"的评价以及自身创业情况等方面，以期了解深圳青年科技创新创业的现状。

（一）深圳青年参与科技创新的程度

到访高新技术产业园情况及原因

深圳各级各类的高新技术产业园、创意产业园、众创空间遍布全市。青年群体与这些产业园的接触程度从一个重要层面体现出青年参与科技创新的程度。调研发现，经常去高新技术类产业园的受访者占比仅 13.11%，偶尔去的占比 48.07%，两者相加超过六成，而从来没去过的受访者占比 38.82%，接近四成，占比相对较高（图 1-7-1）。

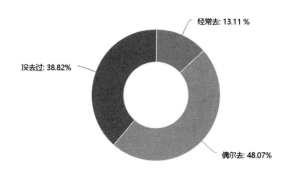

图 1-7-1 到访高新技术类产业园的情况

针对到访过高新技术产业园的受访群体（1998 个样本量）进行原因追问，数据显示（图 1-7-2），其中为了"了解科技行业动态"（47.1%）、因为"工作"原因（38.24%）而前往的受访者占比较多，其他原因依次为"会见友人"（29.98%）、"公务参观"（26.33%）、"学术研究"（23.77%），还有令人咋舌的理由是为了"打发时间"，占比 15.52%。除了上述备选项外，受访者提到的原因还包括"路过""住附近""参加面试和招聘会""听讲座""好奇""感受行业竞争力""了解当今社会"，还有人表示"带孩子感受""和家人一起""玩"等。总体而言，大部分人前往高新技术产业园的原因与产业园的特性相吻合。

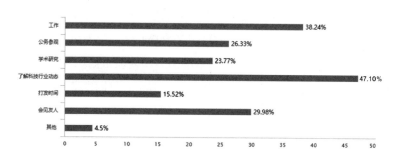

图 1-7-2 到访高新技术类产业园的原因

科技创新类活动参与情况及评价

一年四季，深圳举办的大大小小的科技创新类活动数不胜数，生活在这座城市的青年人应该有更多机会参与此类活动。但调研数据却出乎我们的意料，结果显示（图1-7-3），没参加过科技创新类活动的受访者远超半数，占比达56.74%，偶尔参加的受访者还不到四成（38.24%），经常参加的受访者则少至5.02%。这是值得我们深思的现象！

在参与过科技创新类活动的受访者（样本量1413）中，仅少数受访者会独自参与活动（10.76%），多数受访者会有同伴一起前往，包括与朋友（63.41%）、与同事（45.44%）、与同学（40.34%）。

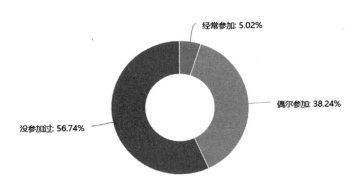

图1-7-3 深圳青年参与科技创新类活动情况

对参与过深圳科技创新类活动的受访者进行调查，发现他们对各类科技创新活动的评价度普遍比较高（表1-7-1）。对给出的选项"类型丰富多样""展示大量前沿科技""有助于同行交流""可获得专业领域牛人的分享""可用来放松心情、打发时间""可达到教育孩子的效果""走在全国前列""对城市创新力影响大"均持赞同意见（均值3.5—5表赞同）。其中，赞同度最高的三大评价分别为"展示大量前沿科技"（均值4.18）、"对城市创新力影响大"（均值4.13）、"类型丰富多样"（均值4.12）；赞同度最低的为"可用来放松心情、打发时间"（均值 3.53）。

表 1-7-1 深圳青年对深圳科技创新类活动评价

选项	类型丰富多样	展示大量前沿科技	有助于同行交流	可获得专业领域牛人的分享	可用来放松心情、打发时间	可达到教育孩子的效果	走在全国前列	对城市创新力影响大
均值	4.12	4.18	4.04	3.93	3.53	3.80	3.97	4.13

（二）深圳青年对创客及创客空间的认知程度

2015 年，深圳向全球亮出了其"创客之城"的身份，此后，深圳不失时机地将举办国际创客周作为契机，并出现了一批类似于柴火创客空间那样的创客机构，在国内外创客领域具有较高知名度和影响力。在深圳的华强北、南山科技园遍布着各种类型的创客群体。创客和创客空间可以成为衡量一座城市创新创业文化的标尺之一。本次问卷中我们首先调查深圳青年对深圳作为"创客之城"的认同程度以及对创客的知晓度，与此相关的问题主要有：第一，是否认同深圳为"创客之城""世界创新型城市""创新之都"？第二，"创客"在受访者心目中是怎样的群体？

我们对深圳青年进行了"创客""创客空间"概念理解的调查。结果显示（图 1-7-4），大部分受访者（47.34%）对于"创客"给出"善于运用开源工具、喜爱 DIY[①] 的人"的定义，与欧美传统经典的"创客"内涵相一致；有 33.28% 认为创客即"创业的人"，将"创客"的"创"理解为创业；另有 13.47% 的受访者表示"不了解，没听说过"，而认为创客是"举办活动、开展培训的人"的占比最少，为 5.91%。

① DIY, Do It Yourself 的首字母缩写，意为"自己动手做"。

图 1-7-4 "创客"内涵认知情况

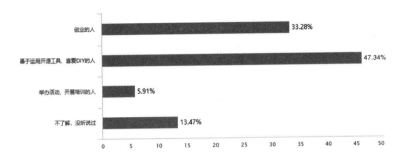

对于创客空间的主要特征（图 1-7-5），对其理解比较符合欧美传统经典定义，即"能提供 3D 打印机、激光切割机、开源工具等共享设备供使用"的受访者仅占 22.47%，远低于对传统经典"创客"内涵的理解。与此相反，28.48% 的受访者认为创客空间最主要特征为"能提供个人或公司办公工位和简单的办公设备"，以及 14.15% 的受访者认为"有大量公共空间"，而 26.58% 的受访者表示对创客空间"不了解"。

图 1-7-5 "创客空间"主要特征认知情况

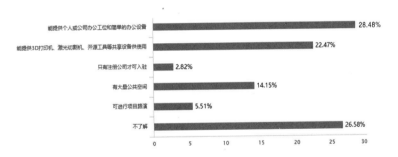

对深圳创客空间知名度调查的数据显示（图 1-7-6），腾讯众创空间知名度最高，超过半数（56.34%）的受访者选择了该选项，其次为华强北国际创客中心，占比 43.14%；令人颇感意外的是仅有 21.43% 的受访者知晓李克强总理走访过的柴火创客空间，而中科创客学院（22.2%）、3W 空间（深圳）（21.89%）等重要的创客空间知晓度都不太高。在"其他"开放选项中，被受访者提及的有深圳大学创业园、长征创客空间、红湾创客中心、招广

创客空间、前海 beeplus、南科大创客空间、深圳图书馆内创客空间、创客小镇等。

进一步的调查发现，超过半数的受访者（56.34%）通过"媒体报道，如微信公众号推送"知晓创客空间，而不代表自己到访过该创客空间；表示"偶尔得知"的占 36.62%、通过"朋友聊天"得知的占 32.58%、通过"商业广告"得知的占 30.28%。而表示"自己去参观、了解"过的被访者仅占 12.89%，通过"政府文件"得知的则更少，占有 10.75%。

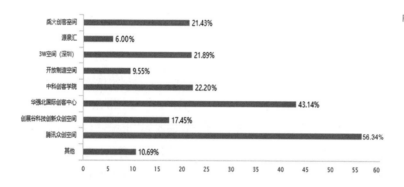

图 1-7-6 深圳"创客空间"知名度

（三）深圳青年创业实践情况

深圳青年在创业方面热情较大，"正在创业"与"有创业的想法或计划"的受访者近六成（图1-7-7），其中超过半数的受访者表示"有创业的想法或计划"，占比 50.06%；"正在创业"的受访者占 7.13%；当然表示"还没有想过"创业的受访者占比也不少，占比 42.81%。

我们对"正在创业"的 233 个样本进行分析发现，该受访群体中有七成处于"初创期"（70.39%），其余处于"成长期"（26.18%）、"成熟期"（3.43%），还未有受访者的创业公司处于"上市期"。

图 1-7-7 深圳青年创业意愿情况

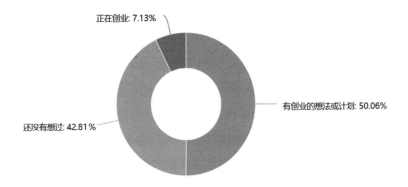

本次问卷同时对"正在创业"的群体与"有创业的想法或计划"的群体（1868个样本量）进行了创业所需服务的调查，结果显示（图1-7-8），最被创业或有创业计划的受访者需要的服务为"投资、融资等金融服务"，占比超过半数（55.78%），其他依次为"技能培训"（37.21%）、"创业者交流活动"（32.28%）、"团队建设"（29.6%）等。在"其他"的开放式选项中，受访者还提到"市场""活动策划""合同""心理方面"等创业服务需求；还有受访者给出了具体创业行业的服务需求，比如"微商""餐饮""服务业""传统制造业""建筑设计行业""新能源"及"文化创意"等。总体而言，对于正在创业或有创业计划的青年群体来说，帮助他们解决资金、人才和团队建设、市场开发等难题，是他们所迫切需要的。

图 1-7-8 深圳青年创业所需服务情况

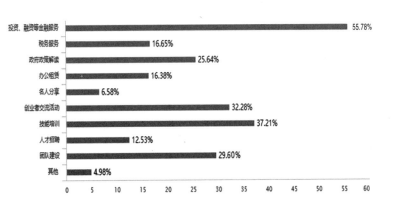

针对哪些因素会影响深圳青年群体创业决策的多选题调查发现(1868个样本),55.46%的受访者选择了"政策支持力度的大小",55.25%的受访者选择"有无启动经费"(图1-7-9)。政策是否支持、支持力度大小以及是否有足够的启动经费,对创业决策影响最大。其余影响创业决策的因素依次为"创业者之间互动密切程度"(26.39%)、"信息更新速度快慢"(25.8%)、"创业氛围强弱"(25.54%)、"开放包容程度"(24.73%)、"创业园选择范围多寡"(19.06%)、"国际化程度高低"(13.06%)。在"其他"的开放选项中,有的受访者提到会考虑的因素包括"竞争""房租""成本""市场""大众消费能力""项目可行性与持续性、发展空间"。

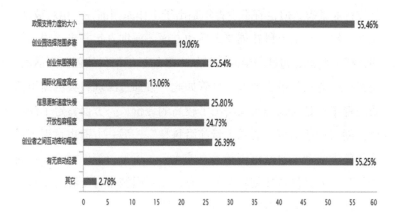

图1-7-9 影响深圳青年创业决策的因素

(四)深圳青年对创新创业的评价

尽管深圳青年群体表现出比较强烈的创业意愿,但对深圳市"大众创业,万众创新"的评价却参差不齐(图1-7-10)。约四成受访者(40.14%)充分肯定了深圳"双创"成就,认为做得"很好",尚不足一半;而超过半数的受访者则持不同观点,认为做得"一般"(37.84%)或"很难说"(13.78%),更有少数受访者认为深圳"双创"表现为"空有口号,不见效果"(8.24%)。

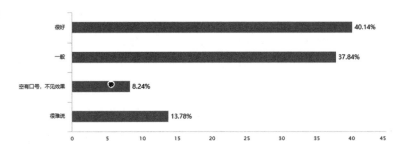

图 1-7-10 对深圳"大众创业,万众创新"的评价

小 结

深圳青年对于科技创新的关注度有待提高。虽然去过高新技术产业园的青年占大多数,但未曾去过的青年其实也非常多,而且尽管在去高新技术产业园的原因中,多数青年表示是为了了解科技行业动态,但也有不少青年是出于工作原因前往,相对被动。此外,在参与城市科技创新类活动方面,深圳青年并未显现出特别积极的状态,超过一半的青年从未参加过任何科技创新类活动,经常参加的只是极少数人。尽管如此,参加过深圳科技创新类活动的青年还是对该类活动给出了较高的评价,一方面肯定了深圳科技创新类活动可"展示大量前沿科技",另一方面也意识到科技创新类活动"对城市创新力影响大"。可见,深圳打造"创新之都",务必使科技创新深入人心,而吸引城市青年参与到科技创新类活动中去,不失为一条好的路径。

另外,深圳青年对于"创客"内涵的理解比较清晰,但对于"创客空间"中设备及开源工具的概念不是特别清楚,认为"创客空间"有办公设备就可以了,更倾向将"创客空间"等同于创业空间。由此可见,国内有关"创客""创客空间"的理解非常本土化,并且深受"大众创业,万众创新"浪潮的影响,将这两个概念与创业者、办公空间直接画了等号。

作为"创新之都""创客之城",深圳青年的确拥有比较强烈的创业意愿，有近六成的受访青年表示自己正在创业或有创业想法和计划，而他们迫切需要政府、社会能提供的创业服务主要是"投资、融资等金融服务""技能培训""创业者交流活动"等。同时，我们也发现，"政策支持力度的大小""有无启动经费"则是影响青年群体是否下决心去创业最重要的两个因素。不过，值得我们注意的是，尽管深圳青年创业热情高涨，但他们对深圳"大众创业，万众创新"的评价却不够积极，认为口号虽好，实际效果却不够理想。由此可见，创业的挑战与创业的不确定性给深圳青年的创业决策造成了许多困扰，因此，正确引导青年自主创业、解决青年在创业过程中不断变化的痛点，显得尤为重要。

八、深圳青年参与公共文化活动的情况

　　城市的创新文化一方面体现在城市观念、城市精神、人才结构、教育资源、科技和企业创新等方面，另一方面体现在日常生活中可见、可触、可感的各类文化活动中。城市文化如同空气一样，浸润在每个人周围，既可以促使你感受创新的跃动，激励你参与创新，令你创新灵感飞扬，也可以让你感到沉闷、压抑，乃至沉沦。前者是有利于创新的文化氛围，后者则是扼杀创新的恶劣环境。深圳打出了"文化立市"的口号，获得了"设计之都""钢琴之都""全球全民阅读典范城市"等诸多美誉，但长期以来也被认为是"文化沙漠"之城。那么生活在其中的深圳青年是如何看待这座城市

的公共文化的？他们的亲身感受又是怎么的？城市公共文化与创新呈现出怎样的关系？这些问题是本章试图寻找的答案。为此，我们设计了十三个问题展开调研，包括城市文化身份的认同度、城市所有公共文化设施的使用情况、场馆使用情况以及评价情况等。

（一）深圳青年对城市文化身份的认同程度

"文化立市""设计之都""钢琴之都""全球全民阅读典范城市""旅游胜地""世界创新型城市""创新之都"是深圳自己赋予或在国内外获得的城市标签和城市身份。建城四十年的深圳，也曾经有过"文化沙漠"的称谓。深圳青年群体是如何看待这些城市身份的呢？我们首先对所有受访者做了以上城市身份认同度调查（表1-8-1）。均值表明，"创新之都"（4.18）、"世界创新型城市"（4.12）、"创客之城"（4.10）分获高认同度前三名；"设计之都"（3.98）、"文化立市"（3.75）、"全球全民阅读典范城市"（3.63）也都处于表示"赞成"的均值范围（3.5—5），表明深圳青年对此也表示了较好的认同度；另外，"文化沙漠"的均值仅为2.91，处于中立范围（2.5—3.5），表明深圳青年对此城市身份既不认同，也不完全反对。同样处于均值中立范围的还有"旅游胜地"（3.25）、"钢琴之都"（2.98），表明受访的青年群体并不完全认同深圳为旅游胜地和钢琴之都，但也不完全反对这样的说法。从整体来看，深圳作为创新、创客型城市毫无争议地获得了深圳青年的认同，深圳作为设计之都、文化之都、阅读之都也获得了大多数青年群体的认同，从而一定程度淡化了深圳为文化沙漠的印记，但是还不够充分，还有提升空间，同时，深圳在打造旅游胜地方面也仍需努力。"钢琴之都"是我们设计的干扰因素，数据表明，的确认同度偏低，这在常理之中。

表1-8-1 深圳青年对深圳科技创新类活动评价

选项	文化立市	设计之都	钢琴之都	创客之城	全球全民阅读典范城市	旅游胜地	文化沙漠	世界创新型城市	创新之都
均值	3.75	3.98	2.98	4.10	3.63	3.25	2.91	4.12	4.18

（二）深圳青年使用城市公共文化设施的情况

深圳拥有优质的公共文化设施，包括图书馆、博物馆、文化馆、美术馆、音乐场馆、会展中心、大剧院、青少年活动中心等，我们试图了解青年使用这些场馆的情况、花费情况、去或不去场馆的原因等。调研数据显示（图1-8-1），上述这些公共文化设施中，使用率由高到低分别为深圳图书馆（72.54%）、深圳会展中心（48.44%）、深圳博物馆（29.42%）、深圳大剧院（15.22%）、深圳文化馆（13.72%）、深圳音乐厅（11.97%）以及深圳青少年活动中心（11.88%）。深圳青年对深圳图书馆的使用率遥遥领先，令人刮目相看；深圳会展中心常年举办各种科技、文化和艺术活动，其使用率排第二，并且接近半数的深圳青年都到访过，这是比较正常的；相比之下，除博物馆接近三成外，其他文化类场馆的使用率均未超过二成，更有各类美术馆的使用率更是低于一成，如深圳美术馆（9.4%）、关山月美术馆（6.67%）、何香凝美术馆（6.61%）、华美术馆（1.62%）等著名美术馆。看来戏剧、音乐、美术等高雅文化艺术有效覆盖的人群还比较少。

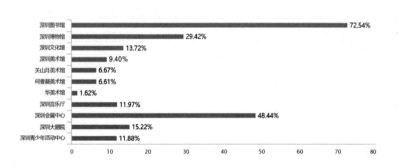

图1-8-1 深圳青年到访公共文化场馆的情况

我们进一步探究上述场馆到访率低的缘由，调查结果显示（图 1-8-2），影响到访率的最主要因素中有接近六成的受访者表示"没有时间"（58.14%），超过半数的受访者表示因为"住得太远"（51.62%）。"对活动不感兴趣"（28.78%）、"价格太贵"（24.13%）、"没有同伴"（22.32%）分列原因的第三到五位，均有超过两成受访者这样认为。另外有不足一成的受访者认为"看不懂/听不懂"场馆展示展览内容（8.73%）、场馆举办的活动与其个人无关（6.31%）。在"其他"的开放式选项中，受访者提到的原因主要包括"不了解""不知道"等，一定程度反映出受访者因为不了解上述场馆举办哪些活动而从未到访过。

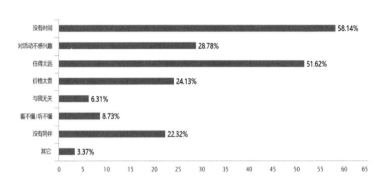

图 1-8-2 未到访公共文化场馆的主要原因分布情况

在关于通过何种渠道获取深圳公共文化活动资讯的调研中（图 1-8-3），我们发现微信公众号是主要的传播渠道（71.74%），其次为通过如"本地宝"之类的网站获取资讯（33.44%），而偶然得知（23.94%）、通过报纸（23.85%）、微博（23.7%）获取资讯的占比相仿，均超过两成。另外有一些受访者通过商业广告（18.06%）、朋友间"口口相传"（16.53%）、政府发文（16.07%）了解文化活动，占比也比较接近，均超过一成。

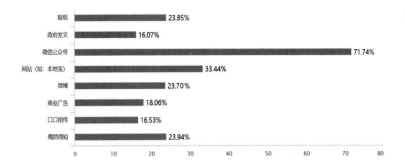

图 1-8-3 公共文化活动知晓渠道分布

我们还考察了受访者在上述公共文化场馆每月的花费情况，调查发现（图 1-8-4），免费的公共文化活动最受深圳青年欢迎（34.48%），愿意每月花费 1000 元以上的受访者占比最少，仅为 1.59%。大多数人能接受的公共文化场馆消费额在 300 元以下，其中 100 元占 25.26%、100—300 元占 22.96%，而愿意每月支付 300—500 元（11.42%）、500—1000 元（4.29%）的受访者占比直线下降。

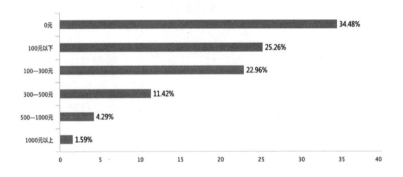

图 1-8-4 公共文化场馆月消费情况

（三）公共文化具体场馆 / 活动的参与情况

为更深入地了解深圳青年参与各类公共文化场馆的情况，我们将在深圳影响力非常大的"深圳文化菜单""深圳读书月"以及与青少年关联性较高的"深圳青少年活动中心"加以专门考察。相关数据及分析如下：

"深圳文化菜单"是深圳市政府着力打造的城市文化名片，每年年初发布此"菜单"时各类主流媒体均会宣传和推广，"深圳文化菜单"列出了深圳全年最重要的文化艺术活动，活动覆盖了上述公共文化场馆，并且渗透到下属各区的文化场所，包括户外公共空间。不过，出乎我们的意料，对"深圳文化菜单"的知晓度调研（图1-8-5）却发现，深圳青年中居然有高达79.76%的受访者表示从来没有听说过，占比远超听说过的20.24%。

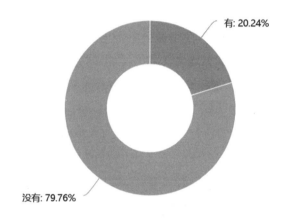

图1-8-5 "深圳文化菜单"知晓度情况

截至本次调查时间，在深圳已举办了2017年和2018年两届"深圳文化菜单"之后，对知晓该文化菜单的受访者（661个样本）的调查发现，最受欢迎的活动（图1-8-6）是创客科技类活动，占比达51.13%；其次为音乐类活动，占比42.21%。而设计类活动、展览类活动分别占比37.52%、37.07%。体育类、艺术类活动分别占比28.59%、27.23%。占比较小的为舞蹈类活动及其他类，分别占比为17.85%及16.34%。总体而言，与科技创新、创客相关的活动还是最受深圳青年欢迎，相比之下，其他文化艺术类活动受欢迎的程度次之。

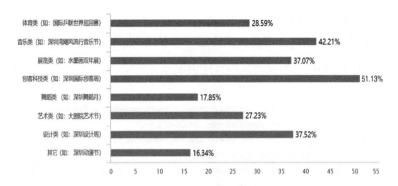

图 1-8-6 深圳青年对"深圳文化菜单"活动感兴趣的情况

"深圳读书月"是"深圳文化菜单"中的一项活动,举办已超过十年,具有较大的影响力。但调研发现(图 1-8-7),受访者中表示没有参加过"深圳读书月"的占比居然高达 67.3%,远超参加过的 32.7%,这又是在我们的意料之外。

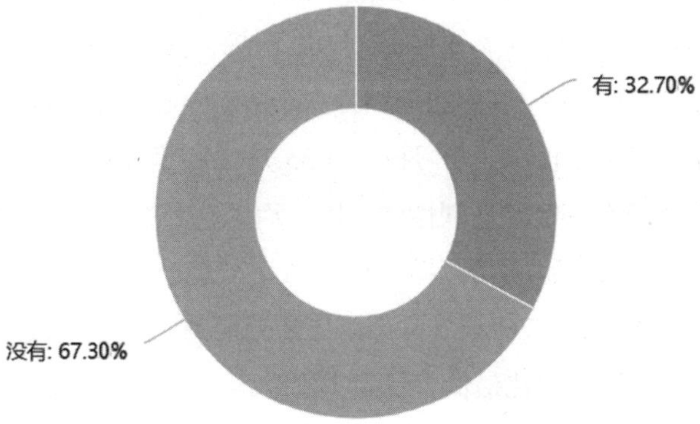

图 1-8-7 "深圳读书月"参与情况

进一步对 1068 个表示参加过"深圳读书月"的样本做分析发现(图 1-8-8),受访者了解并参与读书月的原因为"热爱读书学习"(61.7%)的占比最高;"被深圳的文化阅读氛围所感染"的占比也过半数(50.28%),这两者是吸引深圳青年参与读书月活动最重要的原因,也是最不具功利性的;其余原因依次为"有精彩的活动"(32.87%)、"学习/工作的要求"(30.71%)、"有利于社交"(26.12%)、"竞争压力大,需要'加油'"(20.51%)、"为了引导并培养下一代的阅读习惯"（17.23%），相比而言，表现出较强的功利性。占比最少的是"凑热闹"，占比仅为4.59%，从另一个侧面表明深圳有闲青年很少。

图1-8-8 深圳青年参与"深圳读书月"的动因

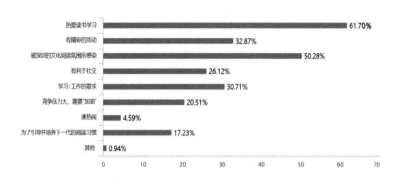

我们对所有3266个样本进行调查发现，高达近七成的受访者（69.99%）表示从来没有去过深圳青少年活动中心，远超去过的受访者（30.01%）。进一步对98个表示去过的样本进行分析后发现（图1-8-9），其到访深圳青少年活动中心的原因依次为"有利于社交"（37.24%）、"学习技能"（35.71%）、"陪孩子"（32.14%），这些皆属于有一定的功利性的原因，而无功利的原因占比相对要少一些，如"被活动所吸引"（23.78%）、"纯属好奇"（22.86%）、"打发时间"（22.76%）；除因工作需要而到访（21.43%）之外，"锻炼身体"的占比最低，仅为12.24%。

图1-8-9 到访深圳青少年活动中心的动因

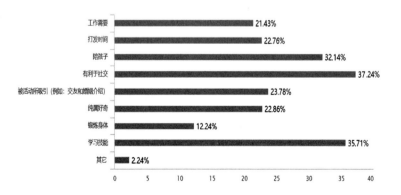

(四)深圳青年对城市公共文化的评价与建议

我们对所有3266个样本进行了有关深圳公共文化评价的调研(图1-8-10),数据显示,虽然只有两成不到的受访者表示"非常满意"(18.22%),但是有超过半数的受访者表示"比较满意"(56.15%),两者相加高达74.37%,换言之,有超过七成的深圳青年对自己所居住城市的公共文化设施和公共文化活动持有肯定态度,而持非常不满意(0.43%)、比较不满意(1.81%)的受访者累计不到3%,这应该说,深圳在公共文化的建设方面成绩斐然,可圈可点。

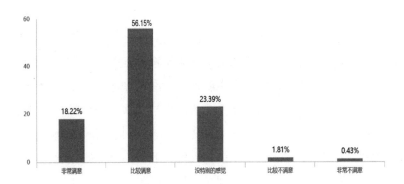

图1-8-10 深圳青年对城市公共文化的评价

与此同时,我们请受访者对深圳公共文化服务提出建议性意见或发表感想,这是一道开放题。绝大多数受访者都用文字表达了自己的想法。总体而言,受访者基本上都认为在中国城市中,深圳的公共文化设施和公共文化活动已经非常好,但还有需要改进的地方。首先,受访者认为公共文化设施和公共文化活动基本上都集中在罗湖、福田、南山,原来的"关外"地区数量不够,无法满足需求。希望公共文化资源分布更均衡一些,能向"关外"、社区倾斜,有受访者认为"'关内''关外'分布不均","加大深圳偏远地区和城中村公共文化设施建设","走进社区,走到原'关外'地区",等等。其次,增加免费使用的公共文化设施和公益文化活动。受访者认为，目前深圳大多数公共文化设施需要收费，不利于低收入者分享公共文化，如有受访者"建议免费场馆更多一些，虽然大部分深圳市民可以负担费用，但不可否认，仍有许多人因为收费而对文化活动望而却步"，还有人表示"一些公共设施都被承包了，市民使用要看管理员脸色"等；再次，受访者认为深圳的公共文化活动应该更多元、更接地气、更贴近普通民众，同时公共文化活动要能促进不同人群之间的互动和交流。如有受访者认为"现在文化活动丰富，但不太契合大部分深圳市民的需求"，"多举办点贴近广大群众的活动，让大家都能积极参与"，"希望能实在一点，感觉现在的文化活动有点虚，走形式的多"，"能够多元丰富，吸引更多年轻人"，"希望多举办一些平民化的活动，加强人们之间的社交"等。另外，为数众多的受访者建议深圳市的公共文化设施、公共文化活动要加大宣传力度，他们表示，问卷中所提到的许多常规性公共文化活动并没有渠道了解，平时许多文化活动都是事后才知道的，如"了解的渠道太少了"，"应加大宣传力度，避免造成大量资源浪费"，"宣传力度太小了，往往是内部人的天下"，"加大宣传力度，不要让很多好的公益活动被埋没，目前得知这些活动的渠道还是不太特别明了"等。最后，还有一些受访者认为由于房价太高、工作时长等原因，没有消费能力，没有休闲时间享受城市公共文化设施和文化活动，希望公共文化活动能进社区、进工厂，政府能提供更多免费的普及型文化活动。

小　结

深圳注重城市公共文化的构建与城市文化氛围的营造，在国际上获得了联合国授予的"全球全民阅读典范城市"等荣誉称号。深圳的产业结构吸引了大批高新技术产业公司汇聚，继而深圳也赢得了"创新之都"的美誉。通过调研发现，深圳青年群体对"创新之都""设计之都""全球全民阅读典范城市"等城市身份的认可度比较高，大家也以此为荣。从公共文化场馆的到访率看，深圳青年更喜欢前往市图书馆、市会展中心、市博物馆，而对于参观各类美术馆的兴趣并不浓厚。由此可见，深圳各美术馆或许需要做到更加贴近青年人的生活与个性，而深圳青年同样需要提高艺术鉴赏与审美能力。而深圳各类公共文化活动的参与率普遍较低，究其原因，大型公共文化活动一般都在中心城区举办，受访青年或者因为加班没有时间，或者因为距离远太费时，无法参与。相对而言，免费的公共文化活动能鼓励更多人参与。由深圳市政府主导的一些著名公共文化品牌，如"深圳文化菜单""深圳读书月"非但参与率低，而且知晓率也不高，尽管这些公共文化活动大多是免费活动的，并且分会场也能渗透到各区和部分社区。我们从最后的开放题了解到，到访率和知晓度双低的主要原因是宣传推广不到位，许多受访者表示事先不知道这些信息，也不清楚哪些渠道可以通畅及时地了解到公共文化活动的资讯。另外，深圳青年对创客科技、音乐、展览类活动的兴趣较高，对通过图书阅读进行自我提升的诉求同样很高，在受访者对深圳公共文化服务的建议中，"创新""科普""培训"等词汇反复出现，揭示了在深青少年群体对新知识的渴求，以及不断提升自我的迫切需求。此外，通过参与公共文化活动而结交朋友，开拓新的社交圈的强烈需求也成为他们的愿望。

九、深圳青年的休闲文化行为

深圳是一个有着多元文化的移民大都市，城市自由、宽容的文化气质，不仅体现在政府主导的大型公共文化活动中，更渗透在青年人学习、工作、生活的场景和他们的休闲时光中。因此，当我们追问，深圳青年创新文化在哪里时，万不可忽视的一个维度是他们的休闲文化行为。宽松、自由、多样、包容的休闲文化，与宽容、自由、创新的城市气质是一个硬币的两面，可以互为印证。本章，我们设计了十二个问题投放调查，包括理想的工作时长和方式、参加社会活动的意愿和目的、社交习惯等，目的是了解深圳青年日常生活方式、社会活动参与方式、人际交往方式、休闲文化行为的特性，以及休闲文化行为与创新之间的关系。

（一）深圳青年对工作时长和方式的想法

我们首先了解深圳青年现在的工作时长情况。调查数据显示（图1-9-1），超过半数的受访者每天工作时长超过8小时，其中，近四成受访者（37.26%）平均每天工作时长为9—10小时，每天工作11—12小时的占比9.71%，还有4.44%的受访表示自己平均每天工作12个小时以上。五成不到的受访者（48.59%）每天工作时间为标准的八小时。

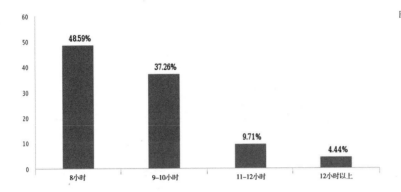

图 1-9-1 深圳青年平均每天工作时长

接着,我们探讨了深圳青年理想的工作时长和工作方式(图1-9-2),其中,最被深圳青年认同的是"弹性办公,不固定工作时间",占比达43.51%;其次是"朝九晚五,标准工作时间",占比40.02%;另有10.66%的受访者希望"远程办公,不用出现在办公室"。总体上看,受访青年群体希望减少工作时长,提高效率,获得更多自由时间。当然,受访者中也有少数人选择"有加班工资,时间越长越好"(3.73%)。

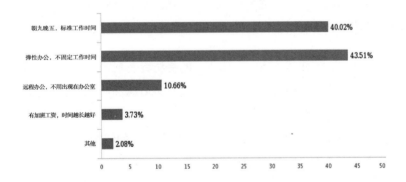

图 1-9-2 深圳青年理想的工作时长和方式

(二)深圳青年休闲活动参与意愿情况

当被问到工作之余更喜欢宅在家还是参加外界休闲活动时,近六成的受访者表示更愿意参加外界活动(57.81%),选择更"愿意宅在家"的占比相对少许多（22.26%）。另外，近两成的受访者表示"不确定"（19.93%）（图1-9-3）。

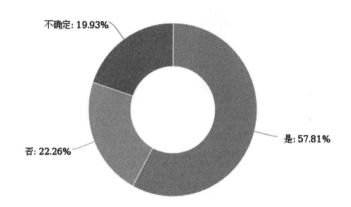

图1-9-3 参加外界休闲活动的意愿情况

为了深入了解不太愿意参加外界活动的原因，我们对选择了"更愿意宅在家"的1378个样本进行考察，并提供了"工作太累，没有精力""没有可结伴同行的朋友""不喜欢跟陌生人交往""没有消费预算""太浪费时间"以及"其他"几个选项，要求单选。数据显示这些受访者之所以不太愿意在工作之余外出参加社会活动的原因如下（图1-9-4）：

其一，工作压力太大。四成多的受访者表示"工作太累，没有精力"，占比最高，达41.07%。总体来看深圳社会竞争压力非常大，工作强度高，工作时间长，导致青年身心疲惫而没有精力去参加外界休闲活动。其二，没有可结伴同行的朋友。有22.72%的受访者选择"没有可结伴同行的朋友"。深圳是一个移民城市，很多青年人是一个人来到深圳打拼，没有熟悉的朋友导致很多人缺乏安全感，这让他们觉得待在家比在外面更舒服。其三，经济阻碍。调查中有15.6%的受访者选择"没有消费预算"。对深圳的很多工薪阶层来说，能维持基本的生活已经不错了，每一笔消费都要做好计划，而参加外界的休闲娱乐活动需要花费几十到上千元不等,再加上出门的交通和餐饮,是一笔不小的花销,的确构成许多青年参加社会活动的阻碍。其四,不喜欢和陌生人交往。有12.05%的受访者选择了该选项,而其中全日制学生的比例较大。学校对学生有一定的保护和隔离外界社会的作用,且学校内部就已经有了一定的休闲娱乐活动,比如兴趣社团、讲座、论坛等,所以学生并没有迫切结交陌生人的需求,也就较少接触陌生人。其五,太浪费时间。在问卷中,有4.5%的受访者认为参加外界活动很浪费时间。这从一个侧面反映深圳的环境压力,在竞争激烈的社会中,许多青年人认同终身学习的理念,利用下班和周末空余时间在家或者图书馆学习,而较少参与纯粹休闲娱乐的活动。

"其他"选项是开放式填空,在4.06%的受访者的回答中,交通和距离问题被多次提到,比如"附近没有感兴趣的活动,感兴趣的活动太远了","做六休一,没有法定节假日,不定时要加班,居住偏远,外界活动难以请到足够的假期参加",另外被提及的还有"照顾孩子""更想休息""一个人很快乐"以及"就是宅"等。

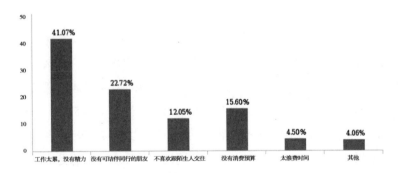

图1-9-4 不愿意参加外界活动的主要原因

(三)深圳青年的活动偏好及参与目的

工作之余的休闲时间里,深圳青年更愿意参加哪些类型的社会活动?从全体3266个样本的多选结果来看(图1-9-5),有半数以上选择了"户外出游类"活动（52.88%）。可以说户外出游成为深圳青年首选的休闲活动，约上几个好友去爬山或者自驾游，既放松身心也增进友谊；其次，"参观看展类"活动获得近半数受访者认同（48.04%）；其他获得较高认同的活动有："文艺演出类"（33.83%）、"交友聚会类"（30.59%）、"体育健身类"（27.77%）、"专业学习类"（27.04%）和"休闲学习类"（22.96%），相比较而言，选择"社会活动类"的比较少（9.55%）。从整体上看，深圳青年对多元化的社会活动有着较大的需求，尤其是户外活动类和参观各种各样的展览活动。

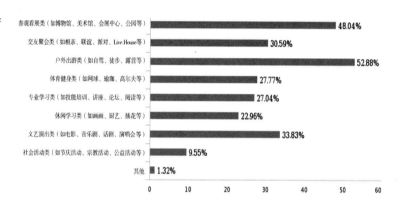

图 1-9-5 深圳青年的休闲活动偏好情况

进一步探讨深圳青年参加社会活动的目的，可以发现（图1-9-6），"缓解压力"（59.71%）、"开阔眼界"（57.99%）两项占比均超过半数，凸显出社会活动对于深圳青年群体的意义和价值。"扩大交际"（34.23%）和"怡情养性"（30.53%）都获得了超过三成受访者认可，而"增强专业能力"（28.69%）和"锻炼身体"（22.54%）也有一定的认同度。另外有一成的受访者抱着"消磨时间"（10.17%）的目的参与社会活动，而有少数受访者的目的是"摆脱孤独"（5.82%），"爱热闹"和热衷于在"社交媒体上分享"的分别占比 5.14% 和 3.12%，还有 2.05% 是"商业应酬"的需要。

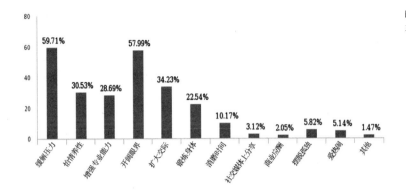

图 1-9-6 深圳青年参加休闲活动的主要目的

（四）深圳青年休闲活动花费和频次

本章中的休闲频率是指受访青年 2018 年 1—10 月平均每月参加活动的次数。调查数据显示（图 1-9-7），60.41% 的受访者平均每月参加 1—3 次休闲活动，占比最多。同时，占比 26.45% 的受访者表示没有参加过任何线下休闲活动，这个比重也非常高，换句话说，有将近三分之一的深圳青年在长达十个月的时间里没有参加过社会活动。当然，有少数受访者每月参加社会活动的频次比较高，包括 10 次及以上（1.65%）、7—9 次（1.9%）、4—6 次（9.59%）。不同青年群体的活跃度不同，分布不太均衡。

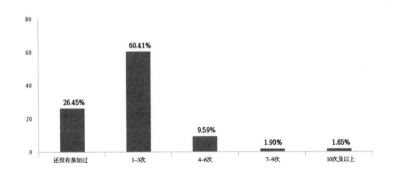

图 1-9-7 深圳青年平均每月参加线下活动的频次

随着社会和经济的发展，越来越多的青年人愿意在休闲娱乐活动上花费。从图 1-9-8 可以看到，有 25.17% 的受访者愿意为单次活动支付100元及以下；32.76%的受访者愿意花费101—200元，21.28%的受访者愿意承担201—300元，14.61%的能承受300—500元，另外有6.18%的受访者能接受501元以上的单次活动费用。由此可见，大部分深圳青年为单次休闲活动支付的费用在100—300元之间，比较理性，也比较合理。

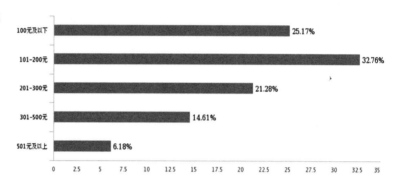

图1-9-8 单次活动能承受的费用情况

（五）深圳青年社交情况

移民社会的青年人最需要社交生活，熟人和陌生人皆具的社交圈有助于更好地工作和生活。但是调查数据显示（图1-9-9），仅有35.43%的受访者持比较开放的心态，表示乐意在日常生活和休闲活动中主动去结交陌生人，而近半数（49.57%）的受访者表示"看机缘"，不会刻意主动去搭讪，也不会强求他人与自己交往。另外，还有15%的受访者则果断地表示不愿意与陌生人相识。

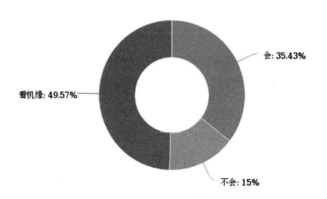

图1-9-9 在活动中主动结识陌生人的情况

除在了文化休闲活动中扩大自己的社交圈、结识新朋友外，深圳青年常用的结识新朋友的方式有哪些呢？数据显示（图1-9-10），最常用的方式还是熟人社会中的朋友介绍，占比42.99%。参加线下活动也为青年人结识新朋友带来良好机遇，有23.7%的受访者表示自己是通过活动认识新朋友的。社交类App/网站也成为结识新朋友的方式之一（20.18%）。另外有8.3%的受访者选择"偶遇"。总体而言，熟人关系，包括亲朋好友、同乡、同事和同学之间结识还是最主要的方式，从一个侧面反映出移民城市中传统社会关系的重要性。

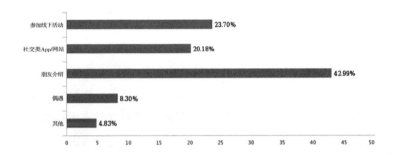

图1-9-10 深圳青年结交新朋友最常用的方式

具体到线上社交使用哪些App/网站时（限选三项），数据显示（图1-9-11），高达95.81%的受访者使用微信，而微信是强关系连接，即熟人关系，这也印证了上题结识陌生人时主要依靠传统社会关系的特点。除微信外，受访者喜欢使用的App/网站还有QQ（46.26%）和微博（45.9%），前者是腾讯公司的社交产品，在深圳青年中占比较高，后者是弱关系连接，可以超越熟人关系结识更多陌生人。另外，受访者中还有近两成（19.9%）选择用抖音来社交，也有少数受访者使用B站（6.67%）、百度贴吧（5.45%）、快手（3.86%）社交，还有少数受访者选择豆瓣、YY语音、亲信、谈谈、珍爱网、比邻、楼视直播和其他App/网站社交。总体而言，与其他城市的青年相仿，微信、QQ、微博成为深圳青年线上社交最常用的App/网站，而其他App/网站的选择则各取所需，非常多元化。

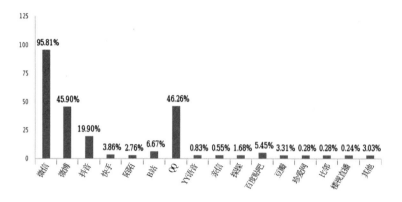

图 1-9-11 深圳青年社交 App/ 网站使用情况

小　结

工作之余的休闲娱乐活动是青年生活方式中最富活力的部分，不过，调研发现，工作压力大、工作时间长、距离远、花费高等原因导致深圳青年在参与社会休闲活动时并没有表现得普遍积极、主动、活跃，相反，有接近三分之一的受访者表示在十个月内没有参加过任何一次文化艺术、体育休闲活动，而宁愿宅在家里。这从一个侧面反映出深圳青年来自工作、生活、个人发展等方面的压力已经挤压他们正常的文化休闲和娱乐活动。

那些选择参与文化休闲活动的受访者，其主要目的集中在缓解压力和扩大交际圈两方面。对于深圳这样超快节奏的城市来说，压力似乎是青年人逃不开的话题，而休闲活动正好可以使个人走出工作情境，从而缓解压力，而通过休闲活动与人交往，是在一种戒备心比较低的情况下拓展社会关系网络，并于无形中增强彼此联系的较好方式，也使得青年个体通过与他人、与相似个体的接触增强自身对城市的认同感。

我们可以看到，深圳这座城市由政府、社区、商业机构以及青年人自行组织的各类文化休闲活动非常丰富，占比不少的青年群体也表现出乐于参与的积极姿态，在具体选择上，他们往往不偏好单项活动，而是善于将功能性的活动和休闲性的活动进行组合，比如，参加户外出游既健身又能结识志同道合的新朋友；再比如出席联谊活动，怡乐心情同时也能相亲会友等。总之，高质量的文化休闲和高效率的收益左右深圳青年对社会活动的选择。

最后，从主要的交友方式来看，有四成左右的深圳青年还是比较偏向熟人社会的交友方式，即通过朋友介绍来认识新朋友，而通过线下活动和线上交友App/网站的各占20%左右，线上交友也比较依赖强关系连接的App/网站，如微信和QQ，可见，朋友介绍、熟人社交依然是深圳青年最主要的交友方式。因此，休闲活动的设计在满足线下活动建立社交关系的同时，更需要考虑如何引导青年群体走出熟人社会圈和个人生活舒适区，使他们能更多参与到城市社会活动中去。

第二部分
深圳青年创新文化实践考察

一、深圳青年创新文化基因解码：孵化场域、精神传承与动力机制

短短四十年里，深圳从一个人口不足3万的边陲小镇发展为拥有1252.83万常住人口的现代都市①，并于2018年跻身全球55个"世界一线城市"之列②，经济长期高速、稳定发展，社会活力十足，文化特征日益彰显，不能不说创造了世界城市发展史上的一个奇迹。在有关这个"一夜之城""时尚之都"何以建成的各类解读中，除了党和国家层面的正确决策与改革开放的历史机遇等外部因素之外，深圳人口的年轻化成为公认的成功要素之一。的确，历史地看，1979年深圳建市、1980年建立经济特区时，

---

① 深圳市统计局、国家统计局深圳调查队编：《深圳统计年鉴·2018》，北京：中国统计出版社，2018年，第3页。
② 刘怀宇：《广深双双跻身世界一线城市，GaWC发布2018年世界级城市名册》，http://kb.southcn.com/content/2018-11/14/content_184081455.htm，2020年7月22日访问。

在总数不到 3 万的人口中，就有 2 万左右从鞍山、天津、上海、唐山等地奉命调入的年轻基建工程兵，正是他们建起了特区第一个十年发展中近四分之一左右的高楼——包括创造了 3 天一层楼的"深圳速度"的国贸大厦，为深圳早期的发展奠定了坚实的基础。之后的第二个十年，深圳迎来第二次创业与发展的考验。随着大量移民的迁入，深圳人口的平均年龄有所提升，但 20 世纪末时基本没有超过 30 岁。进入 21 世纪后，经过二十余年的飞速发展，截至 2016 年，全市人口平均年龄也只有 31 岁。[①] 可以说，无论在深圳发展的哪一个阶段，青年都是城市建设中不折不扣的主力军。一方面，正是无数的年轻人在年轻的深圳创造了城市经济腾飞的"奇迹"，也是他们在长期不断对深圳文化赋形的过程中，沉淀出了属于深圳的青年创新文化。另一方面，如同深圳十大口号之一"来了，就是深圳人"所揭示的那样，无论获得户籍与否，参与深圳建设的青年必然受到深圳文化的熏陶渐染，深圳文化固有的历史基因及其现代生成过程中的新鲜因子与逻辑范式同样参与了深圳青年创新文化的锻造。即是说，青年创新文化也是深圳文化的逻辑产物。相比由深圳青年本身的特点去追索青年创新文化特质这一正面推导方式，从深圳文化的独特性入手、反推深圳青年创新文化的基本要素，或许是一种更为有效的解码方法。

（一）多元融生的文化结构——青年创新文化的孵化场域

对于深圳文化的研究者——尤其是早期研究者来说，一个最感头痛的问题就是如何反驳所谓的"文化沙漠论"。无论是特区成立的初期，经历二次创业、经济转型的 20 世纪 90 年代，还是深圳已经被誉为"创客之城""设计之都"的今天，总有一些声音如影随形，它们在承认深圳创造了经济增长的奇迹的同时，始终坚称新中国的这第一个特区在文化方面就是一片沙漠。其主要依据在于：第一，深圳从建市、设立特区开始不过几十年历史，

[①] 深圳市妇儿工委、深圳市统计局：《2016 年度深圳市社会性别统计报告》，http://tjj.sz.gov.cn/zwgk/zfxxgkml/tjsj/tjgb/content/post_3084921.html，2020 年 7 月 22 日访问。

缺乏厚重的历史又何以涵养文化？第二，深圳的经济增长速度令人咋舌，拿得出手的文化成果却寥寥无几，如此强烈的不对等状况，不就证明了后者的"沙漠化"事实吗？无论深圳文化的辩护者是列举文化建设的具体成果，归纳深圳文化的诸多特点，还是借用大众文化、后现代理论多方论证，甚至引用国家、省、市文化管理部门的官方鉴定，都无法使这些声音彻底消散。久而久之，一些辩护者也不知不觉滑入了如"文化沙漠论"者一般的错误逻辑轨道。例如，有论者在分析深圳文化建设中存在的问题时，把缺乏历史的积淀也算作一条，实际上是认可了"文化沙漠论"关于厚重的历史才能涵养文化的逻辑，浑然忘记了所谓"问题"必有其解决方案，而"缺乏历史积淀"这样的"问题"在现实中却是无法解决的这一事实；有的则依据"文化沙漠论"者对"文化成果"的认定标准，极力在深圳寻找对标对象，或者渴望通过引进文化"巨人"、移植文化"大树"的方式来迅速弥补所谓成果的"短板"，却忽略了这些"巨人"或者"大树"是否会水土不服的问题。

实际上，"文化沙漠论"之所以驳之不绝，是因为它永远固守一个似是而非的单向度评价标准，很容易使人像上述辩护者一样陷入其预设的逻辑悖谬。因此，与其顺着其固有思路针锋相对地寻找论据力行反驳，不如直接跳出作为其阐释前设的"文化范本→实际样本"这一逻辑框架，首先对"文化沙漠论"者眼中的"样本"——深圳文化作一整体还原，接下来再讨论"样本"与"范本"的关系问题。

在深圳文化的还原方面，前人做过不少探索。早期曾有学者从文化定位的角度，探索深圳文化作为"文化边际"的诸种特征，并预言了其成长为"文化中心"的必然性[①]；20世纪90年代，学者们开始侧重解析深圳文化的类型，比如有论者认为，

[①] 林祥：《略论深圳社区文化变迁》，载《特区实践与理论》，1991年第4期，第71—74页。

旅游文化、产品文化、建筑文化、消费文化、通俗文化的丰富是深圳文化的优点之所在[①];世纪之交,"以'大家乐'晚会为代表的广场文化,以'康佳''华为'为代表的企业文化、以'锦绣中华''民俗文化村''世界之窗'为代表的旅游文化,以沙都歌舞厅为代表的歌舞厅文化、以莲花北住宅区为代表的社区文化"[②]作为深圳文化的5种主要"形态"逐渐成为共识。不过,从方法论角度来说,以文化定位、文化类型或文化形态作为标准始终面临一个挑战,即:随着时间的推移、新的文化形式的出现,根据上述标准还原的深圳文化很可能会发生变化而溢出其逻辑框架。考虑到在一个人口构成基本稳定的城市,文化结构往往较为稳定,因此,从结构入手还原深圳文化的真实样态,也许比使用上述三个标准更有说服力一些。考虑到"结构"这个词很多时候也被用于指涉文化样态与文化类型的组成,为避免误解,下文特使用"源出结构"(structure of original culture)一词,用以强调本章所说的"文化结构"侧重的乃是文化源流的辨析。

有学者在谈论深圳如何以开放态度确立自己的文化地位时,也曾从源出结构角度区分了深圳文化的三大主要板块,即:由内地[③]移民带来的内地文化、珠江三角洲的岭南文化和西化的香港文化,并预言了西方文化日后的影响。[④]可惜只是局部触及,且点到即止,未能作更为深入的展开。通过对深圳文化的系统考察可以发现,这一文化"样本"的源出结构绝不像北京、西安等有着厚重历史积淀的城市那般清晰,而是表现出一种多样杂糅、多元融生的特点。

1. 文化母体:融注中原文化因子的岭南文化

尽管有学者认为,深圳文化是一种"典型的'移民文化'",

---

① 严衡山:《深圳文化建设的现状与发展思路》,载《湖湘论坛》,1996年第5期,第16—19页。

② 杨宏海:《深圳文化研究的探索与思考》,载《学术研究》,1998年第10期,第72页。

③ 这里的"内地"指的是距离沿海较远的地区,后文将作详述。

④ 宋丁:《文化地位·文化产业·文化市场——关于深圳文化发展的三点认识》,载《开放导报》,1994年第1期,第10—13页。

深圳人的生活方式、价值观念和文化特色与作为"本土文化"的岭南文化"有着根本的不同"①；深圳的前身宝安县虽隶属岭南文化范畴，"现代深圳人中受岭南文化浸染的却并不多"②，但大多数研究者仍然坚持，深圳文化的血脉源出岭南文化，其当代发展也离不开岭南文化的影响。的确，无论是从地缘关系还是历史传统、文化特质等方面来看，岭南文化都是深圳文化的本根所在，它构成了深圳的文化母体。

① 刘国红：《深圳移民文化及其精神》，载《深圳大学学报》（人文社会科学版），2001年第2期，第5—11页。
② 倪鹤琴：《深圳迈向现代化国际性城市的文化建构》，载《特区理论与实践》，2001年第12期，第41页。

首先，就地理位置而言，深圳所在的珠江三角洲地区，正是岭南文化在广东境内的三大据点之一。岭南文化发展到近代，在空间构成上主要包括广府文化、潮汕文化、客家文化、桂系文化和海南文化五大板块。③ 其中，分布于珠江三角洲、粤中、粤西、粤西南和粤北的广府文化，集中在粤东北和东江流域的客家文化，散布于粤东南韩江三角洲及其周边的潮汕文化，构成了岭南文化的主体。④ 深圳处在岭南文化最为核心的广府民系文化区域内，同时受到邻近的客家文化、潮汕文化的辐射，海湾对面又是曾经同属新安县、同样脱胎于广府民系的香港文化。在这样一种层层包匦的地缘关系中，想象着在深圳创造一种完全脱离岭南文化母体的全新文化类型，无疑有些天真。

③ 李权时、李明华、韩强主编：《岭南文化（修订本）》，广州：广东人民出版社，2010年，第72—73页。

③ 李权时、李明华、韩强主编：《岭南文化（修订本）》，广州：广东人民出版社，2010年，第13页。

其次，从历史传统与人口流动情况来看，深圳文化与岭南文化之间的纽带几乎从未断绝。新安县、宝安县时代自不必说，即便建立经济特区以后，深圳的文化建设中也总是自觉或不自觉地出现岭南文化的身影，岭南文化因子的出场几乎成为深圳文化建设者的集体无意识。以已经成为深圳经济支柱之一的旅游文化产业为例，深圳既有"移植"而来的"锦绣中华""中国民俗文化村""世界之窗"，也有大鹏所城和客家民居，后者在深圳文化中的重要性并不亚于前者。此外，人们在谈到深圳是一个拥有95%外来人口的移民城市时，常常容易发生误解，以为这些移民主要来自广东省外的"五湖四海"。然而，深圳市标准技术研究院开发的"大数据观——深圳法人与其他组织动态统计分析平台"2018年年底的统计数据显示，深圳创业者中占比最高的其实是广东本地人，占全部创业者的28.98%，其次才是来自湖南（12.08%）、湖北（9.11%）等地的外来人口。① 可见，在深圳最具活力的创业领域，岭南文化的优势是十分明显的。

最后，就其文化特质而言，二者也存在诸多相似之处。后文将对此做更为具体的分析，此处只就移民文化这一点略加申说。前文提到，有学者曾以深圳文化属于典型的移民文化为据，强调其与岭南文化的根本不同。实际上，移民文化恰恰也是岭南文化的内在特征之一。广东境内的广府文化、客家文化、潮汕文化等三大岭南文化亚型的区域分布，正是由于历史上的多次移民所造成的。因此，移民性同样也是岭南文化的重要历史特征。在这个意义上说，强调深圳的移民文化性质不仅无法证明深圳文化与岭南文化的本质区别，反倒可以佐证深圳文化与岭南文化之间延续的历史血脉。相较而言，将深圳文化视为"岭南文化在新时代的发展和演进"，进而倡导将其建设成为"岭南新文化"的代表，才是更加符合历史逻辑的思路。②

在整个中华文明史上，岭南地区由于地处南疆，开发较北方及中原地区晚。由于"五岭"的阻隔，早期与中原文化的接触也不大顺畅，但中原文化的影响仍然早在秦汉时期就已经开始。秦始皇和汉武帝都曾对岭南用兵，平定之后分别设置郡县，结束了古代岭南地区部落散居的割裂状态。政治区划上的稳定使得中原与岭南的经济交流渠道变得通畅，中原汉族的铁制农具和牛耕技术随之大量输入岭南，文化交流伴随着经济交流而日趋频繁。③ 汉时中央政府甚至在桂林郡等地"修庠序之教，设婚姻之礼"④，直接进行文化传播。唐宰相张九龄主持开辟了大庾岭新道，为岭

---

① 深圳新闻网：《大数据：深圳创业者平均年龄36岁 批发零售业最受青睐》，http://www.sznews.com/news/content/2018-11/07/content_21198749.htm，2020年7月22日访问。

② 杨宏海、尹昌龙：《从深圳看岭南新文化的萌生和发展》，载《特区理论与实践》，1995年第12期，第44—47页。

③ 杨万秀、钟卓安主编：《广州简史（修订本）》，广州：广东人民出版社，2015年，第34—35页。
④ 宋·范晔撰，唐·李贤等注：《后汉书》，北京：中华书局，1965年，第2459页。

南与中原的交通提供了一条便捷通道。伴随两汉南北朝时期、两宋时期和明末三次大规模的中原移民大潮，岭南文化经过与中原文化的三次融合，充分吸纳了中原儒家文化、佛教文化中的文化因子。因此，作为深圳文化母体的岭南文化，已经是一种融注了中原文化特质的新的文化形态。

2. 作为文化底色的广府文化与客家文化

虽然因地缘关系而不可避免地受到潮汕文化的影响，但相较而言，同在广东境内的三大岭南文化亚型中，深圳文化所受的广府文化、客家文化影响更加深刻，这点凡是看过深圳博物馆展厅的人都能比较直观地感受到。广府文化和客家文化为深圳文化的生长提供了基础底色。

广府文化的面积分布十分广泛，包括广东东南部珠江三角洲（香港和澳门文化同样源出于此）、中部、西部、西南部以及广西南部的部分区域。其中，珠江三角洲是广府文化最具代表性的地域，而深圳正位于此，且与作为广府文化中心的广州相距不过140公里左右。即便紧靠深受西方文化影响的香港，这样的地理位置也使深圳很难从广府文化圈中彻底剥离开来，更不用说对岸的香港文化同样带有广府文化的基因。考虑到广府文化的源远流长及其对深圳的长期影响，可以说，无论深圳文化融入多少外来文化因子，广府文化这一抹历史底色都很难从深圳这座城市中擦去。

广东的客家文化聚集地以梅州为中心向外展开，也包括广东东部地区和北部山区在内。与广府文化相比，客家文化对深圳的影响似乎更加明显。首先，深圳本地的原住民基本上由广府语系人和客家人构成，其中客家人占比达到60%，差不多是广府语系人数的2倍，人口优势十分突出。其次，历史上客家人曾多次成规模迁入深圳，除了随着岭南地区三次移民大潮从中原南迁而来的几批之外，随着清初"迁海复界"政策的推行，第四批客家人更加规模化地涌入深圳，定居在今龙岗、宝安、罗湖一带，龙岗逐渐成为其聚集的中心。① 可见，无论是从横向的人口比例还是纵向的历史变迁来看，客家文化都称得上深圳本土文化的重要组成部分，甚至可以说是主体。

客家人进入深圳之初，由于其"移动急速，无渐渐融合之过渡时期"，一度"受当地人的剧烈反抗"，客家民居防御性的"围屋"设计正是为此而发。② 然而随着时间的流逝，作为移民的客家人与作为原住民的广府语系人日渐融合，成为新一代的深圳原住民。客家文化也与广府文化一起，构成了深圳经济发展中的两道文化底色。

3. 文化新质：内地文化、中国香港文化与西方文化

进入近代以后，在各类经济活动甚至中外战争的驱动下，中外文化交流无论在频率还是广度上都远超从前，深圳文化的源出结构也从原有的二元模式逐渐向多元发展。尤其是在特区建立后，随着全国各地的移民蜂拥而至以及深圳与中国香港特别行政区和西方国家经济往来的频繁，深圳的文化结构中又增添了内地文化、中国香港文化和西方文化这三大新质。

这里所谓的"内地文化"，指的是中国大陆地区内、岭南文化区域外的各类地域文化，也就是由千百万中国移民建设者从各自家乡带来的、各具特色的地方文化。内地文化类型多样，情况复杂，不可一概而论，势必给分析者带来巨大挑战，给原本稳定的深圳文化结构造成冲击；但反过来说，这些诞生于统一的中华文化母体之中，却同源异质、五花八门的地方文化的汇入，也大大提升了深圳文化的多元性。它们与深圳原有文化的碰撞、融合，虽有其不确定性，甚至还可能引发问题，但也无可否认地为深圳

---

① 杨宏海：《深圳客家民居的移民文化特征》，载《特区理论与实践》，2000年第4期，第45—46页。

② 曾昭璇：《岭南史地与民俗》，广州：广东人民出版社，2015年，第295页。

文化层次感的提升和多样性的生成提供了最大的可能。最重要的是，内地文化的涌入已经成为不可逆转的传播事实，深圳的在地文化既然无法拒绝，还不如多做一些方法论层面的思考，努力探索一条有效的文化融合之道。

深圳人一直在以自己的方式寻求深港生活方式的融通之道。因此，当特区成立、改革开放的机遇到来时，深圳在与香港的经济、文化合作方面可谓不遗余力。香港的现代企业的管理理念以及文化产品等都为深圳所学习、借鉴或消费，官方层面的文化交流与合作也逐渐起步。例如，深圳人在本地即可畅通无阻地收看香港电视台的节目，而在深圳的"锦绣中华"建成后，香港教育局也很快将其指定为中小学史、地课程的实地学习场所。伴随一种稳定、全面、深入的文化交流模式的建立，香港文化因子在深圳的融入也越来越成为一种必然。

历经百年殖民史的香港受到了西方文化，尤其是英国文化的极大影响，因此，在吸纳香港文化因子的同时，深圳不能不感受到其背后所隐伏着的欧风美雨的气息。由辨析香港文化中的西方文化特质，到通过特区这扇窗直接与更大范围内的西方文化对话，逐渐成为深港文化交流过程中的内在趋势。随着改革开放的进一步深入，越来越多的外企在深圳生根发芽，越来越多的国家和地区开始积极寻求与深圳的合作，西方文化在深圳经历了一个由镜像到本体、由观念到实体的转型。在深圳文化建设过程中积极吸收西方文化中的有益因素为我所用，也终于具备了相应的现实基础。

以上我们借助历史还原的方式，对深圳文化的源出结构做了一个简单的梳理。以此为基础，深圳文化与岭南文化、广府文化、客家文化、内地文化、中国香港文化、西方文化，再加上人们在为深圳文化定性时常常使用的"移民文化"之间的逻辑关系可以概述如下：深圳文化是以融注了中原文化因子的岭南文化为母体的移民文化；广府文化与客家文化是其传统文化底色，内地文化、中国香港文化、西方文化是其现代新质；上述源出文化共同构筑了深圳文化的完整结构。

这一文化结构既与同为移民文化性质的香港和上海不同，更与北京、西安、南京等历史厚重的城市不同。后者在多年的积淀后都形成了一种占据主导地位的文化样式，而在深圳文化的逻辑架构中，至今没有出现哪一种源出文化占据绝对优势的情况。作为母体的岭南文化发挥的只是文化孕育而非文化定性的作用，广府文化与客家文化作为深圳的文化底色，更多解决的是深圳文化风格的问题，二者本身也跟内地文化、中国香港文化、西方文化等其他深圳现代文化因子一样，处在持续的锻造过程之中，同样体现出鲜明的"未完成性"。正因为深圳文化是一种"未完成"的新移民文化，以适用于传统文化的"历史沿革""厚重感"等为标准来评价深圳文化，就是典型的逻辑错位。"文化沙漠论"者的错误就在于此。一个新时代的新文化需要新的评价标准，一成不变地以老标准看待新生文化，只能得出有悖事实的结论。以美国文化为例，如果单论国家历史和文化成果数量，美国完全无法跟欧洲国家比，然而今天的事实却是，美国文化在世界范围内的号召力和影响力，意、英、法等老牌文化强国全都赶不上。深圳文化的这种"未完成性"的最大受益者，正是有志于创新创业的青年群体。因为这一多元融生的文化结构虽给人难以把握的忐忑感，但它对主体参与的强烈召唤，它所暗示的"一切皆有可能"的诱人前景，恰恰为以"敢闯敢试"为精神依托的青年创新文化提供了最好的孵化场域。

（二）古今承传的意识系统——深圳青年创新的"源代码"

有关深圳居民创新意识的问题，学界已经讨论了不少。"开放意识""个性意识""宽容意识""务实意识""竞争意识"等，都曾得到较为直接的讨论。总的来看，讨论者们的观点基本都没有错，但仍然留下了两个遗憾：其一，对这些"意识"彼此之间的联系似乎重视不够，很多时候给人的感觉是较为随意地挑选了一种或几种来讲，虽也有不失精到的微观层面的解说，却缺乏一个宏观阐释框架的支撑；其二，很少对这些意识或观念进行文化溯源，忽视对其文化血脉的体认。实际上，生活在某一特定文化区域的人，意识或精神往往都有其文化源头。前一部分我们已经还原了深圳文化的源出结构图谱，这里不妨继续以此为据，进一步分析这些源出文化所衍生的创新意识。由于广府文化和客家文化同属岭南文化，前二者的文化精神合一差不多便是后者的特征，因此不再对岭南文化单独讨论，直接从广府文化开始。

1. 广府文化：致富、务实、开放、包容、变革

有学者曾将广府文化的特征归纳为6点："物质生产的多元一体格局""商业贸易最为活跃""生活的务实性态度""开放性和兼容性""强烈的变革意识和心理""平民性和市民意识"。① 其中，第1点归纳的是社会生产方面的特征，第6点虽然也属于民众意识，但跟创新之间的联系不大。属于创新精神、创新意识层面的显然是第2、3、4、5点。第2点里，"商业贸易"的活跃使广府语系人产生强烈的"重商"情结，其目的正是为了发家致富。后3点语义较为明确，略加提炼和区分后，可以将其概括为"务实意识""开放意识""包容精神"和"变革意识"四大特点。

① 李权时、李明华、韩强主编：《岭南文化（修订本）》，广州：广东人民出版社，2010年，第74—75页。

2. 客家文化：家族意识、拼搏意识、独立意识、冒险意识

客家文化历来研究者众多。有人曾将客家文化的特点描述为"既不同于半封闭的、半凝固式的大陆文化，也异于展拓性、流动性的海洋文化；既不是那种为中原农耕定居的、以'重本抑末'

（'重农抑商'）为特征的农业社会文化，也不完全是以商业经济为主的工商文化"①。或许正是这种居间型的文化样态造就了客家人的独特气质。在有关客家人个性特征问题的探讨上，有人从客家围屋的研究入手，集中揭示了客家人的"乡土观念强"②和"刻苦耐劳之特性"③；有人则借助整体的文化考察，概括了客家人"自给自足、特立独行的气质""浓厚的家族观念""坚韧的开拓创业精神""重视文化教育"的四个特点。④"乡土观念"即"家族观念"亦即家族意识；"刻苦耐劳之特性"突出能吃苦，是拼搏精神的形象化；"特立独行的气质"可提炼为"独立意识/气质"；"坚韧的开拓创业精神"在客家人的行为中主要表现为敢于冒险。因此，在综合上述学者意见的基础上略做提炼，此处可以归纳出客家文化中所蕴含的创新意识，即：家族意识、拼搏意识、独立意识、冒险意识。

3. 中国香港文化与西方文化：效率意识、个性意识

近邻香港在文化建设方面给予深圳的启发是全方位的。具体到文化精神而言，香港的契约精神和法治精神都给深圳人以震撼和启迪，香港人的生活自由度和消费观也引起了不少深圳人的羡慕与模仿。不过，从创新意识角度来看，香港文化对深圳影响最大的，应该是以现代企业管理制度的现身说法，使深圳人明白了效率的重要性。因此可以说，就深圳的创新创业乃至整个深圳的发展而言，自香港文化吸纳而来的效率意识都起到了至关重要的作用。

至于首先主要经由香港间接接触、继而打开文化交流与经济合作直通车的西方文化，其传承久远的个性意识对深圳人影响最深。与中国香港文化相比，深圳对西方文化的热情显得没那么高昂，老一辈中甚至不乏抵触西方文化者，但大部分年轻人对其特立独行的精神都欣然神往。20世纪80年代中，就在内地韩少功等作家大量创作"寻根小说"时，深圳作家刘西鸿发表了短篇小

---

① 刘佐泉：《"客家历史"与传统文化》，开封：河南大学出版社，1991年，第1页。
② 曾昭璇：《岭南史地与民俗》，广州：广东人民出版社，2015年，第295页。
③ 同上书，第315页。
④ 李权时、李明华、韩强主编：《岭南文化（修订本）》，广州：广东人民出版社，2010年，第78—79页。

说《你不可改变我》，标题中就透露着一股浓浓的个性主义味道。这个作品在当时不仅引发了文坛的振奋，更因其中那位以"人不可改变我"的自信，无怨无悔地追求独立个性的主人公形象而引发了特区年轻人的普遍共鸣，获得了相当的成功。这一文学事件足以表明，来自西方的个性意识在当时深圳社会中的认可有多么普遍。

4. 内地文化：共同体意识

各地的打工仔、打工妹来到深圳后，由于人生地不熟，第一选择往往就是寻找老乡，组建老乡会，以利于抱团取暖。如深圳的湖南籍"的哥"，大部分都来自攸县这一个地方。一方面，这种做法的确可能造成"同乡观念驱使下的宗派主义、小团体主义和地方主义"①的出现，走向文化融合的反面。但另一方面也要看到，在整个深圳文化多元融生的大背景下，这些小团体的破坏性基本上是可以得到较好控制的；同乡、同族人的这种扎堆行为，不仅不大会带来严重的治安问题，反倒可以在深圳的移民建设者中逐渐培养出一种共同体意识，并随着网络文化时代的便捷途径获得更大范围的文化联谊与文化对话的可能性。只要引导得当，不仅可以弥补所谓深圳文化缺乏"亚文化共同体"的遗憾②，甚至也能为青年的创新创业提供相当助力。

① 吴俊忠：《提升深圳城市文化品位的思考与对策》，载《深圳大学学报》（人文社会科学版），2004年第1期，第10页。

② 王晓华：《我看深圳的文化危机》，载《中国青年研究》，1999年第6期，第25—26页。

这样，通过对深圳文化结构中各源出文化的逐项考察，我们获得了共计12项文化创新相关的深圳意识或曰精神。为方便查看，先列表如下（表2-1-1）：

表2-1-1 深圳12大创新文化意识（精神）

深圳文化的源出结构		创新文化意识
岭南文化	广府文化	致富、务实、开放、包容、变革
	客家文化	家族、拼搏、独立、冒险
中国香港文化		效率
西方文化		个性
内地文化		共同体

如果进一步分析，会发现这 12 种意识与一个目标达成式任务的完成过程高度一致，可以与其目标、方法、态度三阶段分别对应，同样列表如下（表2-1-2）：

表 2-1-2 目标达成式任务与创新文化意识的阶段属性

达成目标的逻辑阶段	创新文化意识
目标	致富，变革，效率
方法	拼搏，冒险，共同体
态度	务实，开放，包容，家族，独立，个性

这个表里的逻辑关系就比较清晰了。

回顾整个特区发展史可以发现，上述 12 大意识在不同历史时期都有其具体表现。从 1981 年到 2009 年，深圳曾陆续提出产生过极大影响的十个口号，又称"十大观念"。可以发现，几乎在每一个"观念"里我们都能找到其所对应的创新意识（见表 2-1-3）。这个发现反过来启示我们，由源出文化推导而来的上述意识系统实际上等同于深圳文化的基因编码，这一古今承传的文化意识体系称得上是深圳青年创新文化赖以展开的"源代码"。

表 2-1-3 深圳"十大观念"对应的创新意识

十大观念	所对应的创新意识
"时间就是金钱，效率就是生命"	致富意识，效率意识
"空谈误国，实干兴邦"	务实意识，拼搏意识
"敢为天下先"	拼搏意识，冒险意识，独立意识
"改革创新是深圳的根，深圳的魂"	变革意识，个性意识
"让城市因热爱读书而受人尊重"	个性意识，共同体意识
"鼓励创新，宽容失败"	变革意识，包容意识
"实现市民文化权利"	个性意识，共同体意识
"送人玫瑰，手有余香"	共同体意识
"深圳，与世界没有距离"	开放意识
"来了，就是深圳人"	开放意识，包容意识

（三）动态生成的在地文化——深圳青年创新的动力机制

前文曾经提到，时至今日，深圳文化依然呈现出一种"未完成"状态。不过，由于其源出结构基本稳固且架构清晰，再加上一个"基因"级别的文化意识体系的存在，这一"未完成性"不仅没有令深圳文化陷入发展的危机，反倒使其始终保有一种开放性，体现出鲜明的动态生成特点。

首先，正如大多数论者所言，深圳文化本质上是一种移民文化。五湖四海的移民纷纷怀揣着梦想来到深圳，也带来了各自的地域文化。而每一个新的地域文化的进入，都将与本地区的文化总体发生局部的碰撞，甚至交锋。虽然新来的移民在心气和行为上都不大可能立刻与本地文化针锋相对，但正如国外学者所说，由于"来自完全不同民族和语言及社会背景的移民"总是"具有新的视角"，因此迟早有一天，他/她将"质疑传统的行为方式"，最终促进创新的到来。① 每一次移民的迁入都将带来文化总量的变化并造成相应的文化冲击波，而深圳的移民文化性质以及向深圳移民的趋势短期内又都不可能发生太大改变，因此，深圳文化也就必然始终处于变动之中，不可能一劳永逸地划定自己的边界。

其次，就深圳文化的构成而言，作为岭南文化分支的广府文化和客家文化都已基本趋于稳定。客家文化原本富于拼搏和冒险，但历经4次迁徙之后，定居深圳的客家人也基本安居乐业，与原先在地的广府文化一样，开始变得"守成"起来。与这两者相反，设立特区之后大规模传入的内地文化、中国香港文化和西方文化三者都属于外来文化。它们活力十足，不安于现状，自觉或不自觉地想要在当地文化语境中崭露头角，因而必然与本地固有的岭南文化体系发生碰撞，在这个过程中实现自己的文化选择与吸纳。另外，"岭南文化是一种原生型、多元性、感性化、非正统的世俗文化"②，而内地文化、中国香港文化和西方文化因子中则

---

① 贝淡宁、艾维纳：《城市的精神》，吴万伟译，重庆：重庆出版社，2012年，第298页。

② 李权时、李明华、韩强主编：《岭南文化（修订本）》，广州：广东人民出版社，2010年，第16页。

有雅有俗。这种文化质地的差别必然导致文化接触过程中的种种问题。可以说，只要外来文化与岭南文化同时共在，那么其相互之间的比较、碰撞和摩擦就不可避免，在地的原生文化就将被逼使着作出回应。而正是在这个回应的过程中，在地文化也许就能收获自己的更新。

最后，虽然有时候内地文化、中国香港文化、西方文化与岭南文化的冲突可能达到一个峰值，但大规模的文化对抗却极少在深圳地区出现，原因就在于深圳文化内部12大文化意识之间存在一个相互制衡或优势互补的关系。例如，客家文化的家族意识与西方文化的个性意识是相互制约的，客家文化的独立意识与内地文化的共同体意识则是互补的。正是因为各源出文化之间存在这样的相互关系，深圳文化才能一直维系一个虽有内部文化冲突、文化抗拒，却很少达到激烈地步的良好大局。在全局得以掌控的前提下，文化内部出现一些碰撞和对话不仅不必担忧，反而可以适当鼓励，因为这样有利于造成文化自身的律动。当文化内部不是一潭死水的时候，这个文化的活力就有保障，创新的推动力也就有保障了。

本课题首席专家马中红教授曾指出，"创新文化是一种令人想不断挑战自己并持续创造自身价值的理念、机制和氛围"[1]。的确，任何创新的冲动都源自对现状的不满。深圳创业青年的长处在于，始终保持对于创新的饥渴感。巧合的是，深圳经四十年时间沉淀而形成的多元融生的文化结构、古今承传的意识系统、动态生成的在地文化，恰恰为深圳青年创造了创新文化所需的氛围、理念与机制。《2016全国城市年轻指数报告》数据显示，深圳年轻人口净增率达到22.53%，继续位于全国城市首位。[2] 根据深圳市标准技术研究院最新数据统计，深圳市创业者年龄最集中的区间为31—40岁，其次为21—30岁。[3] 深圳和青年，还真有些天作之合的味道。

---

[1] 马中红：《营构青年创新文化丰沛的粤港澳大湾区》，载《中国青年报》，2019年6月10日，第002版。

[2] 腾讯科技：《〈2016全国城市年轻指数报告〉出炉 深圳排名第一》，https://tech.qq.com/a/20160504/028122.htm#p=7，2020年7月22日访问。

[3] 深圳市标准技术研究院：《创业年龄段分布图》，http://data.sist.org.cn/#/cyz?key=age，2020年7月22日访问。

二、社会历史性与民间自发性:"深圳最有影响力十大观念"创新因素探析

认识是实践的产物,人是实践的主体。城市口号作为一种意识,是通过城市居民的社会活动产生的。"十大观念"作为深圳城市口号的代表,其票选过程具有深刻的社会合作性。在这一过程中,深圳市民、深圳政府以及作为"桥梁"的深圳媒体打破边界、有意识地相互连接。特区而立之年,在深圳精神内涵不断丰富的同时,一场缘起民间、影响颇远的深圳观念评选轰轰烈烈地展开。

2010年8月1日,来深十八年的湖北青年赵迎仿,用"为饮涤凡尘"的网名在深圳新闻网的"深圳论坛·我说深圳事"栏目发表了一篇题为《来深十八年,再回忆那些曾令我热血沸腾的口号》的帖子,总结了深圳经济特区建立三十年来耳熟能详的口号。最开始是深圳市民自发跟帖,网帖热度的不断提高引起了深圳市政府的关注。随后由深圳市政府牵头,深圳特区报业集团主办、其旗下《深圳商报》《晶报》、深圳新闻网联合承办,一场为深圳特区"而立之年"献礼的深圳城市口号评选浩荡开展。

2010年8月20日,由深圳报业集团主办,《深圳商报》《晶报》、深圳新闻网联合承办,支持单位有读书月组委会办公室、驻深记者协会,深圳全民参与,持续三个月的"十大观念"评选活动正式拉开序幕。

《深圳商报》和《晶报》开辟专栏,市民以征文的形式或通过深圳新闻网推荐曾经让自己深受影响的一条"深圳观念",同

时两家报纸也以名家专访、专稿的形式,介绍名家眼中的"深圳观念"。经过近一个月的海选,汇集了二百余条市民与网友推荐的"深圳观念"。通过专家组的鉴定和筛选,剔除了不合标准的条目,最终选出 103 条源自深圳、开思想风气之先并产生广泛影响的候选观念,并在《深圳商报》《晶报》和深圳新闻网公布。① 103 条候选观念既有特区成立之初所提的口号,也有深圳近年提出的口号;有关注经济发展的口号,也有关注精神文明的口号;有来自民间、口耳相传的口号,也有政府提出的口号。103 条候选观念,是深圳发展三十年来的缩影,折射出深圳发展的心路历程。2010 年 10 月 21 日,15 位社科界专家、学者和资深媒体人组成评委会,对 103 条候选观念进行投票,票选出 30 条候选观念进入"决选",在深圳报业集团下属媒体进行公布。经过半个多月识别度最严格的 IP 投票,截至 2010 年 11 月 7 日 0 时,深圳新闻网投票平台总投票数达 66874 人次。在网络投票基础上,主办方组织 15 位专家、学者和资深媒体人组成的评委会对进入"决选"的 30 条候选"深圳观念"进行了认真讨论和审慎投票,并按网络评选和专家评委会评选权重各占 50% 的比例,评选出"十大观念"。值得一提的是,在第三阶段的终选中,网络评选和专家评选的结果认同率极高,达到了 9 条。有评委表示,这既证明了深圳市民、网友的观念鉴赏能力,也彰显了此次评选活动的民间特色。②

自"十大观念"评选之初就全票通过的"时间就是金钱,效率就是生命"最早出现在 1981 年蛇口工业区,并于 1984 年 10 月 1 日在中华人民共和国成立三十五周年盛大庆典的游行队伍中展示,开始在全国广泛传播。"空谈误国,实干兴邦"是 1992 年在蛇口工业区竖起的另一块响彻全国的标语口号。同年春,《深圳特区报》和《深圳商报》发表社论——"猴年八评"和"八论敢闯"③,"敢为天下先"的口号迅速流行,成为深圳勇作改革开放"排头兵"的坚定信念。21 世纪之前深圳依靠传统廉价劳动

① 刘忆斯、徐松兰:《〈深圳十大观念〉诞生纪实》,https://news.qq.com/a/20120113/000856.htm,2020 年 8 月 5 日访问。

② 王京生主编:《深圳十大观念》,深圳:深圳报业集团出版社,2011 年,第 358 页。

③ 人民网:《南方舆论冲击波:"猴年八评"与"八论敢闯"》,http://www.people.com.cn/item/20years/newfiles/a1070.html,2020 年 8 月 5 日访问。

力手工业积累了发展的资本,进入21世纪之后互联网时代的到来使得深圳的传统产业优势逐渐消失。为保持城市发展的劲头,深圳进行了产业转型,积极引进高科技人才,发展以高新技术为主导的产业经济模式。而在此时期,深圳在关注经济发展的同时,加大了对社会文化、文明发展的注意,并提出了一系列观念标语:"改革创新是深圳的根、深圳的魂"(2005年)、"让城市因热爱读书而受人尊重"(2005年)、"鼓励创新,宽容失败"(2006年)、"实现市民文化权利"(2003年)、"深圳,与世界没有距离"(2006年)、"来了,就是深圳人"(2009年)。

我们将"十大观念"的票选活动看成是一个社会事件,网友发帖引起深圳市民共鸣,自发跟帖;随着帖子热度提高,深圳市政府关注市民动向亦介入进来,将原本是网民自发的跟帖行为纳入政府行为中来,为扩大其影响力举行正规化、融合社会各界力量的城市口号票选活动;在票选期间与结束之后,搭配"城市口号记忆类"征文等活动,通过大众媒体再次将市民拉入"十大观念"的意义建构活动中。

(一)突破历史横截面:深圳精神的社会历史先进性

"城市精神"表述语的提炼要在古今中外坐标系的参照中,重在凸显意义、认同感、传播力、影响力和自豪感。城市精神具有社会历史性,立足于当时的社会环境,同时在历史大潮当中又有发展。

城市精神是一个城市历史成就的凝练。城市精神随着时代进步而不断丰富,以城市行动的价值取向规范人们的行为,城市居民在潜移默化中接受城市精神的规训。不同时代背景下城市精神不同,表现为城市精神关注面向、表达特点的差异。通过分析"十大观念",发现在改革开放初期深圳提出的城市精神具有时代意义，沟通了计划经济与中国特色社会主义市场经济，为全国经济发展模式提供了样板；在经济发展取得成就、市民精神文明需求迫切的时期，为改变深圳"文化沙漠"的精神面貌、打破外界对于"深圳无文化"的刻板印象，这一时期的深圳城市精神的关注点由促进经济发展转向打造"文化之都"；进入城市发展模式日渐成熟、发展后劲不足时期，为延续"深圳神话"，深圳果断走出"舒适圈"，确立建设国家级创新型城市发展战略，这一时期的深圳城市精神逐渐突破经济发展与文化发展的壁垒，关注文化产业与创新文化发展。

改革开放之初，国内思想还没从计划经济中走出来，一场关于经济发展模式的讨论就从蛇口工业区开始了。

"时间就是金钱，效率就是生命"是在"十大精神"评选之初便全票通过的，社会认可度极高。但其从1981年被首次提出到1984年被邓小平肯定，短短三年间这句城市精神标语经历了被批判、被怀疑、最终推向全国的历程，写有这句口号的标语牌，在蛇口拆了又立，辗转三次才最终屹立不倒。这句口号第一次提出来时，不是现在的两句，而是六句，即"时间就是金钱，效率就是生命，顾客就是皇帝，安全就是法律，事事有人管，人人有事管"。

"时间就是金钱，效率就是生命"被评为"20世纪80年代全国最具影响力的十大口号之一"，贯穿20世纪整个80年代直至90年代中期，成为打破思想禁锢、激励人们投身改革开放大业的时代强音。"时间就是金钱，效率就是生命"将我国的发展视角转移到经济建设上来，打破了计划经济与市场经济的壁垒，规避"大锅饭"和"平均主义"阻碍生产积极性的弊端，创新"多劳多得""效率优先"的分配理念，让蛇口模式成为我国发展样板，为我国走出经济发展困境、创造性提出中国特色社会主义市场经济奠定思想基础。

深圳特区建立初期的城市口号标记着特区担当的经济发展重任，学者丁学良评价这是中国现代史上的第二次大规模启蒙运动（第一次是1919年的"五四"新文化运动）。"时间就是金钱，效率就是生命"代表着个人价值可以用货币来衡量的认知转变；"空谈误国，实干兴邦"适应了市场经济发展的大潮，在中国社会泛道德化的情境下形成新的道德形态，采取实践主义的方式建立公平合理的社会秩序；"敢为天下先"是先知先行者的伟大智慧，指导深圳进行经济体制改革，在20世纪90年代改革难度加大、成绩不突出时给予深圳更大的探索勇气，包括文化改革、教育改革。这都是后话。

在百废待兴的中国，发展经济是首要任务。但改革开放三十年之后，中国发生了巨大变化，深圳也从一个小渔村变成了国际都市。温饱问题得到解决，随之而来的便是亟待满足的市民精神文化需求。"文化立市战略"应势而生，"建设市民中心"等一系列举措被提上议事日程。2003年，深圳提出了"实现市民文化权利"的口号，2005年又提出了"让城市因热爱读书而受人尊重"的口号。在保障、满足市民文化需求的同时，高度关注市民共情能力的提高。"送人玫瑰，手有余香"这句口号源自海外，但深圳人对这句口号的践行让人印象深刻。深圳不仅建立了志愿者制度，也制定了全国唯一一部志愿者制度法规，更加难能可贵的是，在深圳机场、码头、公园、广场，在各类大型文化体育活动场所，在大街小巷，随处可见穿着红马甲的志愿者，在人们需要时他们总能及时地给予无私的帮助，使这座城市平添了许多信任和温暖。

深圳是一座移民城市，约65%的深圳人口来自全国其他省份，32%左右的人口来自广东省其他市区，仅有3%的人口是深圳本地居民。在经济发展模式从低端手工业向互联网服务业转型的时候，人才成为城市发展的巨大原动力。为了吸引人才，深圳采取了一系列措施。例如制定了积分落户政策，实施了引进高端人才的"孔雀计划"，出台了《深圳市产业发展与创新人才奖实施办法》《深圳市人才安居办法》《深圳市新引进人才租房补贴工作实施办法》《深圳市人才引进实施办法》《深圳市人才认定办法》《深圳市高层次专业人才子女入学解决办法（试行）》等政策。与此同时，为促进城市创新创业，一系列的创客空间在深圳诞生，并且可以按规定获得深圳市专门为创新创业和创客提供的各类制度保障和经济优惠，诸如此类的举措是"来了，就是深圳人"这句标语出现的现实基础。

"来了，就是深圳人"是深圳吸纳人才、留住人才的城市精神写照，一经推出便在大街小巷流传。"因为大家都是离开家的人，所以我们欢迎您。因为这是爷爷为大家画的一个圈，所以我们欢迎您。因为您是深圳继续发展的动力，所以我们欢迎您……"针对网上出现的有关内地多个城市的"排外"广告，一位深圳大学学生制作了这样一幅深圳版广告，醒目的大标题就是"来了，就是深圳人"。2009年8月，由深圳市民、网友和专家推选出20种"深圳人引以为傲的公共文明行为"，其中对入选的"多元包容不排外"进行解读的时候特别提到这句话。虽然起源于戏谑的网络恶搞，但这句像是"来了，就是自家人"的热情招呼所透露出的包容成为身在异乡之人的集体安慰。

在"知乎"上有这样一个提问："深圳最令你无法割舍的是什么？"六百多个回答字里行间是"外乡人"对深圳的归属感。网民"Sans Nom"通过讲述自己在深圳办事的经历来抒发对深圳的感谢：上完大学要去迁户口，去了深圳市公安局福田分局。"去了才发现要预约，可是我第二天就要坐飞机出国。作为一个没有任何背景的人，我跟他们沟通了一下，他们就破例给我办了。同时，他们要求我留下了机票复印件……'要存档'——这才是让我感动的（注释：存档的意思是，等到以后有人翻出来材料问'这人什么背景，为啥给他先办'的时候，公安局的工作人员可以拿出那张机票复印件，说'没背景，就是第二天要走人，我们看他可怜……'）。"① 网友"麦客"对比了除夕夜微博上各城市对外地人返乡的表达后发出如下感叹："除夕那天晚上，微博上北京人在感叹外地人走了路上多么通畅。上海人在秀外地人走了路上多么干净。深圳市政府的微博上发了一段路况视频配上文字：过去一年这里留下了你的泪水和汗水，城市空了，心不能空，深圳等你回来。顿时……感慨当初选择来深圳是多么正确的选择。②"

成为一个地方的人，最基本的就是获得身份的行政认可，即获得这个城市的户籍。在很多城市，只有拥有了户籍，才能享受这个城市的基础设施与社会福利。要获得北京、上海这种历史悠久、发展相对成熟、人口饱和的城市户籍对外地人来说十分不易，或是需要"千军万马"考入公职，或是需要付出昂贵的物质代价。因此拥有此类城市的户籍是一件值得"炫耀"的事情，但也因此户籍成为本地人与外地人的"阶层壁垒"：本地人只愿意与本地人交往，享受社会福利以降低生活成本；而作为城市建设重要动力的外地人，服务城市却不能享受城市福利，高昂的生存成本，无法打入本地人的圈子，从心理上认为自己没被城市接纳，归属感更无从谈起。深圳不仅从户籍上给予外来人口安全感，也为外来人口提供平等的成功机会。深圳为城市居民提供平等的成功的机会，特别是移民城市人际关系相对简单，人情关系、裙带关系较少，在深圳取得成功很大部分取决于自己的能力。据 1978 年 12 月宝安县革委会在《关于宝安县改为深圳市建制的报告》中

① Sans Nom：《深圳最令你无法割舍的是什么？》（"知乎"提问），https://www.zhihu.com/question/20372174/answer/133781806，2020 年 7 月 17 日访问。

② 麦客：《深圳最令你无法割舍的是什么？》（"知乎"提问），https://www.zhihu.com/question/20372174/answer/133781806，2020 年 7 月 17 日访问。

的记载,建市时深圳全部人口仅有33.5万。而2010年5月公布的深圳人口最新统计数字是1450万![①] 三十年的发展史,也是三十年的人口迁移史。深圳政府通过人口的聚合、制度的完善,为深圳发展留住一批又一批建设者。1983年,深圳公布了《深圳经济特区暂住证规定》;1987年,深圳特区内暂住人口第一次超过户籍人口;2008年8月1日,深圳开始向非户籍人口发放居住证。现在,深圳落户制度进一步放宽,持本科学历便能落户深圳……"来了,就是深圳人"不再是一句口号,而是落实为切实可靠的城市政策,并且赋予每个深圳建设者主人翁的自豪感与归属感。

方言,是区分不同地区人的显著标志,也是本地人与外地人的沟通壁垒。作为符号的语言,通过不同排列规则、不同表现形式改变符号的能指与所指,在同一符号规则下,信息能够顺利进行"编码—译码—释码",完成信息传播。但在不同符号规则中,信息到达接受者时会出现转码错误或者无法转码的情况,信息的传播过程无法顺利完成。讲同一或相近方言的人比讲不同方言或相差较大方言的人更容易产生社群认同。知乎网友"白玉京"如是说:"坐在一群用粤语聊天的人中,只要你插一句普通话,大家一下子很有默契地都切成普通话了。"[②]

著名学者易中天在《没有方言的城市》一文中这样写道:"全国各城市都有自己的方言,惟独深圳是个例外……深圳不但现在没有方言,而且将来也不会有自己的方言。因为深圳不属于某个地域,而属于全中国。"[③] 语言习惯、户籍、地域文化并没有形成深圳市民日常交往沟通的障碍。依靠外来人口提供城市发展转型动力的深圳,通过倡导"语言尊重",打破外来人口与本地人、外来人口间的沟通壁垒,降低"地域集团"带来的刻板印象与消极影响,激活城市发展活力。

---

① 王京生主编:《深圳十大观念》,深圳:深圳报业集团出版社,2011年,第332页。

② 白玉京:《深圳最令你无法割舍的是什么?》("知乎"提问),https://www.zhihu.com/question/20372174/answer/133781806,2020年7月17日访问。

③ 王京生主编:《深圳十大观念》,深圳:深圳报业集团出版社,2011年,第331页。

（二）"另类"表述促进社会认可：深圳精神的民间表达

2012年北京提出"北京精神"，随后200多个城市陆续展开评选城市精神的活动。城市口号作为城市精神的表现形式，其能否被市民接纳一定程度上反映了市民对城市精神的认可程度。但纵观各城市精神的生成和提炼过程，大多是由党代会、全会等形式发起讨论并最终认定的。在本课题所做的《"粤港澳大湾区青年创新文化（深圳）"调查问卷》中，在"您认为创新型城市应该具有哪些要素？"一题的回答中，有46.23%的受访者选择了"创新精神和创新观念"。由此可见，深圳市民对城市精神引导城市创新有很大期待。

"半月谈"网站"我心中的城市精神"网络调查结果显示，只有8%的网民认为已经提炼出的城市精神"很精辟"，而"与百姓有隔膜"的城市精神却高达22%。① 表面上为提高评选科学性而设置的专家参与、政府指导、小范围内群众投票的票选活动，投入大量的人力、物力，但不能真正为市民所接受。而开放匿名、准入门槛低的网络平台往往能生产出符合城市居民审美的城市精神与城市口号。由此可见，城市居民对官方评选或指定的城市精神的认同感不强，城市精神若要被市民认同，就必须充分调动起市民的积极性和创造性。

调查显示，各地提炼出的城市精神共性有余而个性不足。如"创新""开放""务实""和谐""包容"等词出现的频率都很高。② 雷同、抽象的地域精神不仅缺乏新意，而且其宏观意义与具象的市民生活之间的隔阂造成市民与之的疏离感。深圳市也有由官方发起的深圳精神，并经历了三个发展阶段。

1987年第一次深圳特区思想政治工作会上确定了"开拓、创新、献身"的深圳精神。"六字精神"适应了当时特区发展的需要，

---

① 孙照红：《"城市精神"热现象的透视和反思——基于半月谈"我心中的城市精神"网络调查》，载《北京社会科学》，2013年第3期，第49—54页。

② 同上。

突出了深圳的特区定位。作为中国特色社会主义的排头兵,深圳群众敢为天下先的拼劲闯劲,在改革开放时期取得了许多突破,积累了成功经验,开拓创新正是深圳人民的精神写照,而献身精神体现了深圳人民"开荒牛"的优秀品质,鼓舞深圳早期建设者投身于中国特色社会主义建设中来。

1990年,深圳市召开第一次党代会,对深圳精神做了修改,确定了"开拓、创新、团结、奉献"的八字精神。自1980年特区建立至1990年,十年建设让深圳发生了巨大改变,创造了"深圳速度",深圳人口结构发生了重大改变。1987年,深圳特区内暂住人口第一次超过户籍人口。进入90年代,无深圳户籍的深圳人始终超过总人口的80%。[1] 外来人口不断涌入,建立深圳城市共同体就显得非常重要,因此"团结"被写入了深圳精神。在众多外来人口中不乏淘金者,当时深圳展开了"做开荒牛还是淘金者"的讨论,"奉献"则提出了深圳人不仅需要对自己负责,更需要为社会做贡献的要求。八字精神受到了当时来深视察的江泽民的肯定,随后在深圳市第一次党代会上被确定下来。

经过近二十年的发展,深圳城市精神风貌发生改变。2002年3月至8月,深圳开展了"深圳精神如何与时俱进"的大讨论,并于2003年1月6日召开的中共深圳市委三届六中全会扩大会议上确定为"开拓创新、诚信守法、务实高效、团结奉献"十六字精神。时任广东省委副书记、深圳市委书记黄丽满提道:"这较为完整准确地反映了新形势下深圳人的精神文化追求,表达了应在全社会倡导的价值取向,是全市广大干部群众共同的心愿和集体智慧的结晶。"[2]

城市不仅是一个物理空间的存在,它包含了人、生活与文化,甚至可以说城市是一种气氛,由城市居民的行为塑造,也影响城

---

[1] 王京生主编:《深圳十大观念》,深圳:深圳报业集团出版社,2011年,第332页。

[2] 张斌:《新"深圳精神"开拓创新诚信守法务实高效团结奉献》,http://news.southcn.com/gdnews/areapaper/200301060355.htm,2020年7月17日访问。

市市民的行为。深圳十六字城市精神符合深圳历史发展需要，但难免会与其他城市的城市精神出现雷同，影响其宣传效果，而口语化的表达、常识性的口号针对未启蒙的社会有巨大的冲击。"十大观念"就像中国改革初期提到的"要吃米，找万里"①，以常识的价值作为对言论界面的突破，其传播力比抽象概念更强大。利用民间话语对城市精神进行解读，生产的城市口号具有亲民属性，在体现上层意志的同时，用通俗易懂的形式表现出来，是对同质化城市精神的反思，也是对城市精神进行具象化改造。这样的城市口号既降低了市民的接受门槛，也提高了传播的有效到达率，将城市管理思想最大程度进行传播和现实行为转换。

抽象概念具象化，是"十大观念"的一大特征。利用民间话语表达，增强"十大观念"的渗透性。"十大观念"来自社会合作，有的是对民情的概括总结，有的则是民间直接提出。这些标语口号充满了民间智慧。"时间就是金钱，效率就是生命"直接表达了深圳社会对经济的渴望追求；"送人玫瑰，手有余香"表达出深圳市民在助人为乐中的现实获得，体现了人的主体性；"来了，就是深圳人"干脆直接地表达出深圳对外来人口的包容与平等。相比十六字的深圳城市精神，"十大观念"更为直观地表达城市诉求，提高市民理解力与实践能力，在口耳相传与媒介传播中产生更大影响。

① 王京生主编：《深圳十大观》，深圳：深圳报业集团出版社，2011年，第41页。

（三）未来我们还能贡献哪些深圳精神？

城市是一个不断发展的历史空间，城市精神也需要不断更新迭代才能与时俱进地体现城市的变革，促进城市的发展。

刘易斯·芒福德（Lewis Mumford）从世界城市发展史出发，表达了对城市发展的担忧，在他看来，城市的经济地位、经济社会发展健康与否，直接决定着城市的文化选择，包括城市文化精神的导向。芒福德指出，人类城市发展史和城市文明的本质不能仅仅只是经济的飞速发展，城市文明的彰显必须摆脱处于技术组织形态统治下的困境。他重视人的作用，认为"没有任何一个地方能像希腊城邦，首先像雅典那样勇敢正视人类精神和社会机体之间的复杂关系了；人类精神通过社会机体得以充分表现，社会机体则变成一片人性化了的景色，或者叫做一座城市"①。

《晶报》在"十大观念"评选活动结束之后发表了一篇名为《今后，我们还能奉献哪些"深圳观念"？》的社论，文中提出，"无论是'深圳最具影响力十大观念'，还是'选择深圳的十大理由'以及'深圳人的十大特征'，都只是从不同侧面对城市历史与气质的一种梳理、概括，而不意味着城市历史与气质的全部，也不意味着我们的记忆的全部……历史的脸谱何其丰富，即使是那份长长的'深圳观念'候选名单，也不是城市历史与气质的全部，而只是对深圳的一种粗线条的勾勒……前三十年的深圳在成就自身高度的同时，也生产并输出了那么多风靡一时的观念，让我国的改革开放史打上了醒目的深圳标记，那么，今天以及将来，我们还可以向时代奉献出什么样的'深圳观念'？"② 以此篇社论为"十大观念"评选活动画上句号，但对深圳观念的思考仍在继续。

我们并不能肯定深圳城市精神以后会怎样发展，但通过对深圳观念的资料收集便可知，城市精神若要发挥作用，促进城市发展，以下几点需着重参考：

第一，城市精神发展的动力是创新。"创新"一词是积极的，但是一味泛化创新，就容易离开其本意。创新一定是在坚守的基础上达到的。文化的积淀，当"合力"出现时才有创新的可能。如果在文化积累还不够充分时过分强调创新，就很可能缺乏前提，

---

① 毛宣国、李灿：《城市让生活更美好——刘易斯·芒福德城市理论的美学意义》，载《湖南大学学报》（社会科学版），2018年第32期，第113页。

② 深圳新闻网-晶报：《今后，我们还能奉献哪些"深圳观念"？》，http://roll.sohu.com/20101112/n300184609.shtml，2020年8月3日访问。

让人难以信服。就文化创新而言，弄清楚应该坚持什么，积累什么，才有创新的可能。深圳的创新不是笼统空泛的，而是不断地在营造着佛罗里达所说的创意阶层最喜欢的宽松环境，提供了最大程度的制度与经济保障，吸引各个领域的高端人才，几方合力，促进深圳创新氛围的产生。

第二，城市精神的塑造，不能忽视自身的民族传统。深圳地处广东，本身的岭南文化、客家文化、海洋文化均拥有悠久的历史。中国传统文化中对政治社会开明的品格要求和儒家睿智的价值观，中国城市的发展、城市精神的塑造提供了丰富的传统文化资源。古人说，半部《论语》治天下。孔子倡导的儒家文化，如"和合之道"等为现代企业的运作提供了强大动力，这在东亚一些受儒家文化影响的发达国家的城市得到了证明。面对这些传统文化精华，城市如何进行创造性转换，需要大智慧。在建设社会主义现代化国际大都市的背景下，开明意味着不因循守旧、不抱残守缺，睿智意味着城市智慧更进一步的充分激发。

第三，城市发展的历史多元性，影响着城市精神的塑造。深圳作为一个移民城市，绝大部分是外来人口，五湖四海的文化在深圳交融。深圳性格融汇了南方人的务实、北方人的豪爽、西部人的坚韧、东部人的精明，深圳气质由此而生。文化差异是文化交流的动力，而文化交流是文化多元发展的必经之路。在未来的发展过程中，文化包容性是深圳性格与深圳气质不断完善的前提和基础。

三、多思、重我、容错：深圳《晶报》人物报道价值取向研究

深圳，曾一度被认为是"文化沙漠"。经过改革开放四十年的发展，深圳市在文化建设上的力度不断加大，这一现象被逐渐改变。特别是在深圳市制定了《深圳国家创新型城市总体规划（2008—2015）》之后，深圳城市创新文化逐步形成。经济的快速发展与现代化建设的迅速推动，为深圳城市创新文化提供了坚实的物质基础。在笔者与深圳报业集团陈美寿主任的访谈中，陈主任提道："深圳经济的巨大吸引力，为深圳创新文化的发展招揽人才，也为创新活动奠定了基础。"经济的巨大引力、对外开放的现实背景以及深圳人口的复杂构成所带来的文化激荡，参与了塑造深圳城市创新气质的活动。

（一）一份报纸、一群人与一座城

作为我国对外开放前沿以及我国新文化现象的重要发源地，深圳对于城市创新的重视并非是 2008 年才开始。深圳报业集团在深圳新闻网上做过一次关于"十大观念"的民意调查，票选出改革开放以来在市民中最具影响力的十条标语。从改革开放之初的"时间就是金钱，效率就是生命"，到"敢为天下先"，再到"鼓励创新，宽容失败"，以至"来了，就是深圳人"，深圳，最重要的经验就是敢闯。而无论是在哪个领域的"闯"，都是一种"创新"。"时间就是金钱，效率就是生命"创新了生产制度与生产模式，"敢为天下先"与"鼓励创新，宽容失败"则给予了创新活动最好的支持与最大的空间，"来了，就是深圳人"则突破了城市户籍制度，为深圳的城市创新留住人才。

在童年与少年时期积累的纪实和经验在青年时期得以投入社会生产过程中，并且在社会生产的过程中通过再学习与再积累进行社会创造。青年时期是迸发创造力的绝妙时期，青年群体是创造创新的主力群体。深圳数量磅礴的青年群体是深圳城市创新文化发展的助推器，他们善于学习、具有较强的生产力与强烈的消费欲望。不同于思想报道，人物报道作为一种具象的形式，能够被直接模仿，成为极易被接受的媒介产品形式。作为社会公器的媒介通过人物报道媒介产品的生产，凭借其既有的社会权威，将宣传体系中的媒介形象"社会化"，成为社会的典型示范。孙玮将典型报道的社会功能概括为社会整合、榜样示范和时代象征三大方面①，认为随着时代的发展，榜样示范作用将逐渐扩展为社会整合和时代象征作用，即从认为典型报道要塑造学习的榜样转变为促进现代社会融合沟通和社会共识的达成。而且，在现代的中国，这些功能的实现需要根据社会环境的变化做出适当的调整，使各个典型所体现的观念组成完整的社会价值系统。因此，典型报道的社会功能可以总结为社会整合、价值导向、社会教化、榜样示范的相互贯穿和交汇。在当下社会，价值导向作用更为明显。

① 孙玮：《典型报道的社会功能》，载《新闻大学》，1997年第1期，第11—13页。

作为典型报道的重要组成部分，人物报道极易被模仿。心理学研究结果表明，可模仿的条件有四大方面：1.模仿者对榜样有认同感，持积极肯定的态度。2.模仿者与被模仿者之间有相似之处。3.榜样的行为是模仿者能力范围所及的。4.榜样的行为有明确的增强后果（如得到精神或物质奖励）。② 由于媒介的社会赋权，被报道的事件与人物就得到某种程度上的肯定，成为被模仿的对象。

② 同上。

深圳《晶报》③创刊于2001年8月1日，是深圳报业集团创办的一份新型新闻综合性日报，品牌理念为"阳光媒体，非常新闻"。虽然《晶报》是一份年轻报纸，但其在深圳地区的地位不

③ 本书所说《晶报》均为深圳的《晶报》，区别于上海小报《晶报》。

容小觑。2001年9月,随着美国"9·11"事件的发生,《晶报》借对此事件及其他的报道,半年后即一跃成为发行量达50万份的报纸,零售量和总发行量均为当时深圳市场第一。[①] 在2014年,《晶报》获得了《新周刊》"2014中国年度新锐榜"的"年度新锐传媒之报纸"的称号,该榜单给《晶报》的颁奖词为:"十年前,它被《新周刊》称为'深圳最适合阅读的报纸',十年后,它的品质已然升级,成为最了解深圳的媒体。在'纸媒已死'的悲观论调中,它是都市报最后的贵族;在'深圳是文化荒漠'的歧视论调中,它是高举人文阅读的旗手;在满是'异乡人'的南方,它又是所有异乡人的乡党,它爱出版,爱纸张,重建中国读书人的心灵故乡,做纸质阅读的守护人。"[②]

《晶报》将目标读者群锁定在知识水平高、消费能力强的社会主流人群,并最终确立"办一份权威的、高品位的都市生活类综合性日报"的品牌定位。办报之初,《晶报》通过自己进行的读者调查发现,在其读者结构中,曾经的二线关(特区边防线)外的工厂打工仔等购买力不强的读者占了较高的比例。为了提升读者结构层次、增加有效发行、提高报纸品位、降低成本,《晶报》分别在2002年9月和2003年9月进行了提价。经过两次提价,《晶报》控制发行,实现有效发行最大化。而国际新闻、体育新闻、文化娱乐新闻组合成《晶报》三大强势版块,进一步满足了其目标受众——城市青年精英的文化生活需求。特别是娱乐版块的版面被形象地分别冠以"脸""眼""嘴""耳"之名,传达影视娱乐方面的最新资讯,并发表与之相关的评论。同时,每周二、周五设置言论和音乐版块,每周三推出可读性极强的《娱乐周刊》。此外,《晶报》增设副刊《深港书评》,每周一刊,聚焦"海内外好书、好书人、好书展、好书评"。独特新颖的栏目设置迎合了目标受众的审美情趣,也使《晶报》的品牌个性更加突出鲜明。对重大题材的杂志化处理也是《晶报》内容上的独特之处,只要

---

① 黎勇:《提价折射南都生存窘境——南都在深圳的竞争及〈晶报〉的应对策略》,载《青年记者》,2008年第1期,第13—15页。

② 焦守林:《地方媒体的"新锐"特色——以〈晶报〉"深耕本土"为例》,载《青年记者》,2015年第4期,第45页。

是读者关注的热点，《晶报》都以整合性的专题做深、做透、做细、做活，与普通都市报"浅尝辄止"与"点到为止"的大众化报道区别开来。

《晶报》的受众群与佛罗里达提到的创意阶层重叠，故认为《晶报》受众是富有创造性与创新意识的青年群体。本章以《晶报》2016年与2017年的人物报道为样本，梳理《晶报》人物报道中所倡导的价值导向，厘清这种价值导向如何在报道中被呈现，以及与深圳城市创新之间存在什么关系。

（二）《晶报》人物报道样本梳理

由于在样本收集期间，仅有截至2016年年底的《晶报》被装订成册，收录在深圳图书馆地方文献专区，因此，研究样本选取了2016年全年《晶报》的人物报道（共123篇）与2017年《晶报》数字报中的人物报道（共74篇），共计197篇。由于社会变迁等因素，2017年《晶报》数字报并不连续，故收集的2017年《晶报》数字报中的人物报道数量明显少于2016年《晶报》纸质版的人物报道。

1. 藏于Ⅱ、Ⅲ类版面：《晶报》人物报道版面分析

《晶报》在2016年与2017年期间，其人物报道出现版面分散。本章将《晶报》的版面分为三类：Ⅰ类版面为头版，即第1版；Ⅱ类版面为除头版之外的正刊其他版面；Ⅲ类版面为副刊，即《深港书评》。

人物报道在《晶报》Ⅰ类版面并未出现；在Ⅱ类版面中共出现115篇（其中，2016年共70篇，2017年共45篇），在样本总数中占比58.38%；在Ⅲ类版面中共出现82篇（其中2016年53篇，2017年29篇），在样本总数中占比41.62%（详见图2-3-1、

图 2-3-2）。

图 2-3-1 各类版面中的人物报道数量图

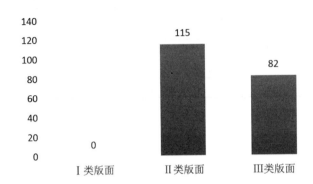

图 2-3-2 人物报道在各类版面分布占比图

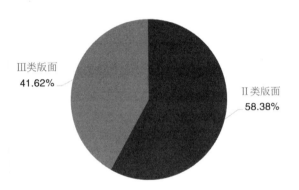

不同版面的人物报道类型与内容偏向也存在差异。Ⅱ类版面中的人物报道分散在各个版面，例如"访谈""大社会""城市圈"等，报道的内容也多与城市生活相关，略显琐碎，注重故事性；Ⅲ类版面即《深港书评》，作为《晶报》的副刊，每周末发刊，以介绍"文人骚客"的思想为主要特色，多以采访问答的形式呈现。而如此有规律的人物报道，也形成了《深港书评》的标志，增强品牌效应。

2. 文化知识传播者：《晶报》人物报道中报道人物职业分析

通过将样本中的所报道的人物进行职业划分，可划分为高新产业从业者、个体创业者、媒体从业者、摄影师、文学艺术家、政务人员、自由职业者、在校学生和其他。由此可见，不同于传统人物报道关注工人与农民阶级，在《晶报》的人物报道中，其所报道的人物大多来自社会较高层级，这符合《晶报》的自身定位与目标受众定位。其中，文学艺术家作为社会中产阶级的知识分子在《晶报》的人物报道中也占据重要地位（主要集中在《深港书评》栏目），占比达到了29.95%；高新产业从业者和个体创业者比例分别达到了14.72%和13.2%；媒体从业者和自由职业者的比例分别达到了11.17%和9.65%，且两类职业的报道多集中在《深港书评》；在校学生的相关报道占比5.58%，且多出现在中考、高考前后；而摄影师由于其本身人群数量少，对这类人群的报道也相对少；同时，作为一份都市报，《晶报》与党报关注重点不同，故关于政务人员的报道也相对较少。

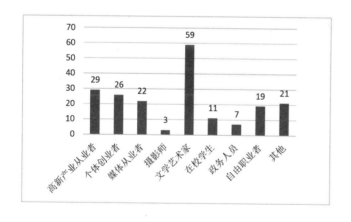

图 2-3-3 《晶报》人物报道中各行业从业者数量图

表 2-3-1 《晶报》人物报道中人物职业占比情况

职业类别	占比
高新产业从业者	14.72%
个体创业者	13.20%
媒体从业者	11.17%
摄影师	1.52%
文学艺术家	29.95%
在校学生	5.58%
政务人员	3.55%
自由职业者	9.65%
其他	10.66%

《晶报》人物报道通过呈现社会不同阶层、不同职业人物的事件和事迹，引起自不同领域读者的共鸣，可以有效地重建阶层间的互信，形成社会各领域的基本行为指南。其对于具有高等教育背景的知识分子的"偏爱"，也体现了科技人才成为深圳经济发展与城市创新的主力军。作为党和人民之间的"桥梁"，《晶报》的人物报道对象选取也适应社会环境与发展需求，当下的深圳强调创新，亟待进行产业转型，从"代工厂"转向"创新型经济模式"，"技术创新""文化创新"成为城市发展的关键词。在此背景下，《晶报》通过不同职业对象的报道，为读者提供行动的参照。

3. 以创新、启蒙为目的：《晶报》人物报道主题分析

任何社会都会根据本社会的政治、经济、文化状态倡导相应的价值体系，在中国从"大国"向"强国"转型的大背景下，深圳也经历着社会各个方面的变化。自《深圳国家创新型城市总体规划（2008—2015）》制定实施，深圳提出建设"设计之都"，出台了一系列吸引高等人才的政策，城市创新局面欣欣向荣。

作为城市记忆载体的媒体，将城市创新历程存档，同时也积

极发挥媒体的"意见领袖"作用,成为城市文化的晴雨表和城市创新的酝酿器。不同于党报严肃的编辑方针,《晶报》作为都市报,在内容选题、文风制作与版面编排上显得更为活泼。《晶报》通过年轻的笔触营造出轻松的阅读氛围,读者在阅读相对轻松愉悦的内容时,受到来自信息的涵化影响,如此一来,《晶报》对于读者的价值导向作用就在潜移默化中进行。

通过分析《晶报》人物报道的报道主题,基本可以将报道主题归为四类:第一类是有关思想知识传播,分为"思维启蒙"与"尊重知识",此类文章共86篇(主要出现在《深港书评》栏目);第二类是有关职业、行业发展,分为"创新创业""技术创新"与"坚守岗位",此类文章共37篇;第三类有关城市生活,分为"培养爱好"与"实现梦想",此类文章共66篇。第四类便是无法纳入上述三类的文章,"其他",此类文章共8篇。

其中,有关思想知识传播的第一类文章占比最重,除了借助《深港书评》的专题优势之外,也可以看出新思想的传播被重视;有关城市生活的第三类文章次之;而直接关于物质创新的报道最少。

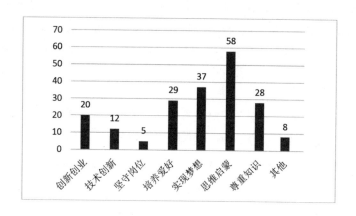

图2-3-4 《晶报》各类主题的人物报道数量图

表 2-3-2 《晶报》各类报道主题在样本总数中的占比情况

报道主题	占比
创新创业	10.15%
技术创新	6.09%
坚守岗位	2.54%
培养爱好	14.72%
实现梦想	18.78%
思维启蒙	29.44%
尊重知识	14.21%
其他	4.07%

强调思想知识传播的文章所占比例最大，为 43.65%（其中"思维启蒙"占 29.44%、"尊重知识"占 14.21%）。该主题文章的主阵地为《晶报》副刊《深港书评》。在《深港书评》于 2010 年 9 月 26 日推出首期时，时任《晶报》总编辑的胡洪侠写下如下几句话："潜心阅读，破书万卷，不应是奢侈的过去，而是一个人变得气质高雅的必由之途，更是一个城市变得可爱、有魅力的核心方向，正所谓去蛮戾之气，开智达明，人如此，城市亦然。"① 截至 2017 年 7 月 22 日，《深港书评》已发行 300 期，由此可见，思想与知识被重视，被认为是一个城市"变得可爱、有魅力的核心去向"。通过名人名家在此进行思想解读或是思维创新，浓缩书本精华与人生感悟并进行传播，使读者在碎片阅读中能够获取充足的精神养料。在这一部分，对于知识与思想的极大赞扬，也体现出深圳这座城市对知识的尊重与对思想的包容。

除了关注"云端"，对城市生活的关注也是人物报道主题的重要组成部分，占 33.50%（其中"培养爱好"占 14.72%、"实现梦想"占 18.78%）。此类型主题的文章主要关注深圳普通市民的生活状态，通过报道深圳市民积极参与文化活动、培养兴趣、规划梦想并付诸实践等生活轨迹与生活态度，使读者在消费这些

---

① 《300 期》，《晶报》，2017 年 7 月 22 日，第 B01 版。

报道的时候都能够从中寻找出"创新生活的兴奋点",并效仿体验。置身于镜头或者笔杆之下,享受被重视的感觉,每个人都是生活的主人公。在这种自信与鼓励中,创新的因子被酝酿。在突破"三点一线"的生活定式之后,寻求自我发展与自我实现的可能。

除了对文化氛围与生活方式的关注,职业、行业等物质创新主题的人物报道相比之下数量较少,占18.78%(其中"创新创业"占10.15%、"技术创新"占6.09%、"坚守岗位"占2.54%),但其地位仍然不能小觑。作为一个务实的城市,如何将思想知识转化为现实生产力才是深圳的主要课题。这类报道主要关注被报道人物在岗位上的坚守与创新。

(三)鼓励创新与重视自我:《晶报》人物报道的价值导向

媒体所体现的价值导向往往是主流文化的机制导向,地方性媒体的价值导向是符合地区发展需求的价值导向。近年来,深圳市努力建设"国家创新型城市",《晶报》作为深圳地区重要的大众媒介,其倡导的价值导向必然具有"创新"特质,积极促进城市创新。

由上可知,《晶报》在人物报道中对于精神世界和生活的关注较多,对行业工作的关注相对较少。这符合《晶报》都市报的特点。通过对不同议题的关注,《晶报》人物报道倡导尊重思想、自我实现、鼓励尝试的价值观。

1. 尊重思想

《晶报》开辟《深港书评》副刊,专门进行"读书教化",从2010年9月创刊至今从未间断,每周"一本书、一个人"的模式进行思想解读,评介的书目不下万余种,足见其对于精神世界的重视。正如《深港书评》发刊词所言,读书受教是一个人的文明程度提升的捷径，也使得城市变得"开智达明"。《晶报》通过对话人物，进行书目推介，每期两万余字将书"读薄"，"听"作者本人如何解读其中心思想。如此形式，《晶报》培养了深圳市民读书的习惯、思想的习惯。能在如此浮躁的碎片时代潜心阅读，认真思考，不仅是知识的积累，也是心性的修炼。

思想作为一种认识，能够反作用于实践的发展。尊重思想，包容不同声音，让各种思想在"争鸣"中接近真理。《晶报》对于不同声音的客观呈现，保护了深圳市民接触不同意见的机会与选择的权利。思想本是混沌，越辩越明。尊重思想，是文明开化的体现，创新因子在思想激荡中酝酿，在思维过程中成型。

2. 自我实现

自我实现，是《晶报》人物报道体现出的另一种价值导向。一改深圳"金钱至上"的观念，《晶报》人物报道不仅仅引导读者在职业生涯中实现自我目标，同时还引导读者在生活中重视兴趣培养与眼界的开阔，重视体会生活的美好。

房地产泡沫导致建筑行业浮躁且功利。在《陆建新：人生的享受来自心底的踏实和满足》一文中，陆建新扎根建筑行业几十年如一日，将心底的踏实和满足作为人生追求。在浮躁的社会环境里踏实成为可贵财富。树立起陆建新这样脚踏实地、不好高骛远的社会榜样，是深圳"开荒牛"精神的传承，也是延续"深圳速度"的必需。①

① 《陆建新：人生的享受来自心底踏实和满足》，《晶报》，2017年4月7日，第A04版。

《王十月：在深圳的六年 是我的精神胎记》中，"打工文学"作家王十月在深圳做过建筑工、印刷工、手绘师等二十余种工作，纷繁复杂的生活经验给他的作品打上了深圳烙印。王十月的文章聚焦身边底层小人物，这些鲜活的打工者和小老板，似乎就在我们身边。王十月坦言这些人物都有原型。"我有一些朋友,看了这本书,当即醒悟,说看到了自己的影子。"在他看来,由打工者发展起来的小老板很多,很多都是小作坊主,他们经营的小企业在中国经济腾飞的过程中贡献良多。正如王十月自己所说:"深圳给我的创作提供了什么?这里的经历、人物都是我最宝贵的财富。"①

一篇《家庭还是事业?深圳年轻女性不一样的"前半生"》②描写了三位女性在生育之后的不同选择。"90 后"许婧在结婚生子之后告别职场,做了全职太太。而这位全职太太却没有"家长里短"地抱怨,而是选择读书、看电影、听音乐会、家庭旅游的"精致地"生活。她把照顾家庭看作是一项事业,"全职太太并不是没有上进心"。另一位女性印兰则与许婧过着完全不同的生活。婚后她不甘当全职太太,返回职场打拼,甚至在孕期通过了国家司法考试③。以此证明职业女性并不意味着冷落丈夫和孩子,而是能够为家庭发展提供积极贡献。朱玉梅是一位"半全职太太",因为她是一名淘宝店主。工作场所与家庭场所的重合催生出这位"半全职太太",家庭、事业可以兼顾就是她的"前半生"。在二孩政策出台之后,女性在家庭与职场中的分量有了极大改变,此文一出,便给深圳妈妈们参考与选择的机会,并对每一种选择给予了肯定与支持。

李一格创作文集《格外》记录了她在旅行与游学时的所见所闻,为青年人提供了另一种生活方式,真正实践了"生活不只有眼前的苟且,还有诗和远方"。李一格的经历鼓励青年人在最年轻的时候去探索世界,打开视野,规划人生格局。《晶报》连续刊载了李一格游记——《格外远》④,包括《马和群星·恩戈罗恩戈罗火山口》⑤、《湾区的路·旧金山》⑥、《滑雪·韦尔比耶》⑦等文章,通过文字向深圳青年描绘了"窗外世界",促使深圳

① 《王十月:在深圳的六年 是我的精神胎记》,《晶报》,2017 年 4 月 5 日,第 A12 版。
② 《家庭还是事业?深圳年轻女性不一样的"前半生"》,《晶报》,2017 年 8 月 3 日,第 A06 版。
③ 2018 年开始改为国家统一法律职业资格考试。
④ 《晶报》自 2017 年 4 月 8 日至 2017 年 8 月 19 日刊载李一格游记《格外远》,共 11 篇,包括《渗透·轻井泽》《一棵舟·马拉维》《连结·柏林》《少年·加州》《滑雪·韦尔比耶》《湾区的路·旧金山》《马和群星·恩戈罗恩戈罗火山口》《为什么·乞力马扎罗》《早安·慕尼黑》《小木屋·奥斯陆》《尤物·纽约》。
⑤ 《马和群星·恩戈罗恩戈罗火山口》,《晶报》,2017 年 6 月 10 日,第 A11 版。
⑥ 《湾区的路·旧金山》,《晶报》,2017 年 6 月 3 日,第 A12 版。
⑦ 《滑雪·韦尔比耶》,《晶报》,2017 年 5 月 20 日,第 A12 版。

青年走出温室，拓宽视野，培养健康生活方式。深圳马拉松文化蓬勃，在"深马"期间关于来自各行各业的参赛者的报道，让读者的目光从繁重的案头工作转向户外，在奔跑中释放。

《晶报》人物报道通过对不同人群生活进行报道，为读者提供最为直观的行动参考。在自我实现的基础上进行文化物质生产，能够激发人们的生产积极性。同时，人们能够在接触不同事物的过程中发现新机会，找到新灵感。

3. 鼓励尝试

2010年深圳报业集团在深圳新闻网上做的一次关于"十大观念"的民意调查中，"鼓励创新，宽容失败"入选。"容错"是深圳在改革开放以来获得巨大成功的重要经验。此条经验在当下深圳城市创新大环境下显得更为重要。"鼓励尝试"与"宽容失败"是城市创新的重要前提。

在笔者与深圳报业集团陈美寿主任与《晶报》徐松兰编辑的访谈中，他们提道："华大基因是几个小伙子搞的，他们原本打算落户上海，就向上海政府申请落户。但由于种种原因，没能落户成功。这个时候他们就想到来深圳。当时的深圳政府为此开了一次讨论会，最终决定接受他们的落户申请，并满足他们的条件，提供土地和资金支持。当时的领导班子在做这个决定的时候，就提到'深圳是一个允许错误和失败的地方'。鼓励尝试，宽容失败，这种宽松包容的环境吸引了许多先进企业，也为深圳创新提供极大的支持。"

"鼓励尝试"也体现在《晶报》人物报道的各个版面。

《深港书评》的《白先勇：我们读的是另一个梦》[①]一文，介绍了白先勇在《细说红楼》中采用的完全从文学研究角度解读

[①]《白先勇：我们读的是另一个梦》,《晶报》,2017年4月8日,第B04版。

《红楼梦》的方法论，而区别于传统的索隐派方法。作者推崇程乙本，尝试文学解读的不同路径。在《赵松：我想捕捉生活中微妙的光亮》①中，赵松介绍了其受阿兰·罗布—格里耶（Alain Robbe-Grillet）的影响，在叙述语言与书写形式上进行创新探索，出版"笔记式"著作《积木书》。

① 《赵松：我想捕捉生活中微妙的光亮》，《晶报》，2017年5月13日，第B05版。

黄专去世一周年纪念报道《他推动了深圳乃至中国当代艺术的发展》②一文中，提到黄专在1997年受聘何香凝美术馆馆聘研究员时，他策划了一系列重要展览，用系统的展览、工作坊、研讨会等不同形式，逐步建立起"适合中国当代艺术发展的、属于中国人自己机制"。

② 《他推动了深圳乃至中国当代艺术的发展》，《晶报》，2017年4月13日，第A27版。

在技术领域的尝试创新与结果也是《晶报》人物报道的重要组成部分。《王文奎：核电"血管"的主治医师》③报道中，作为核电运营管理维修部主任，王文奎在其二十五年的核电生涯中，破解世界难题，节约成本近千万，成为"说得很少、做得很好"的"漏电终结者"。《陈宁：匠心打造守护深圳的"天眼"》④中千人计划国家特聘专家陈宁，创立深圳云天励飞技术有限公司，打造在全球率先实现"一万人脸，秒级定位"的"深目"系统。

③ 《王文奎：核电"血管"的主治医师》，《晶报》，2017年5月3日，第A11版。

④ 《陈宁：匠心打造守护深圳的"天眼"》，《晶报》，2017年6月1日，第A04版。

结 语

在深圳建设国家创新型城市的进程中，深圳媒体与社会生活的互动引导市民参与深圳城市创新文化的生产过程。《晶报》作为深圳本土化大众媒体，通过人物报道为读者树立行动范本，发挥其价值导向作用，引导读者尊重思想、关注自我实现以及敢于尝试创新。与此同时，《晶报》人物报道也将深圳城市创新文化的发展过程存档。

四、创新再解读：自发性与平民化的力量

——深圳华强北的创新实践考察

华强北是位于深圳市福田区的重要电子产品商业地带，广义上讲，指的是东起燕南路、西至华富路、南接深南路、北抵红荔路的一片区域，面积约 1.45 平方公里。华强北是我国最具影响力的电子元器件、电脑硬件市场之一，也是业态非常丰富的商业街区。作为"中国电子第一街"，华强北除了拥有举世闻名的电子元器件交易市场外，也因"山寨"手机而闻名。"山寨"在华强北是一个晦涩又使人笑而不语的概念。"山寨"是灰色的产业，因为其中包含了产品的假冒；"山寨"却又使得华强北富有而闻名，成就了部分国产手机现如今的辉煌。

"山寨"已不是一个新鲜的词汇，根据国家语言资源监测与研究中心发布的《2008 年度中国主流媒体十大流行语》[1] 榜单显示，"山寨"早在当时就已成为我国最流行的词汇之一。"山寨"是模仿与仿造的代名词，多指产品，包括以手机为典型的数码产品、汽车、日用百货品等。与此同时，在文化娱乐领域也出现了"山寨"现象，比如"山寨"明星、"山寨"影视剧等。对于"山寨"的评判，存在积极的，称其为一种"微创新"[2]；但更多是消极的声音，以"拿来主义"为核心的"山寨"现象遭遇批判的同时，引发了学界对其反思的种种呼吁。

对于"山寨"一词的起源，有学者研究来源于"山寨机"，即生产于深圳的"山寨"手机。一说是因为"山寨机"多由小厂家、小作坊拼装而成，是未经国家各项标准认证的贴牌、杂牌手机，其逃避监管与税收的性质，如同占山为王的草寇，故被戏称为"山

---

[1] 中华人民共和国教育部：《2008 年度中国主流媒体十大流行语》，http://www.moe.gov.cn/s78/A19/s8358/moe_815/201001/t20100129_45079.html，2020 年 7 月 16 日访问。

[2] "微创新"，即用户体验上的创新，其实质是在用户体验的关注和改变，进而以这种用户体验上的单点突破，实现市场的爆发性增长。

寨机"。另一说是由于各地手机批发商将"深圳机"以讹传讹为"山寨机",而使得"山寨机"得以传播。更有人指出,"山寨"的拼音缩写与深圳相同,某种程度上成就了深圳与"山寨"的"不解之缘"。

如果说"山寨"指的是模仿与仿造,那么许多企业其实都有或多或少的"山寨"历史,比如腾讯QQ起初是模仿名为ICQ的即时通信软件而发展起来的;华侨城建造的"世界之窗"是世界各国标志性建筑物的微缩景观公园,也是模仿的一种表现形式;某型号手机的刘海屏与竖版双摄像头,则是深受苹果iPhone X的外观影响……在深圳,更有知名的"山寨"产业集中区域,比如以临摹、仿制世界名画为主导产业的大芬油画村。

"山寨"之中蕴含哪些创新点?华强北的"山寨"发展到现在又是怎样的情况?"山寨"之外,华强北是否存在其他的创新之处?这些创新的原动力又是什么?探究华强北发展历程中是否有值得借鉴的创新动因,对城市、社会的创新文化发展也有一定的积极作用。

本章聚焦华强北的"山寨"问题以及创新问题,走访华强北街区,对华强北商户、商会以及协会的秘书长,进行了深度访谈。受访者从不同的角度回忆、叙述了华强北的发展历史,以及华强北在创新道路上的种种经历,呈现出华强北别样的创新面貌。

(一)华强北的"山寨"何来何去?

追溯华强北的发展历史,可分为四个阶段:上步工业区阶段、电子产品交易市场阶段、多功能商业区阶段和城市商业中心阶段。① 华强北发迹于中国电子制造业严重依赖进口、供应极其匮乏的20世纪90年代初,由于国家政策管制,电子元器件的供

① 曾真、李津逵:《工业街区——城市多功能区发育的胚胎——深圳华强北片区的演进及几点启示》,载《城市规划》,2007年第31卷第4期,第26—30页。

应严格按照计划配额，显然无法满足市场的需求。华强北就在此刻成为计划外电子元器件销售商的集聚地，最早形成市场规模的是赛格电子市场，由赛格电子集团（前身为深圳电子集团）设立。1988 年深圳市政府国外考察之后，规划华强北做交易市场，包括电子、金属、水产、建材等八个行业的产品。90 年代初，深圳作为唯一的口岸，所有境外进口的器材、元器件集散于此，而赛格电子市场由于地理位置及政府规划的优势条件，成为电子元器件物料供应的集散地。随后，华强电子世界、都会电子城、新亚洲电子商城等电子交易市场相继成立，并由最初的电子元器件交易，逐渐发展到电脑、手机等消费类电子产品的销售。

在电子元器件及消费类电子产品市场并行发展之时，中国台湾联发科①手机芯片的出现，打开了手机生产的神秘大门。自 2003 年起，手机芯片技术已不再被诺基亚、摩托罗拉等公司垄断，而华强北所具备的从电子元器件到模具厂的产业链，恰好为手机芯片技术的实际运用提供了支持。在华强北，利用联发科的芯片技术而组装出成品手机，只需要数周，成本低至数百元。②基于市场的需求，以及便利完备的手机生产链，具有"神奇"功能的"山寨机"在华强北遍地开花，参照各媒体对"山寨"手机的报道以及学者的研究，我们可以发现，此时的"山寨"手机一种为仿制热门机型，另一种为在功能及外形上做文章，达到功能满足消费者一切需求、更是能创造消费者没有想到的功能，即除了传统的通话、短信、MP3 功能以外，这种"山寨机"还具有超长待机、双模双卡、2 个摄像头、验钞、手电筒、打火机、内置蓝牙耳机、GPS 导航和模拟电视接收等功能。③而"山寨"手机的外形则尽力做到满足年轻消费者的需求，符合其个性，力求独特，比如火箭造型的手机、翻盖与滑盖相互结合等。华为曾褒扬华强北的"山寨机"具有"只有想不到，没有做不到"的功能，强调了"山寨机"中"消费者视角"的关键创新价值。

① 联发科技股份有限公司（英语：MediaTek, Inc, 有时非正式缩写作 MTK），简称"联发科"，是一家为无线通信、高清电视、DVD 和蓝光提供系统级芯片解决方案的中国台湾无晶原厂半导体公司。

② 澎湃新闻：《杀死华强北这座山寨王国的，是苹果和阿里巴巴》，http://tech.qq.com/a/20170620/004256.htm，2020 年 7 月 16 日访问。

③ 陈志军：《论"中国制造"到"中国创造"缝隙中的"山寨"背景——以"山寨机"为例》，湖北工业大学博士学位论文，2009 年。

在对华强北商户秘书长 W 的访谈中，她提到了"山寨机"盛行还有一个被动的原因，即品牌注册的时效性问题。品牌注册耗时耗力的情况，不适合生命周期短的电子产品的发展，因而许多商家选择贴牌来进行手机销售，也有些干脆成了"白牌"①手机。贴牌及白牌的方式满足了手机快速上市流通的需求，游走在灰色地带的"山寨"手机产业得以迅速扩张。

① "白牌"，没有品牌商标和 logo。

2007 年苹果公司第一代 iPhone 手机面世，从那时起，依靠强大功能以及新奇外形受到市场追捧的"山寨机"逐渐失去了市场。与此同时，随着智能手机的流行，华强北"山寨"手机的风头开始被"水货"②手机所抢占。2009 年之前，以塞班系统为主的热门手机品牌诺基亚受到消费者追捧；之后几年，装载了更高端的智能系统——安卓系统的手机，如摩托罗拉、HTC、三星等品牌的水货大量涌入华强北；由于价格高昂，苹果水货手机从 2012 年才开始热销，而在此之前，早已滋生出高仿机的产业链。从水货到高仿机，华强北"山寨机"之中的创造能力，逐渐演变为投机倒把、仿冒制假的"能力"。然而这一段历史，却也成了华强北"风光无限"的历史。

② 通过非正常途径进出口的货物。

我是 09 年到华强北的，是高仿机最火的时候。04 年在湖南长沙上班，公司做了苹果授权经销商，当时卖 MP3③ 之类的产品，我是店长，做了几年就到深圳来看看……做一些手机配件的"老鼠货"④，还有卖港版、美版的苹果手机……华强北就是靠手机，我不知道你看到了没有，这边除了手机还是手机，不管什么牌子。还有我觉得华强北要感谢苹果，因为苹果手机的原因，把它这个地理优势体现出来，美版、港版，都要走香港，哪怕是维修手机的，以前都是苹果 logo……

③ MP3，此处指苹果 iPod 一类的电子消费品，非苹果手机。

④ "老鼠货"，由私人携带或其他途径，从原生产厂流出的产品。

前华强北手机及配件销售 C

C是我在华强北访谈的商家，一位曾在华强北倒卖手机以及配件的"80后"小伙，感慨于手机、特别是苹果手机带给华强北的影响。

苹果手机发布之初并未在中国内地授权销售，直到2011年4月，iPhone 4才进入中国内地市场，而真正在内地销售的时间相比较发布时间2010年6月来说，晚了将近一年。由于毗邻香港，深圳便成了水货苹果手机"上岸"的不二之地，而华强北得益于"山寨"手机的影响，形成了以消费类电子产品为主的销售市场，自然而然地成为水货手机的倒卖点。另外，由于香港的竞争压力大，许多香港人也开始从事"蚂蚁搬家"的兼职，即把苹果手机从香港亲自带到深圳，"一次赚个一两百块钱"，C描述道。

位于华强北的远望数码城曾风光无限，整个市场一铺难求，就连手机维修的进场费都高达20万元。现如今的远望数码城，进行了重新整修，特别是二楼，柜台标语都写上了"行货"二字，而且搭建成了房间的样子，并且存在空铺的情况。根据C的描述，从前的远望数码城都是一米柜台，没有空铺。每天下午四点左右出手机报价单（图2-4-1），是全中国最低的报价，远望数码城整个市场是挤破头的景象，甚至有几百个人一直排队到很晚。

如果你私人买，他不卖的，都懒得跟你说，他一个手机就赚十块二十块。（来这边买手机的）不用还价的，直接说要多少个，要什么型号，拿走。以前都是苹果的位置，现在有很多其他的品牌了。这个市场（远望数码城）就是以前最火最火的市场，现在就冷冷清清的。

前华强北手机及配件销售 C

图 2-4-1 远望数码城某商户的手机报价单

市场对苹果手机的热烈反馈掀起了华强北商家仿制苹果手机的热潮。将近五千元人民币的苹果 iPhone 4 手机，在华强北的高仿版本只要一千元左右，而质量稍微差一些的则六七百元就能购买到。

那个时候市场是有需求的，苹果（手机）一出来的时候好贵的。但是那种"山寨"手机呢，它设计出来它很好用，价格又低，它有市场，有需求，才会不停地生产出来。我记得我那个时候给我老爸也试过买一台。

华强北商会秘书长 W

由此可见，"山寨机"或者说高仿机的生产，离不开强大的市场需求，而在消费者对品牌有更强烈追求的时候，"山寨机"便走向了更为黑暗的地带，即假货。华强北由此进入严打"山寨机"、高仿机、假货的时代。

在华强北提到"山寨机"，更多的人会把它与假货、假冒伪劣产品联系在一起。于华强北从事电子元器件生意十多年的 L 描述"山寨机"打假场景时,说到从事"山寨机"的商家在严查的那段日子里都是半夜两三点发货,中午一点多才上班,甚至有的商家遭遇查货时直接把手机从楼上扔到楼下。

每年的 3 月 15 日,就会特别严,("山寨机"商家)直接不出货。你去手机市场也看不出来,除非有熟人。要不没人会理你的,这是内行情,不可能告诉你很多的。

电子元器件销售主管 L

早两年查货查得特别严,你可以来感受一下查货,非常壮观,一说查货,立马"piu"——卷帘门全部往下拉,整个市场都是卷帘门的声音。

前华强北手机及配件销售 C

从 2013 年到 2017 年,华强北由于地铁建设与路面景观改造的原因,经历了"封街"五年的沉寂,2015 年被称为"华强北寒冬"[1],一方面来自电商的冲击,另一方面来自"山寨"名声的拖累。

封街五年,然后如梦初醒,世界已经变了。

深圳电子协会副秘书长 Z

尽管工商、城管以及公安严查严打"山寨机"商家,封铺、罚款的惩治措施仍旧未能完全遏制"山寨机"的经营。时至今日,华强北依然有"山寨"苹果手机的身影。"苹果 iPhone X 它发布前,华强北就已经做出来了。但这个就是'山寨'的,现在还有,但都是藏起来的。他们等到苹果开完发布会才拿出来卖",深圳电子协会的副秘书长 Z 如是说。在网络上搜索"华强北山寨 iPhone X",我们也可以查到许多有关的报道以及灰色的交易链信息。

---

[1] 余胜良:《华强北:"山寨世家"的辉煌与没落》,载《商业文化》,2016 年第 16 期,第 70—75 页。

（二）"山寨"与创新的互辩：自发性创新何在？

"山寨"主要指的就是借助模块的集中作用，将各个独立设计和生产的子系统统一起来，构成一个相对完整的复杂系统。① 在市场管理学科、经济学科以及工业设计学科研究领域，学者们多以"山寨"产品为案例，来探讨我国市场经济的发展情况。

魏舒敏等② 学者以"山寨"产品的典型——"山寨"手机为例，总结出"山寨"手机占领低端市场的三大原因——本土化、低价、低进入成本。在对"山寨"手机的评价中，其提到"山寨"手机作为"产业鲶鱼"，能在一定程度上推进行业发展。在华强北，"产业鲶鱼"的效应不仅体现在各类"山寨"产品的相互竞争之中，更体现在华强北灵活而完整的电子制造产业链中。相比较昆山、苏州等拥有制造业基础却只接大客户订单的城市，深圳华强北由于"山寨"制造而具备的独特的供应链，做到了为更多小客户服务。从元器件到主板集成，再到硬件方案、模具与组装，这些电子产品的生产流程均由小公司分担，这对如今火热的"创客"市场的发展，至关重要。这也是华强北能够吸引国内外创客前来驻扎的绝对优势。

蔡建华③ 在对"山寨"手机进行研究时，沿用了克莱顿·克里斯坦森（Clayton Christensen）在《创新者的窘境》中提到的"破坏性技术"④、"破坏性创新"⑤ 的概念，指出"山寨"手机设计生产过程中具有"破坏性技术创新"的内涵。"破坏性创新"指的是来自市场底层的需求不断演变为一种创新形式的过程，简单地说就是行业新手或弱小者针对新市场或低端市场，开发出性能较差但价格低廉、满足需求的产品。就如前文提到的，苹果手机的高昂价格会使许多人望而却步，而"山寨"手机，特别是高仿机的出现，则恰巧化解了价格与需求之间的矛盾。在快速响应

---

① 何江、朱云、黄正茂：《从"山寨"视角看标准化在产业集群创新发展中的作用》，载《标准科学》，2009年第11期，第43—47页。

② 魏舒敏、陈武、杨晶晶、刘婷婷：《"山寨产品"的另类思考——基于对山寨手机占领低端市场的研究》，载《商场现代化》，2017年第11期，第13—14页。

③ 蔡建华：《山寨手机的破坏性技术创新应用与价值网的构建——基于互补性资产视角》，载《中国集体经济》，2015年第24期，第71—74页。

④ 克莱顿·克里斯坦森：《创新者的窘境》，胡建桥译，北京：中信出版社，2010年，第107页。

⑤ 同上书，第163页。

市场需求、改变竞争规则、加速产业垂直分离和减少资本需求量四个方面，"山寨"手机都交上了令人满意的"答卷"。比如说，近来被大品牌手机重新使用的双卡双待功能，最初是从华强北"山寨"手机流行起来的。

"山寨"手机创新模式所体现的"重组价值活动"[①]特征，突破了"山寨"产业边缘化的困境，形成了独特的价值网络。相比较品牌手机超过三个月的研发与投产时长，"山寨"手机把研发工作交由上游芯片公司完成，如上文提到的台湾联发科，将生产周期缩短到一至一个半月。更早期的，刘宏程等[②]学者以"山寨"手机产业的兴衰为研究对象，发现产业创新网络的重要性，而"山寨机"的兴起正是证明了在创新网络的作用下，技术基础薄弱的小企业也可以参与技术创新。

> 做个手机啊，我觉得还是挺简单的，一个外壳有模具就可以了，几万块钱。芯片有很多，大（小）到一个螺丝都有嘛，全在这边就可以买到。我朋友之前就是做这行的，员工大概40人，手机仿制、测试一起10天左右。
>
> 前华强北手机及配件销售 C

在工业设计的视角下，"山寨"产品的外观和功能是学者考察的重点。在从"中国制造"到"中国创造"的产业升级中，"山寨"产品成为一个过渡的角色，存在消极影响的同时，却也存在诸多可取之处，特别是以用户为中心的"微创新"方式，体现了产品设计行业对于消费者体验的关注。华为在对"山寨"手机进行调研后给出其"极具创新意识""想方设法地满足消费者的一切需求，即使你没有的需求，也给你创造出来"以及"功能极其丰富，价格极其低廉，外观极其新颖"[③]的评价。

是华强北选择了"山寨"，还是"山寨"选择了华强北？成

---

① 简兆权、伍紫莹：《价值活动重组与垂直联盟——山寨模式下的创新启示》，载《科学管理研究》，2015年第2期，第69页。

② 刘宏程、葛沪飞、仝允桓：《创新网络演化与企业技术追赶：中国"山寨机"的启示》，载《科学学研究》，2009年第27卷第10期，第1584—1590页。

③ 李琦：《华为褒扬"山寨机"说明了什么》，载《IT时代周刊》，2008年第17期，第74页。

熟的 IC（电子元器件）市场，以及自发形成的产品产业链，都是华强北发展过程中关键又独特的因素。

> 这跟华强北本来的定位就有关系，就是做电子产品。所有的零部件、元器件，所有的，包括一部手机所需要的东西它全部都能在这边找到，等于是一条龙，在这边完成，包括组装、销售，所有这些都能在这里。所以产业链就是这样形成的。
>
> 深圳市电子协会副秘书长 Z

然而，"山寨"产品抄袭、模仿的特征，从一定程度上会制约自主创新，尤其是给产业链条上的小企业埋下了种种隐患。但不得不承认，在"山寨"概念饱受诟病的同时，更多学者将"山寨"与"创新"这一关键词紧密联系在一起，特别是在"山寨"制造中形成的"工模"模式①，作为一种全新的制造模式，通过业务模块化和流程化，使得产业链中众多普通的参与者产生联动。来自各个制造环节的参与者自发地与横向厂商对接，此过程中无须任一厂商主导，这种"自发性"特征，堪比当年硅谷的开放精神。我国"创客之父"李大维曾在接受媒体访谈时指出，深圳经营"山寨"产品的公司，只要发现某一个市场需求，马上推出新产品，并且，对于产品的生产也不是完全照抄，而是"在开源公板的基础上快速、持续微创新"②。"破坏性创新""微创新"等由"山寨"反映出的创新特征，证明了"山寨"与"创新"并非二元对立。深圳电子协会副秘书长 Z 表示："'山寨'手机，任何一个国家都有这个阶段的，它（创新）发展的时候经过了这个阶段。"这与知名评论人谭子安所说的"山寨是创新必经之路"③不谋而合。

① 吴琦伟：《深圳变"硬"》，载《决策》，2015年第2期，第60—61页。

② 黄秋丽：《全球创客最后一站》，载《中国企业家》，2015年第15期，第82页。

③ 谭子安：《山寨是创新必经之路》，载《IT时代周刊》，2015年第5期，第6页。

（三）创新自信与不自信：平民化创新何在？

华强北起家于电子元器件市场，到目前为止仍然以电子元器件为基础产业。在与商户、商会及协会相关人员访谈时发现，华强北商会、协会的秘书长均表现出对华强北发展的积极态度，并表示华强北是充满创新的地方；而从商户的表达中，他们却都表现出对创新的极度不自信，直截了当地说"没什么创新的地方"，"我们不搞研发"，"我觉得我做的这行对你的研究可能没有帮助"，"你要研究创新应该去南山科技园"，等等。

在访谈过程中，当被问到"您认为华强北哪些地方能体现出创新？"或是"您的行业中存在哪些创新的地方？"时，两位秘书长与三位商家对"创新"的反应又是大有不同。

深圳电子协会副秘书长Z主要以协会本身的"创新"为重点来谈论"创新"在何处，也谈到创新过程中存在的不足。

我们现在主要专注点就是在国际化这一块。就这两年，我们已经带会员几乎走遍了世界各地。现在除了带企业走出去，我们会把一些国际上的资源带回来。我们最近就是在CEEC（中国国际消费电子展示交易中心）深业上城那里打造一个日本的创新产业馆。

深圳市电子协会副秘书长Z

副秘书长Z坦言，如此的展会给商家带来最直接的价值就是订单，在一定程度上把创新表现得过于利益化。但不置可否地，协会发展过程中协助商家去海外参展、引入国际资源的"走出去"和"带回来"的策略，使商家获得了与海外客户保持联动的可能。海外展会对于知识产权的保护促使国内企业更愿意把最新产品在海外展示，相比起国内展会"政治任务"（副秘书长Z语）的形象，海外展会给企业带来了更多创新的支持力与促进作用。

在华强北商会秘书长W的眼中，华强北各大专业市场是具有创新力的代表，比如华强电子世界、赛格广场，对新兴事物的反应速度以及行动力,都紧扣了"创新"的主题。

一整个专业市场,有非常多的企业是做那种外贸出口的,由于他们本身就有这类的业务往来,所以他们信息是很及时的,每天都在打交道、每天都在交流,很多信息他很快就能知道。最近做这些挖矿机、比特币,都是在华强北,很快地,赛格拿出了两层来专门做这个。

华强北商会秘书长 W

与各协会秘书长反映出的对华强北创新的乐观不同的是,本次调研所访问的华强北商家却表示出很大的"创新不自信"。包括"80后"电子元器件销售主管 L、"90后"电子元器件销售 X,以及从前的手机及配件销售 C,大家都纷纷摇头,直言自己所在的行业没有创新。

你说新是创新吗?就是市场没有的型号?这个的话比较少,只有他想要的型号我帮他找,没有说自己研发。那是没有的。这是很费时间,而且要有专业的人士才能去做这一块。我们这边只是说订型号、订货然后销售,针对性地给客户,或者放在网上,人家过来找我们。算是被动型的。

电子元器件销售主管 L

网上要货现在还是用 QQ,没什么创新,这一行就一直这样,没怎么变。

电子元器件销售 X

我觉得创新的话,南山那边(好像更多),华强北不符合年轻人说的创新……华强北还是一个贸易市场,像您说的创新,我觉得这边绝对不是个创新的地方,这里商业味还是太浓了。

前华强北手机及配件销售 C

产生这种冲突的原因，简单点讲，是与受访者所在位置差异有关。秘书长代表了官方的发声，而普通商户代表的是他们自己。这种冲突的存在，更能引发疑问，即华强北这一路的发展，究竟谈不谈得上是创新？究竟什么才是对"创新"真正的解读？学界或政府对于"创新"的定义是否正在打击普通群众的创新自信心？埃弗雷特·M.罗杰斯（Everett M. Rogers）在《创新的扩散》中列举了两个普通群众意识不到创新的案例，比如驾驶的汽车或屋顶的太阳能板，"选择性的接触和选择性的观察就像大脑之窗严密的百叶窗帘，把创新信息关在外面"[①]。

① 埃弗雷特·M.罗杰斯：《创新的扩散（第4版）》，辛欣译，北京：中央编译出版社，2002年，第148页。

在电子元器件市场的商户，以帮助客户寻找、配齐产品主板所需的电子元器件为核心业务，从互联网不发达的年代，到电商迭起、电子元器件价格越来越透明的现在，竞争越发激烈，销售员的业务范围也从单纯的线下经营发展到线上推广，专业的电子元器件线上平台，如华强网、IC交易网、维库网等，在一定程度上改变了华强北电子元器件交易市场，各家商户也更加关注客户的需求，以及提高服务的质量。更令人惊讶的是，一块约6厘米×8厘米大小、密布上百个电子元器件的主板（图2-4-2），如果不存在特殊的元器件，那"大概花一天的时间就可以帮客户找齐"（电子元器件销售X语）。

一般是客户自己的需求，他想找哪个型号我对得上我有的可以，但如果他没有的他不知道或者说他不愿意，去市场找很麻烦的话，我会愿意帮他去市场找，因为不是板上所有料（电子元器件）我都有。

电子元器件销售主管L

图 2-4-2 电子元器件密布的主板

美国经济学家大卫·J. 蒂斯（David J. Teece）曾在 1986 年提出"互补性资产"（complementary assets）[①]概念，认为相对于技术创新而言，位于其下游的、实现创新价值所需的资产，比如制造、营销、售后等，均是"互补性资产"的体现。华强北的电子元器件市场，大一些的商家在"房子"[②]中洽谈客户，小一些的则在简陋的一米柜台营业，销售主管 L 还非常自豪地提到自己每个月多花了上万元的租金从柜台转移到了"房子"（图 2-4-3），为的是能够让前来采购的客户立马取走现货。这些业务中"硬件"（办公场所）与"软件"（服务态度、熟练度）的升级，是存在于技术创新下游的、优质的"互补性资产"，却都在商户对于所处行业的"创新不自信"中，被误认为是不值一提的事情。

[①] David J. Teece, "Profiting from technological innovation: Implications for integration, collaboration, licensing and public policy," *Research Policy*, Vol. 15, No. 6, 1986, pp. 285-305.
[②] 市场内有玻璃幕墙、可以上锁的独立空间，相比柜台可储存更多货物，并且安全性更高。

图 2-4-3 都会 100 电子城内的柜台与"房子",右侧近景为柜台,远景为"房子"。

在手机与手机配件行业,可以明显感受到手机行业对手机配件行业发展的带动作用。访谈对象 C 谈到在华强北销售手机膜、手机皮套的情况,称商家会在热门机型刚上市甚至发布之前,花高价"抢尺寸",即第一时间获知热门机型的尺寸大小,用以开模生产相关配件。越早买到成品,则意味着越先抢占了市场。

> 这就是魄力,那些做皮套、做膜的嘛,不管什么手机,iPad 也好,你上市就抢,市场有就抢。现在很多华为什么的(手机),一出来就要抢,抢尺寸。我花个钱,从工厂买个屏出来,很容易的。苹果的就需要买机器,苹果的一般出不来的。早几年都有好多人找我拿手机,我说很贵你等两天拿吧,明天就降价了;他说不行。我也就高价进、高价卖给他。
>
> 前华强北手机及配件销售 C

而在手机膜的生产中,不断有新的材质与功能出现,比如钢化膜、软膜、AR 膜、防刮膜、防窥膜(镜子膜)、防蓝光膜等,到现在市场上又出现了"丝印膜"(钢化膜的新品种),具有自动贴合与防指纹的功能。其中不乏故弄玄虚的营销噱头,却也从侧面反映出配件行业对创新的追求。

无论是从电子元器件行业中体现的服务态度、业务能力,还是手机周边配件生产商家与时间赛跑的魄力与行动力,以及对功能改善的洞察力,我们可以感受到"平民化"创新的力量其实是无处不在的——尽管这股力量不为主流所关注,也不被商家本身所重视。

再看华强北商家的个人发展,电子元器件销售主管 L 目前也是一名微商,销售女性美容饮品;前手机及配件销售商 C,目前改行做高端零食,并且成立了自己的品牌……这些个体发展所呈现给我们的,也是一种来自普通民众的、富有力量的创新——一种普通民众对日常生活和个人发展重新思考与规划的创新力、践行力,而这种力量的获得离不开身处华强北的丰富经历与体验。

在"创新"的高喊中,最引人瞩目的往往是来自高处的人群,他们带有"科技""精英""骨干"的光环,仿佛是经济、社会发展的决定性因素。而来自普通群众的"平民化"创新,多处于被忽视的状态,甚至连他们自己也意识不到自身的创新之处。

东京都政府知事特别事务参赞、日本东京设计周理事今村有策(Yusku Imamura)曾提到,东京的城市文化拥有"平民化结构与力量",即创意不仅存在精英分子中,同时也存在于普通公民中,每个普通市民都有在传统基础上创新的活力,"每个人都是老板,每个人都是艺术家,也都是艺术的消费者"①。正是这种对"平民化"创新的重视与赞扬,使得东京人充满创新的自信、使得东京成为一座充满创新的城市。

当"创新"放低姿态,或者我们用另一种目光去审视"创新"

① 今村有策:《东京:城市文化的平民化结构与力量》,载《毛泽东邓小平理论研究》,2012 年第 6 期,第 98 页。

时，那我们大可以在华强北过去及现在的日出日落之中，发现更多创新的影子。

（四）自发性与平民化创新的原动力

华强北发展起步于深圳特区设立后不久的上步工业区，逐渐演变为电子元器件交易市场、消费类电子产品交易市场，并同时发展商业，形成了贸易与商业共存的特色街区。经上文分析，在其"山寨"产品兴旺的时期，"自发性"创新的力量成就了华强北的辉煌；而通过对华强北商户的观察与访谈，我们却从他们的"创新不自信"中发现了"平民化"创新的存在。"自发性"与"平民化"的创新根源究竟在哪里？它们又是否可以成为华强北对城市创新的贡献力量呢？我们试图从市场、交往与商家精神三个层面，更充分地挖掘华强北"自发性"与"平民化"创新的原动力。

"自发""敏锐"的市场

当华强北名声大噪的时候，却处于没有街道办的状态，只有华强北管理委员会办公室。那时候，华强北以东的事务是由上步派出所、街道办管理，另一边是由华富街道办管理，同处华强北却有不同的管理划分，形成"一街多治"的格局。直到2009年成立了华强北街道办，华强北的管理与规划才得以统一。由于电子元器件市场规模不断扩大，包括外来的采购商、内部的商家，都开始对周边配套设施有了更大的需求，酒店、商场等场所便自发形成并发展起来了。

企业家的嗅觉是很灵敏的，他们当时到底看到了什么？还是说政府是有引导，告诉他们这里要变成一个商业街？似乎是没有……似乎是没有这个的……

华强北商会秘书长 W

华强北"先繁荣、后规范"的发展历程，一方面有效发挥了商家的主导作用，另一方面突出市场在创新过程中的地位。"华强北的兴旺完全是一个市场行为"（商会秘书长W语），在研发领域处于弱势地位的华强北，却在保有市场灵敏度方面有出色的表现。华强北一方面能够迅速捕捉市场的流行趋势；另一方面，又能检验新产品的市场反应，是新科技产品试水的必选市场，比如平衡车、无人机、可佩戴智能设备等，新的科技产品一面市，就会来华强北测试、打开市场。

火什么，市场就卖，立马就是"抖音同款"……一个创新的东西，在这里放一放看能不能火，那是非常非常多。大部分产品都是从华强北火出去的，像之前电动车（平衡车）都是从华强北这里做起来的；做了一段时间吧，火不起来，那其他地方就更不能火了。

前华强北手机及配件销售C

华强北的市场，在受访者的描述中充满魔幻的色彩，仿佛无形的双手在推动着华强北稳步向前。从贸易市场向商业市场的发展，我们可以看到华强北街区在自我管理与自由发展上自成一派；从华强北在新型产品市场推广中的地位，我们可以感受到其积累许久的市场经验与消费者洞察力，仍旧在当下的创新环境中发挥着重要的作用。

"抱团""扎堆"的交往

成熟的电子元器件市场，以及毗邻香港的地理优势，还有及时的信息分享、商户的集聚，都是华强北特有的电子消费品生产及销售优势。这些优势均来源于华强北人相互"抱团"、乐于"扎堆"的特质，也是造就华强北繁荣的重要原因。

> 我记得那个时候我们会长也去解决过很多这样的问题和矛盾，大家都能够很好地坐下来、有商有量的，本着为这个商圈的利益着想，都能够化干戈为玉帛。我觉得这个就是华强北人很抱团的精神。
>
> 华强北商会秘书长 W

> 这边市场就是这样，反正什么手机、什么东西都可以给你搞。这就是它的优势，人都聚集在这里，人就喜欢扎堆嘛。因为这里很方便、很快捷。
>
> 前华强北手机及配件销售 C

华强北的区域特征在很大程度上体现了简·雅各布斯（Jane Jacobs）所提到的"城市多样性"[①]特点，多样性理论不仅对城市居民的社会关系与精神需求有重要的作用，也对形成人与人之间的联系与交往意义非凡。依托完善的电子元器件产业链，华强北形成了消费类电子产品生产与销售的成熟市场。在电商还未发达的时候，华强北是深圳人购买电脑、手机"几乎唯一的去处"（深圳电子协会副秘书长 Z 语）。从商业配套设施来看，1994 年万佳入驻华强北意味着华强北的定位向更为丰富多元的结构发展，多样的城市结构不仅能促进经济，更能加强人们互相接触与交往的可能性。这也是华强北人乐于"抱团"与"扎堆"的客观因素。

此外，华强北街区的人口来源及社会关系，也是形成"抱团"与"扎堆"的重要原因，即在华强北街区存在大量潮汕地区的移民。潮汕人爱做生意，"宁愿睡地板，也要当老板"（电子元器件销售主管 L 语）的特征广为人知，很多潮汕年轻人很早就来到深圳跟他们的叔叔伯伯学做生意，并在积累足够的经验之后自立门户。

> 市场几乎七成都是潮州人。这一块都是老乡。你看这里一二三四五家，我这周边五家，就有四家是潮州人。
>
> 电子元器件销售主管 L

[①] 简·雅各布斯：《美国大城市的死与生》，金衡山译，南京：译林出版社，2005 年，第 157 页。

像华强北，几乎都是潮汕人的天下，潮汕人大家都是互相帮衬的。

深圳市电子协会副秘书长 Z

与血缘关系一样，地缘关系也具有一定的先赋性。[①] 地缘关系一方面指生活在同一地域，因而赋予人们共同活动的场景；另一方面指来自同一个地方，人们便拥有了相同的风俗习惯。而在华强北，不仅仅是地缘关系加强了商家的交往，"子承父业"的家族关系使得华强北商家之间的血缘关系、业缘关系同时得以强化。在"血缘""地缘"与"业缘"的相互关联下，"抱团"与"扎堆"的交往方式成为一种必然，资讯得以迅速传播，分享成为日常生活。

华强北在最沉静的那几年，很多人就是在这边守着、等着，看看会有什么转机，会有什么新的机会出现，可以说是在吃老本，等着这样的机会。但是因为他们也不想离开华强北，很多人有新的资讯，第一时间可能就出现在华强北。

华强北商会秘书长 W

"吃苦""极速"的商家精神

华强北的发展也离不开辛勤耕耘的华强北大企业家以及那些从底层做起的"生意人"，他们拥有的"吃苦耐劳"精神尤为可贵，这样的创业精神不仅成就了自己，也对华强北的发展起到了关键作用。

华强北在这边创业的第一批人，也许他的文化水平不会太高，但是可能跟潮汕人的那些、骨子里的那些东西，很能吃苦耐劳、很有生意头脑，这个是很有关系的……了解他们的发家史、成功

[①] 李汉宗：《血缘、地缘、业缘：新市民的社会关系转型》，载《深圳大学学报》（人文社会科学版），2013 年第 30 卷第 4 期，第 113—119 页。

史，可能都是从最底层的工作做起的，但每个人在他们的产业里面都付出了很多心血。他们文化层次不高，但是生意做得很好，这个其实也是华强北的一个特色。

华强北商会秘书长 W

在"深圳速度"的影响下，华强北的速度也是令人刮目相看。前文提到"山寨"手机快速的设计生产、新款手机配件"抢尺寸"等案例，都反映出华强北商家追求"极速"的创业精神。

那工厂就是加班加点（生产新款手机配件），这个时候是最赚钱的时候。很快的，想象不到的速度。

前华强北手机及配件销售 C

我们华强北之前的转型也是很快的，那时候是 LED 盛行的时候，它（电子市场）就很快地拿出一部分来做 LED 的专业市场。后来黑科技特别牛的时候，又拿出一层楼来做黑科技的产品。后来又做了一个智能家居的专业展厅……

华强北商会秘书长 W

这些来自华强北的特质，尽管微小、普通，又很难确凿地证明其与创新的必然关联，但确是实实在在发生在华强北的每个角落、从过去到现在未曾丢失的特质。虽然华强北的研发能力远远落后于深圳南山区林立的科技园，但华强北给更多的普通人提供了创造与实现价值的平台。没有像创客一样的资金支持，那就自己创造市场需求；没有官方及时的讯息来源，那就通过社会交往获取信息；没有高端的技术核心，那就在时效性上下苦功夫……华强北创新背后的动力，不仅展现出"自发性"的创新特征，更是代表了"平民化"的创新力量。

深究"自发性"与"平民化"创新更深层次的动力，我们不得不否认其中带有诸多"趋利"的因素。当互联网不发达的时候，电子元器件的交易并不透明，华强北电子元器件市场的商户就是靠高差价赚得盆满钵满；再到"山寨"手机的生产销售，也是因为极高的利润使得各商家趋之若鹜，甚至发展非法的高仿机，都因为"好挣"而有许多商家冒险去经营。当然，在"趋利"因素的影响下，我们也看到"地方文化特质"的重要作用，即上文所提到的华强北是潮汕人的聚集地，而潮汕人拥有的"抱团""分享""吃苦耐劳"等性格特征，成为生意场上难能可贵的品质，也深刻地影响着华强北的发展。

结语：自发性与平民化创新的力量

作为中国电子市场的风向标以及"华强北指数"[①]的发布平台，华强北之于深圳乃至全国的重要性不言而喻。然而其为"山寨"、水货以及假货名声所累，又大大降低了它在普通大众心里的地位。

华强北的发展历史与深圳设立特区的节奏几乎是同步的，华强北一路走来也代表了深圳的发展经历。尽管深圳是一个年轻的、发展历史短暂的城市，但却占尽了现代化发展所需要的几乎所有重要因素，"深圳以其特殊的功能（经济特区）、特殊的区位（毗邻香港的港口城市）和特殊的人口结构（年轻的移民社会），实现了中国发展资源的最佳组合，因而创造出举世罕见的发展速度和发展效益"[②]。去深圳创业，都用"南下闯荡"这一说法，"闯荡"一词蕴含年轻、热血的意义，又有一种前路漫漫、困难重重的既视感。为了实现人生价值、追求更好的生活、"赚大钱"，许多年轻人自发前往深圳，他们之中有的一毕业就决心创业、有的辞去老家稳定的工作；有的来自小城市，有的来自农村；有的投奔亲戚，有的举目无亲……追溯深圳发展的历史，"自发性"与"平民化"成为深圳创新发展中蕴藏的一股"原始力量"。

① 全称：华强北·中国电子市场价格指数，是在原信息产业部指导下，由深圳市福田区政府投资、中国电子信息产业发展研究院开发、深圳华强集团控股运营的我国唯一一个综合性电子市场价格指数。

② 乐正：《记录一个年轻城市的成长——代〈深圳蓝皮书：中国深圳发展报告（2003）〉前言》，载《南方论丛》，2003年第2期，第92页。

在对"创新"的定义逐渐变为与科技更为密切关联的今天，来自普通群众"自发性"与"平民化"的创新力在深圳整体的创新布局中被不断弱化。依据华强北"山寨"的案例我们能发现，"自发性"与"平民化"创新的力量不仅被不良名声淹没，更是被科技夺取了关注，最终失去了被普通群众本身意识到的机会。

近年来，福田区政府大力推动华强北创客产业的发展，建立华强北国际创客中心、赛格众创空间，计划以优质的电子元器件产业基础支撑起硬件创客的发展。在互联网与高科技迅猛发展的背景下、在创新创业与创客强烈的呼声中，华强北由于其稳定的电子元器件业态、产业链，成为硬件创客的神往之地。

> 之前我在硅谷工作，但由于硅谷卖 IC（电子元器件）的店铺都走了，我就去了香港、深圳。在这儿，楼下的、对街的，可以买任何东西。
>
> 华强北国际创客中心的美国创客 K

"创客"从兴趣出发、从生活出发、从"车库"[①]出发，他们自由而开放的精神，其实与华强北"自发性"与"平民化"的创新特征十分契合。这不仅仅是华强北发展的契机，更是证明了"自发性"与"平民化"创新精神也拥有联通科技、联通世界的能力。

如果说深圳南山区的科技园是精英创新的典型，那深圳华强北可以说是"平民化"创新的范本。以电子元器件销售为其产业基础，形成了相对简单的产业结构；而电子元器件产业的完整性又是"山寨"产品生产的核心要素；另外，来自市场的自发调控，在促进消费者需求提升的同时，也促进了商家的成长。便捷的产品生产流程为商家节省出更多时间来观察市场、了解消费者，这便为引入独特的、平民化的创新视角提供了更大的可能。

---

① 丁大琴：《创客及其文化历史基因探源》，载《北京社会科学》，2015 年第 8 期，第 22—28 页。

虽然访谈发觉普通群众对于创新的不自信，但却从另一个角度说明了我们对"创新"理解的狭隘，因为在华强北商家的日常生活中，恰恰存在了许多创新的因子，比如"山寨"过程中自发的流程整合能力、消费者需求洞察能力以及"极速"业务反应的能力等。如果能肯定"自发性"与"平民化"创新带来的效益，或者给予认可与赞扬，那么必将会对提升普通民众的创新自信起到很大的促进作用，如此良性循环，将更有利于创新的发展。

创新并不是高不可攀，自发性与平民化的创新带来更丰富的创新形式、形成更强劲的创新力量。而社会总体的创新发展，最重要的还是来自平民的力量。从华强北街区所探得的"自发性"与"平民化"创新特征，更意味着深圳是一个多元创新的城市，而多元创新则更有利于城市的发展。

五、深圳青年对创新创业文化的认知、评价和实践

在讨论城市创新的文献中，经常被使用的概念包括创客（Maker）、创客空间（Maker Space）、创客教育（Maker Education）、众创空间、创新创业、双创等，其中创客、创客空间、创客教育这组概念来自欧美，而众创空间、创新创业、双创则是近年中国流行的一组概念。这两组概念在学术界和实务界都混合使用，边界模糊，意义互渗。但无论如何，它们共同构成了当下

我们考评城市创新文化的一些重要维度，也是我们检测城市创新文化的一些重要视角。

中国正式启动创新创业的双创战略始于 2015 年。是年 6 月，首届深圳国际创客周以"创客深圳（MAKER@SHENZHEN）"为主题隆重开幕。在创客周期间，深圳市政府发布了《深圳市关于促进创客发展的若干措施（试行）》以及《深圳市促进创客发展三年行动计划（2015—2017 年）》，设立了创客专项资金，用于创客空间建设、创客人才引进和培养、创客公共服务、创客文化营造、创客成果转化等方面的激励措施和扶持政策。创客周举办首日，同时启动了首届"深圳学生创客节"，并出台《深圳市中小学科技创新教育三年行动计划（2015—2017 年）》，在创新课程建设、创新队伍建设、创新设施建设、创新实践基地建设等方面给予支持，将创客计划下沉到中小学群体中。2018 年第四届创客周期间，包括国际创客论坛、全球开放科学硬件大会（The Gathering for Open Science Hardware，GOSH）、创客教育高峰论坛、未来创客马拉松大赛、"创青春"青年创业年度风云人物评选、创客进校园等在内的一系列活动宣传和展示了深圳创新创业的活力，进一步奠定了深圳国际创客中心的地位。2018 年 4 月，仲量联行（北京）发布《中国 12 强：全球格局下的中国城市》①，以"未来竞争力"指标评估城市。该报告将深圳定义为"创业型城市"，并认为深圳不仅拥有强大的人才基础、优质的生活质量，而且在创新型企业方面的成功经验使其在"未来竞争力"指标上优势显著。同年 5 月，全球 INS 大会（World INS Conference）（西安）发布《2018 年中国城市创新创业活力排行榜》②，北京、上海、深圳分别名列第一、第二、第三。排行榜以"创业热度""创新活力""平台支持"为三个一级指标，对各个城市的"互联网+"指数，新三板上市企业数量，主板上市企业数量，研发经费投入强度，发明专利申请量、授权量，国家级众创空间、国家级科技

---

① 仲量联行：《中国 12 强：全球格局下的中国城市》，https://www.joneslanglasalle.com.cn/zh/newsroom/china12-china-cities-go-global，2020 年 7 月 17 日访问。

② 搜狐网：《杭州西安引领新一线城市 | 2018 中国城市创新创业活力榜发布》，https://www.sohu.com/a/232646101_362001，2020 年 7 月 17 日访问。

企业孵化器、本科院校数量等情况进行了评估，深圳在"创业热度"大指标上居于榜首。

一系列人才政策、激励措施、资源投入和平台建设都表明深圳是当之无愧的"创客之城""创新之都"，充满着创新创业的活力。在深圳，"创新创业"不仅仅是政府写在报告中的口号，更是实实在在的城市发展战略体系，王京生、陶一桃参照联合国创新创业评价指标体系以及经济合作与发展组织创新创业评价系统指标体系，从"（环境）支撑""（资源）能力""（绩效）价值"三大维度，将深圳创新创业发展总结为"塔基（创新基础）+塔身（创新主体）+塔尖（创新方向）"三位一体的"塔形双创体系"。① 这不仅是深圳探索的结果，也对全国的创新创业贡献了深圳经验。

然而，在国际机构创业类或风投类排行榜中，深圳的排名却并不靠前。2016年，加拿大多伦多大学罗特曼管理学院马丁繁荣研究所（Martin Prosperity Institute）发布《全球创业城市崛起：全球城市和大都市风险投资的地理分布》（*Rise of the Global Startup City: The Geography of Venture Capital Investment in Cities and Metros Across the Globe*）②，全球前20座风险投资大都市中，北京、上海分别位列第九、第十四位，深圳未进入。而在亚洲前20座风险投资大都市中，深圳位列第十一，落后于北京（第一）、上海（第二）、成都（第十）。2018年，美国企业家中心（The Center for American Entrepreneurship）发布《全球创业城市崛起：创业精神和风险投资新地图》（*Rise of the Global Startup City: The New Map of Entrepreneurship and Venture Capital*）③，深圳被列为全球62个创业枢纽中的第三梯队，北京和上海列第二梯队，同属第三梯队的还有杭州和香港；而在全球前50座风险投资城市中，深圳位列第二十，杭州则位列第九，远超深圳。

---

① 王京生、陶一桃：《"双创"何以深圳强？》，深圳：海天出版社，2017年，第1—2页。

② Martin Prosperity Institute. *Rise of the Global Startup City: The Geography of Venture Capital Investment in Cities and Metros Across the Globe*. www.creativeclass.com/rfcgdb/articles/Rise-of-the-Global-Startup-City.pdf, accessed Nov.7, 2020.

③ The Center for American Entrepreneurship. *Rise of the Global Startup City: The New Map of Entrepreneurship and Venture Capital*. http://startupsusa.org/global-startup-cities/report.pdf, accessed Nov.7, 2020.

无论是国际的还是国内的这些排行榜，都是宏观意义上的数据评估结果，上榜名单充满了流动性，可谓此一时彼一时，只能表明某个阶段、某些特殊的指标所表征出来的城市创新创业的状况，而在现有文献中鲜见从微观视角对城市创新文化展开的评估研究。本章将以更贴近城市中最具有创新观念、创新活力和创业行动力的青年群体，去理解生活和工作在深圳的青年群体是如何看待这座城市的创新文化及其与自身的关系。为此，我们于2018年9—11月在线上和线下实施了"粤港澳大湾区青年创新文化（深圳）"的问卷调查，调查结果见于本书前言和第一部分第一章。我们从总体访谈样本出发，通过考察深圳青年对创客、创客空间的认知度和评价、深圳青年学生群体接受创新创业教育的情况以及深圳青年创业意愿和动力，去把握创新创业主体与城市创新文化之间的辩证关系。

（一）深圳青年对创客的认知程度

2015年3月，美国纽约时代广场的大屏幕上亮起深圳创客周"MAKE WITH SHENZHEN"的巨幅广告——深圳向世界宣告其"创客之城"（city of makers）的城市身份。乔布斯传记的作者沃尔特·艾萨克森（Walter Isaacson）认为，数字时代的创新除了政府出资支持之外，"一个由社区组织者、具有社区意识的嬉皮士、DIY爱好者和自学成才的黑客松散联盟"[1]是重要的、不可或缺的力量，而诞生于英国、兴盛于美国的"创客"概念通常被认为源于黑客文化，指志趣相投的一群人一起分享想法、技能和工具。美国欧莱礼媒体公司创始人戴尔·多尔蒂（Dale Dougherty）创办期刊《爱上制作》（Make）并发起"创客嘉年华"（Maker Faire）活动，将"创客"定义为把技术当作玩具，在玩中学习技术的发烧友（makers were enthusiasts who played with technology to learn about it）[2]。美国《连线》（Wired）杂志前主编克里斯·安

---

[1] 沃尔特·艾萨克森：《创新者——一群技术狂人和鬼才程序员如何改变世界》，关嘉伟、牛小婧译，北京：中信出版社，2017年，第XXIV页。

[2] Dale Dougherty. *The Maker Mindest*. https://llk.media.mit.edu/course/readings/maker-mindset.pdf, accessed Dec. 5, 2020.

德森（Chris Anderson）的专著《创客：新工业革命》（*Makers: The New Industrial Revolution*）将单打独斗的"创客"与创客运动勾连起来，重新定义创客运动为数字DIY，特指在开源社区中分享设计成果和开展合作，将发明、创意、创新变成产品的人和行为，"将DIY精神工业化"①，由此，创新不再局限于世界上那些大公司自上而下的推进，同时也由业余爱好者、创业者和专业人士等无数个人自下而上地开拓，创客的多寡、创客运动的兴盛与否成为一所城市创新活动的表征。

> ① 克里斯·安德森：《创客：新工业革命》，萧潇译，北京：中信出版社，2012年，第35页。

"创客"大约2010年起进入中国，并在深圳、上海、北京基于开源硬件社区迅速建立起创客空间。2011年，"北京创客空间"发起人之一张浩在邮件中将"Maker"翻译成"创客"②，由此，"创客"一词定型并广泛流传。2014年9月夏季达沃斯论坛上，国务院总理李克强发出"大众创业、万众创新"的号召，并将此写入次年的政府工作报告，上升到国家战略层面。受此影响，中国"创客"内涵从具有开放分享精神、对自由不懈追求、自己动手做和对技术钻研的核心层面泛化为"创新创业"的"双创"运动。在此潮流中，深圳不失时机地将举办国际创客周作为契机，依托柴火创客空间、大公坊创客基地、开放创新实验室等创客机构在国内外创客领域所具备的知名度和影响力，以及数以千计活跃在深圳华强北、南山科技园的创客群体，凭借顶层设计的力量，赢取了"创客之城"的城市标签。故此，我们认为，深圳青年对于"创客""创客之城"的认知程度可以成为衡量一座城市创新创业文化的标尺之一。

> ② 创业邦：《"创客"不等于"创业"？3分钟了解中国创客发展史》，http://www.cyzone.cn/article/123470.html#utm_sourc，2020年7月17日访问。

本次问卷中我们首先调查深圳青年对深圳作为"创客之城"的认同程度以及对创客的知晓度，与此相关的问题主要有：第一，是否认同深圳为"创客之城""世界创新型城市""创新之都"？第二，"创客"在受访者心目中是怎样的群体？

调研数据显示，高达 93.91% 的受访者认为深圳是一座创新型城市，而不确定深圳是否为创新型城市的占比仅 4.35%，否认深圳是创新型城市的则更是少至 1.74%。与此相仿，绝大多数受访者认为深圳是当之无愧的"创客之城"，其中表示"非常同意"的占 37.51%、表示"同意"的占 40.78%。通过描述性统计发现，受访者对"创客之城"的评价的均值为 4.10，仅次于"创新之都"（4.18）、"世界创新型城市"（4.12）。由此可见，受访者所代表的深圳青年高度认同"创新"是这座城市最显著的标志之一。

具体到受访者如何看待创客以及创客是怎样的群体时，调研数据帮我们发现了一些有趣的现象。有 47.34% 的受访者认为创客是指那些"善于运用开源工具、喜爱 DIY 的人"，这一判断比较符合欧美国家基于创客核心价值的理解；有 33.28% 的受访者将创客与创业者画等号，认为创客就是创业者；有 5.91% 的受访者认为创客是那些"举办活动，开展培训的人"，对创客的理解比较褊狭；另有 13.47% 的受访者表示不了解或没有听说过创客。

我们将此与受访者学历背景做交叉分析后得知，具有博士学位的受访者半数以上都认同创客是"创业的人"，本科或大专学历、硕士学历的受访者则更认同创客是"善于运用开源工具、喜爱 DIY 的人"，而"不了解、没听过"的受访者中，初中及以下学历的占比最高（表 2-5-1）。学历越高，越倾向视创客为把自己的专业背景和技术特长用于创业，而更普遍意义上的理解是将创客看作具有开放精神，乐于分享并将想法转为实践的人，而低学历者占据了不了解、没听说过创客的大多数份额。

表 2-5-1 不同学历受访者对"创客"认知的分布

您认为"创客"是些什么样的人？ 您目前的学历是？	创业的人	善于运用开源工具、喜爱DIY的人	举办活动、开展培训的人	不了解，没听说过	小计
初中及以下	48(28.40%)	45(26.63%)	16(9.47%)	60(35.50%)	169
高中或中专	167(27.24%)	256(41.76%)	65(10.60%)	125(20.40%)	613
本科或大专	765(34.79%)	1105(50.25%)	105(4.77%)	224(10.19%)	2199
硕士	89(35.46%)	130(51.79%)	7(2.79%)	25(9.96%)	251
博士	18(52.94%)	10(29.41%)	0(0.00%)	6(17.65%)	34

由此可见，深圳青年对深圳作为"创客之城"的认知度颇高，但对"创客"内涵的理解却存在一定的分歧。尽管多数人认为的"创客"与国际上对"创客"的定义一致，但也有超过三成的深圳青年对"创客"的理解更具有中国特色，即"创客"就是"创业的人"，尤其是博士学历的受访者更具有该认知倾向。这样的结果，一方面可见我国"双创"运动自上而下在全国推广以来的深入人心，另一方面也需要我们进一步思考在创新创业中如何提升"创客"所具有的文化精神和文化气质。

（二）深圳青年对创客空间的认知程度

与创客相仿，创客空间也源于欧美的黑客文化，创客空间与黑客空间同义。最早的创客空间是德国程序员沃·荷兰（Wau Holland）于1981年9月12日在德国汉堡创立的混沌电脑俱乐部（Chaos Computer Club，简称CCC）。① 在美国，第一个创客空间广义上被认为是2001年设立于麻省理工学院的Fab Lab，狭义上是米奇·奥德曼（Mitch Altman）2007年在旧金山创办的"噪音桥"（Noisebridge）。② Fab Lab的产生改变了创新的模式，即通过3D打印机、切割机、数控机床、微处理器等工具的提供，为产品的制造、专业原型的生产与科技的融合提供更大的可能性。随后，Fab Lab在世界范围内成立更多的分部，截至2019年3月

① 黄玉蓉、王青、郝云慧：《创客运动的中国流变及未来趋势》，载《山东大学学报》（哲学社会科学版），2018年第5期，第60—69页。

② 李燕萍、李洋：《中美英三国创客空间发展的比较及启示》，载《贵州社会科学》，2017年第8期，第82—88页。

31日已有1667家[①]；而"噪音桥"的创立灵感则来自欧洲的黑客空间，如奥地利的Meta lab、德国的c-base。作为非营利机构，"噪音桥"向公众免费开放，鼓励所有热爱分享、创造、合作、研究和学习的人群。

迄今为止，关于创客空间的定义依然众说纷纭，一些代表性的看法，如新加坡国立大学学者德尼莎·克拉（Denisa Kera）的观点偏向于价值层面的理解，她认为"定义一个创客空间的并不是某种正式的组织结构，而是一系列与开源软件、硬件与数据等要素相关的共享技术、治理过程和价值观"[②]。米奇·奥德曼则认为支持黑客们创新的实体空间就是创客空间，"创客空间是人们可以通过黑客行为来探索他们热爱的东西，并且能得到社区成员支持的实体空间。黑客行为意味着最大程度上提升自己的能力并且愿意分享"[③]；维基百科更强调创客空间共享的基础设备，认为一个创客空间必须有供创客使用的工具，以电源、计算机服务器、网络为基础，装备精良的创客空间还配有机床、缝纫设备、手工及艺术制作设备、音频设备、视频投影仪、游戏机、电子仪器（如示波器和信号发生器）、电子元件和黑客入侵原材料，以及各种其他电子工具。另有专业大幅面打印机、3D打印机、激光切割机、工业缝纫机或水刀切割机，以满足创客将想法通过动手实践制成产品的需求。英国国家科学、技术与艺术基金会（National Endowment for Science, Technology and the Arts，简称NESTA）统计梳理了该国的创客空间，指出英国创客空间的"杂合"现象比较明显[④]，把Fab Labs，Tech-shops，黑客空间及社区工作坊中较为成功的特性结合到一起，成为新的创客空间模式。英国兰卡斯特大学的学者通过民族志研究方式，对英格兰和苏格兰的"草根创客空间"进行探究，总结出两种不同的创客空间模式，一是"社区空间"，指的是为特定的社区团体服务的空间，具有一定的排他性；二是"为社群提供的空间"，指的是不只服务特

[①] Fablabs. Labs List. https://www.fablabs.io/labs, accessed Mar. 31, 2019.

[②] 徐思彦、李正风：《公众参与创新的社会网络：创客运动与创客空间》，载《科学学研究》，2014年第12期，第1791页。

[③] Becky Stern. What's Hackerspace? Mitch Altman Explains. http://makezine.com/2011/09/07/whats-a-hackerspace-mitch-altman-explains-video, accessed Nov. 7, 2020.

[④] Andrew Sleigh, Hannah Stewart, Kathleen Stokes. Open Dataset of UK Makerspaces: A User's Guide. https://media.nesta.org.uk/documents/open_dataset_of_uk_makerspaces_users_guide.pdf, accessed Nov. 7, 2020.

定群体，也可以支持临时群体的短暂聚集。①

"创客空间"的概念旅行到中国后，被本土化地演化成"众创空间"。政府工作报告中将"众创空间"定义为"顺应网络时代创新创业特点和需求，通过市场化机制、专业化服务和资本化途径构建的低成本、便利化、全要素、开放式的新型创业服务平台的统称"②，因此，这是一个集合名词，内涵为创业服务平台，外延涵盖了孵化器、加速器、实验工场、创意空间等，远比"创客空间"更具包容性，是创新创业各类载体的统称；但外延扩大后，也削弱了"创客空间"对原创性、共享机制的坚守。我们有关创客空间认知程度的多选题结果也可以佐证这一情况，调查数据显示，22.47%的受访者认为创客空间最主要特征的是"能提供3D打印机、激光切割机、开源工具等共享设备供使用"，14.15%的认为应该"有大量公共空间"，仅5.51%的受访者提到有"项目路演"，三者累计起来，也只有不到五成的受访者对创客空间的认知比较符合创客空间的原有特质；相反，有28.48%的受访者表示只要"能提供个人或公司办公工位和简单办公设备"的地方就是创客空间，这在很大程度上将创客空间仅仅理解成了物理空间，而忽略了最重要的共享和交往价值。数据还显示，有高达26.58%的受访者并不了解或没有听说过创客空间。

据我们考察，深圳当下的创客空间主要有三种模式：一是以柴火创客空间和开放制造空间为代表的，由爱好创客文化的民营资本建立的模式；二是以华强北国际创客中心和中科创客学院为代表的，为创客提供场所和服务，并由政府、高校和科研院所直接支持的模式；三是以腾讯众创空间为代表的，由龙头企业孵化和带动小企业创新的模式。在调查中，我们罗列了深圳最主要的创客空间，结果显示，腾讯众创空间的知名度最高，达到56.34%，其次是华强北国际创客中心，达到43.14%；

① Ding Wang, Nick Dunn, Paul Coulton. "Grassroots Maker Spaces: A Recipe For Innovation?" *European Academy of Design Conference*, 2015.

② 新华社：《政府工作报告中相关词语注释》，http://www.gov.cn/xinwen/2015-03/13/content_2833362.htm，2020年12月8日访问。

而李克强总理到访过的、在中国创客运动中起着关键作用的柴火创客空间,知道它的人仅有21.43%(图2-5-1)。另外,"其他"这一栏供受访者自行填写,其结果显示,深圳大学创业园(2人)、长征创客空间(2人)、红湾创客中心、招广创客空间、前海beeplus、南科大创客空间、深圳图书馆内创客空间、创客小镇被受访者提及,而1.68%(55人)的受访者表示"没听说过"。

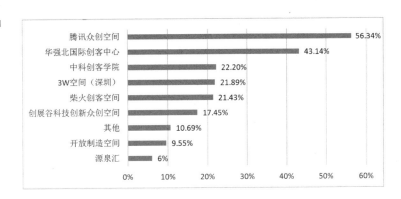

图2-5-1 深圳青年对部分创客空间的知晓情况

通过考察我们发现,深圳青年对"创客空间"的理解更偏向于"众创空间"或是联合办公空间,即为初创公司提供办公空间和服务的机构;相反,对于经典"创客空间"应具有的丰富多样的工具、随处可见的DIY产品,以及独特的社区和社群特点在理解上尚且有差距。这也与深圳青年对"创客"与"创业"概念理解模糊有关。

(三)深圳青年学生群体接受创客/创新创业教育的情况

创客/创新创业教育是衡量一座城市创新文化的另一个重要指标。早在20世纪初,美国哲学家、教育学家约翰·杜威(John Dewey)就已提出"从做中学"的理念;成立于2012年的美国创客教育机构Maker Education Initiative(Maker Ed)以"每个孩子都是创客"（Every child a maker）为愿景①，为教育工作者、机构等提供创客培训、资源与社区支持；在美国，乔治·沃克·布什执政时期推出《美国竞争力计划》，提出知识经济时代的目标之一是要培养具有科学、技术、工程、数学（Science, Technology, Engineering, and Mathematics，简称 STEM）素质的人才。奥巴马接过这面旗帜，许诺执政期间将为 1000 所美国学校引入创客空间②，同时，"不仅鼓励学生有创造性思维、批判性思维和实践精神，也非常重视对学生审美观念的塑造"③。STEM 这一教育理念在全球产生了广泛影响。2015 年 9 月教育部出台的《关于"十三五"期间全面深入推进教育信息化工作的指导意见（征求意见稿）》中首次提出 STEAM（Science, Technology, Engineering, Arts, and Mathematics，科学、技术、工程、艺术、数学）教育、创客教育④；2016 年 6 月，教育部印发《教育信息化"十三五"规划》时，再次强调"有条件的地区要积极探索信息技术在'众创空间'、跨学科学习（STEAM 教育）、创客教育等新的教育模式中的应用"⑤；2018 年教育部的工作要点中又明确要求各学校"开展利用现代信息技术构建新型教学组织模式的研究，探索信息技术在众创空间、跨学科学习（STEAM 教育）、创客教育等教育教学新模式中的应用，逐步形成创新课程体系"⑥。在政府的推动下，创客教育课程、创客运动已经纷纷进入校园，成为国家创新创业战略中重要的一环。那么创客教育在深圳的发展情况如何，创客教育与青年创新文化的关系又怎样呢？为此，我们从整体样本中调取了 733 份曾经或正在深圳接受高中以上全日制教育的学生数据，通过频率描述、交叉表、比较均值的数据统计方式，试图深度了解创客/创新创业教育在深圳的实际情况以及学校创新创业教育对于学生"双创"的认知和实践是否产生影响。

我们首先考察受访者所在学校是否有创新创业教育中心或协同创新中心，通常，这些部门或机构具体负责创新创业课程的设

---

① Maker Ed. About Us. https://makered.org/about/, accessed July 17, 2020.
② 欧阳友权、吴钊：《创客运动与创客群体的文化认同》，载《福建论坛》（人文社会科学版），2016 年第 10 期，第 118—122 页。
③ 王志强、李菲、卓泽林：《美国高校创客教育与 STEM 教育的融合：理念、路径、启示》，载《复旦教育论坛》，2016 年第 14 卷第 4 期，第 103 页。
④ 中华人民共和国教育部：《教育部办公厅关于征求对〈关于"十三五"期间全面深入推进教育信息化工作的指导意见（征求意见稿）〉意见的通知》，http://www.moe.gov.cn/srcsite/A16/s3342/201509/t20150907_206045.html，2020 年 7 月 17 日访问。
⑤ 中华人民共和国教育部：《教育部关于印发〈教育信息化"十三五"规划〉的通知》，http://www.moe.gov.cn/srcsite/A16/s3342/201606/t20160622_269367.html，2020 年 7 月 17 日访问。
⑥ 中华人民共和国教育部：《教育部办公厅关于印发〈2018 年教育信息化和网络安全工作要点〉的通知》http://www.moe.gov.cn/srcsite/A16/s3342/201803/t20180313_329823.html，2020 年 7 月 17 日访问。

置、师资配备以及创新实践等；其次，进一步了解学校是否开设创新或创业课程；再次，询问受访者在学校之外是否会选择去社会培训机构提升自我创新能力。

我们将733份样本与年龄、学历、来深圳时间加以综合判断，圈定2015年—2018年期间在深圳就读过的样本为569份。数据显示，超过半数（52.5%）的受访者所在学校设有创新创业教育中心、协同中心、创新创业学院或创客学院，负责指导和管理学校的创客教育；有32.7%的受访者明确表示所读学校没有专门的机构，另有14.8%的受访表示不太清楚所读学校是否设有这些机构。对表示拥有创新创业中心专门机构的样本展开进一步分析，发现情况并不令人乐观，其中仅58.52%的受访者表示这些机构是对学生开放的。同样不容乐观的是受访者关于所读学校"是否开设创新或创业课程"的调查结果，尽管表示开设有这类课程的受访者达到54.8%，但仍然有31.1%的受访者明确表示所在学校没有开设相关课程，另有14.1%则表示不清楚，后两者相加几近一半。换句话说，截至本调查执行的2018年11月，深圳大中专学校仍有近半数的学校并没有设置与创客教育/创新创业教育相关的专门机构，有近半数的学校尚未开设与创客教育/创新创业相关的课程，或者说，大约有半数就读于深圳大中专学校的学生在校期间并没有接触过创客教育。

与此相反，在选项"选择去社会培训机构提升自我创新能力"中，733份样本中有超过五成（51.29%）的受访者表示会考虑，明确表示不会的占24.15%；而超过六成的受访者认为社会创新培训的作用比较明显（非常有用20.6%，比较有用44.74%），极少人（1.23%）认为没有作用。上述数据对照表明，深圳大中专学校创客教育/创新创业教育与学生需求相比，无论是课程设置，还是相应的管理机构都表现出严重不足，而以社会培训机构为代表的社会创客教育相对而言更被学生群体认可和接受。

我们进一步调查了曾在或正在深圳就读的受访者参加创新创业类活动的情况，数据显示，受访者在参加创新创业类活动情况上态度较为积极，比较受欢迎的类型依次为业界专家讲座（42.7%）、学术研讨会（37.52%）、创新型科技节（34.38%）、项目实训（29.2%）、境内外参观访学（23.6%）、工作坊（16.23%），当然，我们也发现仍然有17.33%的受访者表示从来没有参加过上述任何一类活动。

在总体样本中，我们调查了所有受访者是否经常去高新技术产业园，是否参与科技类创新活动等内容，结果显示，经常去高新技术类产业园的群体占比13.11%、偶尔去的占48.07%、没去过的占38.82%，其中，没去过高新技术产业园的群体占比相对比较高。另一组数据更出乎我们预料，在总体样本中，经常参加科技创新类活动的群体仅占5.02%、偶尔参加的占比38.24%、没参加过的则超过了半数，占56.74%。这里所谓的科技创新类活动指的是深圳定期举办的比较有影响力的科技类会展，比如深圳国际创客周、深圳制汇节、深圳科技活动周等。这从一个侧面反映，城市多种多样的科技创新活动在普及度和影响力方面尚且有待提高。

深圳各校创新创业教育/协同中心的设立、创新创业课程的开设，以及创新创业师资力量的注入，对于青年创业的推动，实际上都未能达到理想的效果。创新创业教育体系在政策驱动下得以建设起来，却未能在学生群体中充分渗入、展开，深圳大中专学校的创新创业教育仍有很大的提升空间。同样，遍布深圳的高新技术产业园、丰富多彩的科技创新活动，受到的关注也并不高，青年的参与度较低。通过与部分深圳青年的访谈，我们发现，由于经常加班，许多青年表示在节假日往往不想出门、更情愿"宅"在家休息；同时，由于没有同伴，深圳青年参与科技创新活动的积极性也被大大削弱了。

（四）深圳青年群体创业意识与践行情况

对创客和创客空间的认知和评价，对城市创新创业的氛围的感知，学校创客教育的影响，各级机构主办的各类创新创业活动，最终将以怎样的方式发挥出其影响力，体现其效果？这当然不是一两个指标就能判断的，但是，城市青年群体是否具有创新创业意愿和实际行动应该成为其中最重要的参照标准之一。

调研发现，超过半数（50.06%）的受访者表示自己"有创业的想法或计划"，而"正在创业"的占比有7.13%，表示没有想过的则占42.81%。根据卡方检验，"你是否想要创业"的选择与年龄呈现出0.01水平显著性（Chi=111.64，P=0.00<0.01）、与学历呈现出0.01水平显著性（Chi=87.61，P=0.00<0.01）、与性别呈现出0.01水平显著性（Chi=24.95，P=0.00<0.01）、与婚姻状况呈现出0.01水平显著性（Chi=109.05，P=0.00<0.01）。这就意味着，创业与否与年龄明显相关，数据显示"正在创业"的大部分年龄在31—35岁之间，26周岁以上半数都有创业想法或计划，而25岁以下在"还没有想过"中占比最多，深圳青年的创业意愿随着年龄增长而增加（表2-5-2）。

表2-5-2 年龄与是否创业情况分布

您的年龄是？ \ 您是否想要创业？	有创业的想法或计划	还没有想过	正在创业	小计
16—20周岁	304(45.92%)	346(52.27%)	12(1.81%)	662
21—25周岁	396(47.43%)	397(47.54%)	42(5.03%)	835
26—30周岁	478(55.01%)	327(37.63%)	64(7.36%)	869
31—35周岁	457(50.78%)	328(36.44%)	115(12.78%)	900

受访的近六成（59.36%）硕士及半数以上（52.94%）的博士明确表示，没想过自己创业，创业意愿较低；相反，高中或中专学历的群体正在创业（12.23%）、有创业的想法或计划（54.16%）的占比最高；其次是初中及以下学历的人正在创业（13.61%）、有创业的想法或计划（50.89%）（表2-5-3）。或许因为硕士学历以上的青年群体在深圳更容易获得稳定的高薪职业，也更容易陷入舒适状态，而低学历者在择业方面更不满足于现状，更具有实现梦想的动力。

表2-5-3 学历与是否创业情况分布

您是否想要创业？ 您目前的学历是？	有创业的想法或计划	还没有想过	正在创业	小计
初中及以下	86(50.89%)	60(35.50%)	23(13.61%)	169
高中或中专	332(54.16%)	206(33.61%)	75(12.23%)	613
本科或大专	1108(50.39%)	965(43.88%)	126(5.73%)	2199
硕士	93(37.05%)	149(59.36%)	9(3.59%)	251
博士	16(47.06%)	18(52.94%)	0(0.00%)	34

另一组数据也出乎我们的意料，在深圳，男性中有创业想法的占该群体的53.3%和正在创业的7.5%，女性中有创业想法的占45.5%和正在创业的6.6%，可见，深圳有意愿创业的女性群体人数接近于男性，这与"男性创业，女性守业"的传统职业观有比较大的差异，从一个侧面让我们窥见女性在深圳独当一面的能力和男女平等创业的机会和可能性。婚姻状况与创业意愿的交叉分析显示，已婚群体（53.4%）与离婚群体（61.2%）有创业的想法或计划的占比更多，而未婚群体（48%）与不打算结婚群体（48.2%）更倾向"还没有想过创业"。

我们通过"您是否想要创业？"与"您认为自己具有哪些性格特质？"的比较均值（表2-5-4）试图探究正在创业、想创业、没想过创业与这三类群体在个体性格特质之间的关系。

表 2-5-4 "您是否想要创业？"与"您认为自己具有哪些性格特质？"进行比较均值

项目 不同创业意愿群体	您认为自己具有哪些性格特质？										
	喜欢冒险	崇尚个性	目标执着	勇于质疑	偏爱小众	敢于表现自我	遵守规则	居安思危	信守承诺	不迷信权威经典	喜欢新奇之物
正在创业	3.84	3.69	4.09	3.80	2.97	3.63	4.06	3.85	4.57	4.00	4.09
有创业的想法或计划	3.69	3.78	3.95	3.68	3.13	3.41	4.00	3.73	4.45	4.01	4.14
还没有想过	3.36	3.58	3.74	3.48	3.21	3.15	4.06	3.66	4.40	3.90	4.01

（5为非常同意；4为同意；3为无所谓；2为不同意；1为非常不同意）

研究发现，"正在创业""有创业的想法或计划"的群体，比"还没有想过"的群体更具有"喜欢冒险""崇尚个性""目标执着""勇于质疑""敢于表现自我""居安思危""信守承诺""不迷信权威经典""喜欢新奇之物"的性格；选择"还没有想过"创业的群体，则比其他两个群体更具有"偏爱小众""遵守规则"的性格。"正在创业"的深圳青年最为突出的三大性格特质为"信守承诺""喜欢新奇之物""目标执着"；其中，"有创业的想法或计划"的性格特质更偏向于"信守承诺""喜欢新奇之物""不迷信权威经典"；"还没有想过创业"的青年最重要的性格特质是"信守承诺""遵守规则""喜欢新奇之物"。可见，"信守承诺""喜欢新奇之物"是三类群体所具有的共性，不同的是，没想过创业的群体更"遵守规则"，同时，他们对于"敢于表现自我"的性格特质赞同程度最低；而"正在创业"和"有创业的想法或计划"的群体赞同度相对最低的性格特质为"偏爱小众"。

（五）创业意愿与城市创新文化的关系

为了进一步了解城市创新文化与青年群体创业意愿之间的关系，我们以"是否创业"的三类群体为主体，结合他们对深圳"创客之城"的认同、对创客和创客空间的认知、接受创客/创新创业教育的情况以及参与科技类活动的程度等进行卡方检验，有以下发现：

第一，正在创业、有创业想法和还没有想过的三类群体都认同深圳是"创客之城""世界创新型城市""创新之都"，相比之下，"有创业的想法或计划"群体的认同度更高一些。我们换一种说法进行调研，即"您是否想要创业？"与"您认为城市创新与您有直接关系吗？"，通过卡方检验得出两者呈现 0.01 水平显著性（Chi=23.28，P=0.00<0.01），即正相关关系，且影响显著。数据显示，三类群体中各有六成以上受访者认为城市创新与自己有直接关联，其中，"有创业的想法或计划"的受访者更认同城市创新与自身具有直接关联性，而"还没有想过"的受访者则最大程度上不认为（没有/不确定）城市创新与自身直接相关，共计占比 39%。

第二，在对"创新型城市应该具有哪些要素"的调查中（表 2-5-5），三类群体的选择基本一致，具体表现为，"正在创业"群体选择最多的依次是"有大量高科技产业和'独角兽'企业"（54.5%）、"创新精神和创新观念"（46.4%）、"创新性产品丰富，且被接受度高"（45.1%）；"有创业的想法或计划"群体选择最多的依次是"有大量高科技产业和'独角兽'企业"（62.9%）、"创新性产品丰富，且被接受度高"（50.3%）、"创新精神和创新观念"（45.3%）；"还没有想过"群体选择的前三项是"有大量高科技产业和'独角兽'企业"（60.3%）、"创新精神和创新观念"（47.4%）、"创新性产品丰富，且被接受度高"（46.9%）。因此，无论自身是否选择创业，深圳青年对创新型城市应该具有的要素持比较相似的看法。

表 2-5-5 不同创业意愿群体对"创新型城市应该具有哪些要素"的选择

项目	您认为创新型城市应该具有哪些要素？								
不同创业意愿群体	有大量高科技产业和"独角兽"企业(%)	移民城市，文化包容性强(%)	人口构成以高学历青年为主(%)	教育资源丰富(%)	创新性产品丰富，且被接受度高(%)	政策宽松，政府少干涉(%)	创新精神和创新观念(%)	多样化的文化活动(%)	有能力承办世界级活动(%)	其他(%)
正在创业	54.50	44.20	27.50	31.30	45.10	19.30	46.40	20.20	8.60	3.00
有创业的想法或计划	62.90	35.00	26.50	36.60	50.30	14.40	45.30	20.60	7.60	0.90
还没有想过	60.30	37.60	31.00	37.10	46.90	14.20	47.40	18.20	6.40	1.00

第三，在对"创客"与"创客空间"的认知方面，上述三类群体的选择，均未与总体样本数据的分布表现出太大差异，值得注意的是"正在创业"的群体对于创客是"善于运用开源工具、喜爱 DIY 的人"认可程度最低，而且选择不了解的人数占比相对是最高的。可以这样理解，正在创业的群体对源自西方的创客核心价值并不关心或并不了解，甚至并不认同，而通过细微的数据差异比较发现，"正在创业"的群体（35.6%）比"有创业的想法或计划"（33.6%）及"还没有想过"创业（32.5%）的群体，更加认同创客即为"创业的人"。在考察"创客空间"最主要特征时，"正在创业"的青年群体对创客空间中"能提供 3D 打印机、激光切割机、开源工具等共享设备供使用"的要素认同度

（19.7%）较其他两个群体低，而且该群体表示"不了解"的占比也很高（26.2%）。"有创业的想法或计划"的群体更认为创客空间最主要的是"能提供个人或公司办公工位和简单的办公设备"（30.8%），而"还没有想法"的群体则最不了解创客空间（30%）。由此可见，创客、创客空间乃至与其相关的创客教育、创客运动等内涵和意义尚未得到更多深圳青年群体的认知和接受，相反，创新创业的概念更加深入人心。

第四，创客教育是否会影响青年群体的创业意愿？我们将三类群体与"您就读（过）的深圳大中专学校有专门的创新创业教育中心或协同创新中心吗？""您就读（过）的深圳大中专学校有开设创新或创业课程吗？""您会选择去社会培训机构提升自我的创新能力吗？"分别进行卡方检验，数据显示：大中专学校是否开设专业的创新创业教育中心或协同创新中心，或者是否开设有创新或创业课程与受访者是否选择创业关联性不大；但是，受访者是否会选择去社会培训机构提升自我的创新能力与是否创业呈现显著性（Chi=38.29，P=0.00<0.01）。比较发现（图2-5-2），正在创业和准备创业的群体近七成"会"选择去社会培训机构，而选择"不会"参与社会机构创新培训的群体中，"正在创业"的占比是最低的，仅有2.82%，与大中专学校的创客教育/创新创业教育相比，社会类创客培育、创新创业教育和培训对青年群体的创业起着更重要的催化作用。

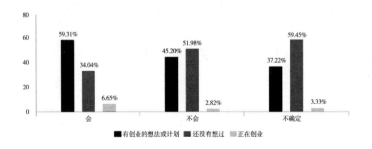

图 2-5-2 "您会选择去社会培训机构提升自我的创新能力吗？"对创业意愿的影响

第五，青年群体的创业动机与深圳各类科技创业园、各种科技类展会和活动是否有关联性，这也是我们比较感兴趣的问题。通过分析三类群体前往高新技术类产业园的频率和原因、参加科技创新类活动的频率及评价展开分析时，发现是否创业与是否去过高新技术类产业园呈现出0.01水平显著性（Chi=64.82，P=0.00<0.01），"正在创业"和"有创业的想法或计划"的群体经常和偶尔去高新技术产业园、参加科技类活动的占比相仿，且都超过六成，"还没有想过创业"的群体，没去过高新技术产业园、没有参加过科技类活动的占比最高，均在半数以上。这意味着正在创业和有创业想法的受访群体会经常去，或至少定期会去高新创业园、科技类活动等场所，以此了解科技行业的最新动态；相比之下，不打算创业的群体相对参与和接受这类信息就比较少，这从一个侧面反映科技信息的传播、接触与创业意愿之间的关联性。

但是，比较耐人寻味的是，在有关对深圳科技类活动的评价中（表2-5-6），有创业意愿和没有创业意愿的受访群体一致认为，深圳举办各类科技活动"展示大量前沿科技"，"对城市创新力影响大"，"类型丰富多样"，而正在创业的受访群体给出的评价则不完全相同，他们更认同城市创新的影响力，但是对"展示大量前沿科技"的满意度并不高，低于总体水平。

表2-5-6 不同创业意愿群体对深圳科技类活动的评价选择

项目	您如何评价深圳的科技创新类活动？							
不同创业意愿群体	类型丰富多样	展示大量前沿科技	有助于同行交流	可获得专业领域牛人的分享	可用来放松心情、打发时间	可达到教育孩子的效果	走在全国前列	对城市创新力影响大
正在创业	4.08	4.07	3.97	3.93	3.39	3.88	4.00	4.15
有创业的想法或计划	4.16	4.22	4.04	3.94	3.50	3.83	4.01	4.17

续表

项目	您如何评价深圳的科技创新类活动?							
不同创业意愿群体	类型丰富多样	展示大量前沿科技	有助于同行交流	可获得专业领域牛人的分享	可用来放松心情、打发时间	可达到教育孩子的效果	走在全国前列	对城市创新力影响大
还没有想过	4.07	4.14	4.04	3.92	3.58	3.74	3.92	4.08

在创新创业的认知和意识上,"有创业的想法或计划"群体更认可深圳市具有"创新创业"的文化氛围,且比其他两个群体更认同深圳为"创客之城""世界创新型城市""创新之都",更倾向认为城市创新与自身有直接关系。对于深圳创新环境,"正在创业"的群体更看重深圳"追求变革"的社会创新氛围,但他们对"创客"的概念和精神内涵并不了解,更倾向将创客与创业等同起来,而学校的创客教育及创新创业类课程和活动对学生群体今后是否创业并无多大影响,但社会创客教育和创新创业教育能比较好地满足青年群体的创业培训需求。

在创新创业实践方面,"正在创业"和"有创业的想法或计划"的群体更经常、更主动地了解高新技术类产业园,更乐于参与各种科技类活动,在他们看来,通过这些活动更有利于自己了解科技行业的最新动态,同时,他们认为这些场所和活动对营造城市创新氛围、传播城市创新形象具有重要作用。不过,"正在创业"的受访群体对深圳高科技场所和高新技术展览活动中"展示大量前沿科技"的满意度最低。

结论与启示

随着深圳国际影响力的不断提升,深圳本土"双创"青年与国际创客/创业青年有了越来越多的交流。早在 2011 年,由两位法国人创办的知名硬件加速器 Hax 在中国的总部就设立在深圳华强北。另一家致力于硬件创新的创客加速器——Trouble Maker，也于 2016 年入驻华强北国际创客中心。国际青年创客的到来，丰富了国内创新创业的理念、思维和方法，同时，中国的创新创业文化也对国际创客/创业青年产生了越来越强的吸引力，比如成立于 2011 年的深圳柴火创客空间，现在已经成为国际创客的"朝圣之地"，无论是国际组织、群体还是个人，都将参访柴火创客空间列为了解中国创客文化的重要项目。这就对深圳的"双创"青年提出了更高的要求，既要吸纳国际创客精神、把握国际创业风向，也要对我国特色创新创业文化精神的提炼和传播起到推动作用。

就本次调研来看，深圳青年创新创业文化总体呈积极向上、蓬勃发展的态势。第一，被访者对于深圳的创新形势持乐观、积极、肯定的态度，深圳作为"创客之城"深入人心，也为粤港澳大湾区中深圳的新定位"具有世界影响力的创新创意之都"奠定了较好的民意基础。第二，深圳以"创业"为特色的创新文化得到更广泛的接受，青年群体表现出高涨的创业热情，但在创新创业的政策引导、展示类活动中，更应该传播创客的精神内涵，鼓励创造和分享，尤其是创客空间的建设，要避免商业化的"物质空间+简单物业服务"，应该为"将想法变成产品"的过程提供全方位的服务，包括投融资、技能培训、创业者交流活动、开源工具和设备等。第三，深圳高校在创客教育方面总体情况良好，创新创业课程开设、活动的举办，有利于提高在校学生参与科技创新的积极性，但学生毕业后是否创业与此的关联性目前还没有充分体现出来；与此不同，创业者或有意向创业的青年群体表达出对创客教育和创新创业培训的强烈渴求，因学校教育暂时无法满足，导致他们转而投身相关的社会培训类机构获得需求满足。深圳的大中专学校有必要提升创客教育的程度和效度。第四，城市活跃的创新文化对青年群体的创新意识和创业可能有着直接而巨大的影响，但是，丰富多彩的创新活动和创新文化如果不能最大范围地抵达最广泛的青年群体，使他们更便捷、更乐意了解和参与，不仅仅是资源上的浪费，也无法起到有效传播和行动转化。第五，深圳在吸引高端人才方面推行了许多行之有效的政策和措施，聚集了大量高端人才，尤其是高新技术方面的高端人才，但是数据表明硕士以上学历的青年群体创业比例要远低于本科学历以下的，如果能将此种局面加以一定程度的扭转，将更有利于提升城市创新创业的起点和质量。

六、后创客空间：共享、DIT、可沟通的青年创新文化

（一）从黑客空间到后创客空间

创客空间源于欧洲的黑客文化及黑客空间，自维基百科可见"创客空间"（makerspace）与"黑客空间"（hackerspace）同义。黑客空间官方社区（hackerspaces.org）将"黑客空间"定义为人们可以分享对改造技术的兴趣、进行会面、从事项目以及相互学习的社区化运营的物理场所。据考证，最早的真正意义上的创客空间——也可理解为黑客空间——是1981年德国程序员沃·荷兰在德国汉堡创立的混沌电脑俱乐部。

德尼莎·克拉认为创客空间的关键要素是建立在开源软硬件或者数据之上的共享技术、治理过程和价值观。[1] 米奇·奥德曼则认为创客空间与黑客文化密不可分，在创客空间中，人们可以依托黑客行为来探索兴趣爱好，同时能够在这个空间内以开放的姿态进行分享，并获得社区成员的支持。克里斯·安德森（Chris Anderson）在《创客：新工业革命》中提到，创客空间是"可以分享生产设备的"[2]。因此，我们认为，一个创客空间区别于其他空间形式的重要因素，首先是创客空间能提供技术、工具支持，即以互联网为基础，配有电子仪器、电子元件等各类电子工具，另有 3D 打印机、激光切割机、铣床等高精尖设备，以满足创客亲自动手制造产品的需要。其次，创客空间以兴趣爱好为驱动力，将热爱创造的群体集聚到物理空间，实现交流与创造。最后，创客空间传达特殊的价值观，表现出以开放、分享为代表的文化精神。

在我国，创客空间缘起于上海、北京、深圳的开源硬件社区。2010 年，来自中国台湾的李大维在上海创办了国内第一家创客空间"新车间"；位于北京的"北京创客空间"成立于 2011 年，是中国创客文化的主要发起者；深圳"柴火创客空间"也于 2011 年成立，成为我国创客空间的开拓者、创客运动的推动者。

随着创客运动的不断发展，创客概念在不断扩大的同时，创客空间的定义也愈发宽泛，结合我国"大众创业，万众创新"的社会语境，创客空间被本土化地实践为"众创空间"。"众创空间"包含类型多样的空间，狭义的创客空间、孵化器、加速器，甚至联合办公空间，都成为"众创空间"的表现形式。自 2015 年起，科技部开始对全国的众创空间进行备案，在册的众创空间被授予"众创空间"字样的铜牌，陈列在空间之中。

---

[1] Denisa Kera. "NanoŠmano Lab in Ljubljana: Disruptive prototypes and experimental governance of nanotechnologies in the hackerspaces," *Journal of Science Communication*, Vol 11, No. 4, 2012, pp. 37-49.

[2] 克里斯·安德森：《创客：新工业革命》，萧潇译，北京：中信出版社，2012 年，第 24 页。

通过知网搜索篇名包含"创客空间"或"众创空间"的中文文献发现,我国学者对"创客空间"的研究始于 2013 年,并在 2017 年达到顶峰。最初研究"创客空间"的文献均为图书馆学学科,以图书馆中的创客空间为研究对象,探索图书馆建设的创新路径;被引量最高的为徐思彦、李正风的《公众参与创新的社会网络:创客运动与创客空间》[①],该研究以美国的创客空间为主要研究对象,将创客空间的表现形态归为"社区型创客空间""Fab Lab""商业型机器商店",以此总结千禧年之后主流的创客空间运营模式。对"众创空间"的研究则始于 2015 年,这与李克强总理参访创客空间并提出"大众创业,万众创新"的号召有直接的关系。同样地,该主题的研究也在 2017 年达到顶峰。早期对"众创空间"的研究,多为政策解读、介绍报道,形成"众创空间"摇旗呐喊的场面,突出"众创空间"蓬勃发展的态势;随着"众创空间"形态及模式的不断发展,更多的学者开始思考、总结众创空间的内涵意义、规律特征。其中,被引量最高的为王佑镁、叶爱敏的《从创客空间到众创空间:基于创新 2.0 的功能模型与服务路径》[②],文章依照国内众创空间的功用、特征,将众创空间分为七种模式,即"活动聚合型、培训辅导型、媒体驱动型、投资驱动型、地产思维型、产业链服务型、综合创业生态体系型"。从"车库"到"众创"的空间演变、从创新到创业的功能发展,创客空间的形式与内涵不断变迁,我们可以将"众创空间"的出现理解为"后创客空间时代"的开始。一方面,"众创空间"使得创客空间的形式更为兼容并包;另一方面,"众创空间"不仅是我国创客运动的实践结果,也提供给世界创客运动一种新的发展路径。

然而,我们以往对创客空间构成的认识多停留在实体空间的大小、布置、功用上,注重其运营与生存、发展模式以及与国外

① 徐思彦、李正风:《公众参与创新的社会网络:创客运动与创客空间》,载《科学学研究》,2014 年第 32 卷第 12 期,第 1789—1796 页。

② 王佑镁、叶爱敏:《从创客空间到众创空间:基于创新 2.0 的功能模型与服务路径》,载《电化教育研究》,2015 年第 11 期,第 5—12 页。

的现状比较，如李燕萍、李洋[①]通过中、美、英三国创客空间的比较，发现我国创客空间的功能定位与美国类似，发展过程中将咨询等创业基础服务逐渐与孵化器融合，同时，在政府推动方面，中国的创客空间最具有明显的政府政策导向；梅凯、陈效林[②]着重分析了美国和中国创客空间的发展体系，发现中国的创客空间较多借鉴欧美国家先进经验，在形态和模式上基本都具有美国创客空间的典型特征。有少量的研究以"创客空间文化"为主要探讨对象，如黄飞、柳礼泉[③]比较系统地提出了"创客空间文化"的概念，并总结出"创客空间文化"的四种特性，即创新性、共享性、开放性和民族性。

由此可见，国内学者对创客空间的文化精神是如何生产、流动、扩散的关注以及对创客空间与青年创新文化的关系描摹较少。为了与此前的研究有所区别，我们提出"后创客空间"的概念，试图在创客空间物质性的基础上，将社会性与历史性的维度纳入加以辩证思考，换言之，"后创客空间"不仅是物质空间的实践，更是超越物质空间的表征与空间的再现。首先，"后创客空间"着重关注创客空间在历史维度中的变迁，以及类型上的转变。尽管"创客""创客空间"概念形成的时间并不长，但从具有黑客特性的个体"车库"创新实验至中国式"众创空间"的遍地开花，其间经历的样态变化已足够丰富多样，而当下在深圳等一线城市出现的既传承原初黑客精神，又具有集聚和互联分享精神的创客空间，意味着西方式创客在中国有了新的发展形态，进入"后创客空间"时代；其次，"后创客空间"除了历时性内涵外，更为重要的是，创客空间和创新动力之间形成了"化学反应"，空间不再是纯粹的物质空间，比如地下车库、顶层阁楼、公寓住处或改造过的旧厂房，而是流动在这些空间中的人与人相遇、碰撞、连接、交流、共享、协作等的新型关系，这种生产性关系成为创客空间最重要的创新动力机制；再次，典型的"后创客空间"正

[①] 李燕萍、李洋：《中美英三国创客空间发展的比较及启示》，载《贵州社会科学》，2017年第8期，第82—88页。

[②] 梅凯、陈效林：《我国创客空间发展的体系构建与政策支持——基于中美创客空间形态与生态的对比》，载《学习与实践》，2015年第12期，第5—14页。

[③] 黄飞、柳礼泉：《塑造具有中国特色的创客空间文化》，载《学习与实践》，2017年第8期，第124—131页。

在突破"生产性关系"慢慢形成的自然过程,参与其间的创客群体以及创客空间的营运方正在有意识地通过创造各类物质和文化形态,持续不断地构建起层次丰富、活力持续的青年创新文化,使今天的创新客空间呈现出与以往不尽相同的"后创客空间"的类型和特性。

(二)原真型、集聚型、摩登型的"后创客空间"

本研究所考察的创客空间均位于深圳。深圳作为粤港澳大湾区核心城市、青春型城市,拥有极为丰富的青年创新文化。青年创新文化,是充盈在青年群体日常生活中的"创新空气"[1],一方面鼓励青年创新,另一方面被青年不断营造。而创客、创新创业,毋庸置疑是青年创新文化中重要的组成部分;创客空间/众创空间的建构也成为《粤港澳大湾区发展规划纲要》"建设国际科技创新中心"中至关重要的战略布局。"粤港澳大湾区青年创新文化(深圳)"调查问卷结果显示,绝大多数受访者认为深圳是当之无愧的"创客之城"[2],因而以深圳的创客空间及其文化的研究对象富有一定的现实意义。

本书主要采用了参与式观察、半结构访谈与深度访谈,前后持续超过五个月,共计参与活动 30 个、访谈创客空间运营人员 17 人、访谈创客 23 人。通过考察深圳各创客空间的现状,同时了解其发展历程可见,在"后创客空间"的时代,已经形成了模式鲜明、有别于过去的多样化创客空间类型。以往的创客空间研究,多将创客空间以参与主体、资金来源、运营商、业务模式的区别进行分类[3],中华人民共和国科学技术部《发展众创空间 促进大众创业、万众创新》一文中将众创空间发展类型分为五种——投资促进型、培训辅导型、媒体延伸型、专业服务型、创客孵化型[4]。以上的分类均偏向于区分创客空间的运营模式。而

[1] 马中红:《营构青年创新文化丰沛的粤港澳大湾区》,载《中国青年报》,2019 年 6 月 10 日,第 002 版。

[2] 马中红、吴映秋:《青年创新创业文化的认知、评价和实践——基于深圳青年群体的调研》,载《青年探索》,2019 年第 4 期,第 51—64 页。

[3] 刘芹良、解学芳:《基于 Citespace 的国内外众创空间可视化研究:进展与演变》,载《经济与社会发展》,2016 年第 6 期,第 72—80 页。

[4] 中华人民共和国科学技术部:《科技部:发展众创空间 促进大众创业、万众创新》,http://www.most.gov.cn/kjbgz/201502/t20150206_118084.htm,2020 年 7 月 17 日访问。

本书研究创客空间组成要素、地理分布、文化理念等更为综合的考量因素，将所考察的对象在"后创客空间"的语境中分为三类，即原真型（authentic）创客空间、集聚型创客空间及摩登型创客空间（表2-6-1）。其中，原真型创客空间，以深圳柴火创客空间为代表，由早期创客运动推动者创立。"原真性"（authenticity）主要在文化遗产保护相关的学科中被提及，拥有真实性、完整性的内涵，此概念借鉴在"原真型创客空间"中，指的是该类创客空间最大限度地保有创客空间起源时的特征，特别是在以3D打印机、激光切割机为主的工具配备上，明显区别于其他类型的创客空间。集聚型创客空间，指在地理位置上集聚在一起的创客空间，以位于深圳湾创业广场的各个创客空间的集合为代表，其具有政府规划意志；而集聚在华强北片区的各创客空间，则存在依托产业链自发形成、集团与政府共同规划的情况。两种不同的集聚类型均存在资源的快速整合与共享的突出优势。摩登型创客空间，主要为联合办公空间，注重空间设计感、网络密布全国乃至世界，宣扬未来性，注重市场与大客户合作，同时也具有先锋的理念，典型代表为WeWork。

表2-6-1 三类"后创客空间"

类型	特点	案例
原真型	最大限度地保有创客空间起源时的特征，工具为其组成要素	柴火创客空间、开放创新实验室
集聚型	地理位置上集聚在一起，实现资源的快速整合与共享	深圳湾创业广场、华强北片区各创客空间
摩登型	注重空间设计感，关注市场，全国性与全球化联动	WeWork、思微SimplyWork

通过对"后创客空间"进行分类研究，本章将进一步分析阐释不同类型的"后创客空间"所包含的文化精神，从而探索创客空间文化精神与青年创新文化之间的关联。

(三)后创客空间的青年创新文化特质

由"后创客空间"窥探青年创新文化,首先离不开对空间的认识与思考。有关空间的研究,最具代表性的即为爱德华·W. 索亚(Edward W. Soja)关于"第一空间""第二空间""第三空间"的论述。"第一空间"即为物质空间,强调空间的物质性;"第二空间"是"构想性空间",是空间中的思想;"第三空间"是真实又想象化的存在,具有空间性、社会性、历史性[①],是对第一、第二空间的解构与重构。将"后创客空间"由"第一空间"向"第三空间"推进研究,我们发现,"后创客空间"在物质性的"第一空间"层面表现出很强的共享性,形成共享文化精神;在思想凝结的"第二空间"层面,则表现为对原有创客文化中的 DIY 特征进行了升华,形成 DIT 文化精神[②];最后,在包含并超越物质性与思想性的"第三空间"层面,"后创客空间"作为物质与思想的整体,与产业、文化进行"对话",由此体现出可沟通文化精神。

三个层面的文化精神,丰沛了"后创客空间"的创新文化氛围,创新的机会与可能在共享、DIT 以及可沟通的过程中得以产生,并被不断扩大、延展;创新的因子随着空间的流动得以扩散、传播,逐渐形成创新的网络;创新网络不仅激发个人创新,更能吸引、凝结创新力量,在创新空间的生产与再生产中,沉淀为"后创客空间"的青年创新文化。三类"后创客空间",在不同程度上体现着三个层面的文化精神,实践出形态各异的青年创新文化。

1. 共享文化精神

谈论创客文化中的共享精神,研究者多归功于"开源",即开放源代码。通过开源软件、硬件的使用,创客能够实现产品原型的制作,化想法为实物,进一步地,部分创客将优化后的代码

---

① 爱德华·W. 索亚:《重描城市空间的地理性历史——〈后大都市〉第一部分"导论"》,包亚明主编:《后大都市与文化研究》,上海:上海教育出版社,2005年,第12页。

② DIT, Do It Together, 意为"大家一起做",后文将做详述。

通过网络虚拟社区再传播，形成一种源源不断的技术共享流，成就了创客文化中的共享精神。

实际上，在创客空间中最直观可见的共享形式是物质空间的共享，即空间在"第一空间"层面表现出共享的特点。可共享的物质空间，是青年创新文化中必要的"硬件"。

参与到空间共享过程中的，主要为公共空间，其中最具代表性的空间形式为路演厅/报告厅。路演厅，或称报告厅，是"后创客空间"的产物之一，因为创客文化起源的车库没有路演厅、创客空间刚建立之时也没有路演厅，甚至在原真型创客空间中，我们也没发现路演厅的存在。作为整个创客空间中占地面积最大的公共空间，路演厅拥有齐全的展示设备，用于宣讲、培训或举办赛事的场地，是整个创客空间人员流动最大的地带。并非所有创客空间都配备报告厅，但路演厅却是创客空间引以为傲的硬件设施，可以视作为一种空间的竞争力。"后创客空间"的路演厅具有自由性与开放性的特征，我们所考察的创客空间的路演厅，可以说都不设有固定座位，即使有摆放整齐的桌椅，也是可以根据现场需求而随意更改位置。除少数路演厅设有门禁外，几乎都以开放性空间的形式呈现，即与创客空间中的其他空间自然衔接，意味着任何经由此地的人可以随时加入。通过路演厅的连接，信息得以面对面地共享。

所考察原真型创客空间的代表——柴火创客空间，其路演厅/报告厅以阶梯形式设计，呈现出另一种空间流动的特征（图2-6-1）。观众席高于演讲台的空间结构，在一定程度上改变了观众与讲演者的关系，讲演者以更为谦逊的姿态出现，弱化其灌输、教授、布道的形象，平衡了共享的局面。与此同时，座席的设置并非通过椅子的形式呈现，而是以一整个平面为单位构成一层座席，观众可散布在报告厅座席的任何一点之上。如此可密可疏的座席设置，创造了多样的观众互联方式。每遇参与人数众多时，观众充分靠近，或会不小心触碰到旁人，换来相视一笑、接着开启交流，形成"微共享"；如参与人数不多，观众则拥有更多自由移动的可能，达到最为舒适的聆听状态。

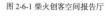
图 2-6-1 柴火创客空间报告厅

另一个具有共享性的区域，为创客空间中的休闲区，其中，集聚型创客空间及摩登型创客空间更注重对休闲区的打造。集聚型创客空间的休闲区，除规划在空间之外的区域外，有些会在空间内部开辟休闲区，供入驻会员休憩、会客、交流使用。摩登型创客空间的休闲区，是最富设计感与功能性的区域，也是整个空间的核心组成。以 WeWork 为例，其在深圳共有 4 个门店，分别拥有不同的主题风格，主要体现在休闲区的设计上。相对于门禁森严的办公空间，休闲区是开放度最高的空间，同时具有多种功能，除休闲会客外，这里也是移动办公工位的所在地。值得一提的是，租赁移动办公工位的会员，可以使用全球任何一家 WeWork 中空闲的移动工位，可见如此设置的休闲区展现了非常强大的共享能力。

更为有趣的是空间的共享还体现在某一空间拥有"自定义功能"的能力。柴火创客空间可以说是空间自由度极强的创客空间，除固定工位外，支付少量会员费的会员配有自由工位，而自由工位则处于一个公共空间之中，它可能会为一个工作坊使用，也可以成为活动举办时的展示空间，因此自由工位是不固定的，也是会被占用的。即使付费，也存在被共同使用或让渡的可能，这就是存在于"自定义功能"的共享空间中一种独特的文化，需要接受这样的共享文化，才能够更好地融入创客空间之中。同时，在这样一个充满自由性的空间中，更多机会与可能就会被创造出来。比如，免费加入"占用"空间的工作坊、近距离地参加活动、与更多的陌生人进行交流。

特别地，集聚型创客空间除各个空间内部存在共享性空间外，还拥有以公共服务平台为代表的共享特征。公共服务平台在地理位置上镶嵌分布于各个创客空间之间，实现空间与服务的双重共享。以深圳湾创业广场为例，这里是创客空间的集聚地，作者在 2018 年 7 月实地考察时共有 22 家，同时也聚集着相当丰富的公共服务平台，提供人力资源、技术、市场、知识产权、教育、公共文化等各类服务，共计 15 个（表 2-6-2）。广场周围有 10 大银行及数家投资机构，为创业广场所在的公司、个人提供服务。此外，律师事务所、投融资机构也入驻创业广场，提供法律、投融资服务等。入驻该广场的各类小微企业、创业团队，甚至个人，能够在广场获得创业所需的几乎全部的服务，节约了大量的时间成本。以"服务"为线索的空间布局，整合了空间资源，提高了办事效率，增加了创客空间的吸引力，也是共享文化精神在"后创客空间"新的表现形式,即依靠自上而下的力量搭建共享平台、提供共享机会。

表 2-6-2 深圳湾创业广场公共服务平台

基础类平台	专业技术类平台	市场类平台	知识产权类平台	教育及文化类平台
软件产业基地公共服务大厅	软件产业基地云计算数据中心	软件产业基地会展服务中心	国家知识产权局深圳代办处	软件产业基地英语培训服务中心
软件产业基地人力资源及劳动服务中心	软件产业基地认证检测服务中心	软件产业基地中小企业品牌加速器	软件产业基地专利技术投资运营中心	浙江大学 MBA 深圳办事处
软件产业基地政府采购服务平台	软件产业基地中小企业上市服务中心			上海交通大学深圳 MBA 教学中心
				软件产业基地运动研究院
				深圳市科技图书馆分馆

综上,我们发现共享文化精神源于创客空间中具有开放性、自由性、公共性的物质空间。原真型创客空间中的共享文化精神,体现在物质空间功能的自由变换之中;集聚型创客空间则以资源共享充分体现了共享文化精神;摩登型创客空间,则通过全球化的空间共享,传达共享文化精神。野中郁次郎的 SECI 模型描述企业的知识生产过程,强调隐性知识与显性知识之间的相互转化。模型中第一种模式"潜移默化"[①]指隐性知识向隐性知识的转化,即通过观察、模仿和实践的方式,由共享经历建立起隐性知识的过程,知识创新便在知识的转化中得以形成,最直观地体现在面对面的、同一个空间内的互动。"后创客空间"所提供的各类共享空间,支持了知识的转化,从而刺激了创新的流动。开放的、自由的、公共的物质空间,因其具有灵活性与便利性,能提供更多共享的机会与可能,在共享化的过程中,信息与知识得以转化,

① 饶勇:《知识生产的动态过程与知识型企业的创建——对野中郁次郎 SECI 知识转化模型的扩展与例证分析》,载《经济管理》,2003 年第 4 期,第 44—49 页。

最终形成创新。

2. DIT 文化精神

DIY（Do It Yourself，自己动手做）是创客文化的核心精神之一，随着创客运动不断发展，逐渐演变为 DIT（Do It Together，大家一起做）的文化精神。DIT 文化精神在融合创客文化 DIY 精神的同时，主张协作关系的建立，即不仅强调动手去做，更强调协同动手使产品落地。

在创客空间中，活跃着许多个人以及小型团队，其中，原真型创客空间中个人入驻的情况最为典型。在"双创"写入政府工作报告前后的一段时间，活跃着许多真正意义上的青年"创客"。一部分青年或辞去工作、或在工作之余纷纷前去，从焊接电路板的硬件工程师，到痴迷于格斗机器人的"发烧友"，或参加工作坊、或投入产品的研发之中，享受着动手制造的乐趣。这部分青年创客有强烈的身份认同感，他们知晓克里斯·安德森关于"创客"概念的阐释，也深受史蒂夫·乔布斯等早期"创客"的鼓舞，以"亲自动手制作一个自己真正想要的产品"为追求，重视理想与爱好，往往不计回报地投入时间和金钱去开发一款属于自己的产品：

当时很多人就是玩嘛，就是兴趣爱好吧，大家就想着把它做出来。就是很简单的一个思维，就是我有一个想法，然后把它实现出来，就这么简单。

柴火创客空间创客 F，男，"90 后"

以兴趣爱好为出发点的早期青年创客，传递着自由、分享、DIY 的创客精神。

随着越来越多的青年创客聚集在柴火创客空间，DIY 的精神逐渐升华，即创客们意识到仅仅局限于自己动手是远远不够的，同在一个创客空间、面对各有技能的创客，只有充分利用资源、寻求合作机会，才能收获更多：

（创客）越来越被别人接受，越来越多的人参与进来。慢慢地大家就会觉得，一个人并不能做全所有的东西，大家会觉得我有我的技能、他有他的技能，就可以组成一个团队，把产品量产出来，然后做成一个商品，卖出去。不同领域的人才发挥各自的优势。

柴火创客空间创客 F，男，"90 后"

因此，在"后创客空间"中，拥有 DIT 文化精神，也就意味着拥有更多创新、创造的机会与可能。

在"后创客时代"，光凭爱好、止步于产业化的创客，已经无法拥有更好的出路，因此"后创客空间"也应该从激活创客与创客之间协作创造的火花，推动创客群体向产业化方向发展。柴火创客空间引以为傲的一款产品"嘻哈面霜"（图 2-6-2），就是 DIT 文化精神发挥极致的结果，也是原真型创客空间产业化探索的重要代表作品：

我们团队不仅进行了产品的创意、原型的设计，也联系了厂商做批量化生产，从设计到生产用了 41 天的时间。当时天猫欢聚日，两万个盒子当天全部卖出去了。

柴火创客空间运营人员，女，"90 后"

通过 DIT 的方式，大大缩短了产品研发的时间，激发了团队的创造力，对于创客空间而言，也能够因此累积丰富的团队协作、多方合作的经验。协作共赢，是创客及创客空间可持续发展的必然选择。

图 2-6-2 柴创客空间的"嘻哈面霜"

此外，DIT 文化精神还表现在"工具"的使用之中，同样，在原真型创客空间中更为显著。工具象征着创造与实践，激发人们动手创造的欲望，赋予空间新的意义，创客空间之所以独具特色、拥有源源不断的创新力，很大程度是因为工具的存在。美国的创客文化发源于车库，最重要的构成就是工具。原真型创客空间明显区别于其他两类创客空间的特点，就是配备有专业的工具供入驻的创客使用，这样的创客空间更强调创造、制造的精神，在很大程度上可以激发创客动手制造的潜能。创客实际上是一份强专业性的"职业"，早期就体现在能够运用工具、拥有专业技能上，比如前文所提到的曾风靡于创客群体中的焊接电路板技能，以及运用开源软硬件的技能。少数创客有熟练使用数控车床、铣床、磨床等复杂设备的专业技能。这就产生了一个问题，即工具产生的区隔——是不是不会、不熟练使用工具，就无法成为一名成功的、有价值的创客？在"后创客空间"中，答案是否定的，因为工具的使用，尤其是专业工具的使用，往往可以通过寻求帮助的方式或协作的过程来进行：

工具如果你会操作我们是提供给你的，但如果你不会操作，我们不会让你去接触，会找相关配套的设备老师帮你去完成……这个工作间是小批量生产间，可以提需求请员工做焊接……我们拥有小型 3D 打印机，如果你要打印大型的，我们会联系供应商给你报价。

柴火创客空间运营人员，女，"90 后"

而在集聚型及摩登型创客空间中，入驻会员以公司居多，并且不强调亲自动手制造产品，却也存在公司之间的相互协作，比如入驻公司有从事设计行业的，就可以给同创客空间的其他公司进行视觉形象设计；从事数据行业的，则可以提供数据挖掘、大数据分析等的协助。这个过程一般是收费的，作为提供协作公司的业务之一；当然也存在不收取费用"友情协作"的情况。

在"后创客空间"中，人与人之间的关系更为多元而紧密，是孕育 DIT 文化精神的肥沃土壤。个人与个人、个人与团队、团队与团队之间的协作随时随处可以发生，包容并超越创客文化中的 DIY 精神、不执着于独自一人埋头苦干，DIT 文化精神所体现的协作共赢，是铺就创客产业化之路不可或缺的因素。原真型创客空间中 DIT 文化精神通过工具的使用得以体现，而在集聚型创客空间及摩登型创客空间中，DIT 文化精神则体现在了各入驻公司的相互业务往来之中。协作创新超越了以往创客只依靠兴趣爱好、单打独斗而获得的成就，一方面激励青年创客持续不断地创造，另一方面通过相互学习、交流营造出更为浓厚的创新文化氛围。

3. 可沟通文化精神

可沟通性（communicative）被广泛运用在关于城市的研究之中，形成"可沟通城市"的议题，我国学者从传播学角度深入分析，得出城市"可沟通性"有着"连接、流动、对等、融通"①的内涵。城市作为更宏大、包罗万象的空间,其构成要素、社会实践及实践的意义,对"后创客空间"的研究有着借鉴作用。

"后创客空间"的可沟通性,首先体现在流动与连接的过程中。以原真型创客空间——柴火创客空间为例,其可沟通文化精神充分体现在国际化的交流之中。一方面,柴火创客空间是众多国际知名创客活动的举办空间,比如全球开放科学硬件大会便于2018年10月在此举办公众开放日活动。另一方面,柴火创客空间吸引了许多国际知名的创客前来交流,比如米奇·奥德曼就在2018年11月通过组织HACKER TRIP TO CHINA(HTTC)的项目,同团队一起来到深圳柴火创客空间,并开展了交流活动。除此之外,不断有国外的创客社群发起活动,比如MakeFashion联合创始人就曾邀请所有愿意来到柴火创客空间的人,加入可穿戴电子时装制作的工作坊。柴火创客空间也成为许多国外创客的"打卡"胜地,在柴火创客空间,可以看到许多慕名而来的国际友人参加活动或是做简单的参访,更有一部分国外创客入驻成为会员。柴火创客空间因此被建构成一个极具国际化场景的空间,会让人恍惚间忘记自己身处深圳,更像是在硅谷。流动的人群将空间内外的理念、思想、文化连接到一起,使物理位置上固定的空间在社会的、历史的层面上流动起来,机会也因此被创造出来。比如众筹平台Kickstarter相关负责人不止一次前往柴火创客空间,与入驻创客谈项目合作;日本索尼半导体解决方案公司于2019年4月在柴火创客空间举办工作坊,并与表现突出的团队深入合作;德国机构School of Machines曾在我国举办"中国制造"付费工作坊,并向柴火提供一个免费名额供会员申请。

接着,"后创客空间"的可沟通性体现在对等与融通之中,即空间拥有"对话"的能力、将观念及文化融会贯通的能力。创

---

① 谢静:《可沟通城市:网络社会的新城市主张》,载《新闻与传播研究》,2015年第7期,第22页。

客是新兴的概念，不同群体对其的理解存在一定区隔，尤其是传统行业对"创客究竟能做什么"存在很大的疑惑。在这样的现状下，创客空间就起到了打通壁垒、连通二者进行"对话"的关键作用。柴火创客空间在为四川某茶园进行环境数据监测方案的硬件系统升级维护时，创始人潘昊说道："我们希望通过更多这样的尝试，让更多来自深圳，甚至全球的技术，走进国内更偏远的地区和产业，服务产业需求。"

此外，创客空间亦通过战略合作的方式形成与产业"对话"的可能。比如柴火创客空间与意大利开源硬件和软件平台Arduino战略合作的案例，其中最主要的内容是为中国本土创客提供更为丰富的开源服务——提供中文服务、本地化课程服务以及扩大应用场景——所形成的共识对本国创客及创客文化的发展都有很大的促进作用，同时也为西方开源精神文化融合进我国开辟了更宽广的路径。

更进一步地，"后创客空间"的可沟通文化精神强调创客空间的中介（mediation）特质。"中介化"是对人类传播/交往形态转换的一个概括，即经由传媒中介的社会交往和互动，有别于面对面的社会交往和互动。① "后创客空间"作为媒介，为不经由空间的人、物、精神实现交往互动提供了动能。在技术上，体现为虚拟平台/网络的建构，即"后创客空间"的会员系统。摩登型创客空间WeWork拥有全球连通的会员系统，PC端、移动端均可登录操作，会员除运用系统管理个人信息、查看服务信息外，还可发起活动、享受权益、在线交流、加入兴趣小组等，形成一个全球性的网络虚拟社区，实现非在地会员之间的互动交往。在精神层面，"后创客空间"通过精神空间的生产，将各自的理念与文化进行扩散与传播，实现多元文化的交流碰撞。

① 潘忠党：《"玩转我的iPhone，搞掂我的世界！"——探讨新传媒技术应用中的"中介化"和"驯化"》，载《苏州大学学报》（哲学社会科学版），2014年第4期，第153—162页。

可沟通文化精神，旨在通过新事物的不断涌入与输出，刺激创新、传播创新、织构创新网络，进而促使创客空间成为可有效交流、互动与对话，以及自由生产创新精神、包容文化认同的、创新文化内涵丰沛的"后创客空间"。原真型创客空间由于业界知名度高，往往拥有更多的机会与话语权，通过可沟通文化精神的不断发扬，对行业的创新发展更为有利。集聚型创客空间虽然在地理位置上紧密相连，却在内部的组织上较为松散，故其体现的可沟通文化精神较弱。摩登型创客空间的可沟通文化精神则多存在于虚拟社区之中，创造在地与非在地会员沟通交流的机会，通过持续的互动交往，形成创新力量。

（四）后创客空间的创新文化反思

创新文化是一种能够激发人们的创新意识和创新热情、增强创新动力和创新能力、鼓励和保障创新行为、为创新活动提供广阔空间的文化模式、文化环境。[①]"后创客空间"所蕴含的共享、DIT、可沟通文化精神，营造出独特的创新文化。共享文化精神包含了创新所特需的开放与自由；DIT文化精神则突显了创新过程中协作的重要性；可沟通文化精神深刻体现了"后创客空间"连接、流动、对等、融通的内涵，促进了创新网络的织构。

然而，三类"后创客空间"同样也在一定程度上阻碍了创新的生成，在对创新的鼓励、增强青年创新动力方面，存在不足之处。原真型创客空间，往往具有较为严苛的准入门槛，比如柴火创客空间仅支持专业创客（makerpros）入驻，会员加入柴火创客空间之前，必须提交详细的个人技能说明、项目及需求情况描述的会员申请，经过"柴火造物中心"工作人员评估申请者与中心所能提供的资源、服务（包括设备、空间、商业资源及专家库）两者的匹配度，双向契合才可成为会员。集聚型创客空间，则由

---

① 李正风、胡钰：《建设创新型国家——面向未来的重大抉择》，北京：人民出版社，2007年，第221—222页。

于政府资金的支持,将更多的资源提供给热门行业,比如生物医药、人工智能等,这样的现状,一方面限制创新的多样化发展;另一方面会出现一定数量的投机取巧者滥竽充数,干扰真正的创新。摩登型创客空间,一直因其地产性质而被诟病,只要能够承担相应的租金,就可以获得进入空间的权利,尽管对青年创新创业体现出极大的宽容度,却在创新的转化方面存在一定的欠缺,其所蕴含的创新动能需要运营者想方设法来营造,比如举办派对、广告营销等,同时将更多的精力投入在为大客户提供空间解决方案之中,因而无法充分盘活入驻企业或个人,形成自发的、有效的互动,创新活力激发不足。

在资源愈发紧缺的今天,各创客空间一方面在寻找差异化运营的思路;另一方面又必将综合考虑产业化的、可持续的发展路径,如何在保有创客精神及文化的基础上,营造出更有利于青年创客创新的文化氛围,是"后创客空间"时代的践行者与开拓者需要时刻深思的问题。

七、"透明文化":创新企业的想象力和创新力

粤港澳大湾区自提出以来一直处于加速发展之中,深圳作为经济特区也始终发挥着重要作用,不断凭借创新实现华丽转身,成为中国经济新常态下的创新先锋。2018年1月,国家统计局把"动漫、游戏数字内容服务"纳入了战略性新兴产业分类,而深

圳市创梦天地科技控股有限公司（以下简称创梦天地）便是一家以手机游戏为核心业务的数字娱乐平台，一直是深圳创新中的重要力量。提到创梦天地，可能大多数人都会感到陌生，但如果提及《纪念碑谷》《神庙逃亡》这些曾经风靡一时，直到今天仍然拥有很多用户的手游，一定是很多人曾经的娱乐消遣之一——创梦天地旗下的乐逗游戏便是这些手游的发行商。作为在全国位居前列的独立手游发行商，创梦天地这头深圳"独角兽"近年来的发展势头十分迅猛，不仅和腾讯达成多项合作，更是于2018年12月6日在香港交易所正式挂牌上市，开始了新的起点与征程。在手游领域征战至今，想象力与创新力一直是创梦天地不可缺少的重要基因，同样也是粤港澳大湾区企业创新文化中的重要驱动因子。

（一）创梦天地：湾区里的"独角兽"

创梦天地位于深圳市科兴科技园内，是一家以技术为核心的数字娱乐平台，提供游戏、漫画等精品IP[①]内容，以及信息服务、线上用户服务和线下娱乐等数字娱乐服务，其中手游业务一直是创梦天地的核心业务领域，并一直在全国处于领先地位，获得了2018年十大"白马奖"、2018年"移动游戏时代最具影响力作品"、2019年"港股上市公司最具创新力奖"等荣誉。同时，创梦天地和深圳的关系极为密切，曾获得"2015年深圳市文化创意百强企业"称号，并担任"2017—2020年度深圳市互联网文化市场协会副会长单位"，其CEO陈湘宇也获得了2017年"首届深圳青年创业年度风云人物"的称号。可见，无论是行业地位、创新发展还是和深圳的关系，创梦天地都是进行深圳企业创新文化研究的范本。不仅如此，创梦天地还于2019年11月在深圳举办了第二届全球游戏开发者大会，依托粤港澳大湾区打造一个全球游戏产业交易与交流平台。

---

① 对文创作品的统称，包括文学、影视、动漫、游戏等。能够仅凭自身的吸引力在多个平台上获得流量，就是一个IP。

1. "独角兽"的深圳筑梦之路

创梦天地成立于 2011 年，由当时只有十几人的小团队经营手机游戏发行业务；2012 年成功发行当年风靡一时的手游《神庙逃亡》；2013 年发行《地铁跑酷》；2014 年登陆纳斯达克，成为纳斯达克史上最年轻的上市公司；2015 年发行的《纪念碑谷》至今仍是手游榜单中的热门。2016 年自研大型 MMO（Massive Multiplayer Online，大型多人在线游戏）手游产品，并从纳斯达克退市，成功完成私有化；2017 年发行热门手游《梦幻大作战》《喵星花园》等，成立 indieSKY，大力扶持独立游戏，并和腾讯达成重要合作；2018 年推出原创网络漫画《零一之道》；2019 年 5 月携手腾讯引进海外创意游戏，推出手游《带你回家》，并成功举办澳门首届电竞嘉年华活动。

回望创梦天地短短几年的筑梦之路，从只有十几个人的小团队到在香港正式上市，从只是代理发行手游到开始自主研发，创梦天地一路高歌猛进，如今的创梦天地市场估值已突破 56 亿港币，早已成为深圳的一头蓄势待发的"独角兽"。

创梦天地将所发行的游戏作为服务来进行运营，大部分游戏均为免费，收入来自销售游戏内的虚拟物品，并围绕优质内容以及平台资源开展泛娱乐全产业链的投资布局，打造线上线下用户娱乐生活圈。同时创梦天地也在不断提升及扩大自身多元化的数字娱乐服务，包括电竞和漫画方面，如 IPG 俱乐部、社交游戏平台"一起玩"以及腾讯视频好时光等。近日又宣布与中国台湾东立出版社达成战略合作，取得台湾知名漫画《火凤燎原》IP 的动画、游戏等多项改编运营权。在电竞方面，创梦天地早就投资了王思聪的熊猫 TV，2018 年又投资了 NW 俱乐部，成立自己的战队 IDS，打造了一个包括战队、赛事、直播、线下等在内的全民电竞平台，并计划集结粤港澳三地的优势，把深圳打造为中国的电竞之都。而作为深圳市四大支柱产业和战略新兴产业之一，文创产业一直在不断得到重视，创梦天地便借势而为于2017年创立了创梦文娱，一个以 IP 内容制作、运营、发行、商业化为核心的泛娱乐业务品牌，包含原创、联合孵化、战略投资、线下产业联动等多种模式，在业务模式创新上更上一层楼。

全产业链的布局和丰富的数字娱乐活动也使创梦天地的利润额与用户指数年年攀升，据财华社公布，截至 2019 年 12 月 31 日，创梦天地年度应占年度利润 3.52 亿元，收入同比上升 18.1%，主要由游戏和信息服务业务所带动。另外，创梦天地的平均月活跃用户从 2018 年的 1.292 亿人增加到 2019 年的 1.313 亿人，这意味着创梦天地能将用户通过游戏内道具付费（IAP）、广告付费和订阅模式相结合的方式进行变现，同时创梦的 IAP 月付费用户数（MPU）从 2018 年的 670 万人减少到 2019 年的 570 万人，但每月付费用户平均收入（ARPPU）从 2018 年的 24.5 元增加至 2019 年的 31.9 元。[1]

2. 腾讯系手游的补位者

说到中国手游市场，不得不提的就是腾讯的《王者荣耀》和网易的《阴阳师》，尤其是腾讯，在 2017 年的游戏营收达到 1179 亿元，掌控了整个中国游戏市场的资金。根据投资分析公司 Digi-Capital 最新的报告显示，截至 2018 年第一季度，全球四成以上游戏公司的投资资金都来自腾讯，从资金规模看腾讯占据全球游戏总投资额的 75%。[2] 腾讯的锋芒过于强大，如何巧妙地避开并走出自己的道路，是创梦天地一直以来在思索的事情。而在 2018 年创梦天地递交的招股书中，却处处可见腾讯的影子，作为同在深圳的企业，躲避不如合作，这是创梦天地选择的一条独特

---

[1] 财华社：《创梦天地 (01119-HK)2019 年度平均月活跃用户增加到 1.313 亿人》，http://finance.sina.com.cn/stock/relnews/hk/2020-03-27/doc-iimxyqwa3434093.shtml，2020 年 7 月 17 日访问。

[2] 199IT：《Digi-Capital：腾讯主宰 220 亿美元游戏市场（过去 12 个月）》，http://www.199it.com/archives/713403.html，2020 年 7 月 17 日访问。

的创新之路——做腾讯系手游的补位者。

腾讯系游戏最大的特点便在于获取客户的成本非常低，而游戏商业化的回报周期又短，因此大多都是中重度游戏的精品化调优，但腾讯目前已经不再涉及天花板较低的垂直细分品类，而这正是创梦天地的优势和机会。

有关数据显示，2017年创梦天地旗下的《地铁跑酷》和《神庙逃亡2》的MAU（Monthly Active User，月活跃用户数）分别为1970万和1110万人。① 而另一款手游《梦幻花园》在2018年2月的月活跃用户数也已达到1320万人。② 数据带来的说服力是毫无疑问的，创梦天地拥有着优越的游戏发行能力，而且能够创新地将海外爆款游戏针对中国市场进行落地转化，如将《地铁跑酷》的背景设置在北京的地铁上，在人物的设置上提供了诸如齐天大圣孙悟空这种极具中国元素的选择等，而用户需要付费来使用这些功能和形象。

除了在手游类型方面做腾讯内容生态的补位者之外，创梦天地还与腾讯展开了不同层面上的合作，关联交易多达七项，其中包括：好时光影游社合作协议、支付服务框架协议、产品及服务购买框架协议、版权合作好时光影游广告合作框架协议、游戏合作框架等。在IP当道的市场环境下，创梦天地与腾讯的合作主要以内容为核心：2017年创梦天地与腾讯旗下的阅文集团成立合资公司共同开发网文IP，次年腾讯动漫与创梦文娱一起开发原创漫画《零一之道》以及腾讯动漫头部作品《我是大神仙》的全产业链IP。对于腾讯而言，为何寻求一个做手游的企业来合作动漫项目？显然腾讯动漫看重的是创梦天地积攒已久的游戏基因和用户资源，由于在游戏领域的巨大成就，创梦天地能够更清楚地了解用户希望在动漫中出现的虚拟游戏形象，再进一步通过技术将想

① 中国证券报·中证网：《"腾讯系"创梦天地二次上市登陆港交所》，http://finance.sina.com.cn/roll/2018-12-06/doc-ihprknvt4397044.shtml，2020年7月20日访问。
② 游资网：《继〈梦幻花园〉后创梦天地独家发行全球游戏下载榜冠军〈梦幻家园〉》，https://www.gameres.com/812778.html，2020年7月20日访问。

象呈现在屏幕之上。

在国内手游市场被腾讯和网易两大巨头瓜分殆尽的夹缝之中，尤其是在深圳以腾讯为霸主、西山居和第七大道等企业为强劲竞争对手的生存状态下，创梦天地聪明地选择了和腾讯达成一系列战略合作，这不仅给公司在用户流量、内容及技术方面带来优势，更加可以借助腾讯所赋予的势能，成为在中国游戏产业"拐点"转型时期的支点之一。

3. 明星股东与赴港上市

创梦天地的筑梦之路并不是平坦的，经历了从 2015 年成为纳斯达克最年轻的上市公司，到 2016 年最终不敌美国资本看不起中国游戏产业的魔咒完成退市并私有化，在短短一年之间，创梦天地可谓是瞬息万变、风起云涌。但创梦天地却巧妙地通过当时的退市和私有化实现了更多计划，除了在业务上更加有效地整合产业资源、引进合伙人机制和吸引青年人才之外，最主要的自然是引入了重要的战略投资者。

在创梦天地于 2018 年 5 月份递交的招股书中，处处可见让人眼前一亮的股东名字：腾讯为管理层以外最大机构股东，上市前持有 20.65% 股份，同时创梦天地是腾讯目前为止在中国所投资的唯一的一家手游发行商；一直处于娱乐话题风口浪尖的王思聪的普思资本持有 3.38% 的股权；已故"赌王"何鸿燊的家族基金也有入股这家企业，其太太梁安琪的 Vigo Global 持有创梦天地 1.11% 的股权，此外"赌王"和梁安琪的儿子何猷君则出任了创梦天地的首席营销官。同时，创梦天地成功吸引了京东以及全球第二大游戏公司索尼作为投资者，双方已各认购 500 万美元股份，约分别占 2018 年 IPO 发行量的 4% 至 5%。

在众多明星股东的加持下，创梦天地最终在 2018 年 12 月 6 日 9 点 30 分于香港交易所正式挂牌上市，创梦天地首席财务官雷俊文在采访中表示："公司上半年游戏业务增长 49.29%，这是远超行业的增速，另外，我们的 IP 原创与发展、电竞业务、线下店业务也有很大的市场空间。"① 可见，创梦天地从纳斯达克走到香港，最终在寒冬中翻盘上市，这头诞生在湾区里的"独角兽"，终究会有属于自己的筑梦之路。

① 游资网：《创梦天地香港主板挂牌 明星股东齐站台》，https://www.gameres.com/830682.html，2020 年 7 月 17 日访问。

（二）上层文化之创新：随性但不随意

企业文化是一个公司价值观和信念的体现，它包括文化观念、价值观念、企业精神、道德规范、行为准则等，作为企业一以贯之的文化核心体现在日常管理运行的各个方面。作为以手游为核心业务的数字娱乐平台，创梦天地的企业文化自然离不开创新、用户以及娱乐，以"正直、创新、简单、进取"为核心价值观，以"满足用户需求、超越用户期待、为客户创造价值"为行为准则，以"连接人和娱乐"为使命，以"让快乐更有价值"为愿景是创梦天地企业文化的重要内容。在企业内部，处处可以看到充满"创梦"文化色彩的地方，无论是管理措施、办公布局还是工作氛围，都是如此"随性"，但却绝不"随意"，这也是创梦天地创新文化的重要体现。

1. 正直、创新、简单、进取

作为创梦天地的企业价值观，"正直、创新、简单、进取"一直被每一位员工牢记在心中，不仅在刚入职的员工培训中会进行重点讲解，同时也在日常生活中处处得到体现。正直，不论对做人还是对做企业来说都是首要准则，在竞争激烈、鱼龙混杂的游戏市场更是应该始终坚守的第一要义；创新，是创梦天地能够不断向前迈步的动力来源；简单，是创梦天地"透明"文化的重要体现；进取，更是这头深圳"独角兽"在互联网公司行业内能够长久立足的不二法门。

创梦天地人事行政部主管菜菜在接受访谈时表示，其中，最重要也是最有"创梦"特色的便是"创新"和"简单"。

首先，创新便是更加自由化的管理方式。对于一家做手游的互联网公司来说，创新的表现不仅仅在于产品、内容的产出，更多的还体现在一种自由化的管理和企业氛围之中。

"核心办公时间"制。"其实公司对于创新各方面，我觉得一直还是比较开放式的，尤其是在管理上更加自由化了，"创梦天地用研部的主管王某谈到，"之前公司有段时间是有上下班打卡这种制度的，但最近新的一个方向政策是希望大家不被这个时间给框死。"作为一个互联网公司，尤其是有新产品要发布的时候，晚上加班到 12 点、1 点其实是一种常态，如果第二天早上仍然要求员工 9 点来上班，未免会影响工作效率，也不利于员工的身体健康，"其实我们现在已经在实行弹性工作制了。"王某补充道。所谓的"弹性工作制"是指创梦天地目前在实行的"核心办公时间"制，要求员工的工作时长在一定时间内（八小时）即可。"其实就相当于你玩游戏时的在线时长，我第一次到公司打卡跟我最后下班打卡之间这个时间段和公司规定的八小时吻合就符合要求，"王某解释道，"比如说我早上 10 点钟来上班，把中间休息的时间扣除，只要满足八小时就 OK。"这一上班制度在公司得到了绝大多数人的认同。

自由化的沟通渠道。除了自由化的管理之外，给员工创造一个自由舒适的工作氛围其实很重要，而创梦天地则意识到了这一点，实行扁平化的三级组织架构，整个公司只有大部门之间会有小组的区分，十分注重员工之间的自由沟通与交流。王某介绍道：

"其实对我们来说，沟通平台不是特别唯一和重要，我们会有多种沟通平台如乐享、企业微信、微信群、邮件等，交流其实对我们来说是多方面的。"在创梦，员工之间的沟通只有线上线下的区别。从线下来看，最简单最直接的沟通就是到工位上去找到这个人，大家直接预约一个时间开会，一起处理一份报告得出一个结果。"每次一个新产品要上线了，我们就会组织一个线下的会议去确定大家要做的事情，我觉得这才是最有效率的。"王某谈道；对于线上来说，除了乐享、企业微信、邮件，员工们会使用一种叫TAPD的办公工具，"比如说某个产品小组想要做一个研究和调研，就可以在上面提出这个需求，通过这个工具我们就可以进行接收并给到他们反馈。"

其次，简单就是随性但不随意。 在创梦天地，"简单"一直是所有人所遵循的工作处事原则，越"简单"越"高效"，越"简单"越"创新"，是创梦天地悟出的成功之道。创梦天地作为互联网公司，尤其是以手游为主要业务的公司，每天要面对瞬息万变的互联网世界，需要与时俱进抓住用户的喜好与需求，因此尽量省略工作中不必要的流程，更加强调成果和效率，是创梦天地"简单"文化的重要体现。在创梦天地，层级上的审批流程主要分为两方面，一方面是比较严格的情况，例如申请研发项目经费或是高层级领导的指令，必须要按照严格的审批流程来做，这样才能对自己的下级、团队成员负责。但另一方面，创梦天地则更加鼓励开放式的沟通，例如员工对游戏或是产品存在意见和建议都可以直接提出来，只要你有想法都是鼓励的。在员工内部的交流平台乐享上，有一些完全匿名的聊天发帖区域，每个员工都可以基于自己的想法提出意见和建议，再由其他人做出解答。"我们每周都会有两次内部会议，每周一会确定这周所有工作上的安排，每周五则会做一个反馈的总结，"王某介绍道，"每次开会我们都会在团队内部做一个'三长两短'的总结，每个人回顾一下你三个做得好的地方和两个做得不好的地方,就是特意突出你的长处,是因为要激励大家有好的方向去努力,当然也有做得不好的地方,所以那两个短处也要说出来,但是长处比短处多。"这种方式在创梦大获好评,不仅可以使员工清晰地认识到这一周的工作成果,也为接下来的一周确立了目标,不仅减少了烦琐的总结汇报流程,也大大提高了工作效率。"如果我们要做一个访谈或者一个新产品,我不需要你坐在位置上,你跑去盛大也好跑去大学城那边也好,只要有这样的资源,能找到这样的人我们都是鼓励你去做的。你完全可以随性,但绝对不能随意,"王某继续谈道,"而且我们公司有线下店,你甚至可以今天就蹲一天的线下店,找到来线下店的用户问他喜欢的一些游戏以及使用习惯等,我们看重的是效率。"王某表示,不管是做项目也好,研发产品也好,首先要瞄准你的目标和目的,过程其实可以灵活地优化调整,当然这一过程一定是基于一个很科学的理论基础,这个是不能偏的,其他的方式、方法其实都没有很严格的要求。在创梦天地,只要你有所产出,能够让别人看到你的工作效率,就算过程"随性"一些,也并没有什么关系。

2. CEO 的透明玻璃墙

在创梦天地,最引人瞩目的便是创始人 CEO 陈湘宇的办公室,这位年轻的"80 后"一手创办了同样年轻的深圳"独角兽"企业并成功上市,不仅有着优秀的生意头脑,在管理公司方面更是不断创新。在陈湘宇的提议下,公司所有高管的办公室完全"透明化",打通厚实的墙壁而选择用透明玻璃墙取而代之,任何一位员工在经过时都可以将 CEO 的办公室一览眼底(图 2-7-1)。"我们每一位高管的办公室都是全透明的玻璃墙,"陈湘宇在一次采访中谈到,"在高速竞争的环境中,必须要确保快速解决问题,我们提倡的简单就是人事关系简单,提高效率,好好说话,杜绝一切内耗。"陈湘宇办公室的摆设极其简单，宽大的办公桌、简洁的字画、巨大的落地窗，这和他常年在外出差也有很大关系，而其他高管的办公室则各有特色，你可以看到满橱窗的手办模型，也可以看到一盘还没有下完的棋局，甚至可以直接跑到领导办公室去"蹭"一杯好茶。"高管办公室的透明化是我们 CEO 极力要求的，"人事行政部门主管菜菜谈到一件趣事，"其实一开始玻璃墙中间还没有这一道贴纸，有一次 CEO 不小心撞到了头才让我们在中间贴上东西。"

图 2-7-1 创梦天地高管办公室

陈湘宇所提倡的这种"透明"办公逐渐发展成为创梦天地的"透明文化"，在上下级相处模式上体现得尤为明显。公司所有高管办公室的门都是敞开的，员工有什么问题、意见、建议，可以直接进高管办公室去说，每个月管理层还会和员工一起吃饭，员工可以在吃饭过程中问各种事情。"我们一共有 12 个高管，一个高管一个月，正好一年，"菜菜介绍道，"虽然这种形式对于老员工来说没什么，但对新员工来说是一个很好的交流机会，还会被高管的魅力所征服。"可以看出，在创梦天地，层级关系并不是特别的严密，甚至就算只是一个毕业实习生，只要你有好的想法提出来，都会被 CEO 关注到，而这种高层的创新开放态度形成了创梦天地独有的"透明"上下级相处模式，也为整个企业营造了开放创新的氛围。

（三）探秘创梦天地创新"空间"

企业"空间"体现着一个企业的地理位置、办公布局，更是一个企业价值观念和文化特色的凝聚，无论是物理空间的构造还是人文"空间"的经营，它都使得一个企业的精神内涵体现在企业空间中的一桌一室、一草一木上。而于创梦天地这头湾区"独角兽"而言，不仅在外部处于粤港澳大湾区的独特优势空间之中，更是在内部空间处处凸显出其创新文化的独特色彩。

1. 全开放：创梦天地的"透明文化"

创梦天地位于深圳市科兴科技园 A3 单元的 16 层，整个楼层的办公空间被全部打通，出了电梯，两侧便是公司的前台，整体呈回字形结构，公司的主要部门都集中在一个统一的大空间之中，没有墙壁更没有隔间的区分，在员工的工位上你甚至看不到内部电话，"我们公司更倾向面对面的沟通交流，部门和部门之间的沟通简单透明，这是最高效的方式。"莱莱介绍道。由于是全开放的办公空间，不同部门之间没有明显的区隔，有时候竞争小组甚至就是"背靠背"的关系，产品的研发进程、组员们之间的讨论全都毫不避讳，"比如我们发现某一个部门的氛围特别好，和旁边其他部门形成鲜明的对比，我们就会鼓励周边部门去分析为什么别人做得好，将其作为学习的标杆。"这种良好的团队氛围将创梦天地的"透明文化"展现得淋漓尽致，而物理空间上的"透明化"给创梦天地的人文"空间"的营造提供了便利的条件，在无形之中也形成了轻松融洽的工作氛围。"公司氛围整体来说还是比较活跃的，气氛相对会比较友善和友好，"员工小 L 在接受访谈时谈到,"当然面对一些严肃的一些事情,大家肯定也会有一些争执,但是都是对事不对人的那种,正常上班时间我们还是尽量保持严肃一点,但晚上八九点钟以后,大家时常也会加班,这时候的氛围可能会轻松一点。"除了工作氛围上的轻松融洽,创梦天地也在尽量给员工提供一个舒适的工作环境:随时保持供应充足的茶水间;露天阳台上的清新绿植;娱乐室里的游戏机和零食柜(图 2-7-2)……在创梦天地的任何一个角落,你都可以看到诸如此类的创意"空间"。

图 2-7-2 休息室一角的游戏机和零食柜

2. 包容个性:工位上的"手办展"

如果你参观了创梦天地的办公室,你一定惊讶于这里员工们个性化的体现,你可以穿洛丽塔裙、汉服,甚至 Cosplay① 来上班,你可以告诉同事你是萝莉爱好者,你可以在没有灵感时跑去休息室玩游戏机,你甚至可以在这里找到隐匿在日常生活之中不同"圈子"里的同好。由于创梦天地以手游、动漫为主要业务,公司里的 ACG(Animation, Comics, Games,动画、漫画、游戏的总称)爱好者们不在少数,再加上工位空间十分自由,员工们可以随意

① Cosplay,英文 Costume Play 的缩写,指利用服装、饰品、道具以及化妆来扮演动漫、游戏等作品中的人物。

摆放自己喜欢的东西，如手办、模型、公仔等，品牌开发组甚至还在公司集体养了一只仓鼠，就是因为要画以仓鼠为原型的漫画。"公司一共有四个公用架子，上面摆放的全是大家的各种游戏、动漫手办，在 AI 小组那边还有一张桌子，满桌子全部都是手办，"王某介绍道，"包括我的两个桌子上也全都是手办和公仔，你也可以看到大家的工位上还会放一些模型枪和棒球棍，这简直是个大型 ACG 手办展会现场！"（图 2-7-3）

图 2-7-3 王某工位上的部分手办

除了可以穿自己喜欢的服饰上班、在工位上随意摆放手办之外，创梦天地还有很多有"创梦"特色的社团，比如电玩俱乐部，动漫社、桌游社等。"其实公司在文化上我觉得还是很丰富的，像桌游、篮球、游泳、羽毛球等体育向的，还有游戏向的如电玩俱乐部，"王某介绍道，"其实电玩俱乐部就像是大家的聚集点，员工们经常会在休息时间扫码去借（电玩）来玩，这也是一种解压方式，顺便在玩游戏中找找创新灵感。"可见，在创梦"空间"中，员工们的个性并没有被压抑，而是被鼓励着从而激发出他们更多的创新与创造力。

（四）创新中的青年：人人都是"筑梦师"

　　一个企业的创新无论如何都离不开人才，尤其是创梦天地这样的互联网公司，在手游业务领域精耕数年，又恰逢粤港澳大湾区快速发展的重要时刻，在深圳这样一个充满创新力的城市中，想象力与创造力已经成为其不断前进的力量来源，而人才乃是保持创新活力的不二法门。因此创梦天地格外重视青年人才，在招聘、学习培训、鼓励创新、福利政策等方面都下足了功夫，而对于这些选择了创梦天地的青年们来说，创新使他们能够在这里发挥最大的能量，成为一个又一个游戏幻想世界中的"筑梦师"。

　　1. 招揽人才

　　创梦天地在全球拥有员工近 800 人，大多是 27—28 岁的年轻人，平均年龄为 29.1 岁（截至 2018 年 10 月访谈前），用 CEO 陈湘宇的话说就是："我们的目标用户就是这个年龄段的，我们也更有信心和能力去做自己喜欢的事情，而且只要是我们自己喜欢的，用户自然也会喜欢。"公司员工中有三分之二是男性，其中 40% 以上都是研发人员，学历以本科为主并且一直在不断引入高素质和专业人才。在社招方面，创梦天地非常注重人才的经验以及做过项目的经历，而校招则比较看重人才的知识积累以及创新意识，"只要有愿意学习努力的心，可以看到他的创新能力，即使只是刚刚步入社会的毕业生，我们也是愿意培养的。"菜菜表示。在人才培养方面，创梦天地实行导师制，每个新人在刚加入创梦时都会被分到一位导师，不仅会指导工作业务上的事情，还会负责生活方面的内容，创梦天地有着十分体系化的培训活动，每位新员工都会参加为期三个月的新人训练营，"几乎每周都有内部的交流学习，或者偶尔请业界大佬比如腾讯的一些老师过来上课。"菜菜介绍道。在晋升渠道方面，创梦天地的人才晋升体系比较完善、灵活，员工如果表现很好并且业务突出，甚至可以直接提拔做主管；就算在管理方面比较欠缺，公司的 HRBP（人力资源业务线）也会对他进行专门的指导培训，这种创新式的晋升渠道能够更加激发出每一位员工的进取心和拼搏精神。

同时，借助深圳这一"创客之都"十分重视教育和人才的优势，创梦天地在和周边高校人才的联系方面也尤为密切。"其实我们也会去到一些高校，跟一些 95 后的学生去聊他们喜欢的事情和关注的热点，"员工小 L 表示，"这些都可能会是未来的一些趋势，或者可能发展成趋势的一些点。"据了解，创梦天地会经常深入一些高校去调研年轻人的市场和他们的偏好，基于这些趋势判断去探索一些创新的或有意思的东西，再结合到目前的业务和游戏当中，以确保他们做出的产品永远不会过时，永远充满新意。"比如说离得很近的深圳大学文科学院，我们就会跟他们的学生团体有一些合作或者赞助。首先肯定是有一定的商业目的，比如说会有夹带赞助品牌的这种展览，但更重要的是基于我们团队来说，我会希望能接触到更多年轻的人群或事物，去看一下他们的生活，他们的偏好，他们的想法，因为往后去发展，慢慢地"95 后""00 后"逐渐会变成我们的目标用户，我们需要不断创新才能保持发展。"小 L 介绍道。不仅如此，创梦天地还和全国其他高校有很多合作，比如中山大学、华南师范大学等，在公司正门处便挂着"中山大学法学院教学实习基地""华南师范大学数学科学学院大数据人才培养基地"等合作牌。重视青年人才，在青年中找寻创新灵感，是创梦天地在手游领域能够不断推陈出新的重要力量来源。

2. 不断学习

在创梦天地，招揽青年人才只是实现创新的第一步，而不断学习、一直保持着给自己"充电"的状态，才是能够不断坚持创新的关键。

"游研社"资料库。员工小L介绍，创梦天地内部存在着信息的层级关系，他们有一个虚拟组织叫"游研社"，经常会有一些外部的信息资料如行业报告等会同步到文库分享给大家。而文库也分为三个层级：第一个层级就是外部可公开的报告，可能也会有需要付费购买的，但只要是对外公开的，公司都会买来给员工们分享，这是最低的一个层级。第二个层级是公司内部产品的调研报告，这一部分只对高管层和部分部门负责人才开放权限，因为涉及每个还未发布产品的详细研究报告，所以并不会开放给所有人。"但有时某个团队可能也会把自己的产品报告用邮件的形式同步给所有人，这是让他们对自己所做的产品有一个了解，但如果是其他跨品类的产品，还是要保持一定的敏感性。"小L介绍道。第三个层级则是一些更为敏感的信息报告，这一部分信息在分享的时候会做一些"脱敏"处理，并不会违反公司规定和法律规定，然后再在公司内部进行二次分享，尽量让大家都能看到这些信息。这种创新的层级式信息分享模式，既保证了公司内部信息必要的私密性，又使得员工们可以随时了解到外部信息和行业动态，是创梦天地企业创新文化的重要表现之一。

"充电"读书角。在创梦天地不同的休息区里，放满了书籍的书架，这是用来给员工随时进行"充电"的读书角，在创梦天地看来，知识的积累和沉淀永远都是不够的，要想创新，就需要让自己时刻保持摄取知识的"充电"状态，这样才不会被别人落下。"我们有很多个读书角，我觉得书籍是一个很底层的东西，你需要有底层的知识来积累，去保证你整个大的方向或整个大的思维方式是没错的，"小L介绍道，"平常大家都会去借阅，而且我们要求在读完之后去和大家分享你获得了什么信息，再一起交流探讨，然后运用到团队当中去。"

大佬分享会。除了内部的资料共享和读书"充电"之外，创梦天地还会经常组织一些分享交流会，据小 L 介绍，更多的时候他们分享的不一定是技术，而是基于外部行业信息的快速传递。每个月公司都会在大会议室进行内外部的分享，还会请一些腾讯、知名公众号、自媒体等的大佬们过来上课交流，尽量给员工提供更多的学习交流机会。"比如上周末我们主管去参加了'国际体验设计大会'，参加完之后，下午就整理了分享材料，今晚可能就会给大家做一个二次分享。"小 L 介绍道。

3. 鼓励创新

无论是招揽优秀青年人才还是鼓励员工不断学习，最终都还是要回归到创新上去，创新是互联网公司必须遵循的路径，更是在深圳这一创新型城市中立足的重要使命。唯有不断创新，才能融入粤港澳大湾区迅速发展的激流之中，也唯有坚持创新，才能使每位青年都能成为自己心中的那个"筑梦师"。

加大研发投入。一直以来，创梦天地都在不断加大研发经费的投入，除了代理发行国外人气火爆的手游之外，公司亦有花资源在研发自家游戏上，目前已有 16 款自研游戏在运营，同时预期未来将会花 IPO 集资额约 23%（约 1.80 亿港元）用于加强内部研发能力。上市之前创梦天地公开的招股书中显示，公司共运营 55 款游戏，其中创梦天地官方认可的火爆游戏共 11 款，10 款来自授权，占比 90.91%；即将上市的 13 款游戏，8 款来自授权，5 款来自自研，自研的比例占 38.46%。

人人都是"体验师"。据小 L 介绍，创梦天地有自己的一套产品上新测试模式，首先会在公司内部论坛上发布这个新产品，大家可以进行试玩并分享自己的感受、提出优化建议，如果参与其中并且建议被采纳，就会获得奖励。"我举一个我觉得还挺好的例子，原来我们有一个产品是《天天跑酷》，当时我们发起过一个叫'人人都是体验师'的活动，就类似于全民体验师这种，大家都可以去体验这个游戏，然后基于你对游戏的看法，可以提出你的一些建议或意见。"小L介绍道。据了解，当时有一个其他项目组的员工，基于这个游戏提交了一篇大概有十页Word文档的策划案，连后期整个运营思路方向都写得很清楚，这篇策划案当时引起了公司内部不小的轰动，大家都认为比较可行，里面的很多点是可以去落地、落实的，所以到最后都转化成了研发方向上的实际改动。"其实我觉得无论结果如何，他的付出是被认可的，当时公司直接就把一个全新的手机作为最高奖励发给他，这其实会在很大程度上激励我们不断提出自己的新想法，不断去创新。"不仅如此，凡是创梦天地研发出了新的产品之后，都会在公司内找一些玩家或者拉一个兴趣群，让自己的员工先去玩，先去体验，让他们提出一些意见或者建议，同时公司会提供相应的奖励措施，比如会奖励一些周边、公仔、手办，或者直接发放购物卡。据小L介绍，他们在这周内就会有三个产品会做类似于这种的体验活动。"我们也会根据产品的节奏不定期地搞一些比赛，不仅有公司内部的，外部也会有，主要还是为了让大家更加熟悉自己所做出来的产品，才能更好地去创新。"

在迭代中创新。在互联网时代，产品的更新换代每天都在发生，作为以手游为主要业务的互联网公司，更是需要鼓励不断去创新，不断去迭代，所有东西都是很迅速的，不创新就会落后。在创梦天地，只要你对产品有着自己的想法，并且基本方向是没错的，那你的新思路、新想法，所有新的东西，只要大家讨论之后没有一些逻辑上的问题，其实这些建议大多数都会被采纳，或者说是被采纳之后做一些完善、修改之后再去应用。"本身互联网尤其是游戏这块,其实就是需要鼓励不断地去创新,因为互联网一直在强调迭代,快速的迭代,"小 L 表示,"甚至现在互联网也不太细分各种品类行业了,比如说我们也会学习拼多多、派派以及其他很多应用,只要是好产品,我们都可以去分享和分析,这可能就是跨行业跨品类的创新。"同时创梦天地非常注重年轻一代人的想法,这特别体现在公司对于新人尤其是刚毕业的学生的重视,不仅是希望他们尽快融入团队,更重要的是创梦需要这些年轻新鲜的血液来为公司的创新添砖加瓦。小 L 表示在某一固定行业领域工作久了之后,思想有时候会被固化,但毕业生对于他们来说则是刚进入社会的,反而思路会更加开阔,"所以有时候反而我们还会去倾听他们的一些建议跟想法,说不定能给我们带来更多的启发,或者说一些新的建议和方向。"

4. "小恩小惠"

为了让青年人才更好地在创梦天地发挥自己的创新力和创造力,公司还会从各个方面为员工提供关怀和福利,用这些"小恩小惠"来增加员工的集体感和认同感。据菜菜介绍,每位通过校招进入创梦天地的新人都会享有 150 天的住房补贴,但也有且仅有 150 天,"因为我们认为这 150 天已经足够让一个有规划有能力的人去适应深圳这座城市,找到自己的落脚点,如果不行的话,只能说明你的能力还不够。"同时,创梦天地会对研发、管理等核心部门的骨干人才提供特殊的补贴和关怀,除了商定好的薪资待遇之外,还会更加注重人文关怀,尽力去解决他们的住房需求,避免家庭因素对工作的过多影响。创梦天地十分珍惜各种高端人才,希望他们能够全身心投入工作,回馈以更多的创造力。不仅如此,如果某个项目组正处于研发过程中的关键时期,行政部还会提供免费的早餐、下午茶,同时公司还会按照部门的人头数提供团建经费，用来支持各种聚餐和娱乐活动。"每次只要有新员工入职或者转岗离岗，我们都会有这种小型的聚会，只要你去申请，就可以得到相应的经费。"小L介绍道。除此之外，创梦天地还会为生日在同一月份的员工集体过生日，3月7日女生节时CEO还为每一位女员工亲自送花和小礼物，公司每年都会举办各种团建活动如"乐逗杯"羽毛球赛、篮球赛，组织员工去日本、巴厘岛旅行等。通过这些无微不至、充满"创梦"特色和人文色彩的"小恩小惠"，创梦天地想让每一位选择创梦天地的青年"筑梦师"获得更多认同感，从而激发出更多的创新力。

结　语

　　本章从企业文化、创新理念、创新氛围、创新"空间"、人才管理等方面探究了创梦天地企业创新文化的表现形式。作为在手游领域一直处于领先地位的互联网公司，"创新"不仅是创梦天地的核心价值观之一，更是创梦天地在瞬息万变的时代能够不断推出新产品、抢夺用户资源的制胜法宝。从2011年小小的十几人团队，到2018年在香港成功上市，创梦天地才刚刚走过自己的第十个年头，却早已成为粤港澳大湾区激流中的"弄潮儿"，成为深圳创新文化的重要驱动因子。对创梦天地企业创新文化的探究不仅有助于我们更加了解深圳创新文化的表现形式，更为本项目组在接下来对深圳以及粤港澳大湾区其他企业的创新研究提供了新的思路借鉴。

八、创新基因解码：彼此成就和持续创新的企业文化

2016 年的猴年春晚上，540 台 Alpha 1S 机器人"一跳而红"，优必选随之被人们熟知。深圳优必选科技有限公司（简称优必选）是一家 2012 年 3 月成立的初创企业，以人形服务机器人的核心技术——伺服舵机的研发起家，到现在已经成长为一家集人工智能和人形机器人研发、平台软件开发运用及产品销售等为一体的高科技企业。截至 2018 年 5 月 3 号，其估值已经超过 50 亿美元，是目前中国人形机器人领域唯一的"独角兽"企业。

在短短七年的时间里，优必选是如何实现快速成长，保持发展势头，并进一步激发和释放企业对于深圳乃至全国机器人发展的引领和推动作用？十年前，机器人在国内是一个新兴领域，没有人形服务家庭机器人的概念，更没有可以模仿跟随的成品，很多技术和功能都要靠创新。创新是优必选发展的原动力，持续创新成就今日的优必选。文化是企业的灵魂，创新通常是在特定的文化氛围下进行，因此独有的企业创新文化也是优必选成功的关键之一。在现有的研究中，对于优必选的报道多着眼于机器人本身的介绍或者是企业投资等最新消息播报，而系统地去挖掘优必选企业创新文化的研究并不多见，且记叙论述型研究居多，实证研究不足。本章在文献研究的基础上，深度访谈了优必选 5 名中高层及基层员工，并在公司内部走访调研，对于优必选的企业文化进行了深层次的分析和解读，冀望通过展现和讨论创新文化对于企业创新的影响，增强对企业创新管理的了解。

（一）优必选的创新成长路径

1. 优必选的创新之始：不忘初心，方得始终

优必选成立之初，人形机器人研发作为一个新兴领域，国内市场上几乎找不到任何可以模仿的产品。虽然日本已经有人形机器人，但无法自定义动作、价格过高难以实现量产，所以若要机器人走出实验室、走进市场，中间的困难和坎坷可想而知。但优必选创始人周剑坚定认为未来机器人会进入每个家庭，成为"家庭成员"，陪伴下一代人成长："很多人问我，人形机器人商业化如此困难，优必选为什么还一直坚持，是不是傻啊？也许我们是真傻，但我们因为相信而看见，大型商业化人形机器人一定是未来，是主动数据的入口，等有一天你明白就来不及了，优必选不是第一天在傻傻坚持了，未来属于执着的'傻子'。"①

这份执着也鼓励着优必选的员工。2016年1月，优必选创立初期，研发部员工许鹏举就已入职。在接受我们访谈的时候他表示："我们老板在优必选最困难的时候，卖房卖车都没有拖欠过员工的工资，即使是离职的员工也从未抱怨过老板。老板的这种执着，也是我跟随他的原因。"

创新不同于追随，创新是做前人没有做过的工作，创新的过程中充满了风险和困难，特别是重大科技项目的创新，其选题方向、技术目标和路径、切入点等需要经过反复思考，创新者对自己的选择和决定必须具有坚定的信心，才能开始进行研究工作，才能克服困难，取得胜利。因此，对科技工作来说，需要自信、自信、再自信，在任何情况下，都要坚信经过自己反复思考的奋斗目标是一定能实现的，这是科技创新最终取得成功的前提和基础。

---

① 极客公园：《优必选：要赚钱，但也要有长期的技术研发》，https://new.qq.com/omn/20180113/20180113G0PU0F.html，2020年7月23日访问。

2. 优必选的发展战略与产品安排：打造机器人生态圈

作为中国人形机器人行业的"独角兽"，优必选着眼于"家庭入口级的机器人"的研究，目前开发了五类不同面向的核心产品，包括主打教育娱乐市场的 Alpha 1 Pro 和 Alpha Ebot、平台级智能家庭机器人 Alpha 2 和 Qrobot Alpha、主打 STEM 教育市场的智能编程机器人 Jimu、面向行业应用的智能云平台商用服务机器人 Cruzr（图 2-8-1）和双足机器人 Walker、具备多种功能的可定制型智能巡检机器人 ATRIS。

图 2-8-1 优必选开发的机器人 Cruzr

优必选团队于 2018 年 9 月发布了与腾讯叮当联合研发的首款便携式人形智能机器人"悟空"。灵巧的外观便于携带，加之仿人形交互细节设计综合成"悟空"萌趣、调皮的性格。除了拍照、打电话、视频监控、教儿童编程、人脸识别、语音操控等功能之外，优必选在"悟空"的设计中融入相对高级的人工智能技术，使"悟空"能够进行年龄估算、物体识别、人体姿态检测以及姿态 3D 重建用以模仿人类动作。

宏观来看，优必选商业布局涉及娱乐、教育、家庭和商用服务领域。优必选从机器人的核心动力源——伺服舵机研发起步，逐步建立起国内商业化人形机器人王国，积极打造"硬件＋软件＋服务＋内容"的机器人生态圈，尤其是在 STEM 教育领域的探索实践。2016 年优必选发布 Jimu 机器人系列，将机器人"拆解"成"积木"，用户可以自由搭建，使用手机编程进行控制。Jimu 机器人系列已进驻全球近 500 家苹果门店和 Apple.com 线上商城。此外，优必选与曼彻斯特足球俱乐部、漫威漫画公司、迪士尼公司、中央美术学院、上海当代美术馆达成合作。

3. 优必选的创新成果：用核心专利打造"护城河"

国内对知识产权越来越重视，专利资产在市场竞争中无疑是技术实力和创新能力的有力证明，是公司发展、融资评估的重要指标。在欧美等知识产权强保护地区参与市场竞争过程中，专利护航至关重要。留学归来的周剑也深知知识产权在高新技术产业中的核心地位。自 2012 年企业成立，优必选就视"卓越创新"为企业发展的核心价值，视技术创新为企业生命，重新定义"中国制造"，以科技为创新着力点，持续高速地开发新产品和推出新服务。

国家知识产权局的专利公布公告显示系统显示，截至 2019 年 7 月 10 日，优必选已经获得涉及发明公布、发明授权、实用新型和外观设计共 583 项专利。优必选专利总监穆裕在采访中提道："优必选对知识产权工作的重视，既是为了保护自主创新成果，也是为了构筑技术壁垒，保持行业竞争优势。与此同时，优必选 2015 年和 2016 年海外市场销售额占公司整体份额的 60% 左右，在欧美等知识产权强保护地区参与市场竞争过程中，专利护航至关重要。专利资产无疑是技术实力和创新能力的有力证明。"[①]因此从硬件设备到软件创新及数据处理方法，从零部件到外观设

---

① 中国知识产权报：《优必选：用创新基因驱动机器人行稳致远》，http://www.cneip.org.cn/html/16/29248.html，2020 年 7 月 21 日访问。

计,甚至是基于用户体验的"微创新",优必选的科技都申请了专利保护,构建了全方位的专利保护系统。为此,优必选内部还设置了专门的专利申请部门,为鼓励员工申请专利,对于专利第一开发人,公司会有3000—5000元的奖励。

(二)优必选的企业文化与创新能力形成

1. 核心价值观对企业的影响

斯蒂芬·P. 罗宾斯(Stephen P. Robbins)把文化分为强文化和弱文化,认为:"在强文化(strong cultures)中,组织的核心价值观得到强烈的认可和广泛的认同。接受这种核心价值观的组织成员越多,他们对这种价值观的信仰越坚定、组织文化就越强……在强文化中,组织成员对于组织的立场有着高度一致的看法。这种目标的一致导致了内聚力、忠诚感和组织承诺。"[①] 文化是企业的灵魂,企业在技术创新中的差异归根结底是企业间文化价值观的差异。企业的基础价值与基本理念传输给员工,形成彼此一致的组织文化,激发员工们为自己的信仰而工作的热情,自此形成高涨的使命感,引发员工创新力。但由于员工的个体差异,与企业文化之间或多或少产生冲突时,企业价值观提供了问题解决的指导。当企业价值观内化成员工信念时,其行动目标将与企业目标一致,将自身成就与企业成就联系起来。

优必选深谙其道,最初确立了"卓越创新、合作共赢、积极坚韧、简单直接"的企业文化,并将员工对企业文化的理解计入日常考核,加深员工对企业文化的理解,增进员工的归属感与文化共鸣。后来又将企业文化扩展为"卓越创新、合作共赢/彼此成就、积极坚韧、简单直接"。在"合作共赢"的基础上提出"彼此成就",明确了员工之间不仅是合作关系,更是互相依托,强调了员工之间互相监督、互相帮助、互相促进。更为直接的表现为在日常考

---

① 斯蒂芬·P. 罗宾斯:《组织行为学》(第七版),孙健敏、李原译,北京:中国人民大学出版社,1997年,第525页。

核中，上司考核占比20%，同事考核占比80%，员工涨薪升迁主要取决于公司同僚，以此体现员工之间"彼此成就"的关系。

2. 公司人力资源建设

优必选位于深圳市南山区学苑大道南山智园，清华、北大、哈工大的研究生院以及南方科技大学等知名科技院校聚集于此，向优必选输送了众多高级技术人才。同时，深圳作为我国电子信息产业的聚集地，全球领域科技产品制造业的中心之一，经过多年的发展培育了大量的熟练技术工人，也为优必选做量产的机器人提供了可能性。优必选充分利用深圳的区位优势，据了解，截至2018年11月，优必选约有1400名员工，有近一半（约600人）的研发人员在深圳，其余研发人员分布在北京、悉尼的研究所。

"我们需要眼里有光的人"

丹尼尔·H.平克（Daniel H. Pink）的"驱动力"理论指出，对人的驱动，其实经历了1.0、2.0、3.0三个阶段，1.0阶段是以人的生物冲动化生理需求为驱动，满足生存即可；2.0阶段是以外部刺激为驱动，一旦外部刺激消失，动力随之消失；3.0阶段是自驱，也就是内在动机（intrinsic motivation），人们自己去发现新奇事物、进行挑战、拓展并施展才能以及探索和学习。

优必选的招聘哲学是"寻找眼里有光的人"，也就是处于3.0阶段——具有内在动机的人。所谓"眼里有光"，首先是对机器人行业和整个AI行业感兴趣的，其次是喜欢优必选和优必选所生产出来的产品。这样子的员工充满激情，愿意自驱地去投入这个事业。在优必选招聘过程当中，是否具有这种特质是第一道门槛，也决定应聘者的去留。优必选副总裁刘明在接受我们访谈时说道："为什么我们要去选这些'眼里有光'的人呢？这些人不是斤斤计较谈薪酬谈进来的，而是他先相信了这个事业，甚至认为他的人生能因此而改变，或者说人类生活能因为优必选的出现而改变，那这样的人反而我们不会太跟他计较薪酬。因为他的价值观（与企业文化的契合）与综合评价很好的情况下，我们会给他多配股权。而股权的增值空间和想象力是更大的。"

忠诚从被尊重开始

2016年春节开年，优必选创始人周剑走到每位员工的工位发放红包。此情此景，技术部员工许鹏举回忆起来还十分激动："那是我来公司的第一年，创始人周剑不是站在门口等你（员工）去拿红包，他会走到每个人的工位上去发……而别的企业可能会给象征性的一点，（我们的红包）不少，200崭新的……不仅是办公室的研发人员，生产的一线工人也是一样，也是一个一个的去传递。""发红包"这一小事体现着优必选领导层对每位员工的尊重，成为优必选员工对企业忠诚的秘密。除此之外，优必选关注员工日常生活娱乐需求，在公司内部设置健身房（图2-8-2），供员工免费使用，使员工在繁忙工作之余重视自身健康，体现公司对员工的人性关怀。

图 2-8-2 优必选公司内部的健身房

在马斯洛需求层次理论中,"被尊重"是较高层次的心理需求。当员工在企业中获得尊重,认为自己在企业中的地位从被动转向主动时,自我行动与企业战略相关联,将企业文化与自己的价值观相关联。许鹏举说:"就是你看到老板对待自己梦想的态度、对待员工的态度,这些特质就决定了他可能会走得更好。而不是说什么运气怎么样。首先员工认可你这个老板。这一点很重要,非常重要。"

3. 企业、高校、研究院三者协同创新

机器人领域人才稀缺,优必选深谙人才对企业发展的重要性,在企业选址与战略布局中都体现了对人才的重视。优必选展示墙摆满了联合实验室证书,是公司成立以来与各名校合作的成果(图2-8-3)。深圳南山智园附近聚集了多所院校,为优必选发展提供知识人才。与此同时,优必选集结了全球知名高校(如麻省理工学院、加利福尼亚大学伯克利分校、清华大学、华中科技大学、哈尔滨工业大学等)与大型研发机构(如Google机器人研究小组等)的优秀人才,为企业发展蓄力。

图 2-8-3 优必选展示墙

作为核心技术研发中心，优必选研究院的核心团队成员来自南洋理工大学、香港中文大学、清华大学、悉尼大学、巴黎大学、中国科学技术大学等国内外知名学府。作为企业前瞻性创新的核心，优必选研究院也分布在世界各地。优必选副总裁刘明在采访中提到，优必选在悉尼、北京等地设置研究院，方便当地高端人才入职优必选。同时，也为来华外籍人才提供家属探亲等福利。例如作为人工智能和信息科学领域国际知名学者、悉尼大学的陶大成[①]教授，兼职于优必选研究院，为企业发展提供导向性建议。

（三）优必选的创新基因解码

随着国内外学者将生物基因理论应用于计算机、知识创新等不同领域，形成以基因研究为基础的交叉学科，从而对研究各个具体领域提供了新的研究方法。许多创新工作者通过对创新共性特征及衍化规律的探索，形成了如 TRIZ、公理化设计、泛设计理论等创新方法。[②] 不同理论的创新是由众多元素与创新环境或生产条件相互作用的一种活动，既是基于特定目的将若干元素组合并赋予其形状、结构、功能等具体化行为，又是从信息分析到构想、搜索符合问题最佳解答的过程。[③] 由此，创新基因是创新系统有机组成的基本单位。

1. 知识流动是创新的基石

知识流动与企业的成功创新有着密切的关系。创新的过程就是知识的收集、交流、运用和再创造的过程。

企业的中层和基层领导者不仅可以影响企业文化的传递和延续，在知识内、外流动的过程中也扮演着重要角色：他们负责内部的相互交流和对外联络，并在本部门传播从外部收集的信息。在对三星的实证调查中发现，100% 的受访者在工作中需要与同

---

① 陶大成，悉尼大学教授，IEEE、IAPR、OSA、SPIE 会士，IEEE SMC 认知计算技术委员会前主席，澳大利亚国际科学最高荣誉奖项尤里卡（Eureka）奖获得者，被路透社评为工程（2014—2016）与计算机科学（2015—2016）领域高被引学者，获得"世界最具影响力科学思想家"称号。

② 周贤永、陈光：《国际主流技术创新方法的比较分析及其启示》，载《科学学与科学技术管理》，2010 年第 31 卷第 12 期，第 78—85 页。

③ 冯立杰、翟雪琪、岳俊举、王金凤：《创新基因学：概念与理论模型》，载《科技进步与对策》，2015 年第 32 卷第 13 期，第 7—11 页。

部门的人员进行合作和交流；96%的受访者需要与其他部门的人员进行知识传递和信息交流；81%的受访者需要与客户和供应商进行知识传递和信息交流。① 传统格子间式的工位布置已经不能满足公司员工之间交流的需求。麻省理工学院托马斯·艾林（Thomas Allen）对研发实验室的工程师进行十年研究后发现邻近关系的重要性：工作者与座位相邻的同事互动最多，座位距离超过75英尺（约等于22.86米）的工作者之间几乎没有任何交流。创意工作者既需要交流，也需要专心致志地集中精力工作。当工作者的创意工作"流程"被打断，一般需要20至30分钟才能重新集中注意力。② 微软公司与脸书等世界著名互联网公司就摒弃了整齐划一的传统办公区域，注重空间安排的整体性与行走路线的顺畅，方便员工之间的交流。

① 刘雪琳：《企业文化对企业创新的影响》，载《时代金融》，2013第32期，第119—120页。

② 理查德·佛罗里达：《创意阶层的崛起》，司徒爱勤译，北京：中信出版社，2010年，第145页。

优必选在空间布局上极其重视员工之间交流的顺畅。"图书馆"式的工位布置，部门领导与普通员工毗邻而坐，避免了"角落里的管理者与员工无交流"的尴尬局面，撤销了工位隔断，有利于员工之间快速熟络（图2-8-4）。采访中员工温品秀说道："平常坐电梯还聊天聊各种东西的，一般都是优必选的人，而且就算不认识大家看工牌就知道了，你是哪个部门，去干什么，我是谁，一聊就熟悉了。"

图2-8-4 优必选办公室一隅

2. 创新是不断"试错"的过程

创新就是探索未知，没有先例可循，它总是与风险共存，与失败相伴。而失败的意义在于规避了后来者的风险，积累了数据，为新的研究探寻了方向。只有宽容失败，才能形成失败与成功同样重要的价值取向，为创新活动提供精神动力和支撑。①

① 陈畅杰、翟涛、韩子寅、杨星科编著，《创新文化生态系统研究》，北京：科学出版社，2013年，第134页。

《"粤港澳大湾区青年创新文化(深圳)"调查问卷》显示，"您认为深圳的社会创新氛围具有以下哪些特质？"中"容忍失误和失败"的比较均值为3.28，说明青年对深圳社会中容错思想持中立度。在"您认为您所在的单位/学校具有以下哪些特质？"中，"鼓励新观点和新思想"与"奖励创新"的比较均值为3.93、3.92，说明创新在深圳单位环境中具有重要地位。微软作为全球知名的科技公司，十分重视员工创新创意能力的培养，其中重要的一点是，微软对员工的失败不感到意外，原谅富有进取精神的员工偶然的失误。创新有两种，一种是从无到有的创新，一种是从一到多的创新，但无论是哪种创新，都是对未知领域的积极探索。在此大环境下，作为新兴高科技企业，优必选极其重视创新在企业战略的重要地位，创新在"试错""容错"中产生。在访谈中了解到，优必选不仅有高知名度的产品，还有一些知名度较低，甚至未完成的产品。员工许鹏举说："严格意义上来讲有成功的产品吗？现在为止，我的理解(优必选)没有成功的产品，包括积木，包括mini，包括'悟空'，大家都认为很好。可是我觉得还不够好，至少说它没有广泛地被消费者所认可……我记得Alpha系列中的一个产品(后来也)没怎么大规模运营维护，就那个样子了。相对这几款产品来讲的话，这算是失败的。所以大家都有这样一个认知，允许失败。也正是因为有了之前(的经验)，'悟空'这个产品有所提升……整个公司容错机制做得还蛮好。"

机器人领域本身就是一个新兴的行业，尤其是家庭服务类机器人，没有前人的经验和模板可以参考，各种不确定因素致使出现差错成为一种不可避免的常态，优必选的这种容错氛围，能够给工作中出现失误的员工予以支持。社会交换理论认为，当受惠人得到他人的恩惠时，会在心里产生互惠天平，为维持天平的平衡会产生回报的意愿。① 在企业容错低的环境中，员工自我效能感较低，在工作的时候遇到困难或遭遇挫折时，往往不能做出自我调整，员工循规蹈矩意识较强，创新意识不足。随着企业容错度的不断提升，企业容错会被员工看作企业及同事给予的一种恩惠，基于互惠规范，会在员工心里产生互惠天平，员工会对企业产生亏欠感和回报义务感，进而通过增加额外的付出来回报企业，如努力工作、积极创新等行为，表现出较高的创新行为，正所谓"知恩图报""士为知己者死"。同时，在这种氛围下，员工会认为企业支持其创新活动，差错也是自己内部可控因素，可以从差错中吸取教训，探索改进方法，帮助其消除顾虑与不安，不断增强创新意愿。此外，员工在创新过程中出现差错也能为企业其他员工提供可借鉴经验，降低探索成本。

① 张军伟、龙立荣：《领导宽恕与员工工作绩效的曲线关系：员工尽责性与程序公平的调节作用》，载《管理评论》，2016年第28卷第4期，第134—144页。

3. "彼此成就"，方能持续创新

"彼此成就"后来被写入优必选的企业文化中。前文提到，"彼此成就"是在"合作共赢"的基础上发展的，更加强调企业与员工之间、员工与员工之间的促进关系。这种关系体现在员工工作的方方面面。

在对优必选副总裁刘明的访谈中了解到，优必选成立初期，员工较少，还未形成成熟的公司工作制度与流程，每个员工都需要了解公司运转的各个环节，以备做"螺丝钉"。随着优必选不断发展，企业员工群体不断壮大，部门之间互相协助仍是优必选企业运转高效的秘诀。

在员工招聘中，业务部门与人力资源协同需求，保障企业人员科学持久发展。校园招聘看重年轻人的冲劲和梦想，他们更容易接受优必选的企业愿景与理念，获得企业归属感，社会招聘看重青年的资历和经验，两者结合优化员工资源配置。

在日常考核中，员工之间的"彼此成就"更为明显。前文提到，日常考核中员工之间的考核占比80%，上司考核仅占比20%，考核成绩直接影响员工的薪资与职业发展。副总裁刘明说："结合我们公司这种创业公司的特点，我认为人的合作是特别重要的。在创业公司，行业的发展又很有不确定性，大家齐心协力都不一定能把事情做成，那如果大家是分崩离析的话肯定是不行。所以我们（在考核中）刻意加大了同级的权重，同级中又把跨部门的权重也加大。就是同级的一定要占到1/2以上，然后在同级的评价里头，跨部门的评价又要占到1/2以上。通过这种方法让大家关注合作性，不是唯上的。"

员工在职业发展中，与企业也是"彼此成就"的关系。首先，员工的行为直接关系到企业的发展，企业的发展也直接影响员工的工作生活。在采访过程中，优必选员工许鹏举、温品秀等都表示自己认可优必选的企业文化，对企业具有强烈认同感，而这种认同感直接导致员工将自身利益与企业利益相联系。其次，在优必选内部逐渐形成内部立项制。据副总裁刘明介绍，这一机制旨在鼓励员工的创新创造。当员工能够提出与企业发展大方向一致的项目时，优必选投入总项目资金的四分之三；当项目达到一定标准时（内部标准无透露），企业会将此项目购买回来或者追加投资，以此来扶持员工发展。这也是一种对赌。

结语

周剑透露,优必选将于近期上市,"上市后,优必选将成为中国国内机器人上市第一股"①。创意是以人为基础的活动,创新在人的沟通中产生。作为中国国内人形机器人行业的"独角兽",优必选将"彼此成就"灌入企业文化中,并在企业活动中处处体现:工位布置、人员招聘、部门协同、员工考核、内部立项等。通过建立感情纽带实现对员工的"软控制",促进员工对企业文化的认同,成为工作生产活动的内在驱动,以此建立"企业+员工"共同体,从而实现优必选的持续发展。

① 张弘一:《优必选:"一跳而红"的背后》,载《中国企业家》,2017年第24期,第80页。

九、在地化实践:深圳职业技术学院创新文化探索与实践

2018年3月,武汉大学中国科学评价研究中心联合中国科教评价研究院和"中国科教评价网"联合研发的《中国大学及学科专业评价报告 2018—2019》①正式发布,深圳职业技术学院(以下简称深职院)在1341所中国高职高专院校竞争力评价中再度登顶,连续三年蝉联榜首。始建于1993年的深职院,是邓小平同志在视察深圳时,就加快本地教育事业发展提出建议之后迅速筹备成立的。其办学水平一直被公认处于全国领先地位,被誉为中国高职院校中的"清华北大"。全校普通全日制在校生23443人②,2018年招生规模4833人,超85%的生源来

① 本次院校竞争力评价指标体系共设一级指标4个,二级指标13个,三级指标31个。一级指标包括办学能力、科教产出、质量与水平、学校影响力等4个方面,二级指标包括教师队伍、教育经费、项目与平台等13个方面,三级指标包括杰出人才、研究生导师数、专任教师数等31个方面。

② 统计数据截至2017年12月。

自广东省内,同时也对安徽、河南和新疆等 13 个省份招生。[①] 走进深职院,校园里处处充满着生机与活力。留仙洞校区四方广场上的高大棕榈掩映着欧式教学建筑群,西丽湖校区东湖两岸树木葱茏,他们共同见证了深职院二十七年的快速发展。

在深职院建校之初,中国各地对于高等职业技术教育的性质和办学模式还处在探索阶段。虽然为产业培养实用人才的教育目标是明确的,但是什么类型的实用人才是企业所急需的,怎样的模式才能真正实现有效培养,这些都是摆在高职教育管理、理论及实践者面前的问题。深职院借助所在地深圳特区先试先行的创新机制,在国内首创了以职业能力为本位的人才培养模式,并通过成立专业管理委员会,把企业请进课堂,参与学校人才培养的全过程,进而渐渐滋养出弥漫在校园里的创新文化氛围,也培养出一大批满足市场需求的创新型实用人才。学校由此被教育部确认为"国家重点职业技术学院",成为首批国家示范性高等职业院校。深职院的教育创新模式是否具有可复制性和可效仿性?本章通过文献阅读、数据收集、现场考察以及深度访谈等综合研究方法,试图从育人思路和理念、专业设置与课程创新、师资队伍建设三方面对深职院培育"专业技术人才"的创新实验进行考察,旨在探讨职业技术学院教育创新文化的建设情况。

(一)探索育人思路,创新实践理念

就当前资料而言,有关深职院的研究文献并不少,包括深职院自身也在不断总结办学经验。其具有鲜明特色的"官校企行四方联动""产学创用立体推进"办学模式[②],以及"文化育人、复合育人、协同育人"[③]的"三育人工作"办学理念,深入人心。深职院前任院长刘洪一教授具体诠释了"官校企行"和"产学创用"两个核心概念,他认为,"官校企行"分别代表政府、学校、企业和行业四个高职教育运行体系的相关体,四字成句,突出强调

[①] 深圳职业技术学院招生信息网:《深圳职业技术学院 2018 年专科分专业招生计划一览表(广东省内,含深圳)》, https://zhaosheng.szpt.edu.cn/info/1015/1882.htm;《深圳职业技术学院 2018 年专科分专业招生计划一览表(广东省外)》, https://zhaosheng.szpt.edu.cn/info/1015/1883.htm, 2020 年 12 月 6 日访问。

[②] 刘洪一:《"官校企行"四方联动 "产学创用"立体推进——关于高职教育有效运行机制的思考》,载《高等工程教育研究》, 2009 年第 3 期, 第 115—120 页。

[③] 深圳职业技术学院:《生涯教育在三育人模式探索中的应用与实践——以深圳职业技术学院为例》, https://pingshen.szpt.edu.cn/info/3416/9922.htm, 2020 年 12 月 6 日访问。

了四方密切协同的联动机制，其中，推进"学校与企业""学校与行业"之间的合作，既需要政府牵头与企业和行业间进行统筹，又需要企业和行业之间在合作方式、行规指导和标准开发等方面进行协调。"产学创用"是高职教育功能层面基本内容的简约表达。产，即"生产和产品"；学，即"教学"；创，即"创新"；用，即"应用推广和社会服务"，重点强调了创新实践的理念。"官校企行"和"产学创用"的关系表现为在四方联动推动下，创新效果将于产学创用中得到显现，换言之，深职院的高职教育是在生产实践、课堂教学、科技创新和实际应用四位一体的基础上展开的，"必须与社会经济的脉搏一起跳动才能实现理想的教育目标"①。

在创新办学理念方面，"三育人"的提出全面概括了现阶段深职院人才培养模式。所谓"文化育人"，旨在加强"产业文化进校园、工业文化进专业、企业文化进课堂"的载体建设。② 作为学校创新文化品牌活动之一的"丽湖大讲堂"仅2016—2017学年就举办了44场讲座，也就是说，按一学年八个月计，平均每月有超过5场讲座，主讲嘉宾包括中国科学院陈润生院士、中国社科院陈一筼研究员、中国国际象棋男子特级大师叶江川、洲际酒店大华区总裁等一批在学术领域、专业技能服务行业内的学者、专家及"工匠"级技术人才，取得良好成效。③ 创新文化品牌还包括"设计文化节""创意市集""璀璨新星班级才艺大赛"等，在营造良好校园创新文化的同时，也激发出学生的专业热情和学习兴趣，提升了他们的实践能力和专业素养。

我记得我在大二的时候参加过设计文化节，拿的就是上课做的一个景观作业，后来还在这次活动中获了奖。现在你看到我们在工作室里正在搭建的这个景的局部就是用的之前的作业。

文同学，艺术学院环艺专业

---

① 刘洪一：《"官校企行"四方联动 "产学创用"立体推进——关于高职教育有效运行机制的思考》，载《高等工程教育研究》，2009年第3期，第116页。

② 温希东、袁礼：《现代职业教育观念变革与应对实践——以深圳职业技术学院为例》，载《深圳职业技术学院学报》，2016年第5期，第44—49页。

③ 数据来源：《深圳职业技术学院高等职业教育质量年度报告（2018）》。

学生依据兴趣爱好自愿组成的社团文化，在校园创新文化品牌中具有举足轻重的作用。相关数据显示，深职院有近二百个学生社团组织，它们分布在全院各个专业，原则上覆盖到每一位在读学生。社团作为桥梁，不仅能将学生与学生、学生与教师有机连接起来，更重要的是依托社团的各类技能竞赛，使学生与项目、项目与企业得以深度关联，比如机电工程学院与深圳市建筑设计研究总院第三设计院联合创办的空调与节能创新应用协会，再如以"全国职业院校技能大赛"为建设宗旨的数控技术协会和项目驱动的"纸尚纸品创意设计协会"等，都将学生教学与本地企业所需相匹配，将学习与使用，学习与创新紧密结合。学生在校期间经过社团历练，奠定了创新创业的观念和能力基础。林煜茂是深职院的优秀毕业生，他所带领的"纸有创意"创业团队在学校政策扶持下开发出来的环保纸制产品曾经被列为"深圳第二十六届世界大学生夏季运动会"场馆的标准配置，得到社会各界的高度赞赏。毕业后，他和团队创办了"深圳市纸有创意环保纸制品有限公司"，出任执行董事，成为深职院"适应转型，创新取胜"的成功育人范例。在访谈中他认为，学校的日常社团活动培养了他的创业素质，学校的育人理念激发了他的创意潜力。

"复合育人"是针对当前职校毕业生就业率高、离职率高而就业质量低、专业对口率低的困境所提出的人才培养创新模式。具体做法是设立主干专业与拓展专业相叠加的复合式专业平台，合理设置复合课程，完善专业教学计划和复合性课程的配比。"协同育人"则是在复合型人才培养的背景下，通过学校课程、企业实践教学和社会实践活动等方面的协同创新提升学生创新创业意识和能力的举措。深职院下属的各学院结合不同专业、不同行业和不同企业平台创建了各类协同创新中心，比如"信息通信技术协同育人平台""IT国际化人才培养与技术服务协同育人平台"

等,其中艺术学院的"设计之都创意·研发中心"极具代表性。该中心突破传统以课堂为单位的教学模式,致力于打造出一个连接行业、企业及校内师生的畅通交流平台,并努力将三个年级的学生从不同层面介入工作室进行实践,解决常规课程中所学知识单一的问题。① 为达成此目标,该中心引入了一批在国内外具有影响力的设计师、设计教育家和设计团队,与学院师生团队共同进行项目合作。中心以项目制方式展开教学实践,首批成立了七个创意工作室,包括享誉国内外的深圳市平面设计协会领衔的"平面设计创意工作室",国际知名的腾讯用户研究与体验设计中心领衔的"腾讯CDC数字媒体创意工作室",两届世博会中国馆设计总监——中央美术学院黄建成教授领衔的"黄建成空间展示设计创意工作室",国际知名平面设计教育家及奥运会奖牌设计者、中央美术学院肖勇教授领衔的"肖勇平面设计创意工作室",著名工艺美术家刘子龙先生领衔的"刘子龙蜡染艺术创意工作室"等,后来又陆续引入了由深圳市服装行业协会、深圳市工业设计行业协会分头领衔的两个创意工作室。九大创意工作室(图2-9-1),涵盖了该院所有专业,对所有同学开放。创意工作室的建立以及所展开的一系列活动,对校园创新文化氛围,对学生学以致用乃至学习就是为了创造的理念所起到的潜移默化的影响善莫大焉。

① 刘洪一:《协同育人,合作发展——深圳职业技术学院合作企业访谈录》,北京:高等教育出版社,2013年,第178页。

我们室内设计工作室是一个对所有环艺专业同学开放的工作室,只要你有热情、有想法都可以在这里参与设计,指导我们的专业老师会针对作品进行集中点评并给出改进方案,我们在这里能学到课堂上学不到的很多东西。

陈同学,中国建筑学会室内设计分会创意工作室

图 2-9-1 创意工作室外景

与目前一些仍旧采用封闭式教学模式的职业学院相比，这些协同育人平台本着开放共享的精神，力求扩大和惠及学院的所有学生，在提高他们专业技能、动手能力和创新创业意识等方面，的确是走在了高职院校的前列。

（二）灵活设置专业，推动创新课程落地

深圳建市不过四十年，但从开市初的"来料加工"到今日的"创客之城""设计之都"，深圳的产业结构不断优化升级，2009年深圳出台生物、新能源、互联网三大新兴产业发展规划纲要，两年后又出台了新材料、新一代信息技术产业和文化创意产业的发展规划；2013年，又将生命健康、海洋经济、航空航天、智能装备等列为未来重点发展产业。为对接所在城市新产业的不断更迭，深职院充分发挥职业院校在专业设置方面的灵活性，持续推出创新课程，主动对接市场用人需求。

高职教育作为高等教育的组成部分，在专业设置方面相比研究型大学开设本科专业具有更大的变动性和调整性。"船小好调头"，高职教育培养的高级技术应用型专门人才应该与学校所处地区的市场、职业、技术等方面有着更为直接与紧密的联系，因

此专业方向也应该具有较强的职业指向性和业务针对性。深职院在这一方面定位相对明晰,深职院创校校长俞仲文曾一再强调:"哪里有深圳经济的增长点,我们的专业就开到哪里。"老校长这里所强调的正是专业建设能否主动适应本地人才需求,能否量体裁衣为一线企业定向培养急需的技能型、应用型人才以适应产业不断发展的需要。

为了落实专业建设机制,深职院一方面以市场为导向;另一方面则以本地产业指导目录为依据设置专业,同时还设立"专业管理委员会"负责实施。

> 在专业设置上,我们学院如果要设立一个新专业,都会预先认真做好可行性研究。首先是对深圳人才市场的需求情况展开调研,具体内容就包括深入了解该专业的行业规模、发展趋势、技术状况、岗位设置和人才需求等,对生产一线人员的知识素质能力也会展开调查;其次,会认真对照深圳市发改委发布的产业结构调优化和产业导向目录等文件,再组织校内外专家学者对这些调研材料进行论证,作为专业开设的重要依据。
>
> ——艺术学院的设计之都创意·研发中心负责老师

专业认定和实施之后,学校通过专业管理委员会聘请相关行业的顶尖管理和技术专家,对专业进行年度评估论证,以确保学校教育与企业人才需求的高度吻合。高职教育是以社会需求为导向的就业教育,这一性质决定了高职院校,特别是像深职院这样的地方性高职院校的人才培养工作必须十分重视专业建设与产业发展的对接关系,专业管理委员会的建立则确保专业建设能够符合深圳经济、社会发展的需求。

专业管理委员会除了进行上述专业建设和评估外,还需要确立专业的培养目标、审定专业教学计划和各专业课程教学大纲等,这些都体现出深职院对专业课程建设——这一实现高职人才培养目标的重要环节——的高度重视。和大多数学校相似,深职院的课程体系结构中包含基础课、专业基础课和专业课三类,其特色体现在专业基础课和专业课的设置方面。以艺术学院的环艺专业为例,该专业包括了设计色彩、形式语言和造型基础等专业基础课,以及住区景观设计、公共空间设计和空间创意设计等专业课。这样的专业教学是一种纵向为主的框架式课程体系,核心要素是以学科知识结构的完整性、系统性和理论性为依据,以培养学生具有一定的专业理论基础、专业知识面以及较强的创造潜力为目标。也就是说,深职院课程结构体系的创新设置从本质上分析,既不同于"基础课+专业基础课+专业课"的传统普通高等教育的课程结构,也不同于"宽基础+专业方向"的现代普通高等教育的课程结构,它是一个整合理论、实践和素质三者的体系,一方面努力保证理论和实践两条主线的相对独立性,另一方面则更为注重理论和实践的互动性以及学生职业素养的培养和提高。

实操培养的是一种实用型的人才,只能解决一时就业的问题,并不能对其长远的职业发展有帮助;而理论是基础,将决定一个人是否可持续发展。

邓晓生,深职院优秀校友、金元证券公司投资顾问[①]

在具体做法中,深职院课程结构体现出"一对一、三渗透、三结合"的课程内涵,表现出定向性、组合化、模块化的特点。"一对一"即理论课程与实践课程并重,形成两个相对独立的体系;"三渗透"则指基础理论与专业技术理论课程、实践课程及素质课程在一定结合点上又是相互渗透的;"三结合"即专业和技术理论课程、技能训练课程及素质课程三方面围绕职业综合和专项能力的形成紧密结合在一起。[②] 以全校专业就业竞争力统计排名靠前的数字媒体艺术设计专业为例,这一专业的专业理论课程只

---

① 刘洪一:《学以致用,展翅鹏城——深圳职业技术学院校友访谈录》,北京:高等教育出版社,2013年,第61页。

② 李建求:《论高职人才培养模式的若干特征——深圳职业技术学院的探索与实践》,载《职业技术教育》,2001第31期,第19页。

有数字艺术概论和设计基础两门，而提升学生专业综合素质的课程为七门，包括了影视领域的分镜脚本设计、计算机技术方面的程序设计课程以及新媒介技术课程虚拟现实基础等。另外，针对交互媒体和虚拟现实两个专业方向开设了十四门专业课程，内容涉及 WEB 视觉设计制作、UI 设计、虚拟现实程序设计和交互数字内容设计等。深职院还开设了"视觉传播设计与制作"专业，这一专业虽然与很多高校设置的"视觉传达设计"专业名称类似，但内涵上还是有较大差别的。比如深职院在培养目标中突出了紧密结合深圳"设计之都"产业标准和行业发展的需求，提出要培养具有良好综合素质，掌握平面设计、包装设计、展示设计、数字艺术设计、设计与实施能力的复合式创新型高素质技术技能人才。深圳大学相同专业的培养目标则被表述为要求学生学贯中西，拥有全面的人文素质和复合型知识结构，侧重于培养具有扎实的专业基本理论和职业技能的高级创意型、跨界型、应用型复合人才。两者相比，差异立现，深职院接地气、为地方输送专业人才的目标非常清晰。

在访谈中，我们还发现，视觉传播设计与制作专业所在的艺术设计学院在落实学校课程设置构想时，还创造性地推出了许多举措。他们以企业工作导向设计课程的整体布局，以能力目标的实现为课程设计的重点，采用工作室制的教学方式，强化"专业知识与技术并重、理论与实践同步"理念，实现教、学、做合一。该学院倡导学习环境即是企业工作场景，用一种接轨职场的学习方式，使学生获得实战式的学习和锻炼，适应未来职业工作岗位的要求。比如以深职院—腾讯CDC魔鬼训练营为代表的"训练营"即是其中的方式之一。腾讯用户研究与体验设计部（CDC）魔鬼训练营原本是腾讯内部的一个核心培训项目，旨在通过互联网创业实战项目的孵化，帮助学员深入了解互联网产品设计的标准工作流程，积累互联网项目化运作的实战经验，并且通常团队协作完成项目输出,帮助学员迅速适应互联网企业职业化的岗位需求,后被引入深职院。2017年6月底,最新一期训练营启动,八个小组围绕"传统新叙事"命题进行互动媒体作品设计与制作,其中一个小组通过对《诗经》名篇《关雎》内容的挖掘,借助互动媒体的方式形成了关于古典诗词新的叙事。

我们通过20个白色圆盘分别呈现了20句诗词的内容,比如"琴瑟友之"和"钟鼓乐之"两句吧,就是通过用古琴、编钟和立鼓的绘图来表现的。我们还利用多媒体技术引入声光电效果,与观者形成某种交互。当你"拨动"古琴琴弦,"敲击"立鼓的时候,都会产生对应的光效与声响。

作品创作团队成员

在感官与数字媒体交互的过程中,这些作品都很好地营造了丰富有趣的互动媒体空间,形成了交织着传统与现代的新叙事,让传统文化焕发出新生力量。深职院把这一培训项目引入课程之中,为校企联动培养适应互联网发展的创新型人才提供了宝贵经验。

除了在训练营中进行项目实训,艺术学院还积极寻找具有社会影响力的设计项目,以实践项目驱动课堂教学。项目驱动专业课程学习的方式源自职业教育非常发达的德国,代表人物德国教育家沃尔夫冈·克拉夫基(Wolfgang Klafki)认为应该让学习者从选择出来的有限的例子中主动地获得一般的,更正确些说,或多或少可作广泛概括的知识、能力、态度,换言之,让他们获得本质的、结构性的、原则性的、典型的东西以及规律性、跨学科的关系等。① 也就是说,克拉夫基把学习看作一种真实情境的体验,他认为学生习得的任何东西最终都是通过自己的构建、内化完成的,学生的技能主要是"学会"的,而不是"教会"的。②

---

① 沃尔夫冈·克拉夫基:《范例教学》,徐长根译,李其龙编著:《德国教学论流派》,西安:陕西人民教育出版社,1993年,第183页。
② 薛国凤、王亚晖:《当代西方建构主义教学理论评析》,载《高等教育研究》,2000年第1期,第95—99页。

以 2018 年上合组织青岛峰会"锦绣中华"宴会瓷的设计项目为例，深职院的艺术设计学院在极短时间内组建了一支融合平面设计、工艺品设计、视觉传达设计、工业设计等专业师生以及五位企业专家共同组成的各类人才综合团队。① 老师、专家给同学把方向、教技术，学生投入极大创作热情和干劲，多方联手合作，融入峰会举办地的本土文化，如传统工笔、民间剪纸以及现代插画等多种创作手法，最终完成了上千幅画稿、近百张效果图和两整套精美的国宴用瓷。除了项目驱动教学，艺术设计学院还和各个专业的行业协会保持着密切联系，在课程设计、培养目标、教学手段、教学大纲上都以行业需求为导向，应需求而适时调整课程体系，获得了用人单位的高度好评。

在专业课程的学习之外，深职院还独创了创新思维与创新能力并举的课程体系。"创新制作"课程的设立是这一体系中的典型代表。该门课程是针对全校学生开设的开放型技能课程，以培养学生的创新意识与创新能力为目标，鼓励学生自主选题，通过"开题答辩""计划与实施"和"验收与结题答辩"等环节实现自主创新的方案，是基于工作真实项目教学的一个典型案例。

> 我们学校注重技能与创新，社会上关于"深职院学生找工作容易"的说法并不假，我们的确有这份优势。
>
> 深圳佳美华文化发展有限公司徐经理，深职院优秀校友②

深职院自 1999 年开设置"创新制作"课程，每年会投入大量经费用于创新制作项目工程。这些项目依托学生参加的各类科研创新活动、创业计划大赛、校园科技节、文化节、学生社团建设和专业技能比赛等。2012 年，在创新成为国家战略的背景下，深职院因势而动，整合校内资源成立了创新创业学院，开设"创新创业"和"创客技能"两类课程，前者以塑造创业思维，提高职业化水平，提升对项目的掌控力为目标；后者则注重对已有项目

① 刘芳：《上合青岛峰会宴会用瓷出自深圳师生团队》，http://news.cyol.com/yuanchuang/2018-06/11/content_17281713.htm，2020年7月21日访问。

② 刘洪一：《学以致用，展翅鹏城——深圳职业技术学院校友访谈录》，北京：高等教育出版社，2013 年，第 25 页。

进行会诊与重新定位，研究用户、产品和商业模式，并学习项目路演技能。值得一提的是，我们从 2016 年出台的《深圳职业技术学院关于深化创新创业教育的实施办法（试行）》可以看到，这两类课程的开设只是创新创业教育的一部分，学校还依托各专业继续开设 100 门创新创业拓展课及创客项目课，逐步完善创新创业课程体系构架。2017 年全球最大的创客集会 Maker Faire 落地深职院，吸引了全球超过 50 个国家的创客参与其中（图 2-9-2）。本次创客集会的举办也是学校积极探索创新创业教育的一次成功实践。

深职院对于学生专业技能的培养，以及校内完整的创新创业生态体系，与今年（即 2017 年）Maker Faire Shenzhen 聚焦的创客的专业技能和对深圳产业链的对接不谋而合。

潘昊，柴火创客空间创始人

图 2-9-2 Maker Faire 创客集会一角

① "机会型创业"，指的是为了抓住和充分利用市场机会而进行的创业；"生存型创业"，指的是创业者因找不到合适的工作而进行的创业。该理论由"全球创业观察"（Global Entrepreneurship Monitor）于 2001 年的报告中首次提出。

笔者通过深度访谈得知，深职院 2011 和 2012 届学生中有近 5% 毕业后选择自主创业，之后其他年份的数据也都保持在 4% 上下，远超全国示范性高职院校（表 2-9-1）的平均值，且在选择自主创业的毕业生中，绝大多数（90%）属于"机会型创业"①，可见毕业生具有较强的创业意识和创业能力。深职院经过多年探索建立起来的创新创业实践教育系统，对技能人才的职业培训、创新创业项目引导和孵化的正效能逐渐显现。

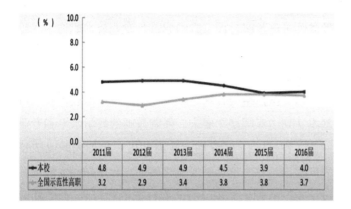

表 2-9-1 深职院与全国示范性高职院校自主创业比例图

（三）多管齐下，创新师资队伍建设

刚刚踏入高职院校的学生都或多或少受到高考失利的影响，对自己的智力和能力产生过怀疑，继续学习的信心也可能一度发生过动摇，而且其中大多数学生在中学阶段被定性为所谓的"差生"，使得他们长期处于自卑状态，也堆积起一些负面情绪。再加上处在这一年龄段的学生，有着强烈的独立意识和自我意识，极度排斥居高临下式的说教，一旦与周围人产生矛盾冲突，常会伴有否定、抵触、对抗的态度和过激行为。作为高职院校的任课老师，因受到大规模扩招、学生数量激增所带来的工作量增加，以及科研任务、论文发表等诸多因素的影响，在教学过程中极容易造成师生关系紧张。对于高职院校的大多数学生来说，他们对自己的期待基本上停留在学成之后成为一名拥有较高技术能力的蓝领工人，因此对专业理论课程缺乏学习兴趣，即使在一些有教学经验的教授课堂上，学生同样习惯性地用手机看新闻、打游戏或者网络聊天，严重干扰课堂教学正常进行，这对教师的耐心和教学技能都提出了严峻考验。

20 世纪末，有学者提出"双师型"概念。①1995 年，国家教

① 王义澄：《适应专科教学需要，建设"双师型"教师队伍》，载《教材通讯》，1991 年第 4 期，第 16—17 页。

委发文将"双师型"纳入教师考核要求,指出要加强师资队伍建设,鼓励教师,特别是专业课教师钻研专业技术,对专业课教师和实习指导教师可逐步实行评定教师职称与专业技术职称的双职称制度。在评聘教师职务时,应将教师的教学实绩和专业实践能力与贡献作为重要的业务条件,并明确提出"双师型"教师,要求示范性大学师资队伍结构合理,水平较高。专业课教师和实习指导教师基本达到"双师型"要求,强调教师的教学水平和专业实践能力并重(图2-9-3)。深圳市政府就进一步加大职业院校师资培养力度提出意见,重点是要强化教师实际操作能力的训练,加快建设一支既有理论知识又有实操技能的师资队伍。[①]针对这一要求,深职院结合自身与所处城市的实际情况,多措并举加强"双师型"教学团队建设。下面以我们本次研究重点访谈的艺术学院为例分析他们的具体做法。

① 深圳市人民政府:《深圳市人民政府关于进一步加强技能人才队伍建设的实施意见》,http://www.sz.gov.cn/zfgb/2006/gb513/content/post_4964344.html,2020年7月21日访问。

图 2-9-3 双师制协作模式图

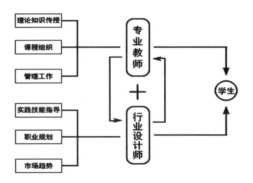

第一,通过教学实践、专业实践等措施提高教师的实践操作能力。除了职前教育中对于教学方法的学习,深职院更为注重的是教师专业方面的提升,因为只有具备一定的专业知识,教师才能结合相应的教学方法来提高教学质量。艺术学院设立的五个专业与深圳相关设计行业协会实现对接,大部分老师也都会加入对应的行业协会,与专业人士展开交流、学习及探讨,并且在职教师会利用课余时间进入企业挂职,和企业专家共同策划设计制作方案。通过这一过程，教师不仅体验到了学生未来的工作环境与创作过程，还能够有效地提升他们的专业技能。同时借助学院主办工作坊的机会，教师们近距离地接触设计行业的大师，双方切磋创意想法，真正实现设计能力的提升。值得一提的是，同学们也是活动的全程参与者，在此期间，教师们与同学们打成一片，依托工作坊建立融洽的师生关系。艺术学院具有影响力的工作坊包括绿色亚洲—可持续发展工作坊，《地域》主题展、"水 & 可持续亚洲"设计工学坊、国家非物质文化遗产——马尾绣工作坊、艺痕—2016 现代蜡染艺术工作坊、首饰造型的功能与设计工作坊等。学院充分利用深圳的地理优势，举办了各类境内及深港澳创意设计交流活动和高研班，开展专业性学术交流和主题性设计论坛，为提升教师的创意设计能力搭建起国际、国内双向交流平台。

第二，聘请富有实践工作经验的专业技术人员作为兼职教师。学校在聘用条件和政策方面比较灵活，留出编制把社会行业精英、企业专业技术人员、高技能人才和能工巧匠等请入学院担任兼职教师，开设讲座，指导创作。以深圳市工业设计行业协会执行副会长、深圳创新设计研究院战略咨询委员会执行秘书长封昌红女士的讲座为例，在题为《与深圳同创造》的专题讲座中，封会长从亲历李克强总理参观深圳柴火创客空间的事情讲起，引出一个问题：创客对深圳未来创新型发展带来什么意义。随后封会长就这一问题展开分析，她认为随着信息技术发展和知识社会的到来，制造业正从传统工业化制造向定制化制造的模式进行转变。从创意、设计到制造等各个环节上，都逐步在开启以用户为中心的融合时代。知识社会的创新模式正逐步并快速地消融掉创新的边界，用户俨然成为创新的动力和主体。从发展趋势看，封会长认为深圳的创客空间必将成为技术创新活动开展和交流的场所，同时也必将成为本土创意产生和实现以及交易的场所，进而成为集聚深圳创新创业活力的核心空间。在接下来的互动环节，封会长走下讲台来到了学生中间，与学生就创客与产业升级、设计教育等话题展开了轻松的讨论。环艺专业的文同学回忆起这场讲座是这么评价的："封老师的讲座，应该是我刚入学不久听的第一场专业讲座，还能清楚记得她和我们分享了自己在国外工作和游学的一些新奇经历，以及她在深圳创业的酸甜苦辣。我也第一次感受到了创客思维，收获还是不少的。"作为深职院旨在提升学生文化素质方面的第二课堂，像这样类似的讲座还有很多①，这在一定程度上为校园的创新文化输入了许多宝贵的实战经验，为校园培育创新性成果提供了极佳的生长土壤，也为日后学子们走向社会展开创新创业活动发挥借鉴示范作用。

① 比如王受之教授带来的讲座《创意产业与现代设计》，周南征老师带来主题为《创新创业的原点》的讲座，蔡毅教授关于《大数据时代下的创新思维与挖掘》的主题讲座等。

第三，积极招聘有企业工作经验的中青年技术和管理人才到学校任教。目前深职院在编教师中，有大量教师来自工厂企业。由于他们有设计、创作或运营公司的实践经验，通过一段时间的教育学、心理学和教学法培训及教学实践锻炼后，他们在教学中不照本宣科，不空谈理论，可以较好地把书本知识与工作实际紧密结合起来，解决了人才培养过程中理论与实践难以结合的问题，让专业教师的理论知识体系和行业设计师的实践技能得到优势互补，在拉近了课堂与企业距离的同时，也使得学生的实践设计能力和创新思维意识得到有效提升，有效地提升了专业人才的核心竞争力，进而满足市场对艺术设计人才高标准的需求。

2015年10月，教育部发布《高等职业教育创新发展行动计划（2015—2018年）》，明确新时期高职院校创新发展的着力点，强调培育高职院校创新文化的重要性，而高职教师作为教学活动的主要设计者和全权执行者，是创新文化体系的重要主体。深职院以教师创新精神与创新能力培育为突破口，设置"技术教授""课程教授"岗位，吸引了一批高水平行业精英和企业骨干来校任教，形成了具有深职院特色的创新文化氛围。

（四）精准对接地方需求，服务本土经济发展

在具有鲜明特色的办学思路与办学理念的引领下，深职院抓住培育学生创新能力的教育目标，从专业设置、课程建设、校园创新文化建设等诸多环节注重提升学生的创新能力，逐步完善与"本地产业链"相匹配的"创新人才链"。以汽车电子技术专业为例，依托深圳本地的ZERO汽车文化协会、汽车电商协会、汽车鉴赏协会和电动汽车爱好者协会等相关社团，使汽电文化深度融入校园文化建设中，也使学生进入专业之始就与行业接轨，再加上教学课程融合企业化设计、整合校内实践活动、校外顶岗实践实习、校企产学研等教学和实践环节，汽电专业逐步构建起了系统的创新创业能力培养体系。截至2017年，该专业已经为深圳本地培养了数百名优秀毕业生，其中不乏提出"产品创新、营销创新、管理创新、服务创新"经营理念的深圳市同车生活汽车服务有限公司文雪斐总经理这样的佼佼者。根据《深圳职业技术学院2017年度毕业生就业质量年度报告》，从2010届毕业生起，汽电专业毕业生平均就业率超过95%，专业对口率平均为73%，毕业生月收入从2010年的人民币3428元/月上升至2017年的5457元/月。① 借助这份数据报告，我们发现深职院的电子信息类、交通运输类、艺术设计传媒类和文化教育类等专业在就业率、就业专业对口率和收入上都有着不同程度的提升，从侧面反映出在深圳产业结构优化的进程中，学校在专业设置上相对合理和均衡。

深职院建立于深圳产业结构第二次转型的初期，此时第二和第三产业交替成为深圳的主导产业，学院随之完成经济学、文学、理学、工学、医学和艺术学等基础性学科的专业设置。2010年之后，因深圳产业结构的再次调整，深职院对学校的专业设置重新进行匹配化调整（图2-9-4），对接深圳产业结构中文化创意、高新技术、

---

① 深圳职业技术学院：《深圳职业技术学院2017年度毕业生就业质量年度报告》，https://www.szpt.edu.cn/info/1431/3266.htm，2020年12月6日访问。

现代物流、金融四大产业，在保留原有专业的同时，新增多个专业以对接产业，比如促进传统产业升级的计算机辅助设计与制造、云计算技术与应用、智能电子、现代汽车技术、电子信息工程；促进高新农业发展的现代种养殖技术、食品生物工程等专业；根据深圳市"区域物流中心""区域金融中心""国际化都市"等城市定位，开设了航运与港口管理、外贸与国际结算、酒店餐饮管理、国际导游等专业，以及配合深圳"文化立市"战略和"设计之都"定位而调整的视觉传播设计与制作、环境艺术设计、影视动画、数字媒体艺术设计等专业。

图 2-9-4 深职院专业对接支柱产业一览表

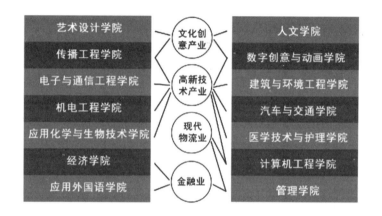

深职院 2016 届有 92% 的学生毕业后在深圳就业（表 2-9-2），其中近五成（49.4%）服务于本市的支柱性产业。在用人满意度方面，数据表明雇用过深职院应届毕业生的用人单位对毕业生的总体满意度为 95%，其中超过八成的企业认为深职院的应届毕业生已为就业做好充分准备，毕业生的知识、能力与就业工作岗位相符。[1]

---

[1] 深圳职业技术学院：《深圳职业技术学院高等职业教育质量年度报告（2019）》，https://www.szpt.edu.cn/info/1568/6942.htm，2020 年 12 月 6 日访问。

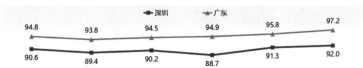

表 2-9-2 深职院历届毕业生就业去向指数图

综合以上毕业生的相关情况和企业反馈信息，我们不难发现，深职院在以创新创业能力培养为重心的办学过程中努力践行创新举措，紧紧围绕"为深圳经济社会发展服务"的办学理念，在地方产业转型升级需求的变化中适时调整专业设置，培养地方产业发展所需人才，为更好地服务于深圳地方经济发展提供有力保障。

深职院独特的高职教育创新文化，不仅有利于青年学子积极投入创新实践之中，也对更好地服务地方发展起到了很大的作用，而这种高职教育创新文化体系的形成，归功于其独到的办学思路与育人模式、灵活的专业设置与课程安排以及一流的师资队伍与科学的教学实践。校企协同育人模式的确立使得学校培养企业实用人才的教育目标能够顺利达成，而明确企业急需人才类型则确立了有效培养人才的教学模式。地方性、应用型以及创新文化体系在多层面、多环节注重培养学生的创新意识、提高学生的创新能力，主动对接市场用人需求，在解决学生就业问题的同时，也为创新型校园文化注入源源不断的活力。

十、宽容，抑或冷漠？
——青年创新文化视域下的深圳城市品格探讨

深圳经济特区成立三十周年之际，由网民发起、市委宣传部谋划、媒体跟进、几百万深圳人投票和辩论，最终选定的"十大观念"，获得了深圳官方和学术界的高度认同和评价。时任市委宣传部部长王京生认为这是"国家立场的民间表达""特区经验的浓缩和升华""深圳价值体系的提炼和总结""深圳的精神图腾和价值符号"。① 学者们表达了同样的看法，认为"十大观念""集中表达了深圳人对深圳的理解、认知和期待，反映了深圳人的核心理念、文化观念和价值共识，体现了深圳人的文化自觉、文化自信和文化自强"②。《人民日报》评价说，"它勾连着走向开放的全体中国人的共同记忆，也可以沉淀为我们继续迈步未来的独特财富"③。民间对"十大观念"的认同度也颇高，在我们于2018年10—11月进行的针对深圳16—35岁青年的调研中，超过80%的受访者认为"十大观念"适合用来描述当下的深圳。"十大观念"中，与本章题旨"宽容"相关的主要有两条，即"鼓励创新，宽容失败"（2005）和"来了，就是深圳人"（2009），前者直接出现"宽容"，后者意旨清晰，即举凡来到深圳的人，都是深圳人，不存在排外情况，而且人人平等，蕴含了"宽容"之意。但我们在实际接触深圳青年群体时却发现个体的经验呈现出明显的两极化，一部分人表示："深圳是一个包容的城市，深圳本地人才是小众群体。大家都是外地人，谁也不会看不起谁。大家互相尊重，互相理解。""大家都是外地人，歧视相对少。不太有人关心你过去的经历，来了好好干就行了，干好了就行，评判标准简单、粗暴、直接。"另一部分人却持完全不相同的观点，

---

① 王京生：《城市文化"十大愿景"》，北京：中国人民大学出版社，2015年，第4页。

② 陈少雷：《文化流动视域下的城市价值观念创新——以"深圳十大观念"的生成为例》，载《特区实践与理论》，2015年第2期，第92页。

③ 人民日报：《鼓励创新，宽容失败》，http://www.chinadaily.com.cn/dfpd/2012szsdgl/2012-08/23/content_15701552.htm，2020年7月23日访问。

他们认为:"刚开始觉得深圳这个城市人的都好有素质,有礼貌,时间长了发现那是一种被现实打磨得没有了脾气的失去了个性的性格,在看似宽容和谐的气氛下都是人情的淡漠。""深圳是功利的城市,在得失之外,少有人情冷暖!"如此两极化的反应引发了我们的好奇心和思考。很显然,不同的感受和评价与个体在城市中的生存状况、经历、体验休戚与共,除此之外,作为城市理念提出并推广的"宽容"与城市民众的切身感受之间具有怎样的关系?或者说,日常生活中有哪些可触、可感、可观察、可测评的指标将抽象的"宽容"具体化?进一步说,宽容,抑或冷漠,用来描述和评判以科技创新、文化创新、城市创新为显著标识并快速发展的深圳是否合适?如何才能使城市理念与个体感觉相一致?这些是本章试图探讨的问题。

(一)宽容性辨析及其与创新文化的关系

如同"创新"一样,"宽容"也是一个多学科使用的概念,在广泛而频繁地使用中渐渐失焦,需要重新定义它在青年创新文化视域下的内涵。

在英语世界中,tolerance 和 toleration 两个名词都有"宽容"之意。前者通常被用来表示处理人际关系的态度,比如认为宽容是宽厚、谦让、容忍等源自人类内在最基本的情感和美德,这是人类区别于野兽的人性意义;后者则与处理公共事务的原则相关,是现代社会的公共伦理,包括个体与个体之间的宽容,制度对个体的宽容,政治对经济和文化等领域的宽容等,是外在于人而被社会所决定的态度。这两者构成了学术界讨论"宽容"的基本理论边界,在此框架内,宗教宽容、政治宽容、伦理宽容等被广泛讨论。约翰·罗尔斯(John Rawls)的现代宽容理论承认社会多元化的现实,从而"对异己的观点予以'克制'与'承认'"①。

① 林颐:《西方宽容观念的历史嬗变及其现代启示》,载《社会科学文摘》,2016年第9期,第97页。

这就意味着,我们谈论宽容时的首要条件是承认个体差异并且能自觉地包容这种差异,即使这种差异与自身的价值观、伦理观和审美观有偏差、有冲突。但是,由此带来的新问题是,"宽容"是无止境的吗?宽容是否有基本的尺度呢?是否为了不表示出"不宽容",我们就需要接受所有的异质群体和异质文化,以至于不走向其对立面的被称之为"社会排斥"的状态?

莱纳·弗斯特(Rainer Forst)的规范性宽容理论给我们思考和回答这些问题提供了一个新的角度。弗斯特认为:"宽容并不是一种不受约束的德行,宽容概念是建立在诸如尊重、正义这些基本概念之上,是一个依赖规范的概念……如果这个概念能得到很好的论证,宽容就是一种美德;否则它要么是'屈从'的一种历史形态,即使那些没有被视为公民而平等对待的人屈从,要么宽容就会做过头,去宽容那些不该被宽容的东西。"[①] 宽容一定是置于特定的语境而言的,弗斯特还强调宽容包含了反对、接受和拒绝三个看上去似乎互斥的维度。反对与宽容是一组相互依存的概念,如果没有反对,就无所谓宽容,或者说,不反对,所谓宽容就是忽略、冷淡、漠不关心,所以宽容是对自己反对的行为、信仰、审美等的接受。拒绝是宽容中另一个维度,为宽容划定边界,事实上,如果宽容意味着对那些不可容忍之物的完全接受,而不明确界限,那宽容的概念将毫无意义。

贝淡宁(Daniel A. Bell)和艾维纳·德·沙利特(Avner De-Shalit)在考察有着"宽容之城"美誉的柏林时,表达出了相同的观点。他们详细分析了不同时期柏林的两面性,包括它最宽容的时代和最不宽容的时代,然后提出:"冷漠是宽容的一种方式吗?在现实中,它可以导致接纳的表象,但这并非真正的接受。"[②] 在反对因中立而宽容的前提下,高度认同"因好奇和吸收同化"的宽容。因中立而包容与因好奇和吸引同化而宽容,这是两种不

---

① 蒋颖:《莱纳·弗斯特规范的宽容理论研究》,载《学习与探索》,2018 年第 8 期,第 31—32 页。

② 贝淡宁、艾维纳:《城市的精神 I:全球化时代,城市何以安顿我们(修订本)》,吴万伟译,重庆:重庆出版社,2018 年,第 293 页。

同的宽容观。前者是，你想做什么就去做好了，只要你不让我做这做那，不打搅我，不损害我的利益，这样的宽容是以你对我无所求为前提的，这不是宽容，而是冷漠；后者是主动地去了解他者，真诚地理解和吸收他人的价值观和生活方式，这才是真正的宽容。

现代大都市都是移民城市和多元社会，不排外，还不足以表明城市的宽容性，而假借宽容之名而对他人漠不关心远比对他者充满好奇和积极融入要容易得多，因而具有创新文化生态的城市，希望人们能宽容和开放，而不是冷漠。

近期的研究发现，文化是影响一个组织、城市、地区和国家创新的深层力量[1]，创新本身就是一种文化，包含了很多维度，其中鼓励探索，宽容失败，包容异质文化，被认为是创新必不可少的"文化空气"。我们都清楚，科技创新、城市创新等都包含着很大的不确定性和巨大的失败风险。在美国这样甘冒风险的社会里，容忍失误是传统文化的特点之一，人们普遍认同这样的观点，即每个成功的创新必然包含一定数量的失误，"美国社会是一个宽容的社会，'给他们一个机会'是美国消费者基本态度的另一种表达"[2]，因而表现出一种容错导向的创新文化。对失败的宽容，对过错的容忍，可以激励人们更敢于尝试，也更有效地鼓励失败者从头再来。衡量一个城市社会创新性常用的指标是考量消费者对新产品的宽容度。同时，对创新型产品的接受程度可以从另一个侧面看出城市是否具有创新可能。吉利奥和珀奇认为美国消费者是赌徒，趋向于在新产品上下赌注。[3] 日本的情况也很相似，消费者尤其是年轻人，非常喜欢新技术产品，创意的小玩意传播得非常快，消费者乐于包容新产品的初始缺陷。事实上，在日本，消费者承担产品缺陷的风险已经被视为一种道德义务。

美国创新经济学家佛罗里达在《创意阶层的崛起》一书中提

[1] 埃德蒙·费尔普斯：《大繁荣：大众创新如何带来国家繁荣》，余江译，北京：中信出版社，2013年，第3页。

[2] 柏林科学技术研究院：《文化vs技术创新：德美日创新经济的文化比较与策略建议》，吴金希、张小方、朱晓茵、刘倬译，北京：知识产权出版社，2006年，第193页。

[3] 同上。

出了人才、技术、宽容的"3T"理论,认为人才是高度流动的,人才造就科技创新,而除经济竞争力之外,一个地域的宽容度是吸引人才和促进科技创新的重要因素,为此,佛罗里达开发了"宽容度指数"①,用同性恋指数、波希米亚指数、文化熔炉指数(反映外来移民集中度)以及种族融合指标(用来反映一个社区内各种族的融合程度)四个方面作为反映创新人才生态环境体系的指标。

上文的梳理和思考表明,宽容不仅仅是一种道德信仰和价值理念,也是一种实践和行动,如果只有前者,宽容只是一种道德动员和价值引导,只有转化为后者,宽容才是一种真实可感的存在。与此同时,宽容不是一种隔岸观火、与己无关的冷漠,停留在这个层面上,将导致宽容失控,甚至彻底走向社会关系的解体。在青年创新文化的视域下,宽容既包含了对异质文化、异质生活方式的尊重和接受,包含了对创新实验或产品的积极尝试,以及对创新失败和失误的容忍,更包含了对异质文化的好奇、理解、尊重,只有这样才是真正意义上的宽容,而非走向冷漠。

(二)研究假设

1. 创新观念和创新行为的宽容度

一般来说,一线城市的宽容度高于二线城市,移民城市的宽容度高于原住民城市。深圳是一座典型的移民城市,一座青春型城市。作为城市口号/观念所提倡的"鼓励创新,宽容失败""来了,就是深圳人"在青年群体中的认知度与切身感受度是否一致?两者一致表明观念和实际情况相同;两者不一致,则说明观念大于实际情况,其结果是口号喊得响亮,切身感受则比较差,社会并不如倡导的那样宽容。宽容的城市观念落实到具体的行为上,可以从两个层面去分析,一方面,青年群体是否积极消费新产品?

---

① 理查德·佛罗里达:《创意阶层的崛起》,司徒爱勤译,北京:中信出版社,2010年,第270—286页。

如果回应是肯定的，那表明青年群体愿意分担新产品的风险，市场对创新表现出较高的宽容度；如果回答是否定的，从一个侧面说明市场对创新并不宽容。另一方面，青年群体不只是创新产品的消费者，事实上，他们也是创新创业的主体力量。青年群体是否乐于创业，愿意承受创业风险，可以反映出社会对创业失误和失败的宽度程度。如果青年群体感觉即使创业失败都能重新来过，表明社会的确比较宽容，如果不是，那结果也就相反。建基于此，本章提出第一组假设为：

假设1-1：深圳青年对城市宽容的认知度越高，体验也就越好；

假设1-2：深圳青年对新产品有较高的接受度，市场对创新的宽容度较高；

假设1-3：深圳青年的创新创业意愿和社会对创新创业的失败接受度呈正比。

2.对另类生活方式的宽容度

社会中存在许多亚文化群体，如摇滚族、极客族、背包族等，很多青年有可能同时生活在几个亚文化圈中，有着独特的消费方式和生活方式。所有这些不同的亚文化群体既表征了社会的宽容程度，同时也表明文化多样性与创新文化之间的正向关系。无论是创新理论，抑或经验性案例都昭示差异化本身已经成为一种社会创新价值。在城市生活中，对多样性、差异性文化的宽容最典型地体现在对多性别/性少数群体（LGBT）的接受程度上。与此同时，青年女性在社会结构中处于边缘位置，在婚姻关系中更是处于无权者的低位，女性多大年龄结婚将会承受多大的压力，也足以从另一个侧面表征城市的宽容度。此外，如果研究结果可以证明深圳的确是一座具有宽容度的城市，人与人之间的交往就应该是开放的、善意的，彼此是悦纳的、互动的，因而无论是情感孤独，还是社交孤独的程度都是相对比较低的。为此，本章提出的第二组假设为：

假设2-1：深圳青年对性少数群体有较大的宽容度；

假设2-2：深圳青年女性30岁以上结婚所感受到压力比较小；

假设2-3：生活在宽容的城市文化中，深圳青年的孤独感较低。

（三）研究变量

本章所说的"宽容度"，包含了两个维度：一是创新的观念和行为，二是另类生活方式。对于创新观念维度，本章从比较权威且影响深广的深圳"十大观念"中选择与宽容直接关联的两大观念"鼓励创新，宽容失败""来了，就是深圳人"作为评测指标，考察深圳青年对其的认知度与接受度。同时，将"不接受新产品"列入抑制青年创新文化的框架中加以测评，以李克特五级量表体现其程度。李克特量表中的满意度测量级分为：非常同意、同意、无所谓、不同意、非常不同意。进一步，我们将创新观念与宽容度落实到具体的创新行为方面，以"有创业计划"和"正在创业"两个群体对深圳是否能包容失败加以考察。另类生活方式维度，本章设置了两个指标：一是城市中LGBT人群对宽容的感知程度，二是城市青年女性对于"大龄成婚"的压力感知程度。最后，我们将宽容与孤独感进行互动考察，以期分析深圳城市品格的"宽容"是建立在彼此包容、彼此理解基础上的宽容，还是事不关己，不损害自我利益之下的"宽容"，即冷漠外衣包裹下的宽容，而后者将导致个体的孤独感。

具体研究变量为：

（1）自变量。本研究的自变量以人口学特征变量为主，分别有：受访对象的年龄、性别、学历、专业、职业（含学生）、月收入（在读学生为月生活费）。

（2）因变量。本研究的因变量是社会宽容度。

社会宽容度在这里主要以通过对城市宽容度、市场对创新的宽容度、青年创新创业意愿、社会创新创业失败接受度、对性少数群体的宽容度、对大龄未婚女性的婚育宽容度等因变量的检验而构成。

（3）资料来源与分析方法

本研究的资料来源于2018年9月至11月"粤港澳大湾区青年创新文化"项目组在深圳范围内开展的面向青年群体线上和线下的问卷调查。线上问卷通过"问卷星"发放收集，限定年龄范围为16—35周岁的深圳青年，同时覆盖性别、学历、职业、行业等特性；线下由调查小组随机抽样，涉及范围涵盖学校、科研机构、科技产业园等。本次调查发放3500份问卷，经过人工筛除失效样本，共回收3266份有效问卷，有效率为93.3%。调查数据收集完毕后，本研究选取SPSS21.0.0.0软件对3266份问卷数据进行处理，进行描述统计、频率分析及交叉分析。

（4）调查样本的群体特征

深圳青年的人口学特征的自变量包括：性别、年龄、学历、专业背景、职业、性取向、月收入、目前婚姻状况共8项。表2-10-1对性别、年龄、学历、性取向、月收入、目前婚姻状况的数据进行了完全呈现，对于专业、职业或行业，由于选项较多，故选取了排名前六的数据进行呈现，余下数据归入其他选项中。调查样本特征为：性别比例基本平衡，男性略多于女性；受访者年龄段总体分布较为均匀,21—25周岁、26—30周岁、31—35周岁的人群占比平均;学历以本科或大专为主,各类别学历均有覆盖;除全日制学生外,职业涵盖所有类别,其中互联网/计算机、通信、电子行业的从业人员占比最高;专业背景以理工科为主,包括工学、理学、经济学、管理学;性取向以异性恋为主;婚姻状况以未婚居多;月收入以5000元至12000元居多。详见表2-10-1。

表2-10-1 调查样本的群体特征

特征	个案数	百分比(%)	特征	个案数	百分比(%)
性别			年龄		
男	1910	58.48	16—20周岁	662	20.27
女	1356	41.52	21—25周岁	835	25.56
			26—30周岁	869	26.61
			31—35周岁	900	27.56
学历			性取向		
初中及以下	169	5.17	异性恋	3000	91.86
高中或中专	613	18.77	同性恋	47	1.44
本科或大专	2199	67.33	双性恋	67	2.05
硕士	251	7.69	无性恋	30	0.92
博士	34	1.04	不确定	122	3.73
专业			职业		
工学	511	20.57	全日制学生	789	24.16
经济学	424	17.07	互联网/计算机/通信/电子	386	11.82
管理学	407	16.39	制造业	272	8.33
理学	357	14.37	教育/培训	235	7.2
文学	191	7.69	服务业	220	6.74
艺术学	143	5.76	贸易/零售/物流	195	5.97
其他	451	18.16	其他	1169	35.78

续表

特征	个案数	百分比（%）	特征	个案数	百分比（%）
目前婚姻状况			月收入		
已婚	1215	37.2	2000元以下	619	18.95
未婚	1917	58.7	2000—5000元	807	24.71
离婚	49	1.5	5001—12000元	1271	38.92
丧偶	2	0.06	12001—40000元	531	16.27
不打算结婚	83	2.54	40001元以上	38	1.15

注：专业选项有效填写人次为2484。

（四）数据结果

1. 深圳青年对城市宽容的认知度较高，体验度有待优化

调查数据显示，高达81.66%的受访青年认为包括"鼓励创新，宽容失败""来了，就是深圳人"在内的十大观念依然"非常适合"和"比较适合"描述当下深圳的城市价值观，这一结果，一方面表明这些观念深入人心，另一方面也意味青年群体从理念、价值观及城市精神等宏观层面比较认可深圳应该具有宽容特质。进一步考察，"十大观念"落实为现实体验时，我们发现，深圳在追求多元文化（4.30）、推崇创新人士（4.26）、尊重知识分子（4.16）、鼓励拔尖（4.13）、追求变革（4.07）等方面的均值都超过4（见表1-4-1）。据此可以说明受访青年比较认可深圳对创新型、知识型人才高度重视和创新变革的力度。不排外（4.02）、提倡公平竞争（3.99）、淡化身份等级（3.52）的均值都处于表示赞同的均值区间，表明深圳在人人平等、公平竞争以及去社会等级化方面获得了比较高的感知度和认同度；而容忍失误和失败（3.28）、宽恕叛逆（3.03）的均值都处于表示中立的2.5—3.5

均值区间，表明从切身体验出发，青年群体对于"宽容"没有表现出强烈的正向认同，当然也没有表现出完全不同意，但中立取向的结果已经与"十大观念"中"鼓励创新，宽容失败"获得的高传播认知度不太吻合，因而从一个侧面表明深圳青年的实际感受与官方宣称存在较大反差，在社会是否能容忍失误和失败者，以及包容叛逆者方面的体验感还有待提升，一定程度上证伪了假设1-1。

2. 深圳青年对新产品有较高的接受度，市场对创新的宽容度较高

在抑制深圳青年创新的选项中我们列出了"不接受新产品"，表2-10-2的数据显示，受访青年表示"非常不同意""不同意"的占比最多，分别为28.87%与26.24%，两者累计超过半数，而"非常同意"与"同意"相加仅占两成，由此可认为，深圳青年对新产品有较高的接受度，市场也表现出对新产品的包容度，并且消费者愿意和创新者共同承担新产品有可能的缺陷和失败风险，从侧面印证了假设1-2。

表2-10-2 对深圳青年"不接受新产品"的赞同度

抑制深圳青年创新的主要要素	非常同意	同意	无所谓	不同意	非常不同意
不接受新产品	298（9.12%）	511（15.65%）	657（20.12%）	943（28.87%）	857（26.24%）

3. 深圳青年创新创业意愿与社会对创新创业失败接受度呈正比

由于宽松的落户政策、毗邻香港和广州、商业机遇良多、产业结构丰富、业态多样等特点，深圳云集了创业和创客群体。我们对创新创业者的调研证实了这一点。受访的深圳青年群体中，

正在创业的占比7.13%，有创业想法或计划的占比50.06%。按常理，这两个群体对"宽容失败"应该有更切身的体会。调查数据显示，"有创业的想法或计划"的受访青年，"非常同意"深圳具有"容忍失误和失败"特质的占比最低，仅7.95%，"同意"的占比为19.63%，而明确表达"不同意"的占比32.11%，"非常不同意"的占比14.68%，还有25.63%的受访者不发表评论。同样的情况也体现在"正在创业"的受访青年中，他们"非常不同意""不同意"深圳具备"容忍失误和失败"特质的占比达51.93%。由此可见，正在创业或有创业计划的青年群体对这座城市"鼓励创新，宽容失败"以及接受失误和失败的社会氛围并没有持肯定、积极乐观的态度，一定程度证伪了假设1-3。

创新创业的意愿与城市宽容度之间是否存在相互关系？为了探究这一点，设定X变量为"您是否想要创业？"与"您目前处于创业的哪个阶段？"，设定其他变量为"您认为深圳是一座创新型城市吗？""倘若您想要或正在创业，以下哪些因素会影响您的决策？"中的"开放包容程度"选项；"您认为社会创新氛围具有以下哪些特质？"中的"宽恕叛逆""容忍失误和失败"两个选项。将X变量分别与其他变量进行交叉分析，结果可得，在创业群体看来，选择创业与否与深圳是否是创新城市间的关联性不强（$P>0.05$）；而"您是否想要创业？"与是否认为深圳的社会创新氛围具有容忍失误和失败的特质间存在显著性差异（$P=0.003<0.01$，<0.05）。如表2-10-3所示，非常同意深圳具备容忍失误和失败特质的人群占比最低，占7.5%；同意该特质的占18.56%；持无所谓态度的占27.1%；不同意的占32.3%，占比最高；非常不同意的占14.54%，后两者相加累计接近半数，也就是说，站在创业者角度，青年人对深圳这座城市能否包容创新失误和失败的评价并不高。

表 2-10-3 是否想要创业与容忍失误和失败关联表

是否想要创业 \ 是否认为深圳具有容忍失误和失败的社会创新氛围（%）	非常同意	同意	无所谓	不同意	非常不同意	总计
有创业的想法或计划	3.98	9.83	12.83	16.07	7.35	50.06
还没有想过	2.88	7.20	13.01	13.72	6.00	42.81
正在创业	0.64	1.53	1.26	2.51	1.19	7.13
总计	7.50	18.56	27.10	32.30	14.54	100.0

4. 性少数者对宽容度感知较低，选择深圳与城市宽容度关联性低

本次调查的结果显示，受访青年有 91.86% 为异性恋，在五类性取向中占比最高。其他性取向中，1.44% 为同性恋、2.05% 为双性恋、不确定占 3.73%、无性恋占 0.92%。性别、学历、专业背景、职业、月收入与性取向均呈现显著性关系（P=0.00<0.01）。具体情况如下：

21 至 25 周岁年龄段中双性恋占比最高。同性恋以本科或大专学历的人群为主，无性恋及对性取向存疑的群体主要分布在高中至本科学历，这一结果符合基本的推测，即学历较高的人群对自身性取向的选择与辨别有较为清晰的认知，低龄及低学历者则未能完全定性。同性恋群体主要分布在理学、管理学学科背景中，文学和艺术学学科占比较小，双性恋群体以工学背景为主。学历背景与当下职业背景之间也构成了互文关系，将性取向与职业进行交叉分析发现，同性恋群体中从事互联网 IT/ 计算机 / 通信 / 电子行业的占比最高，达 23.40%，明显高于同性恋群体在其他行业中的占比。同样，月入高薪者群体，即月收入在 50000 元以上的群体中，同性恋占比最高。

为了进一步探究这一假设,将性取向与城市创业创新决策因素中的"开放包容程度""移民城市、文化包容性强""追求多元文化""主张生而平等"的选项进行交叉分析,数据结果显示,均无显著性差异($P > 0.05$),由此说明,对于深圳的LGBT群体而言,选择在深圳生活与深圳对性取向的宽容度并无关联。将性取向与"来了,就是深圳人"的城市观念进行关联,可以发现,收入越高的人群对这一口号的认同度越低,LGBT群体对这一观念的接受度也不高,如表2-10-4所示。这一结果与LGBT群体对城市宽容度的感知调研分析结果相呼应,证伪了假设2-1。

表2-10-4 "性取向"与对"来了,就是深圳人"的认同度的关联情况

性取向 \ 对"来了,就是深圳人"的认同度(%)	非常合适	比较合适	一般	不合适	非常不合适
异性恋	92.33	92.89	87.86	90.67	90.00
同性恋	1.21	1.38	2.02	1.33	3.33
双性恋	2.08	2.11	2.02	1.33	0
无性恋	1.38	0.39	0.81	4.00	3.33
不确定	3.00	3.23	7.29	2.67	3.34

5. 未婚青年女性婚恋年龄和压力来源

为了进一步探讨深圳未婚女性与社会压力之间所表现出来的宽容度,我们从总体样本中筛选出了2000个未婚女性样本作为分析基础。此处的"未婚女性"指尚未有过结婚经历的所有女性,包括性取向不确定、双性恋、同性恋、无性恋在内。基于筛选后的样本量,将控制变量"您认为创新城市应该具有哪些要素"中的"移民城市,文化包容性强""创新精神和创新观念"与样本量的年龄、学历、专业背景、职业、目前月收入进行交叉分析,结果均呈现出显著性差异。高中或中专、本科或大专的群体均认为30岁以上的未婚女性会承受巨大压力,而硕士和博士群体中,

则认为 35 岁以上未婚会面临巨大压力,呈现出高学历女性倾向晚婚的趋势。由此说明,较低学历未婚女性面临压力的年龄界限在 30 岁左右,相较于高学历未婚女性的 35 岁及以上的年龄提前了五年,但相较于某些二线城市中 25 至 28 岁就被划拨进入"剩女"行列,深圳对未婚女性的婚姻年龄压力如北京、上海等一线城市相似,较为宽容。这些数据从一个侧面印证了假设 2-2。

关于深圳大龄未婚女性的压力来源,从总体上看,自身、闺蜜、居住地邻里、老家邻里、单位、社会舆论、其他等都不是主要因素,选择"家人和亲戚"为压力来源的受访者占比最多,且($P=0.00<0.01$,<0.05),呈显著性差异。总体而言,30 岁以上未婚女性在深圳生活会有较大的压力,但压力主要来自原生家庭,而非生活和工作的城市氛围,因而可以断定,深圳在对青年女性的婚恋态度和成婚年龄方面表现出比较乐观的宽容性。

6. 城市开放性与孤独感并行不悖

孤独感被普遍认为是一个人对于亲密关系基本需求的缺失和社会需要未得到充分满足所导致的一种长期的、痛苦的心理状态。罗伯特·韦斯(Robert Weiss)将孤独划分为"情感孤独"和"社交孤独"两大类。"情感孤独"是指与家人、恋人、知己之间的情感疏离,是个体生活中由于缺乏能够依赖的重要情感和安全关系所造成的感情孤立状态;"社交孤独"是指与朋友、同事、同学等之间的情感疏离,是个体缺乏社交网络或不能被社会群体、团体接纳所导致的孤立状态。作为我国南方经济、文化、科技、医疗、演艺、创业、交通等的中心,深圳巨大的"虹吸效应"吸引着一批又一批年轻人只身前来打拼,看起来人来人往、热热闹闹的深圳街头,大家似乎都习惯了独来独往,我们的调查也发现,超过半数的深圳青年"情感孤独",超过四成的深圳青年"社交孤独"。

"移民城市""工作压力""被动社交""不喜欢和陌生人交往""选择独自宅在家"的生活方式等都是引起深圳青年情感孤独和社交孤独的原因。当被问及工作之余喜欢宅在家还是参加活动时,有超过两成(22.26%)的受访者明确表示自己更喜欢宅在家里,另有近两成(19.93%)表示不确定。对那些选择宅家的受访群体做进一步分析,发现"工作太累,没有精力"占比最大(41.07%),其次是"没有可结伴同行的朋友"(22.72%)和"不喜欢跟陌生人交往"(12.05%)。虽然我们不能因此而断定"工作太累,没有精力"与情感孤独有何关联,但可以判断,超长工作时间,超强工作压力,导致青年身心疲惫而没有精力去参加社会文化活动,影响青年社交需求。"没有可结伴同行的朋友""不喜欢跟陌生人交往"则从一个侧面证伪了假设2-3。熙来攘往的城市,看上去非常开放、宽容,你不管我,我不管你,实则却是"与己无关"。缺乏利益关联,缺乏真正的沟通交往而表现出来的宽容,实则是冷漠,这致使身处移民城市,没有家人在身边,没有朋友陪伴的青年人缺少安全感,觉得待在家里比在外面更舒服安全。

另一组数据显示,深圳青年结识新朋友最常用方式是通过"熟人介绍"。具体表现为:从交友方式来看,有42.99%的深圳青年偏向于熟人社会中的朋友互相介绍。仅有两成多受访者表示自己会通过线下活动结识新朋友,还有两成会选择社交类App/网站结识陌生人。在后一种情况中,受访的青年群体最常使用微信、QQ和微博三类社交媒体,其中,微信、QQ是强关系连接,即偏向于连接熟人关系;只有微博是弱关系连接,可以超越熟人关系结识更多陌生人。总体而言,熟人关系,包括亲朋好友、同乡、同事和同学之间结识还是深圳青年扩大社交圈最主要的使用方式,这从一个侧面反映出移民城市中传统社会关系的重要性,而与陌生人相遇、相识,甚至形成交流、沟通、协作,更能表征城市的宽容度,而非冷漠感,从此情形来看,假设2-3被再次证伪。

（五）结论与建议

1. 基本结论

综合上述数据分析，可以发现，深圳城市"宽容"的传播度非常高，青年群体对此的认知度也水涨船高，但个体切身真实的感受却未能与认知或者说期待达成平衡，其间明显的落差需要得以改变；深圳青年群体对深圳"鼓励创新，宽容失败"的城市品格以及社会对失误和失败的接受度表示出不太乐观的态度。与此同时，性少数群体选择到深圳生活与深圳对性取向的宽容度并无明显关联，并且该群体对城市所宣称的宽容观念认同度不高、归属感较低。移民文化背景下，深圳青年的孤独感较强，偏好通过已有的熟人关系结交新朋友，而非主动与陌生人相识、交流、协作。在城市宽容品格中，深圳在青年女性30岁未婚的压力来源上，表现出了较好的宽容度，同时，深圳青年群体对创新型新产品接受度非常高，他们愿意为不成熟的、潜藏着失败风险的试水新产品买单，内蕴着非常有利于城市创新的宽容度。

2. 政策建议

第一，对症下药，践行城市价值观。"来了，就是深圳人"曾是令人感动的城市标语，尤其在北京、上海步步收紧落户政策的比照下。然而，仅吸引人才留在深圳生活是远远不够的，怎样使他们从心理上接纳自己"深圳人"的身份，还需要来自城市和社会更多关注与关爱，尤其是对社会中自带"标签"的群体，如"来深青工""性少数"等人群，更迫切需要城市宽容与接纳，他们也更在乎自己是否可以在深圳重塑自身。政府及相关部门、社会群体、公益组织应首先力求从自带"标签"的群体入手，在了解他们生存现状与困境的基础上，提供必要的社会援助，提升城市的人文情怀，进一步提倡包容异质人群和异质文化，践行"来了，就是深圳人"的平等自由的城市价值。

第二，积极推进创业咨询辅导，创造更为包容的创业氛围。创业群体面临白手起家的旅程，总是十分孤独且渴求指点。深圳作为孕育了腾讯、顺丰物流、宝能集团、大疆创新科技、比亚迪等龙头企业的城市，坐拥丰厚的创业成功者经验库，政府应携手这些企业，组织进行创业咨询与辅导，从实际创业事项到创业过程中的心理疏导，进行全面的关注与帮扶，力求营造包容轻松的创业氛围。

第三，开展多元宣传活动，关注青年群体的心理健康。这里的心理健康包含了对自我性别意识、性取向意识的理解与引导。由于深圳是一座移民城市，拥有不同地缘文化背景的人们相聚于此，特别是背井离乡选择定居深圳的这类人群，其本身拥有接受新事物的性格特质，勇于突破传统思想观念，基于此，社会亟须提高对性少数群体的了解与接受度，为性少数群体创造更为自由开放包容的生活和创新创业环境。

第四，积极动员社会力量，营造良性婚恋观。一方面，未婚青年女性群体在城市生活中远离家人、亲戚，可以在一定程度上化解催婚、逼婚等压力；另一方面，当下年轻女性在社会普遍"低欲望"冷感状态下，对恋爱、婚姻比较淡然。故而，政府部门、宣传媒体应从顶层设计，关注并引导良性婚恋价值观。婚恋的时间和节奏，不应被年龄所裹挟，婚恋的选择也应是自愿的自发性，而不是迫于压力的妥协，在减轻家人、亲戚催婚压力的同时，营造积极良性的婚恋观，为青年女性创造结识异性、促进交流、培育感情的机会，以利于身心健康。

第五，创造条件，鼓励陌生人之间的相遇和交往。孤独感是一把双刃剑：一方面它给人们带来情绪上的孤立、沮丧、抑郁、悲观，当长时间的孤独感转化成消极观念、态度和行为时，孤独感将成为问题，需要及时干预；另一方面它也能促使人们的感官更敏感，更能激发思考，更好地观察身边的社会和世界，从而带来更强的创新倾向。现代城市生活中，青年面对孤独时不必太过恐慌，一方面可以通过社交建立新的人际关系网络，缓解孤独；另一方面，既然孤独不可避免，那就利用孤独感激发自己的创新倾向，使自己保持清醒的头脑和创新活力。城市和社会要积极帮助青年人化解孤独感，并将孤独感转化为创新潜力。

十一、回归街头：重新定义公共空间和表征都市创新活力

——深圳市民中心青少年街舞考察

严格意义上的街舞于20世纪80年代进入中国，从早期街头热舞起始，历经酒吧斗舞、舞台表演，逐渐从野蛮生长状态进入规范的赛事表演，最后演化为今日的文化创意产业。据文献资料记载，深圳的街头文化可以追溯到1986年由市青少年活动中心独创的广场文化"大家乐"卡拉OK，这是一种由青少年"自愿、自荐、自费、自娱、同乐"[①]的特色街头文化。1988—1989年陶金导演的《摇滚青年》在中国上映，他编排的《让我们跳起来》登上央视春晚，两把火将霹雳舞烧红大江南北。深圳

① 彭振坚：《因为兴趣，我在这个舞台工作了20多年》，戴北方主编：《深圳口述史 1992—2002·上卷》，深圳：海天出版社，2017年，第227页。

街头的霹雳舞者有多少已无从考据，但资料显示的一件小事或许能帮助我们窥见当年深圳霹雳舞的高峰状况。2015年央视一套晚八点档节目《出彩中国人》来了三位"70后"组成的霹雳舞搭档，二十年前他们是深圳小有名气的霹雳舞团，被誉为"深圳小虎队"。三虎之一的陈立江曾获得首届全国霹雳舞大赛一等奖和中国舞蹈家协会主办的"将军杯"全国霹雳舞大赛一等奖。① 2004年深圳南山Hip-Hop舞团Tripline创始人王阚致力于街舞推广，于深圳欢乐谷举办每年一届的"国际街舞精英赛"，并以本色酒吧为基地，牵头创办民间街舞组织"演舞会"。该组织每年的活动可以聚集海内外千名街舞爱好者"华山论剑"，成为国内最大的街舞交流活动，王阚本人也获得"中国街舞奠基人"的荣誉。② 凭着《青春的悸动》于2010年东方卫视《中国达人秀》闯出来的深圳民工舞团于2011年登上央视春晚，表演街舞《咱们工人有力量》，引起轰动。2012年深圳市首家学术性非营利社会组织"街舞学会"宣告成立，其简介表明，活动经费部分来自政府资助。至此，深圳街舞基本上被纳入深圳市文化广电旅游体育局和大型商业机构如华侨城等的文化创意和文化演艺体系中。尽管如此，深圳街舞活动并未被全部纳入公共文化演出、商业赛事和舞蹈培训机构的特定空间之中，街舞，如其名所喻，城市的街头和广场依然是青少年街舞者热爱的场所。本章试图以深圳市民中心"中区通道"每天出现的街舞者为考察对象，强调街舞出现的场所为"街道""开放空间"，凸显其开放性与公共性，既隐喻其抵抗、边缘的意蕴，同时探讨舞者的地方认同及城市公共空间的重构，更进一步，以街舞的特定空间为节点，通过舞者的社交行动网络，发现街舞与城市创新文化的内在关联，借此思考自下而上自发形成的青少年差异文化对于城市个性、自由表达、宽容氛围及集体记忆的价值和意义。

① 华龙网—重庆商报：《46岁重庆老总跳霹雳舞上央视 老男孩舞出不老青春》，http://cq.cqnews.net/shxw/2015-04/07/content_33886865_2.htm，2020年7月22日访问。

② 林雪：《王阚：不跳街舞，我就像个隐形人》，http://blog.sina.com.cn/s/blog_6186ed2b0100i4w9.html，2020年8月3日访问。

（一）街舞文献回顾

街舞是什么？作为舶来品的"街舞"（street dance 或 street dancing）起源于 20 世纪 60 年代美国纽约市布朗克斯区，其源头来自非裔美国青少年在街头争夺地盘、寻衅斗殴的休战期间作为展示实力而展演的有难度和技艺的比拼，当非洲舞蹈在纽约出现并流行后，他们在斗技中糅合了大量非洲音乐和舞蹈动作，再加上涂鸦、刺青和奇装异服，形成青少年独特的 Hip-Hop 文化。

早期的研究，将街舞从街头空间抽离出来作为符号化的文本展开亚文化视角的探讨，譬如，英国伯明翰学派的代表性人物迪克·赫伯迪格（Dick Hebdige）在《亚文化：风格的意义》中对朋克文化如何利用服装、身体、音乐语言进行"符号的游击战"，从而表达青少年亚文化对主流文化展开有风格的抵抗做了浪漫化的描绘，并使其奇观化。萨拉·桑顿（Sarah Thornton）研究俱乐部文化时对锐舞空间也是轻描淡写，详细考察的是舞者的着装、嗑药、交往方式及俱乐部氛围，由此认为亚文化不只是受主流文化压制的边缘文化，亚文化有自己的价值传达，跳舞不是一种单纯的文化活动，而是一种对舞者有特殊意蕴的意识形态，包括张扬个性、小团体文化、权力表达等，"在理解他们生活中既存社会的过程中，青年挪用政治做一种让他们的文化更有意义的方法。这样，不是青年文化政治化（the politicization of youth），而是政治的美学化（the aestheticization of politics）"①。换言之，青少年街舞中身体的摇摆、律动、情动被诠释为一种与主流文化相抵抗的形式和与体制冲突的文化，赋予其政治性。相对于主流意义体系而言，处于从属结构地位的群体发展出的表达模式或生活方式的模型，反映了他们试图解决来自更宽泛社会背景中的结构性矛盾。

---

① Sarah Thornton. *Club Cultures: Music, Media and Subculturel Capital*. Polity Press, 1995, p.167.

随着青少年休闲方式的改变和消费主义浪潮的到来,至20世纪90年代,流行音乐、街舞的研究偏向于视之为一种更为复杂的品位模式,而不是任何意识形态的"政治上的正确性"。20世纪90年代末以来,文化地理学家意识到青少年亚文化和流行音乐形式和它们出现的场所是值得认真研究和关注的,场景理论随之出现,带来青年亚文化研究的"空间转向"。场景被理解为一种特殊的城市文化背景和空间解码实践,研究流行音乐等青少年亚文化,应该给予场景更多的关注,并将其定义为对产业、机构、听众和基础构造进行正式和非正式的安排。后亚文化研究者班奈特对英国泰晤士河畔纽卡斯尔城的豪斯(House)音乐、高科技舞曲和丛林音乐的研究显示,这些另类音乐场景与高科技领域之间有着基础性的联系,它们都采用一种分散的、DIY的方式进行生产,独立音乐的个性特征与高科技企业的创新精神异曲同工,在随后有关西雅图音乐场景的研究中,研究者们充分探讨了为什么是在西雅图诞生了以垃圾摇滚著称的流行音乐,并且带动了与之相关的时尚产业。研究结果有趣地揭示,流行音乐生产品牌满足需求的能力,是否拥有许多具有类似风格的优秀乐队,强烈的地域另类场景,以及与大学生之间密切的关联是主要原因。在此过程中,乐迷和音乐家的界限并不总是那么清晰,他们都是这个场景的组成部分,影响青年文化的消费和传播,这些特性与创新创意所需要的场景"异形同构",或者说,以音乐为代表的青年文化场景与企业创新生态彼此滋养,相生相伴。

中国大陆街舞的研究,主要集中在"对街舞的定义、分类、动作的特点、功能、运动价值的研究"[①],街舞课程的设置,以及对电视真人秀节目《热血街舞团》《这就是街舞!》的简要讨论。相比之下,中国台湾街舞研究的文献比较丰富,林益民是最早将研究目光投向青少年街舞的,1995年他采用参与式考察的研究方法,跟踪台北西门町、中正纪念堂等地

① 杜彩凤、王宝龙:《我国街舞科研论文研究现状与展望》,载《山西大同大学学报》(自然科学版),2015年第31卷第2期,第87页。

方的青少年街舞者，展开亚文化范畴的研究，在呈现街舞群体行为特征的同时，认为街舞是青少年的"街头成长仪式，是青少年多元的成长经验之一"①，从而将街舞表述为与主流文化相对的文化，深受伯明翰学派青年亚文化研究的影响。颜心彦从体育基础设施的角度展开对台北街舞使用空间的分析，认为城市提供给街舞者使用的空间场地有限。②林伯勋、张金鹗对青少年街舞者如何利用实践的方式在具有特殊意蕴的台北中正纪念堂的空间中争取真实空间中的公共性的研究③，庄韵静对台北车站地下街的公共空间的活化再利用与青少年活动之间的关系研究④，都将街舞与特定的城市空间勾连起来，以探讨公共空间的公共性，给本章以启发。

（二）市民中心的空间意义与公共性演进

1980年8月，深圳被正式批准成为中国第一个经济特区。1995年，深圳经济特区建立十五周年之际，政府提出"特区二次创业"，确定要大力发展高新技术和第三产业的战略目标，而最初的市政府所在地罗湖区的商务楼宇已经呈现出饱和趋势，"迁府"既是地理空间的需要，更是引领经济发展的需要。1995年，深圳市城市规划委员会提供了福田中心区的城市设计，而专家们在审议时，认为中心区应该有国际水准，要求做国际咨询。翌年，来自中、美、日知名专家组成的评委会终选出美国李名仪/廷丘勒建筑事务所的方案。现任深圳市规划和国土资源委员会副总规划师的陈一新，当年参与了福田中心区的总体规划，她认为市民中心设计方案"既象征了中国传统的大屋顶建筑，又象征鹏城二次起飞，还象征民主治理"⑤（图2-11-1）。

① 林益民：《在街头相遇——侧写青少年舞团》，载《台湾社会研究季刊》，1997年第25期，第209—225页。

② 颜心彦、李晶：《台北市街舞使用空间分析》，载《大专体育》，2011年第116期，第64—72页。

③ 林伯勋、张金鹗：《街舞！对抗？中正纪念堂——人、活动与公共空间关系之探讨》，载《都市与计划》，2002年第1期，第115—140页。

④ 庄韵静：《台北车站地下街之活化再利用：以爵士广场青少年活动为例》，载《台北市大社教学报》，2012年第11期，第153—173页。

⑤ 陈一新：《福田中心区和我，都是时代的幸运儿》，戴北方主编：《深圳口述史1992—2002·中卷》，深圳：海天出版社，2017年，第268页。

图 2-11-1 深圳市民中心远眺

市民中心、音乐厅、图书城与深圳市的空间结构

深圳市民中心位于深圳市福田区,在城市规划平面图中处于中枢位置,由彩田路、滨河大道、新洲路、莲花路四条干道围合而成,总面积 607 公顷。与市委、市政府等城市核心政治机构同在一个建筑空间中,再加上莲花山上的邓小平雕像、开阔的广场、茂盛的绿化以及建筑物造型所蕴藏的寓意,共同表征着其在城市中地理和政治的中心地位。坐落在市民广场两侧的市音乐厅、市图书馆、市博物馆、市图书城,外形设计上与市民广场的主体建筑,或融为一体,或风格呼应,构成了独具特色的建筑群。空间是社会过程的中介与结果,因此将市民中心放在城市地理之枢纽,不但象征城市政治运作的结果,更代表未来政治上的引导意味。

市民中心的设计方案邀请美国李名仪 / 廷丘勒建筑事务所、法国 SCAU 国际设计公司、新加坡雅科本建筑规划咨询顾问公司、中国华艺设计顾问有限公司四家设计机构提供方案,并经由国内外著名专家组成的评议委员会评标,最终选定美国李名仪 / 廷丘勒建筑事务所的方案。该方案被认为体现了时代性、地域性、文化性和未来性。市民中心的主体建筑由东、西、中三段平面组合。480 米长的曲面大屋顶状如大海波涛,具有强烈的现代雕塑感,被寓意为"大鹏展翅"。翅膀两翼之下,东侧为市人大党委办公处,西侧为市政府办公处,其间夹杂着市民服务中心/行政服务中心以及公众礼仪厅等场所。中区挑高,两侧由"天圆地方"的两座塔楼和玻璃裙楼组成,圆楼为市工业展览馆,方楼为市档案馆和大会堂,处在中轴线上的架空长廊,自北向南,从莲花山邓小平雕像起始,途经市民广场,从圆楼方楼中间穿越,一直延伸至市会展中心,总长约2公里。长廊视野开阔,气势磅礴,具有城市"门户"和地理中心的视觉气象,更将空间意涵由地理空间、政治空间提升至文化空间,既宣示其城市枢纽的地位,又是城市规划和治理运作的结果,还赋予了市民中心别样的文化意义,从这个角度而言,市民中心正是整体社会运作逻辑的空间过程与结果。

市民中心的命名,设定了空间的开放性

市民中心在最初的设计方案中被命名为"市政中心"。"政",即政府、政务、政治,是城市政府机构所在地,也是城市政治中心,在1998年开工至2004年竣工,设计方案多次修整,命名随之改变为"市民中心"。深圳市规划和自然资源局负责中心区规划建设的一位官员接受媒体访谈时说道:"从名字上就可以看出……这种开放的政府形式……按理说这应该是非常好的政治宣传的一张牌,可以好好打一打……这个项目其实本身在深圳市政治体制的改革上是一种观念上的进步。"[①] 顾名思义,"市政中心"的基本定位是为行政机构服务,通常被设计成封闭的、不可达的、少数人使用的,与之相反,"市民中心"服务对象则是广大城市居民,意味着开放性、可达性、大众性和休闲娱乐性。"市政中心"与"市民中心"虽则一字之差,其实是行政理念之别。

① 吴博:《实现"平等"与"开放"——地方行政中心设计探索》,清华大学硕士学位论文,2004年,第51页。

在规划设计中,"市民中心"的市民性主要体现在:没有围墙,不设护栏,没有守卫,市民 24 小时都可以从厅堂内穿过。1700 平方米的公众礼仪大厅既供市政府召开新闻发布会等使用,也开放给市民举行婚庆礼仪等活动。2500 座的市民大会堂,用于举办会议、放电影和演出。同时,行政服务大厅汇聚了 30 多个服务于市民的主要政府部门,通过 145 个服务窗口为市民提供 390 多项审批和办证服务,试图通过"视觉展现"与服务功能相结合的复合模式,体现出特区政府以民为本的行政信念。对外办公(行政服务大厅等)及对市民开放(档案馆、博物馆、展览馆)的公共部分也被安排在建筑的最核心部位。中部的方、圆两桶体分别为会堂、展览、公众礼仪等公共市民空间,而非以往建筑布局中的政府办公部分,打破了"居中则贵"的传统思想,政府不再以威严的姿态面对市民,充分体现了深圳开放、亲民的政府形象,塑造了一个没有围墙的市政府形象。

沿中轴线由北往南,莲花山公园、北中轴步行长廊、市民中心、市民广场、水晶岛、南中轴中央绿化带都是开放的市民活动场所,包括对外办公以及对市民开放的公共部分也被安排在建筑的最核心部位,在政府行政理念上的确超越了国内许多城市近年来设计的行政中心。行政办公不再是行政中心的绝对主体,但是,市民中心传统的中轴线布局模式、横跨三个街区的大屋顶的恢宏气势,过于宽大又缺少遮蔽物的市民广场(250 米见方,面积 6 公顷有余)在凸显城市地标性、纪念性特质时人性化与亲切感不足,尤其在深圳一年有半年多时间气温高达 32 度,或艳阳高照,或暴雨如注的气候条件下,超大的广场适用性并不强。研究者于 2017 年 6 月初次到访时,偌大的广场空无一人,丽日高照下感觉无法多停留一刻。

地标、观光与休闲：空间的差异性叙事

市民中心的建成和使用，被官方媒体称为"深圳最具标志性的建筑""深圳市政府的形象代言"以及"城市大客厅"，甚至认为可与纽约著名的中央公园相媲美。在"深圳最值得玩的地方""深圳十大婚纱摄影基地"等一系列民间排行榜中，市民中心都榜上有名。开放的空间格局，高大别致的建筑群，中央绿化带，等等，可以满足市民和观光者驻足、游览、休憩、拍照等的多样化、差异性的需求。

差异性需求既是城市最显著的特性，也只有在城市空间才能最大限度地被创造和被容忍，不同群体可以在同一时间以不同的形式来使用、感受同一城市空间，并与之产生联系。换言之，同一个空间有着不同的使用方式和不同的意义，这建构起一系列的身份认同。

城市地标在近几年的城市旅行观光潮流中成为青年人的打卡圣地。通常他们以身体在场为特征，并辅以种种时尚流行的身体造型，将自己融入地标建筑群中，或创造性地构建身体与地标之间的关系，使原先表征城市高大与现代的政治意识形态化的叙述重构为彰显身体的场景，实现了身体对城市空间的想象性的征服。比如，一张游客拍摄的照片上，白衣绿裙的女子创造性地将遮阳伞倒置，伞柄直指市民中心建筑屋檐的中心点，仰拍的视觉差使人、伞、建筑合体，其蓄势仿佛要戳破天棚，飞腾而上，触碰蓝天。另一张照片的拍摄地点位于市民中心通向高处的台阶上，年轻的恋人相拥飞翔旋转的身姿，解构了高阶所表征的庄严神圣和步步拜谒的潜在意味，相反却旁若无人地宣示出属于自己的自由奔放和甜蜜快乐。另一组名为"舞光拾色"的摄影组图采用光绘摄影技术,利用市民中心的夜空背景,借助相机长曝光模式拍摄光源的移动轨迹成像。光源中心区身着黑色连衣裙的女子随着光型摆出相应的各种体态动作,仿佛将市民中心打造成了绚烂的时尚舞台,而独舞的女子则是这个城市的精灵!

2017年,得益于国际植物学大会在深圳举办,深圳市城市管理和综合执法局在市民中心中轴线上的大草坡种植了万株向日葵,占地3030平方米的五片花田构筑了亮丽的向日葵风景带。这片花海一跃成为"网红",每天吸引游人高达两三万人次。然而,超负荷带来的结果就是游人对向日葵花海的肆意采摘和无情踩踏,从而引发大范畴的市民讨论。随后,深圳绿化处在安排补种葵花时邀请市民代表一起参与,并由深圳著名的义工组织负责督察,帮助管理方维持日常秩序。市民参与公共空间的使用和管理,激活了市民参与式民主和集体道德感,是一次颇有用意的"积极的公民性"的尝试,"社会生活的领域,其中具有不同年龄、种族、性别、能力和政治倾向的人们共同组成了现代城市,能够从人性的角度进行彼此发现,同时重新发现他们自己的城市以及城市的历史"[①]。市民中心丰富多样的空间使用和文化再生,将城市管理和规划者预想的抽象的"市民性"和"公共性"变得具体生动起来。

① 德波拉·史蒂文森:《城市与城市文化》,李东航译,北京:北京大学出版社,2017年,第135页。

街头艺人:为边缘空间注入异质性

上述市民中心共享的空间设计,既是深圳市政府改革、创新、开放的城市理念的表征,也是市政府亲民、乐民、惠民政治态度的符号体现。市民中心投入使用之后,方便了市民办理各种审批和办证,每年也能吸引大量观光者驻足停留,同时,城市的一些大型活动,比如2018年深圳国际马拉松锦标赛的起点就在市民中心广场,充分体现出高速便捷的行政办事效率和城市地标建筑的意义。

异质文化,比如街头艺人,通常被认为是破坏城市秩序和扰民的存在,遭到城市管理者的驱逐。街头艺人,走到哪里就被赶到哪里,没有合法的演出场地,是一种常态化的现象,深圳也不例外。福田区演艺协会常务副会长周贞羽认为:"以街头乐队来说,目前绝大多数团队都处在一种'不合法'的状态下,活动受限制较多,扶持相对欠缺。"② 深圳是移民城市,也是各种草根艺人云集之地,但寸土寸金的城市并没有给流动的街头艺人提供足够的公共演出场地,而市民中心阔大甚至奢侈的空间,流动的观光和闲逛人群,成为街头艺人表演的最佳舞台。每当夜幕降临,特别是周五、六、日的晚上,各类街头艺人就出现在市民中心东南侧广场。"秦朝乐队"是深圳最著名的"草根乐队"之一,有5名成员,主唱罗双2007年辞职来到深圳,白天是金融行业的业务员,夜晚则是市民中心广场卖唱的街头艺人。罗双说,做街头音乐纯粹是出于爱好,微薄的演唱收入养不活自己,必须以工养唱。成立于2009年,解散于2013年的"原上草乐队",被粉丝们称为"深圳草根天团"。乐队成员阿飞认为城市环境,包括市民中心广场对街头艺人是极其不友好的,"至今广场上乐队的设备搬运、存放、遮雨设施、电力配置,一直未得到根本解决。此外,乐队还经常性地面临城管的驱赶等问题,对街头艺人的生存环境

② 南方日报:《深圳福田或发出首张"街头艺人演出证"》,http://www.chinanews.com/cul/2014/06-23/6308790.shtml,2020年7月22日访问。

造成极大影响"①。

深圳草根乐团鼎盛时期，长期在市民中心广场驻唱的乐团多达六支，他们巧妙地利用深圳城市管理者对待街头艺人的暧昧态度——平时通常是视而不见，特定时间加以驱赶——集聚于此，以"游击战"的方式，改写了市民中心的空间使用，在功能性行政服务和城市地标观光等主导性政府形象和城市形象的基础上，将非合法化的、异质的文化实践带入其间，促成青年亚文化在城市的曝光度之外，也使得市民中心突破表征的空间开放性，逐渐向真正的开放、多样的使用空间迈进。不过，2014年深圳福田区成立了首个类似中国台湾街头艺人发展协会的行业组织"福田街头演艺联盟"，"整合艺人、技术、场地资源，以行业规范、公约自律等形式，对街头艺术活动实施自我管理与互助协作，共同维持公共场所艺人表演秩序"②。随之，深圳向街头艺人颁发了"演出证"，只有持有演出证的街头艺人才有资格进入市民中心指定区域表演。

街舞，我的地盘我作主

深圳市民中心是城市发展阶段性的产物，除了表面上是城市地标建筑之外，城市管理者更试图传递的是市民对于市政机构的政治想象和期待，包括创新、开放、亲民等。但实际使用中的空间特质恰恰因为不同使用者创造性加以发挥，形成了市民记忆与集体风格。婚纱拍摄基地、地标打卡处、街头艺人营地是最好的例证，还有位于深圳工业博物馆和档案馆之间的中轴线上的街舞

① 南方日报：《深圳福田或发出首张"街头艺人演出证"》，http://www.chinanews.com/cul/2014/06-23/6308790.shtml，2020年7月22日访问。

② 同上。

活动。街舞对市民中心的公共性解放和以往不同的是其象征意义，以婚纱拍摄而言，背后所代表的意义是城市普罗青年的仪式性需求或城市小资的艺术品位，和街舞所表现出来的非主流性和亚文化的象征意义截然不同。简言之，"婚纱照"与市民中心的高大上、艺术化、仪式性的意味有着相当程度的共通性。"街头艺人"在文化符号中具有自由、个性、另类的气质，与街舞有相通之处，但随着深圳市加强对街头艺人的管理，以及"福田街头演艺联盟"的成立、街头艺人持证上岗、《街头艺人自律》等一系列管理体制的落实，在合法化街头艺人的同时，这个群体也被纳入城市多样性文化的框架内，成为城市观光体系中象征文化开放和文化繁荣的组成部分，从而丧失了街头艺术所特有的内在气韵。从这个意思上来说，街舞活动背后对于青年亚文化的包容才是空间生命力的真实体现，同时也表征了城市对于青少年群体的友善度、容忍度和对异质文化接受的程度。

（三）谁的"市民中心"？

"街舞"是诞生于美国黑人贫民窟一种具有独特风格的街头舞蹈类型，满足非裔青少年自我认同和寻求沟通的心理需求，释放出社会底层对于公权力的不满与挑战。1990年前后，街舞开始流行于国内一二线城市。2003年9月，在中央电视台和中国健美操协会的组织下，举办了首届全国街舞大赛，并组织获奖的团队参加次年的世界街舞大赛。街舞在中国落地的这种模式，开启了中国式街舞远离街头、进入电视比舞竞技、商业街舞工作室以及健身房锻炼身体的主流范式，并与明星、唱片、广告、服装品牌等关联，演变成巨大的街舞文化产业。日趋成熟的街舞市场反过来挤兑了真正以街头空间为舞台的街舞表演，使街舞远离街头，随之消解街舞原初的文化意义，更进一步，街头舞者夸张的服饰、自由不羁的表演风格、强悍的身体使用和表达方式，以及张扬的个性意志，成为与主流文化具有鲜明差异的城市青少年文化存在，与涂鸦、刺青、滑板和奇装异服共同构成了一座城市的街头另类景观，获得来自各方的殊异评判。

据研究者在深圳市民广场的现场考察以及文献资料显示，街舞的参与者主要是15—25岁的青少年，以中学生为主体，少数为大学生和已参加工作的青年人。作为当代青少年亚文化实践的街舞，其风格主要体现在以下几个方面：第一，基本装备。男生挑染的头发、宽大的T恤、肥仔裤、文身、运动鞋，女生的长发、短裙、露脐以及Cosplay等服饰符号；第二，异域性的，有时甚至是挑衅性的舞姿。比如霹雳舞中特殊的舞蹈形式——斗舞（Battle）来源于黑人低层青少年的帮派斗殴，虽然以创造力而不是暴力来赢得比赛，但肢体动作表现冲突，充满挑衅；而女生更偏向于青春活泼略带性感的韩式舞蹈和来自二次元的宅舞；第三，街舞文化拥有亚文化圈子独特的语言和音乐，青少年借此表达自身的生活态度、生活习惯和生活方式；第四，街舞的文化意蕴。街舞的舞者最初是城市边缘的青少年，对社会的不满和抵抗是其底色，而当下，参与街舞的群体越来越多元化，不满和抵抗似乎表现得并不明显，相反，通过奇怪的不可思议的肢体动作传达独特的个性成为其目标，比如霹雳舞中的头转以及大量反关节的动作，违反人体生理运动形态，却传递着"我能，你不能"的信息，以此彰显个人价值。街舞也是思想的表达，承载了青少年的困惑和认同。同时，一座城市是否有街舞者的容身之地，也折射出城市大众的宽容精神和接受多样化文化的心态，更是城市社会管理创新意识的考量和开放包容的显在表征。

① 主要观察地：深圳市民中心中区通道、北广场、南广场以及东南侧广场。调查时间：2018年9月下旬至10月中旬。日期分布：共计非节假日1天；节假日2天。详细时间分布：10:00—12:00；15:00—17:00；19:00—21:00；调查项目（人、行为、活动、空间）：使用者特性，包括年龄、行为模式（坐、卧、行走、跳动等）；使用类型；使用地点分布（活动使用地点及其分布情形）；使用时间；使用者人数；各类使用者之空间使用特性（除地点之外的空间特征，如面对落地窗、围绕着花圃、在阶梯上等）。

那么，市民中心、市民中心广场的使用者到底是谁？街舞的参与者究竟是哪些人？为此，我们对以街舞活动发生的中轴线中区通道（以下简称中区通道）以及其他有可能提供街舞空间的中心南广场、北广场以及东南侧广场进行环境行为观察。①

市民中心中区通道和广场使用的调查情况可谓丰富多彩。东南侧广场仍是街头艺人集中活动区域。10月4号和5号两天为国庆假期，全时段都有5—6个书法摊位、5个画摊。这些摊位的主人或在接单做生意，或在教人习字，也有人在躺椅上休息。另有6—8个摊位是教小孩子手工做娃娃并售卖的，每个摊位前都坐着五六个小孩子。一位拉二胡的长者——湖北黄冈人骆宏俊，穿着花布衬衣，一曲终了换一曲，声音通过自带的扩音设备，传递得很远很远。他的琴盒打开着，上用白纸隶书体写着"乃胡琴国粹，当吾辈传承，不拖累儿女，凭才艺谋生"，且有籍贯、姓名、接受打赏的支付宝账号。坐在他对面，支着摄像机正在拍摄的小伙子脚边放着告示"已在斗鱼直播，房间号4719812，多谢关注"。离这个区域的不远处，有乐队正在演出，最初只有主唱和鼓手，陆续又来了吉他手和贝斯手，同样借助扩音器，将歌声传送得很远，吸引了上百人围观。有人用现金打赏，有人扫描微信或支付宝打赏。乐队演唱以民谣和摇滚为主，可以接受观众点歌。一位父亲带着女儿，打赏了10元，点了《董小姐》。

市民中心南广场是空旷之地，没有树木，没有座椅，只有台阶和扶栏。这儿是中心广场，是升旗之处，也是大型市民活动的主舞台。第一次考察时，广场上有游人，也有市民带着老人、小孩在闲逛，还有四五个小朋友在玩滑板。国庆期间再度考察时，适逢深圳灯光秀上映，每天晚上六点半开始，视游人多寡上映3—4次，每次约12分钟。灯光秀活动期间人潮汹涌，呼朋唤友，主要是观赏、拍照、拍视频，其他活动大多数都被挤占。

中区通道 4 号下午都被游客席地而坐占据着休息、吃东西，跳舞的年轻人转移到了北侧左右两边。一共有 7 组 41 位年轻人在跳街舞，以高中生居多，少数为在职人员（图 2-11-2）。其他人员或坐着休息，或驻足观看，或拍照，举凡行走者都会略做停留，观看舞者。5 号上午中区通道被中老年人占据，共有 4 组 24 人，有跳新疆舞，有练"六字诀"，有练剑舞，也有一对男女正在练习交际舞。5 号下午，中区通道和北侧一共有 9 组 67 位年轻人在跳街舞。另有十多人席地而坐休息、观赏，还有十多位游客边走边看。非节假日（暑期中）有 4 组 49 位年轻人在跳街舞，十多位走动的游客，4 位席地休息的游客。

由此可见，市民中心具有观赏性的民间文化活动主要有两大类，一类是有组织的文化艺术表演，一类是自发的练舞。在前一种类型中，以中青年男性为主，偶有老年人参与其间，其特征是"持证上岗"，具有表演和经营性质，接受销售、有偿定制（画像、书法、点歌）和自愿打赏。后一种类型以青年人为主体，中老年也参与其间，但青年人占据较高的绝对比。在研究者三次随机考察中，共出现 195 位街舞者，年轻人共 171 位，占比七成多，且占用的时间从下午两点开始一直持续到晚上九点，相比之下，中老年舞者仅 24 位，活动时间在早上八点到十一点之间，出现频率也要少得多。另外不同的是，青年街舞者主要是相识者、网约者一起前来跳舞，是自发组成的，而中老年舞者通常是由社区或相关协会组织且因为参与某种比赛而到此练舞。若空间中的使用者可以有主、次之分的话，青年街舞者应该是中区通道及南北两侧的主要使用者。

（四）为什么到此跳舞？

市民中心一层中区左右两侧分别为深圳市人民政府和深圳市人大常委会，二层中区为中轴线通道，东西翼分别为深圳市工业展览馆和档案馆,从地理位置而言可谓城市之心脏,于市民中心建筑群而言又是圆之心,从寓意来说,无疑是城市政治核心所在,而街舞恰恰在此登场,这引发了研究者的好奇。

街舞何时在中区通道出现?随访的特警、展馆的工作人员并不知详情,舞者也难以说清楚,他们都未见证第一批舞者的出现。特殊的地理位置和空间使用,由不同的视角来看,具有一样的意义吗?

图 2-11-2 中区通道南侧跳宅舞的女中学生

中区通道适宜跳舞的硬件设施。从街舞者的视角,中区通道场地阔大,视野开阔,地面平整,气氛热烈浓郁,还有玻璃幕墙这样天然的大镜子。对受访者 A 来说,"这里有比较宽敞的地方,还有大镜子,可以对着练,看清楚自己的肢体动作……还有这里有跳街舞的气氛"。A 在赞美宽敞的场地和空间时,说无论是家里还是培训机构都"没有这么大的空间";F 是街舞爱好者,他认为"这里地面特别适合跳舞。两边跳宅舞的地方是磨石,不打滑。中间这里比较光洁一些,跳舞时头部着地不容易受伤"。C 是深圳市第一职业技术学校在读生,他特别强调了中区通道的玻璃顶棚和南北两侧房檐的遮阳功能,"下雨天也不影响跳舞,空气流通,任何时候都可以找到阴凉处跳舞"。由此可见,青年人选择中区通道跳舞与脚底下的市委市政府的空间意义没有多大的联系,甚至不会想象两者的关联性,不如早期街舞者那样表现出"占领街道"的政治意涵，也与城市闪舞者有意识地挑选象征性空间表演不同，没有任何政治或其他特殊的目的，单纯只是因为这里的硬件设施适合跳舞。

美丽的景致和难得的街舞气氛。受访者 B 有三年跳街舞的经历，来深圳一年，目前的职业是教小孩子跳舞。他认为："这里跳舞的气氛特别好。还有这儿的景色，特别是晚上，有灯光，特别好。"受访者 D 是一位资深的 Cosplay 玩家，目前高二就读，她认为："这是很好的空间，相互之间不干涉。周围的高楼大厦，还有光影变化，特别适合拍照片。"受访者 C 认为："这里的气氛非常好，无论跳舞，还是朗诵，都不会觉得尴尬。"彼此独立，又互相感染，构成了中区通道独特的自由表达又具共识的公共空间。

区位优势。"我们俩住得有点远，这里是中间点。"受访者 A 的舞伴是同龄的女生，两人都是高二在读，但不是同学，因为热爱宅舞而相识，各自乘地铁赴约。受访者 C 所在的团体有 16 人，在中区通道练习主持节目，"我们有的住校，有的住家里，来这里坐地铁都很方便"。市民中心和附属的广场周边有五个公交站点，包括 12 路常规公交线路、1 路快线公交线路、1 路高峰公交线路、1 路夜间公交线路、1 路干线段公交路线、1 路支线段公交线路等共 17 条公交线路；地铁 2 号蛇口线为东西线，4 号龙华线为南北线，两者在市民中心交汇，且市民中心前一站"少年宫站"，后一站"会展中心站"分别为龙岗线与龙华线、罗宝线和龙华线的交汇站，站点之间的距离步行时间在 8—10 分钟之间，这就意味着横贯东西南北的四条地铁线可以将居住在不同方位的人便捷地送达市民中心。

公共文化空间密集。市民中心周围分布着众多市级公共文化设施，它们与市民中心在建筑布局上构成了有机的关联，主要包括深圳市会展中心、市图书馆、市音乐厅、市博物馆、市少年宫、市当代艺术与城市规划馆、市工业博览中心、深圳书城等，无论在空间想象，还是视觉触达层面，恍若众星拱月，市民中心都处于核心位置，而二层中区通道便是舞台中央。受访者 A 和她的朋友"吃过早饭就出门了。先去图书馆看书、做作业。下午来这里跳舞"。在研究者追问下，她不好意思地承认，父母亲认为她到市图书馆学习，而不是到市民中心跳街舞，"也不是家里一定会反对，但为了避免麻烦，就不说了"。丰富的公共文化资源被年轻人巧妙地转用为街舞的"修饰语"，既是最好的托词，又能让自己心安理得。受访者 D 是 Cosplay 和宅舞爱好者，她和同学们则是下午先来跳舞、做视频直播，"晚上看一下灯光秀"。也就是说，在一天或半天的行程规划中，街舞是"正餐"，而周边的各种空间设施及文化艺术活动提供了多元化的"辅食"，进一步强化了舞者对中区通道的认同感。

有规制的自由空间。除舞者外，中区通道停留的人群基本上为游人，有的负重，有的轻便；拍照者，既拍舞者，也拍同伴或自拍；闲坐者，有玩手机的，有聊天的，也有发呆的，姿态各异，显得极为放松、自在、旁若无人。在中区通道两侧档案馆和工业展览馆的工作人员看来，中区通道并没有特别的意义，"就是一个通道，比较宽敞，又晒不到太阳，他们就喜欢来这里跳舞。只要他们跳舞的音响开得不太大，不会去干涉的"。负责中区通道巡逻的年轻警察强调虽然脚底下就是市委市政府，但"这个平台是市民中心的一部分，是开放给市民休闲娱乐的"。他甚至表示"羡慕他们（舞者）的自由，可以穿奇装异服，玩滑板，跳斗舞"。不过，他所赞颂的自由是有前提的，"只要他们不破坏秩序，不妨碍其他人的出行，没有人投诉，不反党反政府，不犯罪就没有问题"。

中区通道是谁的公共空间？当代城市公共空间的讨论特别凸

显通道这类空间中使用者的感觉,强调公共空间的公共性是在使用者的感觉中建立的,而不完全依赖于空间的所有权归属或形式要素,其关键是使用者是否觉得是公共空间。"人们对空间的使用方式可能与城市规划者原本期待的空间使用状态是相互矛盾的,此外,个体或许会依据其不断改变的处境,并遵从自身不断变化的主体意识,在不同的时间以不同的方式使用同一个空间。"[①] 换言之,考察深圳市民中心的中区通道时,我们要充分意识到公共空间的公共性并不是市民中心的设计者赋予的,更不是其居于城市中心位置或"市民中心"的命名而自然获得的,而是使用者在城市生活中创造出来并感觉到的。空间设计者当初设计中区通道时仅为"单纯的通道",幕墙玻璃只是建筑物的墙面,但本章中各种使用者不论社会阶层如何,年龄如何,对中区通道都有公共空间的感觉,宽敞的空间、易入镜的景观、玻璃幕墙激发起使用者自身对空间的想象,通过相遇、聊天、练舞、观看等市民实践而逐渐建构起了独特的公共空间意义,显示出空间与社会文化多重结合的可能性。

① 德波拉·史蒂文森:《城市与城市文化》,李东航译,北京:北京大学出版社,2017年,第52页。

(五)"一起跳舞"

除了硬件设施、区位优势、公共文化空间密集这些优势外,如果换一个视角,或许我们看到的是城市对街头艺人、街舞者、滑板族等不友善的故事,正因为城市规划者从来没有意识到为他们预留空间,城市管理者又限制他们在城市的街道和广场活动,"无处可去"也致使他们"只能"在"这里"上演他们的故事。受访者 E 是"深二代",目前大学四年级就读,她说初二时"就来这里跳舞,不太清楚深圳其他广场和街道有没有跳街舞的"。受访者 A 同样不清楚深圳还有没有跳街舞的其他公共场所,"我们约跳街舞就是指这里"。换言之,同好者约舞,无须问"去哪里",在他们的意识中街舞是中区通道的独特符号,中区街道就是街舞的特定场所（图 2-11-3），受访者 B 告诉我们，"深圳最大的约舞联盟的聚合地就在这里"，言语间充满了自豪感。

图 2-11-3 晚上在中区通道跳舞的年轻人和围观者

在现代都市的规划中，资本权贵的利益普遍凌驾于公共之上，譬如此起彼伏的购物中心正在代替城市的公共广场。封闭的室内，于入口处或者售卖物品的店铺交汇处辟出的所谓共享空间，往往被商业推销所占据。商业街区中的道路和空地充斥着同样的商业符号和信息，"自我于是受制于权威、公众受制于私人控制……社会参与也失去了凭借。劳工与社区为娱乐与消费的形式所重写，公共性深陷于重围之中"[①]。深圳是市场化高度发达的城市，在资本、政府与社会的关系互动中，公共空间的公共性无疑遭遇到了一定程度的扭曲与贬低。受访者 A 在回答研究者的问题时说："不去 COCO Park[②] 跳舞。为什么啊？那里是消费的地方，跳街舞不是很奇怪吗？"持相同观点的受访者 B 则直截了当地回答市民中心中区通道跳舞"不用花钱，完全免费，还很自由"。受访者 C 则更看重空间的共享性，"这儿是大家共享的空间，不需要提前申请，先来先得，很公平"。受访者 F 从另一个角度表达了相同的意思："这里（指市民中心中区通道）的环境比较友好，周围办公的市政府工作人员一般不会来干涉的，警察也不会驱赶我们。"中区街道的非商业环境，免费使用，天地宽敞所释放出的自由不羁的气息与街舞所崇尚的自我率性暗通款曲，由此获得

① 夏铸九：《（重）建构公共空间——理论的反省》，载《台湾社会研究季刊》，1994年第 16 期，第 41 页。

② COCO Park 是位于深圳福田区中心位置的大型购物中心，毗邻市民中心。

青年街舞者源自内心的对地方和场所的认同。

与此同时，"一起跳舞"也催生了一类创新的城市交往行动网络。中区通道作为独特的"这里"，街舞作为中介，将练舞者、教舞者、观看者加以接合，勾连起个人与群体、全球与地方、趣缘与商业等多维度的逻辑意蕴。

首先是相互学习，取长补短。受访者 B 在一家舞蹈培训学校当舞蹈教练，跳舞是他的谋生手段，他认为只有不断学习提高自己的舞技，才能更好地保住自己的工作，所以每周都来市民中心，"来看别人跳，跟他们一起跳，可以学习到许多"。受访者 F 是对着视频自学街舞的，但也表示来中区通道跳舞的重要驱动之一是"看别人跳，不断学习，才能让自己跳得更好"。相互观摩、彼此学习是交往行动的起始，接着便是舞团和舞者之间自然自由的交流。受访者一致认为，舞者们之间经常会有交流。受访者 B 和同伴两人一同前来，他们和其他舞者一起席地而坐，一起跳舞炫技，看上去像是一伙的，但是 B 说："我不认识他们，但大家都喜欢跳舞，就可以认识。每次来都能认识新的人。"相反，从事主持人练习的受访者 C 和同学们，因为不跳舞的缘故，跟舞团的交流仅限于眼神，而没有实质性的交往，"主动交流是没有的，只是彼此眼神交流交流，相互欣赏欣赏"。共同跳舞，尤其是跳同样的街舞使陌生的年轻人产生自然的相互认同感。

交往行动网络更进一步是"约舞"。根据受访者 B 和 E 的描述，因为在"这里"街舞而形成的网络通常按一起跳舞、相互认识、互加微信、建微信群的行动逻辑，再发展到有空约一起来"这里"跳舞。受访者 A 认为："看着他们在跳，就跑过去跟他们一起跳，就会有交流了。以后也会约了一起出来跳舞。因为大家都对宅舞有兴趣，有共同话题。"受访者 B 说他的约舞方式包括"有个人的,也有集体的,主要通过微信群约"。受访者 E 是一位性情特别开朗爽快的姑娘,她告诉研究者她的约舞微信群有 8 个,不同群里的其他人并没有交集,"不同的群跳的不是同一种舞"。与她一起的 G 是大一学生,她跳舞是因为在"这里"认识了 E,又跟着 E 练舞,从而成为好朋友。

由个人或小群体之间的"约舞"连接同城乃至更广泛空间的舞者是商业性演出。目前受访者 G 所在的舞团一共 5 人,受访者 F 所在的舞团有 12 人,两个舞团时常会受邀参加会展中心举行的与漫展、创意周等相关活动的邀请前往表演,F 表示:"在这里主要是练舞,为了演出时表现得好一些。"受访者 G 也表示,参加商演,主要是"能向更多的人学习和交流,演出很少,可以忽略不计"。当然,也有舞者仅仅是出于兴趣爱好,并不参加任何商业演出,但她们并不反对,受访者 A 说:"有机会的话,也不会放过,因为可以跟更多的人交流切磋。"由此可见,参加学校社团活动、漫展表演、教练舞蹈,甚至因舞成名与相互学习、陌生人社交一起构成街舞交往行动网络的动力源。

十二、Live House:青年交往,文化杂合与创新文化

那一天晚上在深圳"B10 现场"有"明天音乐节",我提前到了附近,走在华侨城创意文化园内,一个身着宽大白色上衣和

白色长裙的女孩，染着一头银白色短发，在夜色中显得格外显眼，她身后背着一只猴子形状的书包，脖子上挂着一个黑色的 Beats 耳机，脚步匆匆地从我身旁经过，跟我一样向"B10 现场"的方向走去。她看起来很熟悉这里，径直走到了门口，和三个朋友汇合后，一起排队检票进场。我跟在他们后边，先是经过了一个敞亮的房间，房间墙上贴着巨型的音乐节海报，并且售卖各种音乐节周边。随后灯光逐渐变暗，直到掀开一块黑色的幕布，就正式进入了音乐节的现场。里边很黑，只有舞台上亮着些许灯光，前面已经站满了人。第一场是茶博士的演出，成员 5 人来了 4 人，分别是巫娜、喜见、颜峻、小河。舞台上摆放着茶具和乐器，而他们穿着中式服装，像极了高深莫测的中原隐士，仿佛下一刻就要拔出剑来。他们的演出融合了东方文化意境中的茶道、古琴和现代化意境的实验电子音乐，将细微的声音变化提到更重要的水平上来，制造出了悦耳、神秘和富有冥想气质的氛围。一些微弱、漫长的声音聚合在一起，夹杂着"嘶啦"的尖锐声音，一些乐器的声音，一些嘶吼的声音，一些电子噪音，片段性地浮现，听觉的空间变得深邃和开阔，它使人安静、内省、敏感。环顾四周，几乎所有观众都静静站着，闭着眼睛在倾听，远远看去像是黑暗中的一座座雕像。

中场休息的时候，我又看到了在马路上遇见的女孩，她太引人注目了，以至于一眼就望到了她。她正和几个朋友坐在场地中央，他们看起来都 20 岁左右，很年轻，两个男生穿着宽大的上衣、破洞牛仔裤和板鞋，一个背着白色帆布包，另一个挎着黑色腰包，两个女生染着浅色头发、挂着耳机、背着双肩包。他们盘腿坐在场地中央，交谈着音乐、生活和各种话题，也不管周围的人，就沉浸在他们自己的世界里，直到下一场演出开始，他们又立刻站起来，向舞台前方走去。近十点才开始第二场演出，但这个夜晚好像刚刚才开始，人也越来越多了，灯光的映射下，气氛好像是更热烈了。第二场演出的 KRAUTWERK 由两位来自德国的音乐人组成,他们是德国前卫摇滚、前卫电子音乐的元老级人物,一上台便迎来了全场的欢呼。他们用两台苹果电脑,在台上投入创作,梦幻般的灯光,配上欢快的节奏,整个现场仿佛一个异次元的世界,而台下的人们是那么快乐,以至于要挤在一起碰撞和跳舞才能尽兴。台上的音乐人也玩得很快乐,他们一个光着脚,一个只穿了袜子,在台上边跳舞边演奏。台上台下都是一片狂欢氛围,直到最后一次的返场即兴,观众的热情从未消退。如果说第一场的茶博士演绎的是细腻的东方文化意境,第二场的 KRAUTWERK 创造的就是摩登的西方空间,这种对比真是让人大呼过瘾。

在城市中,或许再也找不出第二个空间,能像 Live House 这样容纳那么多形形色色、差异巨大的人群,既有全球各地先锋音乐团体和独立音乐人,也有来自各个领域、风格迥异的青年观众,无论是穿衣打扮还是特立独行的风格,他们都显得跟城市的普通人有所区别,更像是"来自另一个国度的人"。他们在 Live House 这样的实体空间交往和互动,如同美国政治学家艾瑞斯·杨(Iris Young)所提倡的,在其间体验和容纳差异,并通过在差异中的交往而形成多元的认同以及由此构成城市青年亚文化共同体。在这个意义上,我们可以将 Live House 看作是一个具有多样性的阈限空间,就像传播学者潘忠党提到的:"阈限空间其实是通过人们的社会实践而形成的活动空间,是文化杂合的空间,也即是意识形态运作的空间。"[1] 但是,现有关于 Live House 的研究比较少,仅有的少量研究停留在产业发展角度,文化研究的视角付之阙如,本章将 Live House 视作一个阈限空间,通过实地考察和亲身体验,探讨城市青年群体通过 Live House 如何连接、交往、互动以形成身份认同,以及文化杂合与青年创新文化之间的关联。

[1] 潘忠党、於红梅:《阈限性与城市空间的潜能——一个重新想象传播的维度》,载《开放时代》,2015 年第 3 期,第 145 页。

（一）深圳 Live House 的起源及本土化

1. 深圳现场音乐的起源

中国流行音乐圈内盛传这样的说法："生于深圳，长于广州，成于北京。"20 世纪 70 年代中期到 80 年代中期，中国流行音乐进入酝酿和萌芽时期，深圳是其中最早孕育出流行音乐的城市。一方面，从当时所处的社会背景看，整个中国仍相对保守，思想观念还比较狭隘，而深圳有毗邻香港的地缘优势，又作为改革开放的先行者，人们的思想和观念自然更加开放和包容。另一方面，深圳是从小渔村发展而来的移民城市，本土传统文化的根基相对比较薄弱，更容易接受外来文化影响。这一阶段，深圳的流行音乐以模仿和翻唱外来音乐为主，周峰是比较典型的代表歌手，1984 年他的歌曲《夜色阑珊》在中央电视台播出，几乎一夜之间他就走红大江南北。这首歌翻唱自日本西城秀树的名曲《ホップ ステップ ジャンプ》（On Air Version）。周峰的另一首代表作《玛丽》，灵感来源于中国香港歌曲《莫妮卡》，从曲名到风格均有一股浓浓的港台味。

除了流行音乐的创作和演唱外，中国港台和西方盛行的"吧文化"和酒吧音乐也在这个时期进入深圳。深圳最早出现的酒吧名为"红公爵"，没有表演，没有卡拉 OK，喝酒、聊天和跳 Disco 是酒吧的主要交往方式。"红公爵"地方不大，装修随意，却很受人欢迎；座位很拥挤，但也使人更亲近；舞池很小，但不妨碍人们跟着 DJ 播出的音乐疯狂跳舞。1996 年年底，在欧美及日本风行多时的 Rave Party（锐舞派对）和 Club Culture（俱乐部文化）影响深圳，音乐、时装和娱乐潮流与最初的 Disco 一起成为酒吧文化的常态。不久，一批著名的摇滚酒吧，如"涅槃酒吧""本色酒吧""根据地酒吧"等陆续出现，成为中国摇滚最重要的演出基地。"根据地酒吧"创立于1998年,是深圳最早的音乐现场酒吧之一。这些带有音乐舞台的摇滚酒吧,培养了中国第一批摇滚音乐人,同时也奠定了小型音乐现场在深圳生生不息的基础。

2. 从酒吧到 Live House

Live House 的概念源于日本,全称"Live Music House",是指那些具备专业演出设备和高质量音响效果的小型室内演出现场。1973年,日本京都成立第一家 Live House——"拾得",与之前的"Pub"最大的不同是以专业演出为主要内容,并配有专业演出设备,没有演出就不开门,演出一结束就打烊,收入来源为演出门票而非酒吧酒水。此后,这种形式迅速在日本和欧美流行开来,受到青年人的热烈追捧。据不完全统计,迄今,日本全国有上千家 Live House,仅仅东京一个地区就有300多家 Live House 和10万多支乐队。Live House 容纳观众的能力从一两百到一两千不等,填补了小型酒吧与大型演出之间的巨大空档,具有强大的体验感和高度的互动性,满足了近距离欣赏现场音乐表演的视听需求,更有助于观众沉浸其中,因此演出气氛往往优于大型场馆。全球的音乐人通过在各地的 Live House 巡演,同虚拟网络中的粉丝展开真实的、近距离的互动,进一步促成了这类音乐空间的无限活力。

中国的 Live House 起步比较晚,2003年前后,北京才逐渐出现由酒吧转型为 Live House 的"新豪运""无名高地""13Club""愚公移山"四个室内音乐演出现场。2005年,"星光现场"的开业宣告了北京最大容量(约1000人)的 Live House 的诞生。2007年初开始运营的"Mao Livehouse",全盘移植日本专业演出现场的经营理念和模式,正式开启了国内音乐演出现场的专业经营模式。北京之外的其他城市,如郑州的"7 Live House",西安的"光圈 Live House",广州的"191 Space",厦门的"Real Live

House"等也紧随其后，陆续挂牌运营。至本研究进行的 2018 年年底，Live House 在中国布局①（在营业的）以北京最多，达 34 家，其次为上海 17 家，广州 14 家，深圳 12 家，其余城市基本上在 1—5 家不等，很明显，北上广深是国内 Live House 的四大重镇。除开一线城市的规模和经济体量之外，Live House 数量的多寡也一定程度表征了城市青年文化的活跃度，或者也可以认为青年人聚集的区域，青年文化繁荣兴盛的城市，最适宜 Live House 的生存和发展。

① 见本书附录三。

3. Live House 在深圳

深圳的 Live House 虽然起步晚，但发展很快，一方面因为摇滚酒吧奠定的基础；另一方面深圳是一座年轻的移民城市，Live House 又是以年轻人为主要受众，发展后劲很足。2007 年，深圳第一家 Live House "红糖罐"开业，目前在深圳有三家分店，东莞有一家分店。深圳著名艺术家滕斐和独立音乐策划人涂飞共同打造的"B10 现场"，被认为是南方第一批舞台灯光和设备都高大上的 Live House，也在真正意义上带动了整个深圳的演出市场。"A8 Live House"音乐现场位于 A8 音乐大厦内，由"A8 新媒体集团"（简称 A8 集团）建设，是深圳音响设备最好的场地，也是目前南方最大的音乐现场，能同时容纳千人以上（摆位四百五十多人，站立一千多人），加之 A8 集团对于数字娱乐文化孵化和原创音乐的大力支持，使其超越音乐现场性质成为珠三角乃至更广泛地区的音乐产品研发基地之一。其他一些场所和空间也富有特色，如"Mars Live House"，实则是综合性文艺空间，不仅有音乐现场，也有展览、讲座等文化活动；再如 2017 年 11 月份开业的"OIL"，有独具特色的先锋电音现场；而迷笛音乐节自 2013 年开始入驻深圳并设立迷笛营，举办"MiDi Live House"，吸引大批迷笛粉丝前来。

（二）Live House 何以成为阈限空间？

"阈限"（liminality）源自 19 世纪的拉丁文"limen"，意思是"开端，门槛"。从词意来看，英语中"阈"为"threshold"，意思是极限，指"有间隙性的或模棱两可的状态"。[①]

"阈限"最初是心理学的术语。心理学有所谓绝对感觉阈限和差别感觉阈限等概念，特指人处在有意识和无意识之间的那个临界值。"阈限"之后被借用至人类学，成为人类学有关仪式研究中的重要概念。范·盖纳普（Van Gennep）的研究中提出"通过仪式"的概念，即"个体的生活都是不断地从一个阶段进入另一个阶段"[②]，并认为所有的"通过仪式"或"转换仪式"都有着标志性的三个阶段，分别是分离（separation）阶段、边缘（margin）阶段（或叫阈限阶段）以及聚合（aggregation）阶段。第一个阶段（分离阶段）包含带有象征意义的行为，表现个人或群体从原有的处境——社会结构里先前所固定的位置，或整体的一种文化状态（称为"旧有形式"），或二者兼有——之中"分离出去"的行为。在介乎二者之间的"阈限"时期里，仪式主体的特征并不清晰，既不具有（或几乎不具有）以前的状况，也不具有未来的状况。第三个阶段（重新聚合或重新并入的阶段），过程完成，仪式结束，仪式主体——无论是个人还是群体——重新获得了相对稳定的状态，并且还因此获得了（相对于其他人的）明确定义、"结构性"类型的权利和义务。[③] 人类学家维克多·特纳（Victor Turner）进一步发展了盖纳普所说的阈限概念。在特纳那里，阈限性具有时间和空间的独特性。在时间上，它处于从一个周期到另外一个周期的中间状态（betwixt and between）；从空间上看，它处于社会空间的边缘地带。在《仪式过程：结构与反结构》（*The Ritual Process: Structure and Anti-Structure*）一书中，特纳把阈限看作是"从正常状态下的社会行为模式之中分离出来的一段时间

[①] 奈杰尔·拉波特、乔安娜·奥弗林：《社会文化人类学的关键概念》（第二版），鲍雯妍、张亚辉译，北京：华夏出版社，2005 年，第 217 页。

[②] 同上。

[③] 维克多·特纳：《仪式过程：结构与反结构》，黄剑波、柳博赟译，北京：中国人民大学出版社，2006 年，第 94 页。

和空间"①。在这段时间和空间中,个人的社会地位发生了特定的、象征性的变化。例如,在地位提升仪式中,社会地位低下的人可以在特定的时空里提升到一个较高的地位。在地位逆转仪式中,那些身处高位的人"必须心怀善意地接受"其地位的暂时性、仪式性的降低,经受地位较低的人的言语和身体的攻击,在仪式结束后,再返回到高位;而那些攻击过他的人则在地位逆转仪式后重新接纳这些身处高位的人的统治。②

在特纳的叙述中可以发现,阈限并非只有时间单元的特性,而且具有突出的空间性。那些具有阈限性特征的空间,往往是边界地带,穿越它有着思维和社会层面的转折作用,我们可以称之为"阈限空间"。③ 从这样的意义上来说,Live House 的确是一个典型的阈限空间。入夜之后,华灯初上,年轻人暂时告别日常工作和生活的时间,收拾妆容,着时尚衣饰,如本章开篇所提到的女孩那样,从城市的四面八方来到特定的音乐场所,从心理和意识上首先割断了与世俗生活世界的联系,进入另一个国度。

1. 看得见的边界:内外视觉符号的区隔

Live House 一般集中于城市中的经济文化中心区域,如上海新天地、南京 1912、成都宽窄巷子等,此类地区的目标消费群、人力资源以及休闲娱乐配套设施相对比较成熟。深圳的 Live House 大多建于商业中心的大厦内,如"OIL""Mars Live House""A8 Live House""Hou Live House""CLUB SECTOR"等,也有一些开在富有文艺气息的街区,如位于华侨城创意文化园独栋平房中的"B10 现场"。还有一些,像深圳首家 Live House"红糖罐",开在比较有个性并自带"地下"气质的上步路。上步路满街都是小吃、火锅和杂货店,人来人往,烟火气十足,深圳最早的摇滚聚集地"根据地酒吧"也在这条街上。"红糖罐"店面是半地下的,演出场地是一个地下空间,整体来说,

① 维克多·特纳:《仪式过程:结构与反结构》,黄剑波、柳博赟译,北京:中国人民大学出版社,2006 年,第 169 页。

② 同上书,第 169—170 页。

③ 潘忠党、於红梅:《阈限性与城市空间的潜能——一个重新想象传播的维度》,载《开放时代》,2015 年第 3 期,第 140—157 页。

无论是周边环境，还是其自身装饰风格都宣称了"红糖罐"地下、独立、叛逆的气质（图 2-12-1、图 2-12-2）。

图 2-12-1 "B10 现场"内部第一空间

图 2-12-2 入夜后的"红糖罐"外景

通常，Live House 的演出场所都集中在室内，音乐表演既没有外界噪音骚扰，也不会骚扰到外界，由于在相对独立的密闭空间内，音响效果更好，演出的沉浸感也更加强烈。此外，Live House 向来是先锋思潮与独立艺术爱好者的集聚地，所以内部空间布置及视觉设计通常比较独特，装饰未必奢侈，但一定别出心裁，拒绝雷同。"红糖罐"店内大部分桌椅都是手工打造，墙上挂着做旧的自行车，有个性化的涂鸦（图 2-12-3），还有随处可见的复古手工皮具和古代着装，玩味十足，处处彰显着店主的江湖气息和摇滚精神。"B10 现场"有两个明显区隔的空间，第一空间是音乐周边的零售店，第二空间是演出现场，后者的装饰风格简朴简单，除了周围有一些简易的板凳外，就是油漆过的水泥地面，挑高 7 米的空间显得非常宽敞，犹如来到了一个大仓库。近几年开业的"OIL""CLUB SECTOR""Hou Live House"的装修风格则更加年轻、时尚，从涂鸦、灯箱、霓虹装饰到舞台布置、宣传招贴都营造出一种抵抗平凡和充满创造力的亚文化氛围，这些正是热爱音乐的年轻人产生共鸣和具有归属感的基础。

图 2-12-3 Live House 内部的涂鸦

进入这样仪式化、风格化、区隔的空间，仿佛进入了异域世界，相对于城市的其他人，更像是在"另一个国度里的人"。开篇提到的女孩，她在 Live House 中的穿着打扮是非日常化的，甚至带有角色扮演性质，从外部进入 Live House 阈限空间，身份转换就在不知不觉中发生。在这个空间中，乐迷穿着另类图案的文化衫，摄影爱好者手持各式单反和工具，穿着时髦、带有文身的激进和先锋青年，通过诸如此类的视觉符号，在开放、多样和流动的 Live House 空间中，自如地体验各种角色、场景、阈限的转换，形成一种所谓的"持续的阈限性"（perpetual liminality）。[①]

> ① 潘忠党、於红梅：《阈限性与城市空间的潜能——一个重新想象传播的维度》，载《开放时代》，2015年第3期，第140—157页。

2. 规则构建起来的阈限空间边界

许多乐迷喜欢通过微信、QQ、豆瓣等社交软件建群聊天，约好一起看演出，他们早早地到来，聚集在演出现场的门口，打招呼、聊天。Live House 的门票不同于我们通常看到的纸质票据，很多时候是用荧光粉在手上盖戳，需要特殊的蓝光手电筒照射后才能显现出来，增添了几许神秘感，也有的 Live House 会用各式各样的手环替代门票，每一场的手环都会有细微的差别，定制感和艺术感带来一种莫名的兴奋情绪。盖戳、戴手环，从一个空间进入另一个空间，这个过程好比一场去身份化的仪式，进入特定的阈限空间后，个人的社会化身份不再重要，重要的是此时此刻的乐迷身份。

现场音乐空间的最基本功能是舞台，为 Live House 提供表演场地。传统酒吧对音乐原唱性要求不高，以驻唱歌手翻唱歌曲为主，且一般都是耳熟能详的流行歌曲；对音质和效果要求也比较低，音乐和歌声只是点缀，为喝酒、聊天营造氛围、助兴，台下观众甚至可以点歌。与此不同，Live House 为独立音乐人或小众歌手提供原创作品表演平台，良好的场地、高保真音效、原创音乐、定期演出这些不成文的规则将这个阈限空间从酒吧、歌舞厅中区隔出来，戴上"专业"桂冠。来到 Live House 阈限空间的主要有三类人：Live House 的创始人和工作人员、演出的音乐人、观看演出的人。毫无疑问，音乐人是全场灯光和目光交织的焦点，他们占据舞台的位置。Live House 的音乐人包括国内独立音乐人、国外知名音乐人和地下乐队，以及一些制作小众音乐风格的音乐人和新人歌手，他们是现场的灵魂人物，承担用音乐、对话、舞蹈等感官语言调动现场气氛的任务。

Live House 的观众席不同于在礼堂或体育馆举行的大型音乐演出那样有整排整排的座位，演出全程所有观众都需要站立观看，个别大型 Live House 有楼上楼下两层，一楼为全程站立区，二楼为指定座位席，但是，如果想与喜欢的音乐家近距离接触就必须购买一楼站立区的门票。演出过程中，观看者可以随时进出，可以出去买一杯酒，可以在旁边聊会儿天，然后再回到人群中。按照距离舞台的远近，观看者通常被分为忠实粉丝、POGO 狂热者、POGO 始作俑者、单纯的狂热者／第一次来的人／喜欢录像的人、冷静的乐迷们、想透气的乐迷们以及音乐的朋友们／淡定的人们（图 2-12-4）。当然，在这个特定的空间中，观看者是流动的、随意的，上述格局也常常被打破。

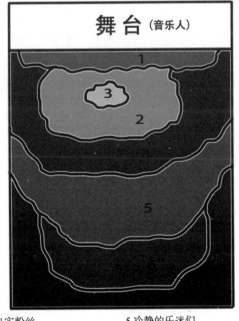

图 2-12-4 Live House 阈限空间的基本布局

1 忠实粉丝
2 POGO① 狂热者
3 POGO 始作俑者
4 单纯的狂热者／第一次来的人／录像区
5 冷静的乐迷们
6 想透气的乐迷们
7 音乐人的朋友们／淡定的人们／Live House 的工作人员

① 摇滚音乐现场乐迷一起跑圈的现场活动。

当音乐家入场，音乐声响起时，观看者像潮水一般向前涌起，人们之间的距离很小，有时气氛对了，情绪到了，大家还会不自觉地旁边的朋友或陌生人拉手跳舞。爱德华·T.霍尔（Edward T. Hall）在《隐匿的尺度》①一书中，定义了一系列社会距离，包括能表达强烈情感的"亲密距离"（0—0.45米），朋友、家人之间的"个人距离"（0.45—1.30米），朋友、熟人、邻居、同事等之间的"社会距离"（1.30—3.75米）以及适用于单向交流的集会、演讲的"公共距离"（大于3.75米）等。在日常生活中，一群素不相识人共同参加一个活动，应该会保持拘谨的公共距离，至少是社会距离，但在Live House音乐现场，这套理论显然很容易失效。观看者在特定的阈限时空中会愿意与陌生人挤在一起，一起跳舞，一起摇摆，一起碰撞，一起向前冲，而一旦离开这个空间，人们似乎又很快会"戴"上平日的"面具"，回到不太愿意与陌生人交流的状态。

① Edward T. Hall. *The Hidden Dimension*. Doubleday, 1996, pp.19-25.

一般认为，Live House的所有者、主理人，通常也是创始人，是这个空间里音乐活动的主要组织者，他参与策划和安排了演出活动并在活动过程中充当着管理者、维护者和协调者的角色。相对于其他行业的"老板"来说，Live House的所有者要承担的责任更多，他们通常会深度参与Live House的运营。而实际上，Live House的所有者在创办其之前通常已经混迹在音乐圈，有些本身就是独立音乐人或从事音乐行业相关工作。创始人可以说是Live House幕后真正的灵魂人物，其品位、个性、风格将通过各种符号加以传递，也因此而吸引不同的音乐人和观众前来，形成独特的亚文化族群。

3. "B10现场"阈限空间的打造者滕斐

深圳"B10现场"有两位创始人——艺术家滕斐和独立音乐

策划人涂飞，他们在创立"B10现场"之前运营过"根据地酒吧"和"一渡堂"，之后在深圳华侨城集团邀请下，移师华侨城创意文化园建立了"B10现场"，开张后的"B10现场"很快给华侨城带来了热闹的人流和年轻的血液。

在2006年回到深圳之前，滕斐在德国呆了十七年，从事艺术和运营艺术家工作室。他所在的艺术村，有来自欧洲、亚洲、非洲、南美洲、北美洲等各大洲的艺术家，是整个城市最活跃的区域。每年有长达两三天的开放日，艺术家工作室通过个展的方式与市民互动交流，可以到处转悠，吃喝，玩乐，三天三夜不睡觉。滕斐的工作室每个月还会定期不定期地举办音乐会，吸引志同道合的同伴交流、聊天，成为艺术村文化和艺术交流的交汇点。滕斐对陌生人之间的交流之于音乐、艺术、文化的发展深有体悟，因此，当他回到深圳后，一开始苦于深圳缺乏德国艺术村的环境和氛围，觉得艺术家朋友们只能去哪些吵吵闹闹的酒吧，边喝酒边玩筛盅。他想起在德国时候的音乐会，发现在深圳没有好好听音乐的地方，便深感失望。

我觉得那时候整个城市还是一种拒绝交流的状态，那种吵闹的音乐，从音乐空间到酒吧都是筛盅，到KTV都是筛盅，甚至到了餐厅都用筛盅。好像没有筛盅，就没法完成交流似的。我当时是有点失望，因为这样的话，我的绘画和创作就没有意义了，因为没有交流，而且做展览的成本太高。

滕斐，2018年5月20日

"B10现场"的另一位创始人涂飞此时在华强北开着"旧天堂书店"。书店不仅卖书，还卖各种音乐CD。在那个线上音乐还没有流行的年代，旧天堂书店是深圳一个重要的书籍和音乐爱好者聚集地。但是，书店的局限性比较大，没有办法促使更多人交流和分享。就此，滕斐和涂飞一拍即合，从运营"根据地酒吧"一直到现在的"B10现场"。"B10现场"对于很多深圳青年来说，是一个听音乐的地方，更是一个交流场所，一个交友空间，聚集了大批忠实粉丝，成为深圳青年自发的创意地标之一。有演出的晚上，"B10现场"周围格外热闹。

来演出的乐队看起来都是小众的，不是谭咏麟也不是张学友，但是我们一年300多个乐队，这样的量是惊人的。这些乐队都是世界各地全国各地的音乐和文化灵魂上的精英。他们的朋友都是时尚圈、文化圈的朋友，因为他们的观众就是这些人，他们来到这里，带上喜欢他们的观众过来。一年这么多天这么多场，他们的人群都是时代和创造时代的弄潮儿。他们是未来的大众，是推动未来社会发展的支柱。

滕斐，2018年5月20日

他们在这个空间里交流是非常珍贵的。首先，交流本身就是一种实用的艺术形式。许多人都读过詹姆斯·包斯维尔（James Boswell）的著作《约翰逊传》，而这本书记载的就是约翰逊博士与奥利佛·戈德史密斯与约书亚·雷诺兹之间的闲谈。而古希腊人也是以爱交流和辩论出名的，从亚里士多德到苏格拉底，都是通过交流获取知识和信息。当然并不是说，你在所有Live House的交流获得的都是苏格拉底式的智慧和不朽的警句隽语，但良好的交流的确有助于获得信息和产生创意。其次，当代的青年人本就以体验式消费作为自己的文化资本，在为自己创建的社交身份中，分享他们参与某种体验的过程是其中的重要组成部分。在Live House的空间里，青年人能体验到各种各样的音乐类型和演出氛围，能遇到来自各种行业形形色色的、差异很大的人，而因为共同的品味来到这里，一定会有某些共同话题，通过跟身边的人交流、跟舞台上的音乐家交流，不仅能丰富自己本身的思想,更能获得许多新的信息和观点,从而累积文化资本。

(三)阈限空间下的青年交往与连接

1. 线下交往的阈限体验:弱化的身份

在我对 Live House 观众的深度访谈过程中,一位朋友这样描述了他第一次去 Live House 的经历:

> 我最开始就是喜欢摇滚这东西,但我还没有上瘾到怎么样,后来我来深圳,我一个人来的,没有朋友,然后大概有半年的时间,我不知道干什么,我就出来瞎逛,然后我就去创业园里面逛一逛,那天晚上就走到九点了,然后发现我旁边好像有演出。我之前没去过 Live House,然后那天是反光镜那场,我就买票直接进去了,所以我看的第一场演出是反光镜。里边人爆满,中间在"POGO",我就站旁边的凳子上看,看了一会,我觉得不行,背着包我就下去,跟他们一起玩了。我就是从那个时候开始,有时间我就去 Live House。那时候好像是14年的2月份,然后3月份、4月份有演出我就去看,每一场我都看,各种乐队,我就是想找那个氛围嘛。
>
> "等等",2018年5月19日

这位受访者是深圳华美术馆的策展人,同时他也是深圳 Live House 的忠实观众,下班之后只要没事就会去观看演出,Live House 对他的意义非常重要,来深圳四年多,这里所有的朋友都是通过音乐现场认识的,有时候是旁边素不相识的来看演出的观众,有时候是现场的工作人员,聊着聊着就认识了,还有时候是在台上演出的音乐家,在演出结束后会一起吃饭和聊天。同时他还提道:

现在去 Live House 其实你能接触到很多行业的人，各种行业，有些你都想不到。在现场的时候你觉得他跟你一起玩得挺疯的，但其实他是个律师、医生、警察、公务员啊这种，很有意思的。

"等等"，2018 年 5 月 19 日

不管是什么职业，在演出的特定时间和空间内都放下了社会赋予自己的等级身份，摘掉了平日的"面具"，与周围的陌生人前胸贴后背，一起碰撞和跳舞，现场的人们感受的就是 Live House 这个阈限空间内的自由放松和无差别交往所带来的快乐。青年群体本是特征比较鲜明的一个群体，尤其是互联网时代成长起来的青年，他们个性鲜明、思想独立、崇尚自由、价值多元，同时深圳的青年流动性又大，很难交到趣味相投的朋友。Live House 相对隐蔽，是小型的、趣味分类更细化的一种阈限空间，在这个空间里可以小范围地传播各种小众文化，有着类似趣味的人们聚集在一起，在一小群人当中更容易找到对某种文化有相同喜好的朋友。

在 Live House 现场的氛围下，大家很少有防范心理，很多人去那边就是为了放松和交朋友，聊聊天，听听音乐，找回最自由的状态，什么都不用想。

"腰子"，2018 年 5 月 19 日

Live House 不仅仅是听音乐的空间，更是交流和互动的空间。它让深圳很多觉得自己很特别的青年也有地方去，并在这里找到共鸣，在交友的同时也增强了他们对深圳这个城市的认同感和满足感。还有另一位深圳青年在访谈中也表达了类似的看法：

在 Live House，原本都是落单看演出的陌生人聚在了一起。和一群志同道合且有趣的人看喜欢的演出，这种感觉真好。

Jun，2018 年 5 月 19 日，深圳

通过 Live House 的平台，很多青年从一个人变成了一群人，也对深圳这座陌生的城市突然有了归属感和认同感。认同是一个人将另一个人或一群人的行为特征或内隐的人生观、价值观予以内化成为个人属性的一个过程。文化认同是指个人接受某一族群文化的态度与行为，并且不断将该文化之价值体系与行为规范内化至心灵的过程，而寻求文化以及历史的认同是所有族群共通的现象。Live House 的阈限空间下群体聚合的这种方式——无论这一群体持续的时间多么短暂、风格多么分化——不但可以提供一种富有个性的身份感或风格感，而且能提供一种群体的归属感和身份认同感。① 对于深圳这个城市青年流动量非常大的城市来说，青年的凝聚力是非常重要的，能否凝聚青年，帮助他们获得城市的认同感和归属感，将决定着深圳的未来的发展动力。

① 安迪·班尼特、基斯·哈恩·哈里斯主编：《亚文化之后：对于当代青年文化的批判研究》，北京青年政治学院青年文化译介小组译，北京：中国青年出版社，2012年，第95页。

2. 线上社交媒体的连接：群体文化的内化

每个 Live House 都有自己的微信公众号、微博、豆瓣小站等线上互动平台，比如"B10 现场"每篇微信公众号文章阅读量在几百到上万不等，豆瓣有3797人关注，微博有33751个粉丝；"红糖罐"在豆瓣有6535人关注，微博有13863个粉丝。② 另外还有豆瓣小组、微信群、微博话题等各种线上互动空间，粉丝们通过媒体彼此间形成互动，也可以跟 Live House 本身互动。我与"红糖罐"老板的访谈便是通过它的微博预约成功的，他们非常愿意交流有关音乐、有关青年文化等各种话题。

② 数据截至2018年7月24日。

官方的平台一般都是由 Live House 自己运营的，用来发布演出信息、演出回顾等，然后粉丝通过 Live House 官方或是他们喜欢的音乐家了解到信息，并且很多人买完票都会在豆瓣小组或是微信群、QQ 群内召集同好组团前往。据本章访问的观众"等等""Jun"等表示,在深圳这些常去 Live House 看演出的都会组成微信群,比如他所在的群叫"动物园",除了演出期间日常也会聊音乐、聊生活,有演出的时候就会约着一起去看,所以在现场能见到很多老朋友,也能遇见很多线上聊过天但没有见过的"新朋友",一见面他们就会自我介绍说"我是那群里的谁谁谁"。然后每次演出结束以后,粉丝们都会在群里热烈地谈论,很多人还会把他们在现场拍到的视频、照片、感受到心情的分享在朋友圈、微博,形成一种自发性的传播,使得更多可能还没去过 Live House 的人来体验这种音乐现场。

同时 Live House 都会请人专门拍摄演出照片、录制视频或者是直播,比如"B10 现场"2018 年"明天音乐节"演出的时候就是通过 QQ 音乐在线直播,现场的空间是有限的,很多人是没有机会来到现场的,但是新媒体时代,网络让更多的人参与了进来,形成了除开演出本身空间之外更大范围的互动和交流的线上阈限空间。

青年通过 Live House 这个被限定范围区域的生活方式,来认识与观看其他的世界,由此来区分他者与自己的群体。所以,Live House 不只是一个音乐现场的概念,也是一个共享的文化空间,给那些共同来到这里的人,产生习惯而共享的沟通模式。只有在大家都分享同一种文化(包含思想、表达、社交、行为与沟通方式的体系)时,才会属于同一个群体,同一个地方,这就是地方感的基本意义,不只是区位关系或是地方所提供的功能,而是生活在这个地方,通过生活经验构建出的集体意义。①

---

① Cresswell, T. *Place: a short introduction*. Blackwell Publishing Ltd., 2004, p.77.

（四）阈限空间下的文化杂合与青年创新

1. 文化杂合：流变的音乐现场和文化

从性质看，Live House 是小型音乐展演空间，使得它相对大型场馆可以安排更多的演出，所以几乎每天晚上都能在深圳的某一个 Live House 里观看演出，便捷、多次和不断地往返于阈限空间和现实世界成了深入体验 Live House 文化的保障。而一旦有演出，就会有很多人聚集在 Live House 里面和周围，共同参加一场集体的音乐狂欢，而音乐是无国界的，Live House 的开放性就表现在任何跨文化的、多元性的交往在音乐中很少会有障碍元素，同质类或异质类音乐人士在同一个空间内共存，相互容纳与接收。在 Live House 你能听到的音乐类型林林总总，不一而足，有蓝调、爵士、摇滚、朋克、民谣、Hip-Hop，以及不同音乐类型混合而成的新式电子音乐等。因此有人说要寻找那些很少上演或者鲜为人知的作品，Live House 通常是最佳去处。

本章整理了深圳"B10 现场"2017 年的演出清单①，可以看到其一年中 142 个晚上有演出，算上有时候一晚上有两到三场演出，大概是有 180 多场演出，300 多个乐队和音乐人，他们来自世界各地，有英国的、美国的、德国的、意大利的、日本的、冰岛的等。他们带来各种各样的音乐，从流行、说唱、摇滚、爵士，到金属、实验电子、各种乐器和人声，好像给深圳打开了一个看向世界的窗口一样，各种鲜活的、先锋的东西都在这个空间里发生。除了常态性的演出，"B10 现场"每年还会和华侨城创意文化园联合举办两个音乐节，5 月的"明天音乐节"和 10 月的"爵士音乐节"，而在此期间，大量世界各地的先锋音乐人和艺术家聚集在这里，也吸引着整个深圳喜欢音乐和艺术的青年人，他们从各处赶来，不约而同地聚集在"B10 现场"或华侨城创意文化园附近，像是赴一场没有约好就自然发生的盛大节日。

① 见本书附录二。

我们希望世界各地的当代性和当代的灵魂以及拓展未来的、优秀的灵魂能在这里演出，能把他们的世界观，把他们的能量和艺术的审美带过来，所以你在音乐里面你能听到世界的呼吸，听到纽约的情绪和艺术的积累和能力，你能听到伦敦的声音，和巴黎的声音是不一样的，所以一个好的作品，它是有时代性和地域性的，只要艺术家一认真，就连绘画你一看就知道这是纽约的、这是伦敦的、这是洛杉矶的，都是不一样的。我们就很希望做一个包含性广泛的音乐节，所以我们就叫"爵士音乐节"。而之后呢我们又觉得还是受限制，所以又做出一个"明天音乐节"，我们是希望这个音乐节能影响明天，所以这个里面会更广泛、更自由。

滕斐，2018 年 5 月 20 日

从这个意义上来说，"B10 现场"从时间上和空间上联结了全世界的音乐人，音乐人及青年观众频繁变换与更替，音乐活动在各种人群、各种场域中变化不断和川流不息，使得深圳的青年的文化保持很高的活跃性和流动性，这或许就是 Live House 的阈限空间所蕴藏的文化意涵。

2. "红糖罐"：各种青年文化的据点

"红糖罐"的创始人，大家都叫他老牛，最开始他也没想过要做 Live House，只是喜欢音乐，喜欢摇滚，于是代理了《我爱摇滚乐》的杂志，在罗湖开了一个小店，卖一些摇滚乐的周边，小店不大，一百多个平方，门口特别窄，然后进去了之后，要走一段才有个很大的空间。人就说这个地方就像个罐子一样，门口窄，里边大，然后老牛又觉得生活需要自由跟甜蜜，那干脆就叫红糖罐。店里有三米乘三米的一个特别小的舞台，几把吉他，那些玩摇滚的朋友慕名而来，每天在舞台上自弹自唱，也吸引了不少喜欢听摇滚的观众，这里就成了最初的红糖罐 Live House。后来吸引的人越来越多，到 2010 年左右的时候，老牛"红糖罐"的名声越来越大，而音乐人自己都有乐队，有人就建议说能不能搞个地方专门演出。老牛就把车公庙的那个店拿下来了，大家就开始在那演出，就从单个的音乐人到一整个乐队，慢慢地那个店做得越来越好，设备也越来越完善，那个店就成了深圳最早期的一家 Live House。

现在的红糖罐除了老牛，还加入了雅娴，两个人一起运营。雅娴在这之前，是苏宁地产的全国总代理，她辞了很好的工作，只为了能做自己喜欢的事情。

红糖罐有那么多店嘛，我以后就算不结婚、不嫁人，还能有一个地方能让我待着，还有那么多朋友，我把员工都当朋友，有一帮朋友可以陪我喝酒吃饭，也不用愁有没有钱，过好今天是很重要的。

雅娴，2018 年 5 月 23 日

红糖罐开了越来越多的店，现在深圳有 5 家，东莞也有一家，他们也一直尝试在 Live House 的基础上做更多地创新的融合。

我们不仅仅是一个 Live House，包括东莞包括上步店，我们都做了一些融合，然后有专门玩手办的区域，然后我这个地方里面的小房间还要做手工艺品。东莞那边会做一个画室，然后也会有一个培训机构，不管是音乐还是美术，都有。我东莞那边很大，我楼下就是 500 多平方，还有 400 平方的天台，还有 100 多平方米的院子，非常漂亮，然后我也在找餐饮合作方，我后边还有一个四五十平方米的厨房。

雅娴，2018 年 5 月 23 日

同时，青年文化一直是红糖罐赖以生存的特征之一，不限于年龄、不限于社会分工的一种追逐新鲜、独立、冲撞的体验和与众不同的热血精神,这些在红糖罐的店里也表现得淋漓尽致——桌子和椅子是自己找木头做的,看似随意其实是精心画的涂鸦,复古的皮具和墙上挂着的自行车。雅娴在采访中多次强调:

> 我们希望把它做成一个青年文化的一个聚集,像一个据点,青年非常需要这种地下的东西。我不涉及毒品买卖不涉及黄赌毒,但是除此之外,所有的一切青年想要找的都能找到,包括文身、脏辫、美式油头、手工的皮具等所有奇奇怪怪的东西都有。我希望更多的青年人过来,不管是基于场地也好还是基于老板的人也好,都可以来玩。
>
> 雅娴,2018 年 5 月 23 日

在红糖罐十周年店庆的时候,店里为老客人做了一个复古的派对,大家都穿得很复古,男生打领结、穿复古的西装,女生穿复古的小礼服,妆容也画得很复古。对青年而言,这情景所带来的体验既十分过瘾也能使自己得到解脱,在这其中青年其实以一个新身份参加舞会,穿上与平时不同的服装,甚至戴上化装舞会的面具,从而整个舞会都充满一种好玩的冒险的氛围。青年能够从中意识到生活可以有种种可能性。我们人类是创意的一种合成,同时为了创意的合成,我们需要刺激因素,这种因素就是那些通过新颖的方式重新构建的点点滴滴,就是需要我们进行解构并加以超越的现有框架。在这个里面,红糖罐就是这样一个中介,它的很多活动都满足了青年人的口味,刺激青年去冒险、去发现生活,从而得到创新的灵感。

"文化"之于人,如同空气,如同水。于民族、于国家,则与兴衰息息相关。历史证明:一个民族的觉醒始于文化、思想上的觉醒。[①] 由于人总是生活在一定的文化氛围中,所以文化对于

---

① 赵仲明:《深圳城市音乐考察报告》,载《中国音乐学》,2006 年第 4 期,第 83—92 页。

人来说就像是围绕在周围的空气，不同的文化氛围可以涵养出不一样的人，而人又反过来塑造出不一样的文化。从以上的论述中，可以发现Live House打造了一个流动的、开放的、活跃的阈限空间，这里融合了各种各样的文化形态，也最适合青年人交往和发挥他们的想象力，而在此产生的不同文化的碰撞也有助于各种创意形式之间的相互交融并产生新的成果。

结　语

本章从深圳的Live House入手，考察这种空间如何参与深圳青年文化的形成和呈现。以此为目的，首先回顾了深圳Live House这类小型音乐现场的起源。其次，基于现场观察和文献搜集论述了Live House是何以成为一个阈限空间的。再次，根据田野调查和深度访谈考察在这类阈限空间内的青年的交往与连接，以及青年文化、世界文化等各种文化形态的杂合，同时探究了青年的能动性反过来对这类空间带来了什么改变。最后，这类空间的存在又对深圳整个文化氛围有何影响。

经过研究发现，青年从外部进入Live House，是其从原有的文化情境中分离开来，然后进入一个与日常生活区隔的阈限空间，这个阈限空间是流动的、活跃的、开放的，杂合了各种各样的文化形态。深圳的青年在这个阈限空间内交往和连接，找到归属感和地方感。而来演出的先锋音乐人或是小众音乐人带来喜欢他们的观众，使得先锋青年不断地在此聚集，最终会为深圳创造出一种文化氛围，吸引更多相似的人，这些人将能成为深圳的"弄潮儿"，引领深圳的创新文化。正如理查德·佛罗里达认为："创意社会结构最后一个组成部分，也是最少被关注的部分，是一个欢迎并支持所有形式创意活动的社会环境，既鼓励科技与经济创新，也扶持艺术与文化创意。这种社会环境好似一个生态体系或栖息之所,有助于各种创意形式之间相互交融并产生新的成果。"[1]

Live House 从一开始就不是简单的音乐交流活动,它是一次次小型的社会交流活动,就像古希腊的神庙前的空间,能包容各种各样的青年人和青年文化在这里集聚和碰撞,创意之火就在这其中不断迸发,滋养着深圳青年创新文化。

---

[1] 理查德·佛罗里达:《创意阶层的崛起》,司徒爱勤译,北京:中信出版社,2010年,第64页。

十三、深圳青年的社交活动、消费场景与创新文化

——空体新媒体实验室和 BOWOOD 心理博物馆的考察

随着经济的发展和普遍教育水平的提高,青年实际上在教育、艺术、音乐、电影以及其他休闲娱乐方面的文化消费不断增长,他们需要的不再只是简单的居住和工作空间,而是需要集休闲、娱乐、新鲜体验为一体的空间,一个充满文化、艺术和价值理念的场域。这种场域能够满足个体更高层次的欲望,如对艺术的渴望和体验。基于此背景,本章尝试引入新芝加哥学派的"场景理论",且以深圳空体新媒体实验室和 BOWOOD 心理博物馆这两个在深圳具有一定知名度和影响力的典型青年文化空间为例,分析这种休闲、娱乐、体验和消费的场景对于深圳青年创新文化的意义,以及深圳青年在参与这些社交活动过程中对于此场景和城市文化业态所产生的影响。

场景理论作为芝加哥学派的城市研究新范式,把城市空间的研究从自然与社会属性层面拓展到区位文化的消费实践层面。他们对纽约、洛杉矶、芝加哥、巴黎、东京和首尔等大城市进行研究后发现,都市生活娱乐设施的不同组合,会形成不同的区位"场景",而这些不同的区位"场景"蕴含着特定文化价值因素,文化价值观因素又吸引着不同群体,从而催生并形成高级人力资本与新兴产业的聚集效应,推动着城市更新与发展。[①] 研究方法上,本研究主要采用质化方法进行研究,采取深度访谈、社交网络自述和参与观察的方式。研究的对象是深圳 18—35 周岁的青年群体,

---

[①] 吴军:《城市社会学研究前沿:场景理论述评》,载《社会学评论》,2014 年第 2 期,第 90—95 页。

笔者多次参与他们自发组织的社交活动，在活动现场随机进行开放式访谈，并深度访谈了深圳空体新媒体实验室和BOWOOD心理博物馆的创始人，力图从多个角度研究深圳青年的社交活动。

（一）深圳青年的社交活动现象

本研究的调研发现深圳青年对于活动的选择是偏向多元化的，他们往往不只偏好单项活动，而是将休闲项目进行了组合，比如，聚会交友、运动健身和看电影在一个周末一气呵成，这样的组合有效利用了时间和空间，休闲的质量也得以提高。

1. 深圳青年社交活动的类型

户外出游。深圳位于中国南部海滨，珠江口东岸，东临大亚湾和大鹏湾；西濒珠江口和伶仃洋；南边有深圳河与香港相连，拥有辽阔海域且连接南海，因此，深圳有大量的海滨旅游资源。此外，深圳还有很多适合户外徒步和观光的山地，比如莲花山公园、大南山公园、塘朗山野郊公园、凤凰山、梧桐山等，再加上深圳还毗邻香港，有很好的城市观光资源。综上，这些硬件条件使得户外出游成为深圳青年最常见的休闲活动之一，约上几个好友去爬个山或者自驾游，既放松身心也增进友谊，更是很好的结交新朋友的方式。因此也会有一些青年自发地组织周末出游的活动，让原本不认识或者只是在线上聊过天的青年有机会面对面交流和熟悉彼此，既锻炼身体也拓展社交圈。

交友聚会。交友聚会类的活动在深圳青年中发生频率比较高，并且也是附加在其他场所中概率最高的一种微活动。例如办公室附近的咖啡厅交往、夜晚街头的酒吧社交、居住区包场派对、私宅聚会等，是深圳青年们去除了工作时间、身心放松，用于满足自我休闲的时间，同时也是认识新的朋友、累积人脉、摆脱一个人的孤独感的重要活动。尤其是在青年群体聚集的地方,便捷多样的聚会交友提供给他们一个轻松愉悦的过程,也给了他们接触和交往各种各样的青年的机会,打破自己的舒适圈。

艺术活动。2008 年 12 月 7 日,深圳加入联合国教科文组织全球创意城市网络,成为中国第一个、全球第六个"设计之都"。可以看到,深圳是一个艺术氛围很浓厚的城市,从观澜版画基地到大芬油画村,从华侨城创意文化园到特区 1980、南海意库、F518、蛇口价值工厂等,都是创意文化产业聚集地,在那里有很多艺术展览、街头艺术创作、休闲吧艺术分享、艺术家驻留创作等社交活动。此类社交活动是建立在艺术创作或艺术研究的基础上开展的,分享与交流是其主要目的。很多艺术区还会有周末艺术集市、设计体验工作坊、艺术创客工作坊、手作体验工作坊、绘画艺术工作坊等。这些艺术工坊社交活动本身除了可以实现经济收入,还具有宣传推广的作用。

专业学习。专业活动类型包含互联网峰会、学习沙龙、专业课程、创业分享等社交活动,参与者多数为学生、白领、企业家、创业者等。专业活动主要是相关专业人士从事的一种学习分享活动,可能是某个领域的探路者分享其创意点子并与大家讨论和接受质疑,也可能是成熟的企业家分享其创业经验和教训,抑或是初创者之间开展的分享交流学习。出于对专业活动本身的需求,可以是单人发起、多人响应的小型沙龙和课程,也可以是团队共同谋划而开展的大型峰会和论坛。相同的地方是都会带来青年之间大量的头脑风暴,以及无数次的尝试与推翻,无数次的认同与争辩。

娱乐休闲。深圳青年的娱乐休闲社交活动主要有游戏、动漫盛典、音乐现场、私人电影放映会、多人卡牌游戏、学生自己组织的服装秀等，是青年为了满足自我追求个性的需求而开展的娱乐休闲社交活动。娱乐休闲类社交活动具有较强的兴趣爱好倾向，例如在 Live House 举办一场摇滚音乐会，参与的对象几乎都是对摇滚感兴趣的青年，又或者在动漫盛典的现场，几乎都是热爱动漫的青年，还能看到很多 Cosplay 的粉丝，在这些活动中，青年很容易发现自己的同好，在参与活动的同时也结交了朋友、拓展了社交圈。

2. 深圳青年社交活动的生成方式

圈式化交往。与其他社会群体相比，青年群体更希望获得归属感，常常会根据自己的爱好和需求，结成一个个交往圈。以圈子的形式交往，首先是出于情感和利益双重需要，以赢得圈内人的认同、理解、支持、提携和资源共享；其次是因为脾性相投、利益相需、信息相通、资源相重、职务相近，大家在一起能尽情、尽兴、开心，能躲避日常生活的繁杂，能满足各自的利益需求，也能增进各自的感情；再次是为了获得更多资源，需要同各方面的人保持"感情联络"，以情投缘、以缘为圈、以圈为近成为人际互动的基本方式；最后，不同的生活内容，比如学习知识、提高能力、娱乐好玩、结交朋友、满足利益等，也在不同程度上促使形成各种交往圈。① 圈式化交往通常包括专业圈交往和同好圈交往，在本研究的问卷调查中显示，有 28.69% 的受访青年在社交的目的中选择了增强专业能力，大多数青年正处于学习阶段，他们希望可以在专业学习和实践当中认识更多的人，获取最前沿的信息，而专业圈的交往意味着可以认识更多专业人士，无论是晚辈、同辈还是前辈，在交流中总会获得知识和经验。至于同好圈的交往来源于青年内心最本质的愉悦需求。实践爱好意味着带给人放松和愉悦，有相同爱好的人聚集在一起交流，对于愉悦感的满足尤为明显。例如在读书分享会，能跟同样喜欢这本书的人

---

① 陈微：《当代青年交往类型与交往形式的变化》，载《浙江青年专修学院学报》，2003 年第 4 期，第 25—27 页。

聚集在一起，并通过社交平台，进入同一个兴趣小组，在群里感觉有说不完的话题，在这种互动交流中，可以碰撞出新的创意想法，从而可以推动他们往后的学习与工作。

线上线下联动。随着网络发展的一次又一次浪潮，以微博、微信为代表的社交媒体伴随着智能手机的普及，已经渗透到社会生活的各个领域，构造了一种新的社交模式。社交媒体对当代人际交往的影响是普遍的，也是深刻的。网络社交空间有别于现实的物理空间和社会空间，是一个比现实物理空间和社会空间更为理想的活动和交往空间。它一方面依存于现实社会，另一方面又拓展了人类现实的交往空间。它的本质特征是碎片化的，社交媒体发现了碎片空间，也激活了碎片空间的可见性，拓展、变革了人际交往空间。[1]我们习惯于通过网络聚集和交往，新的网络社群因此不断涌现，相比真实世界，网络空间能更加便捷地满足我们的社交需求，带给我们不一样的体验。但与此同时，网络社交带来的虚无感让我们越来越渴望真实的线下交往，于是形式丰富的线下社交活动在城市的各个角落涌现，大到几万人的音乐节、科技节、设计周等，小到只有两三个人的咖啡厅聊天、十几个人的户外徒步或室内桌游等。此外，网络空间还给现实生活中的交往带来了便捷和良好的体验。我们通过社交平台了解到一些已经发生过、正在发生或者是未来即将发生的社交活动，对于已经发生过的活动能看到评价，正在发生的也会有实时的分享，从而我们会筛选和评估，选择我们最感兴趣的即将发生的社交活动去参加，很多时候活动之前我们就能进入活动的线上社交小组，等到活动开始我们就可以见到那些在群里交流过的网友，从而实现了从虚拟世界到现实空间的转变。同时，人们乐于在社交媒体上分享，分享的人越多，也意味着有更多的人关注并参与社交活动。

---

[1] 陈赟佳：《杭州转塘青年社交活动与空间营造机制探析》，中国美术学院博士学位论文，2017年，第14页。

区域集中分布。在深圳有很多青年社区,那里对于居住者的年龄有严格要求,基本都需要在18—36岁,因此在那些青年社区内集中了很多青年社交活动。而在青年社区的周围,也通常分布着很多咖啡馆、小酒吧、餐吧、桌游俱乐部等场所供青年人活动。另外,深圳还有很多创意产业园、科技产业园和各种联合办公空间,而正因为大批年轻的创业者聚集在一起,青年群体的社交需求也随之显现。有的公司希望可以通过社交方式认识其他园区公司,增进合作机会;有的公司在里面开办了手艺体验工作坊,希望可以有宣传渠道让园区其他公司知道这个地方,在工作闲暇之余过来体验手作;有的人希望能结交一些同样喜欢运动的人,这样就能下班后打个羽毛球或者组队打一场篮球。于是在那些产业园的周围,也就会集中很多青年社交活动。

3.深圳青年社交活动的场所

随着各种富有创意的活动在深圳落地并自发生长,一个关于社交产业的形态逐渐浮现出来,一些青年开始针对市场需求转变自己的事业,有的创办或者加入了专门承办社交活动的团队,他们通常会有至少一个比较固定的场所,这个场所可以是艺术园区内的一栋改造的厂房,也可以是写字楼内的某一个空间;还有的仍然是以个人的名义组织活动,他们的场所不固定,可能是室内的咖啡吧、体育馆、酒吧、派对别墅等,也可能是户外某个沙滩、公园、广场、街道等,他们的活动可以依托于任何场所,因而也有更多的可能性和创造力,两者共同构成了深圳丰富多彩的社交活动。

本章选择研究的典型案例是深圳空体新媒体实验室(简称空体)和BOWOOD心理博物馆(简称BOWOOD),他们都有相对固定的场所举办青年社交活动。空体成立于2016年3月,从

2017年5月开始正式搭建专业的团队来承办活动，随着空体的影响力持续上升，每周造访者可达大约1200人次，成为"深圳百万先锋青年与社群对话的新文化地标"。空体承办的活动以"新科技、新产品、新思想"为主要的标准，立足于将新锐文化的思潮带给深圳的青年，并以真实化的线下社交场景，激发年轻人进取、包容、开放的心态，提升他们对于群体的认知，将个人力量转化为集体力量。总体而言，空体可以说是一个供深圳青年展开休闲、娱乐、社交和学习的流动创意空间。BOWOOD诞生于2017年9月，是BOWOOD心理工作室的子品牌，它目前的固定活动空间位于南山区万象天地购物中心的库布里克。BOWOOD主打以心理学为核心的趣味分享沙龙，受众以白领为主，以休闲娱乐、放松体验、缓解压力为主要目的，同时会用轻松愉快的方式增加现场青年的交流和互动。总体而言，BOWOOD是一个供深圳青年释放焦虑和压力、轻松社交的深度对话空间。

（二）深圳青年的典型社交场景分析

场景理论是芝加哥大学终身教授特里·克拉克（Terry Clark）领衔的研究团队提出的城市研究新范式。其中"场景"一词来源于"scenes"的翻译。根据"场景"在电影中的应用来看，它包括对白、场地、道具、音乐、服装和演员等影片希望传递给观众的信息和感觉。在场景中，各个元素的关系是相互有机关联，同质元素布局之间有必然的出现关系，异质元素布局之间将表达颠覆性的思想。特里·克拉克将该现象引入城市社会的研究中，进而形成了"场景理论"。[①]

场景理论指出，随着后工业时代的到来，城市生活的重心已经发生了根本性的变化。福特主义逻辑下以生产为核心的城市形态开始朝着后福特主义逻辑下以消费为核心的城市形态转变。[②]由此，在今天的大城市里，我们可以看到的是：一方面，以大工

---

① 吴迪：《基于场景理论的我国城市择居行为及房价空间差异问题研究》，北京：经济管理出版社，2013年，第62页。
② 盖琪：《场景理论视角下的城市青年公共文化空间建构——以北京706青年空间为例》，载《东岳论丛》，2017年第38期，第72—80页。

业生产为基础的集约型传统制造业逐渐退场，而以知识、创意和服务为基础的当代轻型产业——例如休闲娱乐、科技教育、咨询设计、传媒金融等——则日益占据了城市舞台的中心位置；另一方面，曾经围绕着生产需要组织起来的城市生活空间也渐趋解体，而越来越多的按照消费和娱乐诉求进行规划的城市生活空间正在迅速成型。这在深圳尤为典型，日益增多的文化消费和娱乐空间，从概念咖啡店到网红餐饮店，从艺术展览馆到音乐现场，再到大大小小的书城，满足了各种深圳青年对各种场景的需求，在"活动行"和"豆瓣同城"上，每个月可以搜到上千个由青年人自发组织的消费娱乐活动。

场景理论把对城市空间的研究从自然与社会属性层面拓展到区位文化的消费实践层面。具体来讲，场景是由各种消费实践所形成的具有符号意义的空间。正如"社区"（community）这个概念被用来揭示围绕着个体生老病死展开的各种实践活动组成的符号意义一样，"场景"这个工具将会揭示各种消费实践活动的符号意义。一般来说，场景包括5个要素：（1）邻里（neighborhood）；（2）物质结构（physical structures）；（3）多样性人群，比如种族、阶级、性别和教育情况等（persons labeled by race, class, gender, education, etc.）；（4）前三个元素以及活动的组合（specific combinations of these and activities）；（5）场景中所孕育的价值（legitimacy, theatricality and authenticity）。① 下面，就从这五个角度去看深圳具有代表性的两个青年社交活动空间——空体和BOWOOD：

1. 邻里/社区

空体目前的主活动场地是深圳南山科技园南区虚拟大学园R3-A一楼空体新媒体实验室，位于深南大道的一侧，而深南大

---

① 吴军：《城市社会学研究前沿：场景理论述评》，载《社会学评论》，2014年第2期，第90—95页。

道被称为深圳的坐标轴,就像长安街之于北京、南京路之于上海。同时,空体还毗邻深圳大学、深圳清华大学研究院、香港科技大学深圳研究院、华中科技大学深圳产学研基地、南京大学深圳产学研科研基地、腾讯大厦、留学生创业大厦、深圳湾科技生态园等知名高校和科技创新型企业,大学生、留学生和年轻白领众多,形成了青年文化、先锋文化、创新文化、多元文化杂合的社群特征。

BOWOOD 的前 50 场活动一直在思微联合办公大楼的活动厅举办,它跟深南大道只差一条路,属于科技园的边缘范围,周围也聚集了很多科技公司、外国语学校,特别是在联合办公室有很多创客。2019 年 BOWOOD 做了全新升级之后,将其活动空间搬到了南山区万象天地购物中心的库布里克,一个本身就带有"文艺书店、精品咖啡店、艺术展演"多重属性的文化交流空间,就位于深南大道的一侧,更靠近地铁,交通方便,从高新园地铁站下来就是,而其和书店、咖啡馆还有艺术展演多重场景的结合,也可以看出心理博物馆想要给来参加活动的青年多元场景的体验。

2. 物质结构/基础设施

空体的主活动场地是一个 1480 平方米的超大空间,有很宽阔的视野和强烈的纵深感,最多可以同时容纳 400 人;左侧是空体员工的办公室,右侧有一个 150 平方米的会议室,可容纳 60—100 人,供举办一些小型活动;空体拥有专业演播标准加资深从业人员,很多时候活动会在线上现场直播,可达 10 万线上曝光量。每当活动开始,一块黑色的厚重幕布就会将办公室和会议室这些明亮的空间区隔开,演出区域只留下舞台的灯光,营造出一种很好的沉浸式的氛围。

BOWOOD 自 2019 年来举办活动的新场地位于著名的独立书

店库布里克内,从建筑风格看,库布里克书店十分简单,大大的落地窗墙面,棕褐色的英文字母"Kubrick"置于墙角,挑高很高,抬头便能看到挂着巨幅的书的海报,有几排很长的阶梯式座位,上面摆放了一些坐垫,可以舒服地坐着。可能是座位和灯光都是暖黄色的缘故,现场有一种暖意的感觉。

3. 多样性人群

空体的常规人群主要由三部分构成:首先是工作人员,空体目前拥有22个专职工作人员和一百多名志愿者,这些志愿者基本都是来参加过活动后喜欢上空体的人,有些人可能已经在自己的行业做得很不错了,可他们愿意在空体做志愿者,因为他们可以去涉猎其他行业的东西,认识到不同的人。就像空体创始人林絮说的那样:"其实深圳的年轻人都想接触一些多元的东西,但可能之前没有什么机会,或者说他的天地就一个办公桌那么大,来到空体之后就会发现其实跟你一样的人特别多,所以他们就会觉得有那么一点温暖。"其次,还有来到空体表演的嘉宾,他们可能是作家、独立音乐人、大学教授、艺术家或公司创始人,他们带来了多元的表演形式和内容,丰富了空体的场景。最后,同时也是最多的就是来空体参加活动的人,据介绍,空体的主要人群是大学毕业前后两三年的大学生和白领,以及30岁出头的创业者,总体受众以青年人为主,但也会出现一些40岁以上的中年人的身影。以上这三种人群在地域/家乡、教育背景、职业、兴趣爱好等方面都展现出高度的丰富性。

BOWOOD的常规人群主要由三部分组成:分别是工作人员、场地方和参加活动的青年,在与创始人葛学荃访谈中了解到,心理博物馆有两位合伙创始人、四位全职员工和多位实习生,场地现场也会有库布里克的工作人员,其中有咖啡师、经常承办活动的策划人等,而参加活动的有 70% 是女性,30% 是男性,年龄在 22 岁到 35 岁之间,有各行各业的人来参加,总体来说依然是可以看出人群的多样性。

4. 建立在前三个元素融合基础上的实践活动

活动是青年主体的体现,包含着极大的丰富性和在地化实践。空体每周会有 3 到 5 场活动,周一是职场专题沙龙,周三是电影放映会,周四是夜读和读书分享会,周五是音乐会,周末会有讲座、课程,有时候也会有一些主题派对和文化活动,比如沉浸式戏剧、2019 年"复古游乐园"跨年派对、创意市集、造物节等。总体来看,空体的活动主要分为两类,一类是注重学习、分享的活动,另一类是偏向休闲、娱乐、注重社交的活动。每次活动都有 100 到 400 人不等。

2017 年 9 月 4 日,第一期 BOWOOD 上线,之后在每周三晚上 7 点到 9 点举办活动,到 2019 年 1 月底为止已经办了超过 63 场活动,BOWOOD 在"活动行"上的总浏览量突破 120000 人次;活动账号收获粉丝 1500 多、主办方小站粉丝 1700 多;总共有超过 2000 人次参加过 BOWOOD 的活动。活动主题涵盖情感、星座、职场、家庭、猎奇、恐怖、性学、沟通、理性、感性、婚姻、本性、通灵、失眠、食物、颜色、旅行、拖延……而每场活动通常都会有 30 人到 100 人不等。

5. 场景中所孕育的文化价值观

空体的"空"是包罗万象,"体"是物理上空间的概念,"空体"即包罗万象的空间。从价值观上来说,也符合空体的标语"万象尽在空体"。据创始人林絮介绍:"我们当时取这个名字的时候是我们觉得做文化,文化是没有边界的,所以文化不应该被定义、一定不能被定义,所以这个地方到底是什么?我希望说内容是什么它就能变成什么……空体是一个场景,而我希望这个场景它是空的。"而"空"的场景才能容纳多元的文化,带给深圳的青年。

BOWOOD的标语是"用心理解世界"。据创始人葛学荃介绍:"这句话可以有两种解读方式,'用心/理解世界'和'用心理/解世界'。其实讲通俗点就是用心理学的角度来看待社会中的种种问题。心理学可以让我们变得很简单,人与人之间会感到难受,是因为我们把大家想得太复杂,简单点就很好,所以心理学多了解一点,可以让我们之间相处更简单。"这也是心理博物馆想带给所有来参加活动的人的感受。

(三)典型消费场景中的青年社交活动

青年社交活动现象最大的成因主要来自青年群体的社交需求。在现实中,人们的社交行为主要发生在工作场所、居住社区以及被称为"第三地"的其他场所。而随着休闲时代的来临以及人们消费观念的转变,人们在"第三地"中发生交往行为的概率日益增加,甚至成为社会交往的主要场所。社会交往的休闲化趋势,使得图书馆、咖啡厅、酒吧、茶室、艺术展览馆等休闲消费空间在很大程度上为城市青年提供新型的公共活动与交往的空间。

1. 交往与连接——空体与深圳青年

对于深圳的青年来说,空体做着连接的工作,借由某个共同的主题,每次活动的主题都不一样,同样都是音乐会也会细分民谣、嘻哈、古风等,能在同一场活动中遇到大家已经是同好了。原本素不相识的青年可以就共同爱好交流,一来一往之间,形成了情感上的传达。且每一场活动都会有线上的微信群,在进门签到的时候可以扫二维码直接加入,在群里可以实时发表对于这期活动的看法，进行讨论，有时现场还有大屏幕可以直接发弹幕互动。另外，做的活动多了，活跃于某一类活动的青年会直接被邀请进空体的兴趣细分小组，在这些小组里，你的爱好就是你的名片，你可能平日里是程序员、警察、老师、司机或是建筑工人，别人会根据职业特点贴上固有的标签，但一个人从来都不是只有一个标签，空体是一个载体，一个平台，也是一个入口，能够让你摆脱日常的标签，去标签化社交，你进去小组之后就会找到同好并很容易找到话题开始聊天，并在群体中找到一种工作之外的心灵的慰藉和归属。

在创始人林絮的设想中，空体会成为城市的一种符号，一种代表温暖和慰藉的符号，像黑夜中的一盏灯光（图2-13-1）。据她回忆："七夕节那天晚上是我们做的一个音乐活动，那天刚好星期五，然后我走的时候就看到两个场景，一个场景是一男一女，就是听完音乐会从我们这走出去，然后在昏黄的路灯下就过马路；然后另外一个就是本来是一个人来的，然后他走的时候就变成几个人了，然后我当时就想，我很开心在七夕节的晚上，可能有的人选择在这里可以让他的感情升温，也有的人选择在这里找到他的慰藉，就是你会觉得这个城市有哪里是你孤独的时候可以去的，而这个地方叫空体。"

图2-13-1 空体正门

最特别的是空体的员工本身也都是空体的粉丝，他们在参加过多次活动之后，感到非常喜欢这里的活动和内容，就想来尝试一下。比如在空体负责商务部分的"小商"，她之前参加过一次空体的素人演唱会，当时那个活动她还是一个普通观众，活动中她感觉跟周围的几个素不相识的人聊得特别好，回去之后还变成了好闺蜜，后来她就来到空体应聘，因为她觉得空体让她找到了在深圳继续留下去的意义，因为如果不是因为音乐她会找不到她的闺蜜，她会觉得一个人在这边很孤单。深圳很多青年都是一个人来到这里打拼，而空体其实一直在做着连接的工作，通过线上和线下的结合和圈式化交往的方式将深圳的青年人连接在一起，给他们搭建了一个入口、一个场景去社交。

空体在 2018 年 11 月初的时候成立了一个"我们都爱空体"的微信群，能被邀请进群的首要条件就是要证明自己参加过空体的活动并且热爱这个空间，管理人员"小空"还在群里征集了大家对于"空体是一个怎样的空间的看法"。群里的张宇婧认为："空体是一个自由、开放、年轻、包容、充满活力、活动内容丰富以及新锐思想可以交锋的空间。"群里的佳木说："不知道相遇在空体我们究竟会经历什么，只是觉得期待本身就是件很美好的事情。另外表白空体举办的电影以及音乐分享会，好看好听有趣，还能认识很多有趣的小哥哥、小姐姐。"微信名是"Ifyy2333"的网友说："虽然是因为《三体》第一次去的空体，但是印象深刻，感受也很棒！是一个让我搭一个多小时公交车来不及吃晚饭就去但是觉得值得的地方，是一个具有无限可能的空间。"微信网友"Serafina"表示："空体是一个让我觉得在深圳，除了工作之外生活也可以如此缤纷多彩的地方。"还有微信网友"河那边"说："我比较喜欢空体的音乐会，特别是方言民谣，让我知道了很多好听的方言民谣，还有文化开放日。我觉得空体是每座城市都应该必备的青年聚集地，它包容万象，是我们与世界，与同龄人连接,互相取暖,解乏解闷的地方,它能给予我们养分,能够让我们在快节奏的城市里停一停,思考一会人生,走一会儿神的地方。如果在这座城市,选一隅偏安,我选空体。"在空体中,主办方、员工、志愿者还有参加活动的青年在无形中形成了一个模拟的人际关系的世界,并建立起一种象征性的交换关系,这不仅仅是服务和金钱之间的有限交换,还有像人生观、经验、知识、洞见等之类的交流,同时还包括舒适感、安全感、信任感、归属感等情感关系的建立。

2. 对话和释放——BOWOOD 和深圳青年

8月1号的晚上我第一次参加 BOWOOD 的活动,7点左右我就来到了活动现场,正好是很多人下班的时候,我逆着人流走进思微联合办公的活动厅,一进门就能看到暖黄色的地板和简单的白色的墙,活动厅中间呈半圆形,摆放着一些长条的沙发。在门口签到之后助理让我扫二维码,我进了心理博物馆的微信群,群里有300多个人,活动还没正式开始,大家已经在群里交流了起来,主要在聊今晚的话题,也有人问今天某人是否去参加活动。我坐下的时候已经坐了一些人,他们三三两两的已经聊了起来,听上去像是经常来参加活动的,彼此都很熟悉,后来来了几个人坐在我旁边拿起了手机,看起来是跟我一样第一次来,我一开始也显得有些拘谨,但跟旁边的人聊了几句之后就放松了不少,也就聊了起来。来的很多人穿着职业装,偏正式、商务的打扮,有人还拎着电脑,应该是下了班还没回家直接过来的。最后大概来了三十多个人,在开始前助理给我们发了一些牌子,等会儿互动的时候用来提问和发表意见。

7点15分,创始人、心理学家葛学荃就作为主讲人来到中间正式开始了活动,那晚的主题是"感性和理性",前一个小时是主讲人关于这个话题的主题分享，分享期间大家也可以随时举起牌子发表意见，后边的时间就正式进入了讨论和交流，有很多经常来参加这个活动的人，他们很自然地打趣彼此和互相交流，也有第一次来的人，看得出略显拘束和谨慎，但到后来气氛活跃之后也乐于互动和讲述自己的观点。尽管都是第一次见面的人，但大家都显得亲切和热络，不少人都留下了彼此的联系方式，约着下次一起参加活动（图2-13-2）。

图 2-13-2 BOWOOD 活动现场

"活动行"上的一些粉丝在参加活动之后，留言说"这里是一个让你放下白天工作的疲惫和烦恼的地方"，"很棒很棒，认识了一个有趣的小活动和几个有趣的工作人员"，"每一个精彩的周三晚上都在这里度过"。人们总是在期待对话，对话能让人产生存在感，尤其是青年，他们最为渴望的，是能够彼此理解、相互喜悦的精神对话，当青年获得对话的满足感之后，他们才能开放、阳光、积极向上、充满能量。在深圳工作的青年，很多都是一个人来打拼，他们压力很大却又无从倾诉，来到这个场景，能够讲述自己的经历、诉说自己的烦恼或是分享一个观点，它可能是喜悦、是难过、是沉默、是愤怒，但只要能互动，这种对话就得到了尊重,这也是很多人在工作一天之后还会来积极参加心理博物馆的活动的原因。而场景永远作为第三者,它会参与一切的对话,也会记录一切的对话,甚至还会传播一切的对话,这里说到的对话,是不可表达,但是又能彼此理解和欣赏的对话。

3. 青年社交消费和场景的内在关系

"场景"提供了社会成员的归属感与文化需求的协同管道,使得社会成员不是过多地将他们自己看作家庭、阶层、政党、宗教信仰等与生俱来的附属物,而是从生活方式及情感表达上获得他们的社会身份。[①] 空体和BOWOOD只是深圳众多青年文化空间的一个缩影和典型,在深圳还有很多这样的场景,它们的存在使得不认识的青年之间彼此联系、合作乃至共同生活。"地方"或许是由种种认同感形成的,而这种认同感根植于年轻人的内心,以不同的青年社交活动方式来呈现。让更多的人对"地方"产生认同感,同时这种认同感为人们在"地方"的社交活动提供必要的支柱和基础,以便他们可以在追求独特性的同时与"地方"产生更多的连接作用。

(四)基于"场景"的社交对于深圳青年创新文化的意义

1. 为深圳青年创新提供动能

不管是在工作、学习还是实践活动中,我们都会发现,多人活动在天然上可以弥补个体活动的诸多不足因素。社交活动的开展会增进一个深圳青年群体的社交活力,并且在过程中,成员间的相互作用与配合,往往能够创造出更大的效益。

同时,青年社交活动是一种增长见识和自我强化的过程,我们常常会发现一场活动有不同专业、不同职业、不同年龄段的人来参加,可能有社会学者、艺术家、设计师、历史学家、城市管

[①] 徐晓林、赵铁、特里·克拉克:《场景理论:区域发展文化动力的探索及启示》,载《国外社会科学》,2012年第3期,第101—106页。

理者、信息技术人士、经济学家等多元职业的青年，这有利于参与者打破原有的生活圈和朋友圈，结交人脉和增长见识；也可能有同一专业领域但年龄和资历各不相同的青年，刚入行的青年可以向资历深的前辈学习经验，而入行很久的青年可以获得一些新鲜的想法和刺激，从而双方都可以有所收获和自我成长。这样创新发展之路才有源源不断的动能提供。

2.有利于触发创新文化业态萌芽

社交活动就像一个巨大的宝库，不仅让深圳青年的业余生活变得丰富多样，同时还培育了创新业态。一些来自最初想法的社交活动，逐渐被转变为新的相应文化业态，一些富有活力的青年社交和文化消费的场景在深圳落地生根、自发成长。

例如，一个创意园区内同时工作、生活着一些艺术家、作家、建筑师和音乐创作人，他们时常会在园区的书店、咖啡吧、酒吧、餐馆碰面和聊天，久而久之，这些偶然的社交活动变成了常态，于是就有了在酒吧里的音乐现场、与艺术家工作室相连的咖啡店、隐藏在书店里的建筑设计工作室。深圳像这样的案例数不胜数，BOWOOD创立的最初想法也来自众创空间里的交流碰撞，创始人葛学荃在访谈中跟笔者聊到，他从美国回来后最开始做的是一家心理咨询工作室，而他的工作室在众创空间，由于在一个空间内的其他创业者都对心理学有一定的好奇心，会经常来问他各种问题，随着好奇的人越来越多，他想那不如就找个时间一起聊一下，开个沙龙，于是很快就有了第一期活动，一开始只有十几个人参加，每个人收九块钱，不盈利，这个钱只是确保他们会过来，而通过参加过活动的人线下和线上的自发宣传，知道的人越来越多，来参加的人也越来越多。场地从小角落搬到了大的活动厅，渐渐开始变成一个常态性社交和消费场景，也就有了现在的 BOWOOD。

3. 推动特色创新文化发展模式

"场景"的重要社会意义在于,它不仅是一个传统的工作和居住场所,而且推动了能够彰显一定价值观维度的新社会消费场所的产生。这些消费包括,人们欣赏的音乐、品尝的美食、喜欢的艺术等。正因为青年社交活动丰富了深圳青年的业余生活,同时又促进了地方业态的多样发展,其中自然而然彰显出富有地域特色的创新模式。

深圳蛇口价值工厂的前身是广东浮法玻璃厂,有着一段辉煌的历史,一时风光无限。后来随着城市的发展和产业的转移,浮法玻璃厂于2009年搬离,直到2013年,深港城市、建筑双城双年展分会选址在这里,这个旧工厂才焕发新貌。后来经过很多艺术家的涂鸦创作和摄影师自发的拍摄宣传,这里成为深圳的拍照胜地。不少青年慕名而来,还有人建了专门在价值工厂约拍的微信群,二维码就贴在价值工厂的门口,每个感兴趣的人都可以加入。在群里时常会有人自发组织活动,使得原本废弃的工厂可以成为值得关注的创新文化产业。另外一些空间同样因为青年社交活动而有了生机。华侨城创意文化园每个月第一个周末,都会有不同主题的创意集市;在G&G创意社区,常常会有大型青年社交活动。诸如此类的创新业态在深圳还有很多,它们丰富了青年的文化生活,也反过来刺激了深圳的青年创新文化。

结　语

深圳青年的社交活动从多方面刺激了深圳青年创新文化,同时起到刺激消费、优化资源配置、聚集并组合经济效益的作用,从而产生文化和经济活力。具体来说:

首先，在当下开放、自选的新型社交场景中，青年是主动选择参加他们感兴趣的社交活动，对于不同活动的选择，可以看出青年的爱好、品味以及生活方式，由于群体心理上的趋同性和认同感，活动主题和形式的偏好可以成为划分青年群体的标准。当其所处的社交场景与其归属的社会群体需要相吻合时，个体即确立了其成为"自我"的社会角色，从而获得心理上的满足。

其次，各种由青年自发组织的社交活动，往往是某种探险和创新的原始预兆，一些新的灵感在社交中被点燃，文化业态的萌芽由此被触发。而这些生长在社交土壤里的活力因子，正是激发地方特色创新文化模式的潜在动能。

最后，青年的社交活动需要在一定的消费场景下完成。多样的消费场景已经成为深圳重要的生活空间形态，是激发并发展深圳的重要体现，青年社交活动的活跃程度上本质上来说是深圳地方活力的一个可视化橱窗。

青年社交活动与青年创新文化之间的关系是复杂的，但无论如何复杂，这种互动关系的构建与生长，是深圳彰显创新创造活力的源泉，也是创新发展永续生长的根本。

附录
一、"粤港澳大湾区青年创新文化（深圳）"调查问卷

　　为准确、充分地了解深圳市青年创新文化现状，我们特邀您参与此问卷调查。问卷调查以不记名的方式进行，我们严格保障您和所有接受调查者的隐私，调查资料只用于研究工作，只有项目组的人可接触到。请按照您平时生活中的真实想法和实际情况，不借助搜索引擎，尽可能准确地填答。在回答问题时，请按照每题要求选择选项或填写您认为合理的答案。如对本次调查有疑问，请联系＿＿＿＿＿＿＿。

　　感谢您对我们研究的支持！

"粤港澳大湾区青年创新文化"课题组

2018 年 10 月

一、基本信息

　　A1. 您的年龄是？
　　　　□ 16—20 周岁　　□ 21—25 周岁　　□ 26—30 周岁
　　　　□ 31—35 周岁

A2. 您目前的学历是？（选"初中及以下""高中或中专"跳至 A5）

☐初中及以下　☐高中或中专　☐本科或大专
☐硕士　☐博士

A3. 您的最高学历是在以下哪类学校获得的？

☐境内 985 高校　☐境内 211 高校　☐港澳台高校
☐国外高校　☐境内其他学校

A4. 您的专业背景是？

☐哲学　☐经济学　☐法学　☐教育学　☐文学
☐历史学　☐理学　☐工学　☐农学　☐医学
☐军事学　☐管理学　☐历史学　☐艺术学

A5. 您来深圳几年了？（选"出生在深圳"跳至 A8）

☐出生在深圳　☐不到 1 年　☐3 年以下　☐3—5 年
☐5—10 年　☐10 年以上

A6. 来深圳之前，您居住在？

（被访者通过下拉菜单选择）

A7. 您来深圳的理由是？（限选 3 项）

☐离家近　☐人才引进　☐上学　☐投靠家人朋友
☐应聘　☐一线城市　☐工作机会多　☐薪水高
☐不排外　☐空气好　☐自由　☐其他_____

A8. 您现在的职业是？（选"全日制学生"跳至 A13）

☐全日制学生　☐政府/非营利组织　☐制药/医疗
☐互联网 IT/计算机/通信/电子　☐金融/银行/保险
☐房地产/建筑　☐贸易/零售/物流　☐制造业
☐教育/培训　☐传媒/广告　☐服务业　☐市场/销售

□人事/财务/行政　□生物/化工/能源　□其他_____

A9. 您目前在深圳哪个区**工作**？
　　□福田区　□罗湖区　□南山区　□龙岗区　□宝安区
　　□龙华区　□盐田区　□坪山区　□光明区　□大鹏新区
　　□前海新区　□深汕新区

A10. 您所在单位的性质是？
　　□事业单位　□政府部门　□国企　□外企
　　□其他企业/公司

A11. 您来深圳的第一份工作属于什么职类？
　　□互联网IT/计算机/通信/电子　□金融/银行/保险
　　□房地产/建筑　□贸易/零售/物流　□制造业
　　□教育/培训　□传媒/广告　□服务业　□市场/销售
　　□人事/财务/行政　□生物/化工/能源　□制药/医疗
　　□政府/非营利组织　□其他_____

A12. 您到深圳后一共换过多少次工作？
　　□没换过　□1—2次　□3—4次　□5—6次
　　□6次以上

A13. 您目前**居住**在深圳市哪个区？
　　□福田区　□罗湖区　□南山区　□龙岗区　□宝安区
　　□龙华区　□盐田区　□坪山区　□光明区　□大鹏新区
　　□前海新区　□深汕新区

A14. 您目前居住的情况是？
　　□自购房　□小区整租　□小区合租　□城中村租房
　　□公租房　□人才公寓　□青年社区　□集体宿舍
　　□廉租房/安居房　□其他_____

A15. 您目前的月收入是（含五险一金的税前收入，在读学生为月生活费）？
□ 2000 元以下　□ 2000—5000 元　□ 5001—8000 元
□ 8001—12000 元　□ 12001—16000 元
□ 16001—20000 元　□ 20001—25000 元
□ 25001—30000 元　□ 30001—35000 元
□ 35001—40000 元　□ 40001—45000 元
□ 45001—50000 元　□ 50000 元以上

A16. 您的性别是？
□ 男　□ 女　□ 不确定

A17. 您的性取向是？
□ 异性恋　□ 同性恋　□ 双性恋　□ 无性恋　□ 不确定

A18. 您目前的婚姻状况是？
□ 已婚　□ 未婚　□ 离婚　□ 丧偶　□ 不打算结婚

A19. 您目前的子女情况是？（选"一位""两位""两位以上"跳至 A21）
□ 还没有　□ 一位　□ 两位　□ 两位以上

A20. 是否计划要孩子？
□ 是　□ 否　□ 不确定

A21. 您认为在深圳的女性多大年龄未婚将会有巨大压力？
□ 25 岁及以上　□ 28 岁及以上　□ 30 岁及以上
□ 35 岁及以上

A22. 您认为深圳大龄女性未婚的压力主要来自？（限选 3 项）
□ 自身　□ 家人和亲戚　□ 闺蜜　□ 居住地邻里
□ 老家邻里　□ 单位　□ 社会舆论　□ 其他

二、创新价值观念

B23. 您认为深圳是一座创新型城市吗？
　　□是　□否　□不确定

B24. 您认为城市创新与您有直接关系吗？
　　□有　□没有　□不确定

B25. 您认为创新型城市应该具有哪些要素？（限选3项）
　　□有大量高科技产业和"独角兽"企业
　　□移民城市，文化包容性强
　　□人口构成以高学历青年为主
　　□教育资源丰富
　　□创新性产品丰富，且被接受度高
　　□政策宽松，政府少干涉
　　□创新精神和创新观念
　　□多样化的文化活动
　　□有能力承办世界级活动
　　□其他_____

B26. 您认为抑制深圳青年创新的主要要素有哪些？
　　高房价
　　□非常同意　□同意　□无所谓　□不同意
　　□非常不同意
　　竞争太激烈
　　□非常同意　□同意　□无所谓　□不同意
　　□非常不同意
　　工作不容易找
　　□非常同意　□同意　□无所谓　□不同意
　　□非常不同意

高频度加班

☐非常同意　☐同意　☐无所谓　☐不同意
☐非常不同意

孤独感

☐非常同意　☐同意　☐无所谓　☐不同意
☐非常不同意

缺少动力

☐非常同意　☐同意　☐无所谓　☐不同意
☐非常不同意

害怕失败

☐非常同意　☐同意　☐无所谓　☐不同意
☐非常不同意

生活太单调

☐非常同意　☐同意　☐无所谓　☐不同意
☐非常不同意

缺少创新氛围

☐非常同意　☐同意　☐无所谓　☐不同意
☐非常不同意

融资难

☐非常同意　☐同意　☐无所谓　☐不同意
☐非常不同意

没有志同道合的伙伴

☐非常同意　☐同意　☐无所谓　☐不同意
☐非常不同意

不接受新产品

☐非常同意　☐同意　☐无所谓　☐不同意
☐非常不同意

B27. 您认为自己具有哪些性格特质?

喜欢冒险

☐非常同意 ☐同意 ☐无所谓 ☐不同意
☐非常不同意

崇尚个性

☐非常同意 ☐同意 ☐无所谓 ☐不同意
☐非常不同意

目标执着

☐非常同意 ☐同意 ☐无所谓 ☐不同意
☐非常不同意

勇于质疑

☐非常同意 ☐同意 ☐无所谓 ☐不同意
☐非常不同意

偏爱小众

☐非常同意 ☐同意 ☐无所谓 ☐不同意
☐非常不同意

敢于表现自我

☐非常同意 ☐同意 ☐无所谓 ☐不同意
☐非常不同意

遵守规则

☐非常同意 ☐同意 ☐无所谓 ☐不同意
☐非常不同意

居安思危

☐非常同意 ☐同意 ☐无所谓 ☐不同意
☐非常不同意

信守承诺

☐非常同意 ☐同意 ☐无所谓 ☐不同意
☐非常不同意

不迷信权威经典
☐非常同意　☐同意　☐无所谓　☐不同意
☐非常不同意

喜欢新奇之物
☐非常同意　☐同意　☐无所谓　☐不同意
☐非常不同意

B28. 您认为您所在的单位/学校具有以下哪些特质？

提倡拼搏
☐非常同意　☐同意　☐无所谓　☐不同意
☐非常不同意

团队协作
☐非常同意　☐同意　☐无所谓　☐不同意
☐非常不同意

上下级交流无障碍
☐非常同意　☐同意　☐无所谓　☐不同意
☐非常不同意

唯才是举
☐非常同意　☐同意　☐无所谓　☐不同意
☐非常不同意

鄙视虚假
☐非常同意　☐同意　☐无所谓　☐不同意
☐非常不同意

民主决策
☐非常同意　☐同意　☐无所谓　☐不同意
☐非常不同意

鼓励新观点和新思想
☐非常同意　☐同意　☐无所谓　☐不同意
☐非常不同意

奖励创新

□非常同意　□同意　□无所谓　□不同意
□非常不同意

接纳员工/学生异议

□非常同意　□同意　□无所谓　□不同意
□非常不同意

自主安排工作/学习形式

□非常同意　□同意　□无所谓　□不同意
□非常不同意

B29. 您认为深圳的社会创新氛围具有以下哪些特质？

推崇创新人士

□非常同意　□同意　□无所谓　□不同意
□非常不同意

追求多元文化

□非常同意　□同意　□无所谓　□不同意
□非常不同意

淡化身份等级

□非常同意　□同意　□无所谓　□不同意
□非常不同意

鼓励拔尖

□非常同意　□同意　□无所谓　□不同意
□非常不同意

尊重知识分子

□非常同意　□同意　□无所谓　□不同意
□非常不同意

追求变革

□非常同意　□同意　□无所谓　□不同意
□非常不同意

宽恕叛逆

□非常同意　□同意　□无所谓　□不同意
□非常不同意

容忍失误和失败

□非常同意　□同意　□无所谓　□不同意
□非常不同意

提倡公平竞争

□非常同意　□同意　□无所谓　□不同意
□非常不同意

主张生而平等

□非常同意　□同意　□无所谓　□不同意
□非常不同意

不排外

□非常同意　□同意　□无所谓　□不同意
□非常不同意

B30. 您对以人工智能（AI）为代表的科技产品的看法是：

不能真正相信技术

□非常同意　□同意　□无所谓　□不同意
□非常不同意

它与事故和灾难相联系

□非常同意　□同意　□无所谓　□不同意
□非常不同意

存在法律问题和道德问题

□非常同意　□同意　□无所谓　□不同意
□非常不同意

只有相关行业能受益

□非常同意　□同意　□无所谓　□不同意
□非常不同意

它将扰乱社会

□非常同意　□同意　□无所谓　□不同意
□非常不同意

从整体上看最好能遏制它的开发

□非常同意　□同意　□无所谓　□不同意
□非常不同意

B31. 2010年深圳报业集团评选出"深圳最有影响力十大观念"（"时间就是金钱，效率就是生命""敢为天下先""鼓励创新，宽容失败""来了，就是深圳人"等）。您认为此次评选的结果用来描述**现在**的深圳是否合适？

□非常合适　□比较合适　□一般　□不合适
□非常不合适

B32. 您认为深圳文化的主要来源是？

□岭南文化　□客家文化　□侨乡文化　□炎黄文化
□海洋文化　□港澳文化　□其他_____

三、人才政策（在读学生跳至D45）

C33. 您在深圳落户了吗？（选"没有"跳至C35）

□有　□没有　□还在考虑中

C34. 吸引您在深圳落户的原因是？（限选3项）

□环境好　□医疗资源好　□文化生活丰富
□教育资源好　□易落户　□工作需要
□工作前景好，机会多　□距离香港近
□买车上牌容易　□考公务员更公平　□不排外
□发放一次性购房与生活补贴　□政府办事效率高
□一线城市　□其他_____

C35. 您没有在深圳落户的主要原因是？（限选3项）
   □高房价　□原户口还有用　□没有稳定的工作
   □生活成本高　□背井离乡很孤独　□生活习惯差异大
   □来了还打算离开
   □没有深圳户口对生活、工作影响不大
   □还不太喜欢深圳　□其他_____

C36. 您申请政府公租房了吗？（选"没有""没资格申请"跳至C38）
   □有　□没有　□正在申请　□没资格申请

C37. 您对申请政府公租房的过程如何评价？
   □满意，成功率高　□烦琐，成功率低
   □还行，没特别的感觉　□不公平

C38. 您是否知道深圳市政府提供一次性购房与生活补贴（即本科1.5万元，硕士2.5万元，博士3万元）？（选"不知道"跳至C41）
   □知道　□不知道

C39. 您领取了一次性购房与生活补贴了吗？
   □已领取　□未领取　□正在申请　□不想领

C40. 您对发放的一次性购房与生活补贴的感想？
   很惊喜，在别的城市没有见过
   □非常同意　□同意　□无所谓　□不同意
   □非常不同意
   这是我应该得的
   □非常同意　□同意　□无所谓　□不同意
   □非常不同意

还可以再多发一些

□非常同意　□同意　□无所谓　□不同意
□非常不同意

对来深圳打拼的年轻人很有实际帮助

□非常同意　□同意　□无所谓　□不同意
□非常不同意

有欢迎人才到深圳来的象征作用

□非常同意　□同意　□无所谓　□不同意
□非常不同意

对在深圳打拼的年轻人是杯水车薪

□非常同意　□同意　□无所谓　□不同意
□非常不同意

虽是好意，但不足以激发深圳年轻人展开创新

□非常同意　□同意　□无所谓　□不同意
□非常不同意

C41. 您了解以下人才政策吗？（全选"不了解"跳至C44）

落户政策　　　　　　　　　　□了解　□不了解
"孔雀计划"　　　　　　　　　□了解　□不了解
《深圳市人才安居办法》　　　　□了解　□不了解
《深圳市新引进人才租房补贴工作实施办法》
　　　　　　　　　　　　　　□了解　□不了解
《深圳市人才引进实施办法》　　□了解　□不了解
《深圳市人才认定办法》　　　　□了解　□不了解
《深圳市高层次专业人才子女入学解决办法（试行）》
　　　　　　　　　　　　　　□了解　□不了解

C42. 您主要借助哪些渠道了解政府出台的人才与住房政策？
（限选3项）
☐朋友介绍　☐报刊　☐科普图书　☐社区告示
☐政府发文　☐影视作品　☐单位通知
☐网络资讯　☐其他_____

C43. 您认为深圳人才和住房政策能切实解决您的问题吗？
☐基本解决　☐大部分解决　☐部分解决
☐小部分解决　☐基本没有解决

C44. 请评价人才政策与您的创新动力的相关度？
☐高度相关　☐一般相关　☐低度相关　☐无关
☐不清楚

四、人才培养

D45. 您曾经或正在就读深圳本地大中专学校吗？（选择"否"跳至D56）
☐是　☐否

D46. 您就读（过）的深圳大中专学校有专门的创新创业教育中心或协同创新中心吗？（选"没有"或"不清楚"跳至D48）
☐有　☐没有　☐不清楚

D47. 您就读（过）的深圳大中专学校创新创业教育中心或协同创新中心开放程度如何？
☐对全体师生开放　☐对部分师生开放　☐不清楚

D48. 您就读（过）的深圳大中专学校有开设创新或创业课程吗？（选"没有"或"不清楚"跳至D52）

☐有　☐没有　☐不清楚

D49. 您认为学校开设创新实践课程对您作用大吗?
☐作用很大　☐有一些作用　☐作用不大
☐完全没作用　☐不清楚

D50. 您就读(过)的深圳大中专学校的创新创业教师有哪几类?(限选3项)
☐校外企业家　☐创新课程专职教师　☐校内任课老师
☐校内行政老师兼任　☐其他高校的客座教师
☐其他_____

D51. 您就读(过)的深圳大中专学校对创新实践(比如创新大赛、工作坊、项目实训)进行指导的主要方式是?
☐师生双向选择,一对一指导
☐学校指定老师参与集体指导
☐学生主动求助老师进行指导
☐其他方式_____

D52. 您如何评价您现在就读学校/工作单位的创新氛围?
☐棒极了　☐还行　☐一般　☐比较差　☐很差

D53. 您会选择去社会培训机构提升自我的创新能力吗?
☐会　☐不会　☐不确定

D54. 您如何看待创新创业类培训的作用?
☐非常有用　☐比较有用　☐一般　☐作用很小
☐没有作用

D55. 您参加过以下活动吗?(限选3项)
☐学术研讨会　☐业界专家讲座

☐境内外的参观访学活动　☐创新型科技节
☐创新工作坊　☐项目实训　☐没有

D56. 深圳市政府非常注重本地大学及大专院校创新能力的提升。站在深圳市民的角度，您认为深圳高校可以从哪些方面入手提高自己的创新能力？（限选3项）
☐更新设备，建设一流的实验室
☐加大投入，吸引一流创新型人才加盟
☐紧跟前沿，培养具有创新意识与自主学习能力的学生
☐革新体制，在科研方面全方位服务于师生并建立创新激励机制
☐扩大交流，与国内外一流机构与团体建立长期联系
☐其他_____

D57. 作为深圳市民，您认为深圳高校最主要的任务应当是什么？
☐培养合格的职场人才，服务本地经济
☐培养一流人才，代表深圳走向世界
☐培养创新型人才，开创大学生自主创业的新时代
☐培养有情怀的知识分子，提升城市文化底蕴
☐其他_____

五、科技创新

E58. 您是否去过深圳的高新技术类产业园？（选"没去过"跳至E60）
☐经常去　☐偶尔去　☐没去过

E59. 您为什么去深圳高新技术类产业园？（限选3项）
☐工作　☐公务参观　☐学术研究
☐了解科技行业动态　☐打发时间　☐会见友人

☐其他_____

E60. 您是否参加过在深圳举办的科技创新类活动，比如深圳国际创客周、深圳制汇节、科技活动周等？（选"没参加过"跳至F63）
☐经常参加 ☐偶尔参加 ☐没参加过

E61. 您通常和谁一起参加科技创新类活动？（限选3项）
☐家人 ☐同学 ☐朋友 ☐同事 ☐合作伙伴
☐独自参与

E62. 您如何评价深圳的科技创新类活动？

类型丰富多样
☐非常同意 ☐同意 ☐无所谓 ☐不同意
☐非常不同意

展示大量前沿科技
☐非常同意 ☐同意 ☐无所谓 ☐不同意
☐非常不同意

有助于同行交流
☐非常同意 ☐同意 ☐无所谓 ☐不同意
☐非常不同意

可获得专业领域牛人的分享
☐非常同意 ☐同意 ☐无所谓 ☐不同意
☐非常不同意

可用来放松心情、打发时间
☐非常同意 ☐同意 ☐无所谓 ☐不同意
☐非常不同意

可达到教育孩子的效果
☐非常同意 ☐同意 ☐无所谓 ☐不同意
☐非常不同意

走在全国前列

☐非常同意　☐同意　☐无所谓　☐不同意
☐非常不同意

对城市创新力影响大

☐非常同意　☐同意　☐无所谓　☐不同意
☐非常不同意

六、创业创客

F63. 您认为"创客"是些什么样的人？

☐创业的人　☐善于运用开源工具、喜爱DIY的人
☐举办活动、开展培训的人　☐不了解，没听说过

F64. 您听说过以下哪些深圳的创客空间？（可多选）

☐柴火创客空间　☐源泉汇　☐3W空间（深圳）
☐开放制造空间　☐中科创客学院
☐华强北国际创客中心　☐创展谷科技创新众创空间
☐腾讯众创空间　☐其他_____

F65. 您是怎么知道深圳的创客空间的？（限选3项）

☐政府文件　☐媒体报道，如微信公众号推送
☐商业广告　☐朋友聊天　☐自己去参观、了解过
☐偶尔得知

F66. 您认为"创客空间"最主要的特征是什么？

☐能提供个人或公司办公工位和简单的办公设备
☐能提供3D打印机、激光切割机、开源工具等共享设备供使用
☐只有注册公司才可入驻　☐有大量公共空间
☐可进行项目路演　☐不了解

F67. 您认为深圳在"大众创业,万众创新"这方面做得怎样?
□很好 □一般 □空有口号,不见效果 □很难说

F68. 您是否想要创业?(选"有创业的想法或计划"跳至F70,选"还没有想过"跳至G72)
□有创业的想法或计划 □还没有想过 □正在创业

F69. 您目前处于创业的哪个阶段?
□初创期 □成长期 □成熟期 □上市期

F70. 您目前最需要有关创业的服务是?(限选3项)
□投资、融资等金融服务 □税务服务
□政府政策解读 □办公租赁 □名人分享
□创业者交流活动 □技能培训 □人才招聘
□团队建设 □其他_____

F71. 倘若您想要或正在深圳创业,以下哪些因素会影响您的决策?(限选3项)
□政策支持力度的大小 □创业园选择范围多寡
□创业氛围强弱 □国际化程度高低
□信息更新速度快慢 □开放包容程度
□创业者之间互动密切程度 □有无启动经费
□其他_____

七、公共文化

G72. 以下有关深圳的评价您认同的有哪些?
文化立市
□非常同意 □同意 □无所谓 □不同意
□非常不同意

设计之都
☐非常同意 ☐同意 ☐无所谓 ☐不同意
☐非常不同意

钢琴之都
☐非常同意 ☐同意 ☐无所谓 ☐不同意
☐非常不同意

创客之城
☐非常同意 ☐同意 ☐无所谓 ☐不同意
☐非常不同意

全球全民阅读典范城市
☐非常同意 ☐同意 ☐无所谓 ☐不同意
☐非常不同意

旅游胜地
☐非常同意 ☐同意 ☐无所谓 ☐不同意
☐非常不同意

文化沙漠
☐非常同意 ☐同意 ☐无所谓 ☐不同意
☐非常不同意

世界创新型城市
☐非常同意 ☐同意 ☐无所谓 ☐不同意
☐非常不同意

创新之都
☐非常同意 ☐同意 ☐无所谓 ☐不同意
☐非常不同意

G73. 以下深圳公共文化场馆,您常去的有哪些?(限选3项)
☐深圳图书馆 ☐深圳博物馆 ☐深圳文化馆
☐深圳美术馆 ☐关山月美术馆 ☐何香凝美术馆
☐华美术馆 ☐深圳音乐厅 ☐深圳会展中心

☐深圳大剧院 ☐深圳青少年活动中心

G74. 您在上述场馆每月的花费约为？
☐0元 ☐100元以下 ☐100—300元
☐300—500元 ☐500—1000元 ☐1000元以上

G75. 上述场馆中，您没有去过，或很少去的那些场馆，主要基于哪些原因？（限选3项）
☐没有时间 ☐对活动不感兴趣 ☐住得太远
☐价格太贵 ☐与我无关 ☐看不懂/听不懂
☐没有同伴 ☐其他_____

G76. 您听说过"深圳文化菜单"吗？（选"没有"跳至G78）
☐有 ☐没有

G77. "深圳文化菜单"活动中您最感兴趣的是？（限选3项）
☐体育类（如：国际乒联世界巡回赛）
☐音乐类（如：深圳湾飓风流行音乐节）
☐展览类（如：水墨画双年展）
☐创客科技类（如：深圳国际创客周）
☐舞蹈类（如：深圳舞蹈月）
☐艺术类（如：大剧院艺术节）
☐设计类（如：深圳设计周）
☐其他（如：深圳动漫节）

G78. 您参加过"深圳读书月"吗？（选"没有"跳至G80）
☐有 ☐没有

G79. 您参加"深圳读书月"的主要动因有？（限选3项）
☐热爱读书学习 ☐有精彩的活动
☐被深圳的文化阅读氛围所感染 ☐有利于社交

☐学习/工作的要求　☐竞争压力大，需要"加油"
☐凑热闹　☐为了引导并培养下一代的阅读习惯
☐其他_____

G80. 您到访过深圳青少年活动中心吗？（选"没有"跳至G82）
☐有　☐没有

G81. 您到访深圳青少年活动中心的动因有？（限选3项）
☐工作需要　☐打发时间　☐陪孩子　☐有利于社交
☐被活动所吸引（例如：交友和婚姻介绍）
☐纯属好奇　☐锻炼身体　☐学习技能　☐其他_____

G82. 您通过何种渠道了解深圳的公共文化活动？（限选3项）
☐报纸　☐政府发文　☐微信公众号
☐网站（如：本地宝）　☐微博　☐商业广告
☐口口相传　☐偶然得知

G83. 综合上述城市公共文化设施和活动，请您评价一下深圳的公共文化？
☐非常满意　☐比较满意　☐没特别的感觉
☐比较不满意　☐非常不满意

G84. 对深圳公共文化服务，您有怎样的感想和建议，欢迎留言。
_____

八、休闲文化行为

H85. 您目前每天的工作时长是？
☐8小时　☐9—10小时　☐11—12小时
☐12小时以上

H86. 您理想的工作时长和方式是？
□朝九晚五，标准工作时间
□弹性办公，不固定工作时间
□远程办公，不用出现在办公室
□有加班工资，时间越长越好
□其他_____

H87. 工作之余，相对于独自宅在家，您更偏向于参加外界的一些活动吗？（选"是"跳至 H89）
□是　□否　□不确定

H88. 您不太愿意参加外界活动的主要原因是什么？
□工作太累，没有精力　□没有可结伴同行的朋友
□不喜欢跟陌生人交往　□没有消费预算
□太浪费时间　□其他_____

H89. 您更愿意参加以下哪种类型的活动？（限选 3 项）
□参观看展类（如博物馆、美术馆、会展中心等）
□交友聚会类（如相亲、联谊、派对、Live House 等）
□户外出游类（如自驾、徒步、露营等）
□体育健身类（如网球、瑜伽、高尔夫等）
□专业学习类（如技能培训、讲座、论坛、阅读等）
□休闲学习类（如画画、厨艺、插花等）
□文艺演出类（如电影、音乐剧、话剧、演唱会等）
□社会活动类（如节庆活动、宗教活动、公益活动等）
□其他_____

H90. 今年以来，您平均每月参加多少次各类线下活动？
□还没有参加过　□1—3 次　□4—6 次　□7—9 次
□10 次及以上

H91. 每次参加活动您能承受的费用是多少?
　　□ 100 元以下　□ 100—200 元　□ 200—300 元
　　□ 300—500 元　□ 500 元以上

H92. 您平时通过哪些途径了解深圳的各类活动？（可多选）
　　□ 活动行　□ 互动吧　□ 豆瓣同城　□ 在艺
　　□ 微信公众号推送　□ 大麦网　□ 线下宣传广告
　　□ 熟人推荐　□ 其他_____

H93. 您参加外界活动的主要目的是？（限选 3 项）
　　□ 缓解压力　□ 怡情养性　□ 增强专业能力
　　□ 开阔眼界　□ 扩大交际　□ 锻炼身体　□ 消磨时间
　　□ 在社交媒体上分享　□ 商业应酬　□ 摆脱孤独
　　□ 爱热闹　□ 其他_____

H94. 在活动中您是否会主动结识陌生人？
　　□ 会　□ 不会　□ 看机缘

H95. 在深圳您结交新朋友最常用的方式是？
　　□ 参加线下活动　□ 社交类 App/ 网站　□ 朋友介绍
　　□ 偶遇　□ 其他_____

H96. 您的线上社交主要使用以下哪些 App/ 网站？（限选 3 项）
　　□ 微信　□ 微博　□ 抖音　□ 快手　□ 陌陌　□ B 站
　　□ QQ　□ YY 语音　□ 亲信　□ 探探　□ 百度贴吧
　　□ 豆瓣　□ 珍爱网　□ 比邻　□ 楼视直播
　　□ 其他_____

二、深圳"B10现场"2017年的演出清单

序号	时间	演出音乐人／乐队	音乐类型	所属国家
1	2017.1.6	梅卡德尔	摇滚	中国
2	2017.1.7	草东没有派对	电子／摇滚	中国
3	2017.1.15	雪之守望 Snow Can Wait	民谣／流行／暗黑	美国
4	2017.2.10	Giovanni Di Domenico／秋山徹次／山本达久	爵士	日本
5	2017.2.17	兀突骨（Death-Thrash Metal）霍乱乐队（Black Thrash Metal）肿瘤男孩（Crossover Thrash Metal）	金属／敲击金属	日本
6	2017.2.19	Abstracts	前卫金属核	日本
7	2017.2.21	Only Real	嘻哈	英国
8	2017.2.26	French RDV／Macha Gharibian Trio	爵士	法国
9	2017.3.3	反光镜乐队	朋克	中国
10	2017.3.4	Dry River	后摇	俄罗斯
11	2017.3.5	Tempalay	另类迷幻	中国
12	2017.3.8	Fathoms	金属核	英国
13	2017.3.9	Braids	实验流行	加拿大
14	2017.3.11	舌头乐队	朋克	中国
15	2017.3.17	Sequoian Aequison	后金属	俄罗斯
16	2017.3.18	sleepmakeswaves	后摇	澳大利亚

续表

序号	时间	演出音乐人/乐队	音乐类型	所属国家
17	2017.3.19	马条	民谣	中国
18	2017.3.23	Defeated Sanity	死亡金属	德国
19	2017.3.24	猴子飞行员	摇滚	中国
20	2017.3.26	Papanosh	爵士	法国
21	2017.3.28	Drawing The Endless Shore & French Teen Idol	电音后摇	意大利
22	2017.3.31	马赛克乐队	摇滚	中国
23	2017.4.1	疯医乐队/嘉宾乐队：耻骨乐队	摇滚	中国
24	2017.4.2	痛痒乐队	摇滚	中国
25	2017.4.7	Doughboy	嘻哈/流行	中国
26	2017.4.8	Boxing	摇滚/电子乐	中国
27	2017.4.9	SOW	清新乐器摇滚	日本
28	2017.4.13	Click#15	朋克/摇滚/嘻哈	中国
29	2017.4.15	窒息乐队/施教日乐队/梦灵乐队（330金属节）	金属	中国
30	2017.4.16	铁树兰	摇滚	中国
31	2017.4.18	Alces	浪漫主义黑暗金属	法国
32	2017.4.22	Lamp	流行	日本
33	2017.4.25	amiina	电子	冰岛
34	2017.4.27	野孩子乐队	民谣	中国
35	2017.4.28	晨曦光廊	摇滚	中国
36	2017.4.29	苏思棣（讲座）	古琴	中国
37	2017.4.30	French RDV/西非沙漠	布鲁斯	法国/阿根廷
38	2017.5.1	M.E.T.A	北欧独立流行	丹麦
39	2017.5.4	The Best Pessimist	旋律后摇	乌克兰
40	2017.5.5	Totorro	后摇	法国
41	2017.5.6	布衣乐队	摇滚	中国
42	2017.5.7	Heaven in Her Arms/December/Archaique Smile	黑金属	日本
43	2017.5.10	红领巾乐队	摇滚	中国
44	2017.5.11	The Notwist	独立流行/电子	德国

续表

序号	时间	演出音乐人/乐队	音乐类型	所属国家
45	2017.5.12	上海复兴方案	独立电子	中国
46	2017.5.13	裂缝乐队	摇滚	中国
47	2017.5.16	INSOMNIUM 乐队 / The Wire 400 期唱片俱乐部：明天塑料人（讲座）	旋律死亡金属	芬兰
48	2017.5.17	明天节预热：节目推介 + Dada Machines 工作坊	电子/摇滚/后现代	中国/英国
49	2017.5.18	吴吞	民谣	中国
50	2017.5.19	第 1 场：Maja S. K. Ratkje 第 2 场：Blurt	古典、即兴、电子和噪音/实验艺术摇滚、爵士摇滚	挪威/英国
51	2017.5.20	第 1 场：Marc Ribot 第 2 场：三上宽	吉他/民谣	德国/日本
52	2017.5.21	不失者 Fushitsusha	硬摇	日本
53	2017.5.29	盘尼西林	摇滚	中国
54	2017.5.30	SuPerDoG	摇滚/爵士/电子	法国
55	2017.5.31	Immanu El	迷幻后摇	瑞典
56	2017.6.2	不优雅先生（Mr.Graceless）	摇滚	中国
57	2017.6.3	扭曲机器	摇滚	中国
58	2017.6.4	Dallijub Step Club	电音/嘻哈/摇滚	日本
59	2017.6.10	小巫师	摇滚	中国
60	2017.6.14	Sangre de Muerdago	朋克/金属	西班牙
61	2017.6.15	Monster KaR	流行	中国
62	2017.6.16	素乐团	（文化）摇滚	中国
63	2017.6.18	P.K.14	后朋	中国
64	2017.6.21	刘东明	民谣	中国
65	2017.6.22	Anoice	新古典/器乐摇滚	日本
66	2017.6.23	Raven 四重奏	爵士	法国
67	2017.6.24	宇宙人	流行/爵士/电子	中国
68	2017.7.2	Jony J	嘻哈	中国
69	2017.7.7	CONVULSIF	黑金属、噪音	瑞士

续表

序号	时间	演出音乐人/乐队	音乐类型	所属国家
70	2017.7.17	Presence of Soul	后摇	日本
71	2017.7.19	周云蓬与小河	民谣/后现代	中国
72	2017.7.20	ADAEN/嘉宾乐队：咸空气	前卫后金属	俄罗斯（嘉宾：中国）
73	2017.7.21	汪定中	流行	中国
74	2017.7.22	While She Sleeps	金属	英国
75	2017.7.23	Flash the Readies	前卫/器乐摇滚	捷克
76	2017.7.30	Pierre de Trgomain	爵士	法国
77	2017.8.4	旅行团	摇滚	中国
78	2017.8.5	Higher Brothers	说唱嘻哈	中国
79	2017.8.6	Special Favorite Music	日系流行	日本
80	2017.8.12	The Bottom Line	流行朋克	英国
81	2017.8.17	NEID	死亡金属/碾核	意大利
82	2017.8.19	DYGL & mitsume	摇滚	中国
83	2017.8.20	Redor 锐豆	流行	中国
84	2017.8.25	The Royal Concept	流行摇滚	瑞典
85	2017.8.26	For A Minor Reflection	后摇	冰岛
86	2017.8.27	Thomas Schoeffler Jr.	阿尔萨斯乡村蓝调	法国
87	2017.8.28	Alex Han Quarter	萨克斯	美国
88	2017.8.30	Sirenia	哥特金属	挪威
89	2017.9.2	孔雀眼/黄玠玮	电子音乐/摇滚/民谣	中国
90	2017.9.10	LEECH	后摇	瑞士
91	2017.9.15	山形瑞秋（Rachael Yamagata）	摇滚	美国
92	2017.9.17	Our Ceasing Voice	后摇	奥地利
93	2017.9.20	The Space Travellers	爵士	法国
94	2017.9.21	Motorama	后朋	俄罗斯
95	2017.9.22	杨政	爵士	中国
96	2017.9.23	DÉ DÉ MOUSE	电子音乐	日本
97	2017.9.24	卧轨的火车	迷幻	中国
98	2017.9.29	DREAMSHADE	摩登金属	瑞士

续表

序号	时间	演出音乐人/乐队	音乐类型	所属国家
99	2017.9.30	晨曦光廊	摇滚	中国
100	2017.10.7	小呼叫音乐节： 糜先生 康士坦的变化球 Manic Sheep 郑宜农 苏珮卿 Easy MISTER MOUTH（嘴哥乐团） Frande（法兰黛乐团）	独立流行/电器/摇滚	中国
101	2017.10.11	第1场：J.A.S.S. 第2场：Mathias Heise Quadrillion	爵士/口琴	法国/丹麦
102	2017.10.12	第1场：KALAHA 第2场：一噌幸弘	爵士/实验电子	丹麦/日本
103	2017.10.13	第1场：吹管老丹（Lao Dan） 第2场：欢庆	竹笛/实验/噪音/电子	中国
104	2017.10.14	讲座《闻所未闻：苏黎世即兴音乐厂牌Intakt Records与Unerhört音乐节》/Kalo-Yele	西方爵士乐/即兴音乐/非洲节奏	瑞士
105	2017.10.15	山下洋辅四重奏	自由爵士	日本
106	2017.10.17	飞碟探索： 爵士黑胶分享会	黑胶	中国
107	2017.10.18	第1场：Marutyri 第2场：Balaio invites Randy Brecker	器乐爵士/巴西音乐	荷兰/美国/巴西
108	2017.10.19	第1场：Buttering 三重奏 第2场：Michat Milczarek 三重奏	爵士/雷鬼/嘻哈/摇滚/埃及古典乐	以色列/波兰
109	2017.10.20	Dainius Pulauskas Group	爵士	丹麦
110	2017.10.21	放映：丛林之歌/Mads Mathias 四重奏	爵士	立陶宛

续表

序号	时间	演出音乐人/乐队	音乐类型	所属国家
111	2017.10.22	第1场：Phil Abraham 四重奏 第2场：Odd Beholder	爵士/电子	法国/瑞士
112	2017.10.24	Lorenzo Naccarato 三重奏	爵士	法国
113	2017.10.25	第1场：Auguste 四重奏 第2场：Yannick Barman	爵士/电子乐	加拿大/瑞士
114	2017.10.26	Yannick Rieu 四重奏	爵士	法国
115	2017.10.27	曾成伟与曾河古琴讲弹会	古琴	中国
116	2017.10.28	放映：传统即未来：尺八与滑板对谈录/ PEEK 3/ Sheep Got Waxed	前卫/朋克/ 即兴/爵士/ 实验电子	克罗地亚/立陶宛
117	2017.10.29	马木尔 Mamer （特邀嘉宾：颜峻） Samy Thiébault 四重奏	实验/先锋/ 人声/木吉他/ 爵士	中国/法国
118	2017.11.10	海龟先生	独立摇滚	中国
119	2017.11.11	秘密行动	摇滚	中国
120	2017.11.12	黑麒	摇滚	中国
121	2017.11.13	Richard Galliano 五重奏	手风琴	法国
122	2017.11.15	Tempalay/ MONO NO AWARE/ ドミコ（domico）	迷幻流行	日本
123	2017.11.17	木马	摇滚	中国
124	2017.11.18	岛屿心情	摇滚	中国
125	2017.11.19	鹿先森	摇滚	中国
126	2017.11.22	Romain Baret 五重奏	爵士摇滚	法国
127	2017.11.23	鲸鱼马戏团	流行/轻音乐	中国
128	2017.11.25	Sofia Jannok	民谣	瑞典
129	2017.11.26	壹佰	民谣	中国
130	2017.11.30	Seas of Years	后摇	瑞典
131	2017.12.1	TAMAS WELLS	民谣	澳大利亚
132	2017.12.2	低苦艾	摇滚	中国
134	2017.12.3	左右乐队	摇滚/朋克	中国
135	2017.12.8	法兹乐队	摇滚	中国

续表

序号	时间	演出音乐人/乐队	音乐类型	所属国家
136	2017.12.9	小球	流行	中国
137	2017.12.10	九宝乐队/嘉宾乐队：Liberation 和 INDenial	摇滚/金属核	中国
138	2017.12.14	Bombino	布鲁斯/爵士/雷鬼/非洲节拍乐	尼日利亚
139	2017.12.15	杭天	摇滚/布鲁斯/民谣	中国
140	2017.12.21	Asylon Terra	电子爵士	法国
141	2017.12.23	双拼 Vol.1 Chinese Football / The White Tulips	摇滚	中国
142	2017.12.30	Ty.	嘻哈	中国

三、全国 Live House 盘点（包括部分电子音乐类酒吧）

全国 Live House 盘点（包括部分电子音乐类酒吧）	
城市	Live House
北京	13club、MAO Livehouse 北京、愚公移山、SCHOOL、D22、江湖酒吧、蓝溪酒吧、糖果 TANGO（原星光现场）、陆玖独立现场、麻雀瓦舍、坛 Temple、热力猫俱乐部 Hot Cat、疆进酒、Blue Note、DDC 黎明黄昏、蜗牛的家（护国寺店）、蜗牛的家（霄云路店）、蜗牛的家（六道口店）、北京 Modern Sky lab、乐空间、蘑菇空间、69 咖啡、光阴、后山艺术空间、火星俱乐部、电音客、798 剧场 Live House、东区故事 D-live 生活馆、壹空间、M 空间、来福 Live House、陈 Live House、DMC 朋克俱乐部、DADA BAR 北京
上海	MAO Livehouse 上海、上海 Modern Sky Lab、浅水湾大剧院、On Stage、育音堂、Harley's Bar、Chair's Club、现场酒吧、696、JZ Club 上海店、Mixing Room、Arkham 俱乐部、DADA BAR 上海店、庇护所、Hard Rock、TZHOUSE、EZ5、TAXX
广东·广州	MAO Livehouse 广州、SD、191 SPACE、飞、TU 凸空间；乐府（TU 凸空间的新分店）、中山纪念堂、喜窝、踢馆、海石音乐交流中心、江湖边老酒馆、中央车站 Rock House、庙色唇、JZ Club 广州店
广东·深圳	CLUB SECTOR、B10 现场、红糖罐 Public 现场（上步店）、红糖罐（蛇口店）、红糖罐（罗湖店）、红糖罐（观澜店）、OIL、A8Live 音乐现场、迷笛 Live House、HOU LIVE、Mars Livehouse、根据地酒吧

续表

全国 Live House 盘点（包括部分电子音乐类酒吧）	
城市	Live House
广东·中山	SUN
广东·珠海	发条橙子、九号仓音乐工厂、春日部
广东·茂名	MMO Live House
重庆	重庆坚果俱乐部（NUTS CLUB）、EchoBay
陕西·西安	光圈 Club、新月亮钥匙酒吧、在路上 BAR、PAPAYA X
天津	13Club、派 Live House
福建·福州	海峡摇滚
福建·厦门	Real Live
湖北·武汉	VOX Live House、海岸线 Live House、173 艺术空间、JZ Club 武汉店、Club Muse
四川·成都	MINI LIVE 音乐现场、小酒馆、NU Space
浙江·杭州	城门口音乐房子（CMK Music House）、酒球会、MAO Livehouse 杭州、黄楼、JZ Club 杭州店、LINEOUT
浙江·温州	盲堂
浙江·宁波	CMK、城门口、S86 酒吧
江苏·南京	61 House、新古堡、欧若拉艺术空间、Monohouse
江苏·无锡	活塞文创艺术中心（Piston Live House）
江苏·南通	THE VOID、新工厂
江苏·苏州	Wave Live House
山东·济南	班卓酒吧
山东·淄博	1WAY HOUSE
山东·聊城	班桌
山西·太原	FIX Live House、音乐房子 Live House、捌零印象 Live House
山西·临汾	老橡树
安徽·合肥	ON THE WAY、花树酒吧、花树酒吧、保罗的口袋
安徽·黄山	青年公社
湖南·长沙	46 Live House、freedemhouse、Red Club 红咖俱乐部
辽宁·沈阳	冯 Live House
河北·石家庄	地下丝绒、石家庄红糖 Live House
河北·秦皇岛	潘神
河北·沧州	MI（弥）Live House

续表

全国 Live House 盘点（包括部分电子音乐类酒吧）	
城市	Live House
广西·南宁	意酒馆
云南·昆明	呈贡凯弥 Live House、骆驼、F-PARTY、MAO Livehouse 昆明
河南·洛阳	洛 Live House
河南·新乡	SUBARK
河南·郑州	7 Live House
海南·三亚	南楼 Live House
新疆·伊犁	春天里 Live House
甘肃·兰州	葵 Live House、城市之光 Live House、西厢记、麇
甘肃·天水	秦 Live House
宁夏·银川	铜管 Live House
青海·西宁	南墙声音仓库、简单日子

后 记

一年前,我和研究团队的小伙伴们先后来到深圳,着手展开本课题的研究。我们中大多数人是第一次来深圳。很自然地,我们首先从深圳博物馆的常设展"深圳历史"和深圳图书馆馆藏的当地报纸和书刊开始认识之旅。此后,我们花大量时间陆陆续续跑了与本课题研究对象相关的大多数场所,主要有以下几类:一是文化场馆,既包括公共文化场馆如深圳书城、龙华书城、当代艺术与城市规划馆、工业展览馆、市图书馆、市音乐厅、市民广场,也涵盖城市文化创意场所如大芬油画村、华侨城创意文化园、G&G创意社区、深业上城创意社区、蛇口价值工厂、雅昌艺术中心等,捕捉滋养青年创新的那种飘荡在城市母体之中的"文化空气";二是深圳历史文化源头如大鹏所城、南头古城、老东门、中英街等,试图追寻青年创新文化的历史基因;三是创客场所如柴火创客空间、华强北国际创客中心、优客工场、前海国际创客中心、开放创新实验室、创新工场、前海深港青年梦工场以及优必选等独角兽科技创新企业等,意欲探求空间、青年与创新之间的密码。我们以"深圳文化菜单"为线索,尽可能地参与科技、创客、图书、文博等官方组织的大型科技文化艺术类活动,也自掏腰包去青年人聚集的场所,以消费的方式接近研究对象,体验他们的生活,比如去咖啡馆和酒吧,去 Live House,去草莓音乐节,去设计周,去摄影展,去动漫节,去艺文节,去私影会等,全方位感受社区街道、民间社团、商业机构乃至自发小团体组织的各类正规或随意的青年文化艺术活动,从中发现休闲娱乐文化活动所潜藏的创新因子。我们差不多走遍了深圳最繁华的大型综合购物中心,如海岸城、COCO Park、万象城、京基、万象天地等,观察青年人的吃喝玩乐、社交方式,还去了青年人聚集的生活社区,如集悦城、白石洲城中村等,试图辨识生活社区、生活方式与创新文化的内在关联性。我们把观察到的、体验到的、感悟到的、思考到的现象、发现、问题融入课题研究中的调查问卷的设计、经验性的描述和理性的思辨中去,同时,我们自身也一次又一次为深圳活跃的创新文化所感染、所驱动。

课题的委托方——南方科技大学本身就是一个青年创新文化的经典样本,一所建校不到十年的理工科学校,奇迹般地崛起在深圳南山区;一所以创建世界一流理工大学为目标的学校,却成为时下国家战略中"新文科""新人文"提法的最初萌生之地。在我们开始研究工作之初,人文科学中心与人工智能研究院联合举办的"人工智能时代的技术与人文:跨学科对话"学术研讨会由科学家与人文学者双主持,会议桌的一侧是一排从事人工智能高科技研究的科学家,另一侧是一排从事人文社科研究的著名学者,充满"硬核对话"的场景在其他地方是很难见到的;一年四季校园海报栏都是满满当当的,丰盛时一天能有十多场学术讲座和学术活动,其中不乏主讲人为院士的讲座,将这些海报荟萃起来展开研究,那一定可以展现一幅瑰丽的科学与人文创新和人才培养创新的文化长卷;为我们提供研究条件的人文科学中心同样充盈着活跃的创新因子。中心所在的办公楼是由工厂厂房改建而来的,步入第三层的办公空间,你会误以为进入了艺术展览区,常规办公室的格局在这里不存在,桌椅和书橱充满设计感,流动空间点缀着手作、绘画、雕塑，还处处隐藏着新技术产品，可以说是艺术作品展呈、新科技产品体验、开放的自由交流、独立的阅读写作几大空间有机相融，再加上不断加入的师生、可拆变的空间、不定期更换的展品以及一次又一次的想象力头脑风暴，这一切都内蕴着一股动力，促使你去观察、思考和想象，驱使你想做一些什么，创造一些什么。这就是可感可触，却又难以名状，更难在短时间里将之以理论话语表述出来的"创新空气"，也就是创新文化。从这个意义上来说，课题研究展开所涉及的方方面面都在不断加深我们对于深圳作为创新之都的理解。

课题研究展开过程中，我们得到了数以百计的新朋故友的鼎力支持，在此一并致以诚挚的感谢！尤其要感谢美国威斯康星大学麦迪逊分校传播艺术系潘忠党教授和中国香港中文大学新闻与传播学院冯应谦教授，两位冒着七月骄阳专程到深圳参加课题开题活动报告，对课题整体构想和研究方法不吝指点。感谢接受我们访谈的深圳报业集团、《深圳特区报》《晶报》、深圳市人力资源和社会保障局、深圳团市委、深圳出版集团、深圳职业技术学院、腾讯公司、大疆公司、创梦天地公司、优必选公司、柴火创客空间、华强北国际创客中心、优客工场等，尤其是有着"创客之父"美誉的李大伟先生，以讲座和考察的方式带领我们比较深入地了解了活跃在华强北的国际创客情况。感谢在深圳各类科技、文化、艺术和休闲活动中协助我们展开研究的所有知名或不知名的受访者，特别是"B10现场"创始人滕斐先生于百忙之中接受了我们长达三个多小时的访谈，谈艺术、音乐与创意人生。在此致谢所有人！"授人玫瑰，手有余香"是深圳的十大理念之一，我们研究过程中得到的众多帮助、支持和理解对此进行了生动的诠释。

"粤港澳大湾区青年创新文化研究"课题组的分工情况如

下：课题主持人陈跃红负责课题构想、申报和组织重要研讨。课题首席专家马中红负责研究并推进了全方位组织工作，包括课题研究设计、调研及分析、撰稿、写作指导、修订等。南方科技大学人文科学中心杨果副教授撰写了《深圳青年创新文化基因解码：孵化场域、精神传承与动力机制》。苏州大学传媒学院几位博士生、硕士生参与了实地访谈和初稿写作，具体情况如下：吴映秋撰写《创新再解读：自发性与平民化的力量——深圳华强北的创新实践考察》《深圳青年对创新创业文化的认知、评价和实践》《后创客空间：共享、DIT、可沟通的青年创新文化》；严万祺撰写《在地化实践：深圳职业技术学院创新文化探索与实践》；许潇丹撰写《Live House：青年交往、文化杂合与创新文化》《深圳青年的社交活动、消费场景与创新文化——空体新媒体实验室和 BOWOOD 心理博物馆的考察》；杨明哲撰写《社会历史性与民间自发性："深圳最有影响力十大观念"创新因素探析》《多思、重我、容错：深圳〈晶报〉人物报道价值取向研究》《创新基因解码：彼此成就和持续创新的企业文化》；董清源撰写《"透明文化"：创新企业的想象力和创新力》。中国传媒大学博士生戴西伦撰写了《宽容，抑或冷漠？——青年创新文化视域下的深圳城市品格探讨》一文。马中红撰写了《总论》《"粤港澳大湾区青年创新文化（深圳）"调研核心发现》和《回归街头：重新定义公共空间和表征都市创新活力——深圳市民中心青少年街舞考察》，并对书稿的部分内容进行重写，对书稿内容做了最终修订。课题组所有成员均全力以赴参与了《"粤港澳大湾区青年创新文化（深圳）"调查问卷》的问卷设计、实施、数据分析以及调研报告内容的撰写。

"粤港澳大湾区"发展规划甫一出台，三地十二城的政策方略便以日新月异的速度推陈出新，我们研究的青年创新文化在此情势下既有以不变应万变的文化基因和积淀，也有以万变刺激不变的文化推力和引力，创新文化的组合与分裂、平衡与失衡、守正与创新、速度与品质、宽容与孤独……这样的对立统一关系可以无限地罗列下去，正是这些万变与不变的张力关系使"大湾区"这片热土充满了神秘的诱惑力，而我们对深圳青年创新文化的研究只是揭开了一层薄薄的面纱，更多堂奥需要假以时日并付出更多努力去探究和追问！

马中红

南方科技大学创园 313 办公室

2020 年 7 月